[2] 正黄旗	[1] 镶黄旗
[3] 正白旗	[5] 镶白旗
[4] 正红旗	[6] 镶红旗
[7] 正蓝旗	[8] 镶蓝旗

所谓的“八旗”，是由正黄旗、镶黄旗、正白旗、镶白旗、正红旗、镶红旗、正蓝旗、镶蓝旗所组成。值得一提的是，除了镶红旗镶有“白边”外，镶黄旗、镶白旗与镶蓝旗均是镶“红边”。

八旗可再细分为上三旗与下五旗，并逐渐出现一种固定排序：镶黄旗、正黄旗、正白旗、正红旗、镶白旗、镶红旗、正蓝旗、镶蓝旗。在此定制出现以前，清初八旗排序已历经多次变化，每次调整的背后确切原因，应与当时政治局势有关。

▲〔清〕张为邦、姚文瀚等，《合画冰嬉图》卷

（《石渠宝笈》著录作《合笔冰嬉图》）纵 36.5 cm，横 563 cm；绢本，设色。

▼〔清〕金昆、程志道、福隆安等，《冰嬉图》卷

纵 35 cm，横 578.8 cm；绢本，设色。

〈冰嬉图〉全图说明

此处为两种版本的《冰嬉图》，本书封面图片取材自张版《冰嬉图》。“冰嬉”又名“冰戏”，为清朝重要的官方典制。清高宗曾表示：“冰嬉为国制所重”、“国俗有冰嬉之技”，由此可见“冰嬉”的特殊意义。每年十月间，八旗的每旗各挑两百余名“善走冰者”，准备参与冰嬉大典。该典礼一般于冬至过后举行，八旗兵丁会在结冻的太液池上表演与竞技，皇帝与文武大臣则在一旁观赏，图中的华丽“冰床”即皇帝所在位置。著名连续剧《甄嬛传》亦曾尝试重现冰嬉大典之盛况。

《冰嬉图》局部说明

比较这两种版本的《冰嬉图》，可以发现画中人物的动作不尽相同，八旗旗帜的数量呈现也不一样。张版仅出现镶黄旗、正黄旗、正白旗、正红旗、镶白旗、镶红旗等六旗，金版则有完整八旗。不过即使有此差异，这两张图中冰上八旗队伍的行进顺序，均与前页所言之排序定制相符。局部截图红圈处为冰上八旗队伍的最末端，张版画的是镶红旗，金版画的则是镶蓝旗。

▲〔清〕张版，局部放大
▼〔清〕金版，局部放大

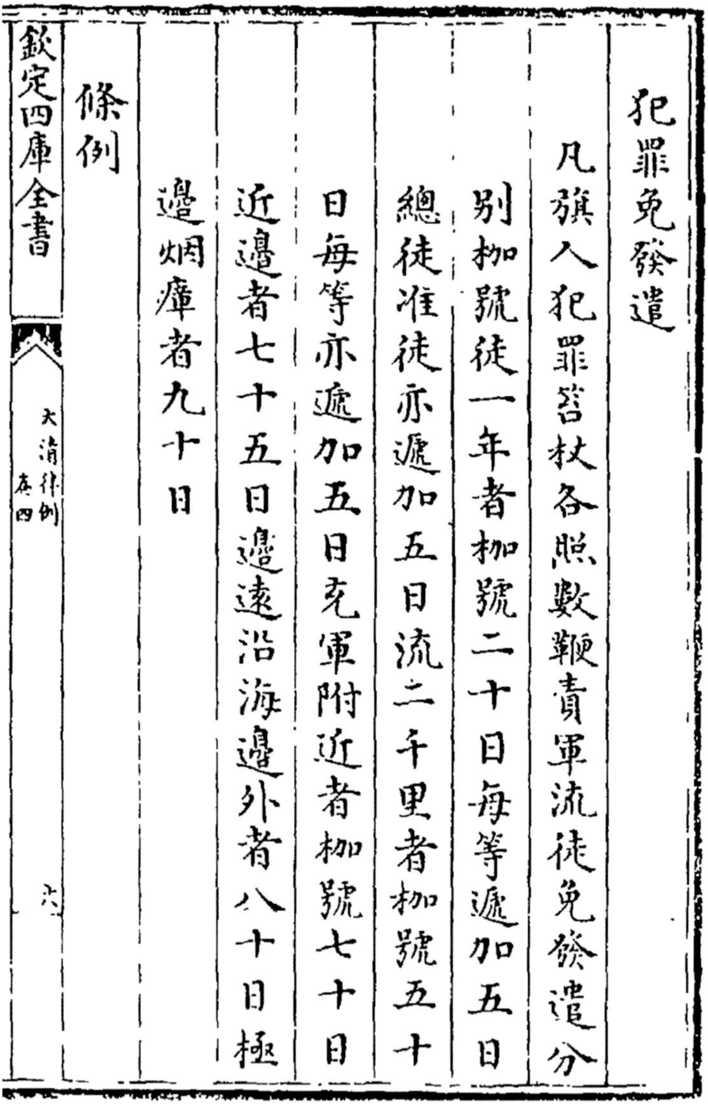
欽定四庫全書　大清律例　卷四　六

犯罪免發遣

凡旗人犯罪笞杖各照數鞭責軍流徒免發遣分别枷號徒一年者枷號二十日每等遞加五日總徒准徒亦遞加五日流二千里者枷號五十日每等亦遞加五日充軍附近者枷號七十日近邊者七十五日邊遠沿海邊外者八十日極邊烟瘴者九十日

條例

《大清律例》卷四，“犯罪免发遣”律文
（收录于《钦定四库全书》史部·政书类）
《大清律例》中的“犯罪免发遣”律，可说是旗人拥有特殊法律地位的重要象征，本书将从这条律文的分析揭开序幕。

腽+砚
project

THE LEGAL STATUS OF BANNERMEN IN QING CHINA

国家根本与皇帝世仆

清朝旗人的法律地位

鹿智钧 著

東方出版中心

胭+砚 脱卜赤书系
project

图书在版编目(CIP)数据

国家根本与皇帝世仆：清朝旗人的法律地位 / 鹿智钧著. -- 上海：东方出版中心, 2019.8

（胭砚计划）

ISBN 978-7-5473-1510-1

Ⅰ. ①国… Ⅱ. ①鹿… Ⅲ. ①清律—研究 Ⅳ. ①D929.49

中国版本图书馆CIP数据核字(2019)第148416号

统筹策划：彭毅文　蔡伟杰

责任编辑：肖　月

封面统筹：一本好书

国家根本与皇帝世仆：清朝旗人的法律地位

出版发行： 东方出版中心

地　　址： 上海市仙霞路345号

电　　话： （021）62417400

邮政编码： 200336

印　　刷： 上海万卷印刷股份有限公司

开　　本： 890mm*1240mm 1/32

字　　数： 304千字

印　　张： 13

插　　页： 2

版　　次： 2019年8月第1版第1次印刷

ISBN 978-7-5473-1510-1

定　　价： 58.00元

谨以此书献给敬爱的外公

目次 contents

表次

序

“八旗”满文读如“jakūn gūsai niru”，意即“八固山牛录”。所谓固山牛录组织，是在氏族狩猎生产组织的基础上发展而成。万历四十四年（1616），清太祖努尔哈齐将其部众全数编入固山牛录，确立了固山牛录制度。固山乃女真社会军事编制的最大单位，以旗为标帜，按旗色行军战斗。最初仅设一固山，之后则因战争队形需要，陆续扩增为二、四、八固山。每固山皆设有领旗贝勒，掌管一固山的军、政、刑等事务，固山牛录制度遂成为女真的国家制度。在清太祖父子的努力下，满洲政权日益壮盛，最终得以入主中原一统天下。八旗制度于清朝入关后持续存在，常被视为清朝的重要特色，受到众多研究者瞩目。

虽然八旗制度研究至今已成果丰硕，但从法律面向深入综论者仍较少见，作者能在前人基础上另辟蹊径实属难能可贵。本书有两大特色，其一为作者力求强化研究层次之企图。本书不仅尝试与中国诸“非汉民族”政权的发展脉络相结合，亦将中国法律史甚至现代法学的许多概念纳入分析，尽量透过比较展现研究主题的特殊处。此举可说是颇具挑战性，足见作者不畏艰难的进取态度。

其次，纵然本书整体架构看似宏观，作者笔法细致的一面却不可轻忽。清朝的官方档案留存甚多，始终被视为清史研究的重要资源。相较于其他类型的史料，档案数据保存许多细微历史情境，本书搜罗宫中档、军机处奏折录副和明清内阁大库档中的各类司法案件，有效呈现制度运作的动态实况。此外，本书妥善利用档案之举，亦大幅增加本书的可读性。读者不妨多留意书中列举的小故事，或能对旗人群体有更深刻的理解。

作者就读硕士班期间，曾修习本人开设的满文与清史研究课程。作者原本即对中国法律史产生兴趣，日后亦在本人建议下，展开与旗人相关的法律制度研究。作者资质虽属一般，但态度积极勤奋好学，课余时间常前往故宫等处查阅档案，其专注于研究的精神值得嘉许。本书原稿为作者的硕士论文，作者历经不少挑战终能令该书正式问世，身为作者的指导教授深感欣喜。本书为作者初出茅庐之作，内容想必难以尽善尽美，尚祈学者专家不吝指正，也期勉作者日后在学术之途上持续精进努力。

庄吉发

2017 年 6 月

第一章 绪论

第一节 研究动机与目的

十六世纪末的中国东北，一股以女真为主体的满洲势力正逐渐崛起。在清太祖等统治者的领导下，他们迅速地席卷整个东北地区，日后甚至成功入主中原，建立一个长达268年的王朝。对于清朝皇帝而言，满洲政权之所以能从蕞尔小邦转变为领土广大的多民族帝国，实与“八旗”密不可分。[①]

所谓“八旗”创立于万历四十三年（1615），为融合军事、行政与经济等职能于一体的制度。自明代初期以来，女真社会始终呈现诸部林立状态，这些部落的维系与运作，大多依靠传统的社会组织。[②] 不

① 《清仁宗睿皇帝实录》（北京：中华书局，1986），卷281，页843，嘉庆十八年十二月丁巳条：“我朝龙兴东海，定鼎燕京，八旗劲旅，一可当百”。《清宣宗成皇帝实录》（北京：中华书局，1986），卷25，页445，道光元年十月辛丑条：“我朝开创之初，八旗军锋所指，无不克敌制胜”。

② 女真诸部传统社会组织，大致可分为三种：其一为血缘组织，同一男性祖先的子孙常聚居为哈拉（hala，姓），其成员严禁彼此通婚，随着人口大量繁衍，哈拉开始分裂并迁徙至不同地方，这些子哈拉又被称为穆昆（mukūn，氏）。除了哈拉与穆昆外，另有规模更小的乌克孙（uksun，族）与包（boo，家）。其二为地域组织，主要以噶栅（gašan，村屯）和法尔噶（falga，党、甲）为主。最后一种则为生产组织，即因采集、狩猎而生的临时生产组织。最小单位为塔坦（tatan，窝铺），大约由三到四人组成，若干塔坦再组成一更大的牛录（niru，箭矢），塔坦与牛录的领导者均来自众人推举。关于这方面的介绍，详可参见刘小萌，《满族从部落到国家的发展》（北京：中国社会科学出版社，2007），页17-51。

过在诸部“群雄蜂起”下，[①] 各部间的征讨与兼并日益频繁，原有的管理制度逐渐显得不合时宜。[②] 当清太祖以“恩威并行，顺者以德服，逆者以兵临”之法陆续平定周围各部后，[③] 如何有效管理激增的人口与土地，自然成为一个新课题。因此，清太祖分别在万历二十九年（1601）和万历四十三年间，改造传统的牛录（niru，大箭）、塔坦（tatan，窝铺）组织，创建军政合一的固山（gūsa，旗分）牛录制度，此即人们习知的八旗制度。[④]

八旗制度虽是从女真传统的生产组织演变而来，但其成员并非仅限于女真人。早在八旗制度出现之初，编入八旗者除了女真人外，已包括一些蒙古人与汉人，[⑤] 日后则因蒙古人与汉人的归附者日益增多，清太宗分别在天聪九年（1635）与崇德七年

① 《清太祖高皇帝实录》（北京：中华书局，1986），卷1，页25：“时诸国纷乱，满洲国之苏克苏浒河部、浑河部、王甲部、董鄂部、哲陈部；长白山之讷殷部、鸭绿江部；东海之渥集部、瓦尔喀部、库尔喀部；扈伦国之乌喇部、哈达部、叶赫部、辉发部。群雄蜂起，称王号，争为雄长，各主其地，互相攻战。甚者兄弟自残，强陵弱，众暴寡，争夺无已时。”

② 清太祖起兵后许多穆昆为其并吞，其穆昆因而迅速扩大。清太祖有鉴于穆昆过于庞大乃分裂穆昆，交由弟弟舒尔哈齐与长子褚英协助管理。值得注意的是，这些被清太祖并吞的穆昆并未完全瓦解，他们在祭祀、婚姻方面仍有约束力，但主要的社会活动（例如狩猎、战争），则必须在清太祖的穆昆中进行。当时可能已出现一个得以统治其他穆昆的穆昆集团，穆昆组织中许多原有特质均消失殆尽。详可参见王戎生主编，《清代全史·第1卷》（沈阳：辽宁人民出版社，1995），页77－83。

③ 《满洲实录》（北京：中华书局，1986），卷1，页21，“满洲源流”。

④ 由于八旗制度建立过程的相关史料存留不多，部分记载甚至有所矛盾，导致这方面的讨论始终没有共识。许多论者认为清太祖早在万历二十九年前已初编牛录，故应将八旗制度的创建时间向前调整。关于八旗制度创立时间的各种讨论，详可参见鹿智钧，《近二十年来（1989—2009）八旗制度研究的回顾与讨论》，《史耘》，14（台北，2010. 06），页130－132。

⑤ 傅克东、陈佳华，《八旗制度中的满汉蒙关系》，《民族研究》，1980：6（北京，1980. 11），页25。

(1642) 将他们从八旗中析出，另编八旗蒙古与八旗汉军，① 从此“外八旗各有满洲、蒙古、汉军，实二十四旗也”。② 八旗制度的特色之一，乃组织成员富有多元性，该现象于入关后更为显著。③

自从八旗制度建立后，“一国之众，以八旗而分隶之”。④ 统治者借此不仅能团结部众增加战斗力，亦可强化自身权威，由此可见八旗制度确实是日后满洲政权得以壮大的重要原因。相较于

① 关于八旗蒙古与八旗汉军的成立过程，详可参见赵琦，《试论后金时期蒙古八旗的形成》，《内蒙古大学学报（人文社会科学版）》，1997：3（呼和浩特，1997.07），页 3－11；赵绮娜，《清初八旗汉军研究》，《故宫文献》，4：2（台北，1973.03），页 55－66；黄一农，《红夷大炮与皇太极创立的八旗汉军》，《历史研究》，2004：4（北京，2004. 08），页 74－105。

② 〔清〕福格著，汪北平点校，《听雨丛谈》（北京：中华书局，2007），卷 1，《满蒙汉旗分》，页 5－6：“外八旗各有满洲、蒙古、汉军，实二十四旗也。吉林、宁古塔旧部，及天命、天聪年来归之辽金、完颜、栋鄂等国人为旧满洲，后收辽金散处各部为新满洲。蒙古乃蒙部人民。汉军乃辽东、三韩、三卫人民，国初称曰乌真超哈，亦称辽人。”然福格所提的“实二十四旗也”，可能亦不甚精确，因为当时虽有二十四位固山额真（gūsai ejen），但主旗贝勒（gūsa ejelehe beile）仅有八人。关于主旗贝勒与固山额真之别，详可参见张晋藩、郭成康，《清入关前国家法律制度史》（沈阳：辽宁人民出版社，1988），页 159－187。

③ 除了满、蒙、汉三大主要族群外，八旗中还有少量的藏、俄罗斯、朝鲜、维吾尔等族群，他们多在清朝入关后才入旗。参见〔清〕福格，汪北平点校，《听雨丛谈》，卷 1，《满蒙汉旗分》，页 6：“镶黄旗满洲内，有俄罗斯佐领一缺，原命俄罗斯人伍朗各里管理，后隶满洲官员领之。……按《满洲姓氏通谱》内，谓之满洲旗分内汉姓人，高丽佐领下人曰索罗豁（solho）满洲，仕进与满洲同。又有回子佐领，由内三旗人员补放，佐领下人准作五品以下武职，不得为文官，其食饷兵丁，亦另有额数，以示区别也。”根据福格所言，这些少数民族入旗者，只有俄罗斯属于“外八旗”，其余的朝鲜、维吾尔族则为“内三旗”，状况并非完全相同。除了上述族群外，八旗中还有少数藏族，他们甚至历经先隶于“内三旗”后转属“外八旗”的过程，参见李洵等点校，《钦定八旗通志》（长春：吉林文史出版社，2002），卷 5，《旗分志・八旗佐领五・正黄旗满洲佐领下》，页 81：“新增佐领，系乾隆四十一年平定两金川投顺人丁，合十三年旧驻京之番子共为一佐领。初隶内务府属，后于乾隆四十二年五月，奉旨改隶本旗第四参领属。”

④ 《清太祖高皇帝实录》，卷 10，页 141，天命十一年七月乙亥条。

满洲政权的日趋强盛，明朝的国势却每况愈下。明思宗虽然力图振作，但在流寇与满洲的相继骚扰下，[①] 终究只是强弩之末。顺治元年（1644）三月间，闯王李自成攻入北京，伴随着明思宗的自缢殉国，明朝可说是大势已去。不过由于当时长期镇守东北对抗满洲的辽东总兵吴三桂，在腹背受敌的局势下选择与满洲政权合作，导致新兴的大顺政权并未维持太久。[②] 是年五月初二日，多尔衮率领大军抵达北京，[③] 满洲政权终于一偿宿愿入主中原。[④]

清朝入关前曾经历一段从部落到国家的发展过程，其转型关

---

① 李光涛曾指出流贼实因“东事”而蜂起，“东事”亦缘流贼而不救，明兵仅有可用者一股，顾左失右，援东西弊，此其所以亡也。详可参见李光涛，《论建州与流贼相因亡明》，《中央研究院历史语言研究所集刊》，12（台北，1947. 04），页 193－236。

② 明亡后的吴三桂因身无所属，为求自保只能选择投靠满洲政权或李自成。吴三桂长期以来对满洲政权并无好感，原本可能打算投降李自成，然而大顺政权的迅速腐化，又令吴三桂感到恐惧，乃决定征讨流贼。为避免陷入两面作战的困境，吴三桂不得不向满洲求援，但他并未轻言投降，仅强调是为明朝报仇而与之合作。吴三桂本想为自己预留退路，没想到多尔衮入关击退流贼后，马上借由加封平西王塑造吴三桂归附的事实，此时吴三桂即使不愿降亦不得不降。相关讨论详可参见叶高树，《降清明将研究（1618—1683）》（台北：台湾师范大学历史学系，1993），页 80－81。

③《清世祖章皇帝实录》（北京：中华书局，1985），卷 5，页 57，顺治元年五月己丑条：“师至燕京，故明文武官员，出迎五里外，摄政和硕睿亲王进朝阳门，老幼焚香跪迎，内监以故明卤簿御辇，陈皇城外，跪迎路左，启王乘辇。”

④ 关外时期的满洲政权在势力日益稳固后，最晚可能自清太宗朝已有问鼎中原的企图，以下例证或可略为说明。洪承畴于崇德七年兵败投降后，受到清太宗高度礼遇，此举却引起满洲诸将的不满。清太宗问诸将曰：“吾侪所以栉风沐雨者，究欲何为?”众将答称：“欲得中原耳。”清太宗笑曰：“譬诸行者，君等皆瞽目，今获一引路者，吾安得不乐也?”上述内容参见〔清〕昭梿著，何英芳点校，《啸亭杂录》（北京：中华书局，2006），卷 1，《用洪文襄》，页 2－3。

键应为清太宗仿效明制。[①] 不过在这段过程中，清太宗未将所有汉制照单全收，而是在实施汉制的同时，保留部分女真旧俗与传统，此举即所谓的“参汉酌金”。该策略不仅促使国政有效运作，又不会丧失民族主体性，实为一成功统治方针。[②] 若以法律制度为例，满洲政权虽早在天聪五年（1631）已设置刑部，[③] 但在刑罚与诉讼程序上依然带有浓厚的满洲遗风，甚至直到入关前夕仍未有成文法典，部落习惯法始终具有一席之地。[④] 由此可知，满洲政权虽因吸取部分明制而略有国家规模，却尚未完全脱胎换骨。

满洲政权入主中原后，如何整顿混乱局势无疑为当务之急，但面对这些新增的广土众民，关外制度似乎难以直接挪用。多尔衮甫入关之际，曾下令“各衙门应责人犯，悉遵本朝鞭责旧制，

---

① 清太宗继位之初，国政主要交由八王议政会议处理，清太宗“虽有一汗虚名，实无异整黄旗一贝勒也。”然清太宗逐渐利用改革议政会议结构，以及仿明制设立六部等方法，打击八旗诸王势力，进一步将权力中央集权化。关于这方面的讨论，详可参见姚念慈，《清初政治史探微》（沈阳：辽宁民族出版社，2008），页 177－236。

② 有关清太宗“参汉酌金”的讨论，详可参见陈捷先，《从清初中央建置看满洲汉化》，收录于氏著，《清史论集》（台北：东大图书公司，1997），页 119－135；叶高树，《“参汉酌金”：清朝统治中国成功原因的再思考》，《台湾师大历史学报》，36（台北，2006. 12），页 153－192。

③ 自天聪五年起，清太宗陆续建立六部二院（吏、户、礼、兵、刑、工六部与都察、理藩两院）。各部院成立的时间不一：六部建立于天聪五年，都察院建立于崇德元年；理藩院的前身为蒙古衙门，建立于天聪八年，后于崇德三年更名为理藩院。详可参见张晋藩、郭成康，《清入关前国家法律制度史》，页 50－79。

④ 那思陆认为清朝的司法制度可分为四阶段，其中天命元年至崇德八年为习惯法时代，参见那思陆，《清代中央司法审判制度》（北京：北京大学出版社，2004），页 6－7。

不许用杖”，[①] 然这道承袭满洲旧制之令，似乎难以被汉官接受：

> 民值乱离之后，心志彷徨，鼎革以来，政教未敷，蠢然之民，莫知所守，奸恶之辈，靡所顾忌。盖闻帝王弼教，不废五刑，恐鞭责不足以威众，明罚乃所以敕法。宜速定律令，颁示中外，俾民不敢犯，而祸乱自清矣。[②]

所谓五刑为“笞、杖、徒、流、死”，确立于隋、唐时期并延续至明朝。[③] 顺天巡按柳寅东认为五刑具有难以取代的重要性，惟依此“速定律令”才能促使“祸乱自清”。多尔衮得知此建议后并未予以驳斥，反而下令各官府“自后问刑，准依明律”，[④] 不再以满洲旧制作为惩处罪犯的依据。

满洲政权入主中原后，势必得面对不同文化与制度相遇的困境，对于非汉民族的“征服者”而言，该透过何种法律维持社会秩序实属棘手难题。多尔衮的“准依明律”命令，象征清政府愿意尊重汉地的法律传统，而非强势地以满洲旧制进行统治，其背后原因应与避免激起汉人反感有关。不过这决定即使立意甚佳，成效却不尽理想，例如刑部右侍郎提桥曾指出“我朝法制，罪应死者，俱用斩刑”，[⑤] 刑科都给事中李士焜则强调“今者律例未

---

① 《清世祖章皇帝实录》，卷 5，页 61，顺治元年六月乙丑条。清朝关外时期的刑罚较为简单，主要以鞭责与死刑为主，参见清史稿校注编纂小组，《清史稿校注》（台北：台湾商务印书馆，1999），卷 150，《志 125·刑法二》，页 3977：“清太祖、太宗之治辽东，刑制尚简，重则斩，轻则鞭扑而已。”

② 《清世祖章皇帝实录》，卷 5，页 62，顺治元年六月甲戌条。

③ 郭建等著，《中国法制史》（上海：上海人民出版社，2006），页 264。

④ 《清世祖章皇帝实录》，卷 5，页 62，顺治元年六月甲戌条。

⑤ 《清世祖章皇帝实录》，卷 8，页 86，顺治元年九月丙申条。

定，止有杖、决二法，重者畸重，轻者畸轻”，[①] 福建道试监察御史姜金允更直言“我朝刑书未备，止用鞭、辟”。[②] 这些观察多少指出“准依明律”之令，似乎未被彻底执行。[③]

清政府沿用明律政策在当时汉官们眼里，终究只是权宜之计。他们大多认为惟有尽速颁布新律，才能彻底解决法律运作紊乱的问题，此外对新王朝而言，此举亦有宣示正统的重要意义。[④] 早于顺治元年八月间，刑科给事中孙襄已指出颁布新律的重要性。[⑤] 汉官普遍认为新律的编修越快越好，[⑥] 其过程不需“过于郑重”，惟将明律“订其同异，删其冗繁”，“即足以宪百王而垂后世”，[⑦] 由此当可理解汉官希望新律仍以传统中国法律精要为主轴的立场。《大清律集解附例》最终在诸多官员的倡议下

---

①《清世祖章皇帝实录》，卷 14，页 126，顺治二年二月己未条。

②《清世祖章皇帝实录》，卷 16，页 143，顺治二年五月戊子条。

③ 当时西方传教士的观察亦能提供一些佐证，西班牙传教士帕莱福曾指出：“至于法律和政策、刑事诉讼、司法官员，以及对犯罪案件、债务纠纷的审讯，还有打官司双方权利的审查，都按鞑靼人制定的律令处理。我们还没有得到有关的详情，我们只大概知道这些律令不同于中国人的。”参见帕莱福（Juan de Palafox y Mendoza）等著，何高济等译，《鞑靼征服中国史·鞑靼中国史·鞑靼战纪》（北京：中华书局，2008），页 179。

④《清世祖章皇帝实录》，卷 22，页 196，顺治二年十二月癸卯条：“江南道御史杨四重奏言：‘一代之兴，必有一代之制。今皇上大统既集，而一切诸务，尚仍明旧，不闻有创制立法，见诸施行者，恐非所以答天下仰望之心也。’”

⑤《清世祖章皇帝实录》，卷 7，页 74－75，顺治元年八月丙辰条：“刑科给事中孙襄，条陈刑法四事：‘一曰定刑书。刑之有律，犹物之有规矩准绳也。今法司所遵，乃故明律令，就中科条繁简，情法轻重，当稽往宪。合时宜，斟酌损益，刊定成书，布告中外，俾知画一遵守，庶奸慝不形，风俗移易。’……摄政和硕睿亲王谕：‘令法司官会同廷臣，详绎明律，参酌时宜，集议允当，以便裁定成书，颁行天下。’”

⑥《清世祖章皇帝实录》，卷 16，页 143，顺治二年五月戊子条：“今修律之旨久下，未即颁行，非所以大鬯皇仁也，请敕部速行定律，以垂永久。”

⑦《清世祖章皇帝实录》，卷 16，页 146，顺治二年五月己亥条。

宣告完成，正式于顺治四年（1647）颁行中外。[①] 细究这部《大清律集解附例》，其内容实与明律大同小异，[②] 可见满洲政权接受了汉官建议，选择在明律的基础上制定新律。[③]

若清朝颁定的新律与明律差异不大，为满洲政权立下汗马功劳的旗人群体又该如何自处，不禁令人有些好奇。魏复古（Karl A. Wittfogel）在其著名的“征服王朝”（dynasties of conquest）理论中曾指出，中国历史上非汉民族建立的王朝，基于维持本民族特色的考虑，皆展现出“社会、文化二元性”的特征。[④] 除此之外，管东贵借由“汉化”观点讨论满洲政权时，亦表示清朝的一大特色，为“民族提供武力、武力巩固政权、政权保护民族”的“民族——武力——政权”三环相依关系。[⑤] 尽管魏复古与管

---

① 《大清律集解附例》于顺治三年大致完成，来年正式颁布天下，参见郑秦，《顺治三年律考》，收录于氏著，《清代法律制度研究》（北京：中国政法大学出版社，2000），页3。又满文大清律则于顺治十二年十二月颁布，参见《清世祖章皇帝实录》，卷96，页752，顺治十二年十二月乙丑条。

② 〔清〕谈迁著，汪北平点校，《北游录》（北京：中华书局，2006），未分卷，《纪闻下·大清律》，页378：“大清律即大明律改名也。虽刚林奏定，实出胥吏手。如内云依大诰减等，盖明初颁大诰，各布政司刊行，犯者呈大诰一本服罪，故减一等。其后不复纳，但引大诰，溺其旨矣。今清朝未尝作大诰，辄引之，何也？”另刘景辉比较清律与明律后，认为除了“隐匿满洲逃亡及新旧家人”、“边境申索军需”与“边远充军”诸条外，两者几乎完全相同，参见刘景辉，《满洲法律及制度之演变》（台北：嘉新水泥公司文化基金会，1968），页60。

③ 在《大清律集解附例》出现后，另有与其一脉相承的《大清律集解》、《大清律例》，后两者分别为雍正、乾隆两朝的清律名称。详可参见郑秦，《雍正三年律考》，收录于氏著，《清代法律制度研究》，页34-47、郑秦，《乾隆五年律考》，收录于氏著，《清代法律制度研究》，页48-72。

④ 关于“征服王朝”理论的介绍，详可参见魏复古（Karl A. Wittfogel）著，苏国良等译，《中国辽代社会史（907—1125）总述》，收录于郑钦仁、李明仁等编译，《征服王朝论文集》（台北：稻乡出版社，2002），页1-69。

⑤ 管东贵，《满族入关前的文化发展对他们后来汉化的影响》，《中央研究院历史语言研究所集刊》，40本上册（台北，1968. 10），页275。

东贵二人的立论基础不尽相同，其背后精神仍有相通处，[①] 双方不约而同强调在清朝皇帝心中，旗人确实扮演极为重要的角色。根据魏复古与管东贵的见解，有两个与清朝法律史相关的问题格外值得留意，其一为这些被视为“国家根本”[②] 的旗人“从龙入关”后，[③] 过往约束他们的关外旧俗发生何种变化？其二是统治者又将采取何种方法，透过法律制度“保护”旗人？

本书为解决上述问题，打算以清朝旗人的“法律地位”为题，全面探讨旗人在法律上的特殊性，及其背后的意义与影响。所谓“法律地位”（legal status），即主体在法律上所处的地位，该地位决定其在特定情况下的权利与义务；“法律地位”这一专业术语，有时也用于说明某人居于特殊职位、享有特殊资格或执行特殊任务时，才享有的特殊权利或义务。[④] 该定义虽来自现代法学，仍有助于我们分析清朝旗人在法律上的特殊性，进而细究这一特殊“身份”之全貌。

---

① 学界探讨非汉民族统治中国的切入点，基本上可概分为“汉化”观点与“征服王朝”理论两大模式。管东贵属于持“汉化”观点者，并不认同魏复古等人提出的“文化性质”及其衍生的“文化抗阻力”前提。惟所谓“民族——武力——政权”结构体系，其终极目标为维护本民族与文化的生存空间，若将“征服王朝”理论的焦点集中于“社会文化二元性”特征上，则二者的精神亦有相通之处。详可参见叶高树，《清朝前期的文化政策》（台北：稻乡出版社，2002），页 7-12。

② 清圣祖曾表示“八旗甲兵，国家根本”，清高宗亦指出“八旗为国家根本”，参见《清代起居注册·康熙朝（台北版）·第 2 册》（台北：联经出版公司，2009），页 645，康熙三十年二月十七日条；中国第一历史档案馆编，《乾隆朝上谕档·第 1 册》（北京：档案出版社，1989），页 45，乾隆元年四月二十二日条。

③《清世宗宪皇帝实录》（北京：中华书局，1985），卷 119，页 576，雍正十年闰五月甲午条。

④ 相关内容主要参见周振想主编，《法学大辞典》（北京：团结出版社，1994），页 911，“法律地位条”；沃克（David M. Walker）著，北京社会与科技发展研究所组织译，《牛津法律大辞典》（北京：光明日报出版社，1988），页 855-856，“法律地位条”。

相较于另一个非汉民族所建立的元朝，清朝在民族关系的处理上普遍被认为较为温和，[①] 法律设计上也没有明显的民族区隔。[②] 然而不可忽略的是，旗、民分治始终为清朝的重要国策。[③] 清朝在“保护”旗人特殊性的同时，亦能兼顾帝国秩序的稳定，足见其统治策略的灵活与高明。本书除了具体呈现旗人在清律中的特殊地位外，或许还能对满洲政权得以在中国长期统治的原因，提供一些不同的思考方向。

第二节　研究成果的回顾

自 1940 年代孟森撰有《八旗制度考实》一文以来，原本“已为清历代帝王所隐蔽”的八旗制度，[④] 始成为治清史者积极探索的焦点，近年来在“新清史”浪潮的影响下，关于八旗制度的研究显得更为蓬勃。[⑤] 对于研究者而言，八旗制度不仅为清朝军队的核心，也是满洲政权军、政合一的社会组织与管理机构，

---

① 萧启庆认为元朝族群关系的紧张，是元朝覆亡的重要因素，参见萧启庆，《内北国而外中国：元朝的族群政策与族群关系》，收录于氏著，《内北国而外中国：蒙元史研究》（北京：中华书局，2007），页 473 - 474。

② 柏清韵（Bettine Birge）著，蔡京玉译，《辽金元法律及其对中国法律传统的影响》，收录于柳立言主编，《中国史新论·法律史分册》（台北：联经出版公司，2008），页 174。

③ 清朝皇帝统治中国时，主要采取旗、民分治政策。孟森曾指出：“清一代自认为满洲国，而满洲人又自别为旗人，盖即以满为清之本国，满人无不在旗，则国之中容一八旗，即中国之中涵一满洲国，未尝一日与混合也。”参见孟森，《八旗制度考实》，收录于氏著，《清史讲义》（北京：中华书局，2008），页 20。

④ 孟森，《八旗制度考实》，页 20。

⑤ 关于新清史的介绍，详可参见欧立德（Mark C. Elliot）著，李仁渊译，《满文档案与新清史》，《故宫学术季刊》，24：2（台北，2006 冬），页 1 - 18。

具有难以言喻的重要性。[1] 有些论者甚至强调惟有理解八旗制度，才有可能完整认识清帝国的统治结构。[2] 由于八旗制度的相关研究非常丰富，许多学者对此已有综评，[3] 以下研究回顾将配合本书旨趣，以讨论与八旗相关之法律制度和旗、民关系者为主，探究目前学界这方面的研究进展。

当满洲统治者以“征服者”之姿入主中原后，如何保持民族特色巩固政权，当为刻不容缓的重要任务。吴志铿《清代前期满洲本位政策的拟定调整》指出清初一些法律修订或政令推行，大多和清朝皇帝的自我考虑有关，导致清初国策充满浓厚满洲本位色彩，身为“国家根本”的旗人群体，自然也与满洲统治集团分享利益。随着国势日益稳固，清政府对汉人的防范逐渐减少，统治者有鉴于满洲本位政策不利满、汉关系发展，开始调整满洲本位政策，旗人所享的特权亦陆续消失。政策调整后的结果，除了促使旗人日益“齐民化”外，国家法令也趋于普遍化与一致化。[4] 吴志铿进一步强调，维持满洲本位与避免失去汉人民心为

---

① 刘小萌，《清朝史中的八旗研究》，《清史研究》，2010：2（北京，2010. 05），页1。

② 杉山清彦著，陈仲丹译，《作为满人王国的清帝国：八旗制的统治结构》，收录于国家清史编纂委员会编译组主编，《清史译丛·第8辑》（北京：中国人民大学出版社，2010），页19。

③ 较早期的八旗制度研究回顾可参见陈佳华，《八旗制度研究述略》，《社会科学辑刊》，1984：5（沈阳，1984. 09），页109－116；陈佳华，《八旗制度研究述略（续）》，《社会科学辑刊》，1984：6（沈阳，1984. 11），页113－120。近几年来亦有几篇研究回顾可一并参看：刘小萌，《近年来日本的八旗问题研究综述》，收录于支运亭主编，《八旗制度与满族文化》（沈阳：辽宁民族出版社，2002），页57－73；定宜庄，《美国与台湾学者近年来对满族史与八旗制度史的研究简述》，收录于支运亭主编，《八旗制度与满族文化》，页51－56；鹿智钧，《近二十年来（1989—2009）八旗制度研究的回顾与讨论》，页125－175。

④ 吴志铿，《清代前期满洲本位政策的拟定调整》，《台湾师范大学历史学报》，22（台北，1994. 06），页85－117。

皇帝的两难，皇帝常审慎情势调整满洲本位政策，展现相当灵活的统治手腕。

清朝入关后基于满洲本位政策，创建人们耳熟能详的“旗、民分治”。赖惠敏《从法律看清朝的旗籍政策》透过部分法条的梳理，探讨旗籍政策的实际运作。清政府为确实掌握旗人户籍，每三年清查一次户口，严禁旗人随意出旗或汉人擅自入籍，违反禁令者多遭惩处。由于旗人身份特殊，国家多积极维护他们的旗籍，但自乾隆二十七年（1762）一则条例颁布后，旗人若被认定“寡廉鲜耻，有玷旗籍”，就会被销除旗档失去旗籍。[①] 赖惠敏采取规范与案例并重的分析方式，生动呈现旗籍政策的内涵。

除了在户籍制度独树一格外，旗人在法律上的特殊性，亦表现于刑罚方式与审判制度两方面。林干《清代旗、民法律关系的调整——以“犯罪免发遣”律为核心》[②] 和苏钦《民族法规考》[③] 两文，均指出身为“国家根本”的旗人，若因罪发遣外地恐有削弱国家武力之虞，清政府遂准许犯罪旗人以枷号刑取代徒、流刑。顺治十八年（1661）“犯罪免发遣”先以条例形式出现，至雍正三年（1725）正式成为律文，置于清律的《名例律》篇。“犯罪免发遣”并非一成不变，乾隆朝以降皇帝常透过增修条例

---

① 赖惠敏，《从法律看清朝的旗籍政策》，《清史研究》，2011：1（北京，2011. 02），页 39－52。关于八旗户籍中户口名色的讨论，另可参见傅克东，《八旗户籍制度初探》，《民族研究》，1983：6（北京，1983. 11），页 34－43；刘小萌，《关于清代八旗中“开户人”的身份问题》，《社会科学战线》，1987：2（长春，1987. 02），176－181。

② 林干，《清代旗、民法律关系的调整——以“犯罪免发遣”律为核心》，《清史研究》，2004：1（北京，2004. 02），页 39－50。

③ 本文分为两部分，其一为旗人的“犯罪免发遣”，其二则为“苗例”考析，关于旗人的部分参见苏钦，《民族法规考》，收录于杨一凡主编，《中国法制史考证·甲编·第 7 卷》（北京：中国社会科学出版社，2003），页 285－309。

调整其内涵。

有别于上述研究，郑秦《清代旗人的司法审判制度》旨在分析旗人审判制度的特殊性，该文根据旗人的居住地，分为驻防、北京、东北三区域加以讨论。外省驻防旗人若涉及民事案件，直接交由地方州、县官审理；刑事案件则交由州、县官与专办旗人事务的理事厅员会审，不过仅有后者拥有责罚旗人之权。在京旗人民事与笞、杖罪以下的刑事案件，皆交由五城和步军统领衙门审理，徒刑以上的刑事案件则移送刑部。盛京地区较为特别，此处未设理事厅，旗人案件均由地方州、县官处理，地方州、县官可自行完结旗人民事与轻微刑案，重大刑案则须呈送盛京刑部。有别于一般旗人，皇族旗人若涉及民、刑案件，应交由宗人府会同户部或刑部审办。[①] 定宜庄在郑秦研究的基础上，进一步探讨理事同知的设置与意义。理事同知主要设置于八旗驻防地区，其任务为处理旗、民间的冲突。理事同知既为地方属员又属满缺，在司法审判中具有调解地方民官与驻防旗员的功能。理事同知虽然仅有五品，在辖地却拥有崇高地位，一些中央官员多出身于此。[②]

有别于前述研究，胡祥雨《清代法律的常规化：族群与等级》一书，[③] 则更为细致地描绘旗人渐趋"齐民化"的情形。胡祥雨认为清朝入关后，日益降低或废除法律上基于族群或等级的差异，让来自不同族群或等级之人，逐渐遵循一样的法律标准，

---

① 郑秦，《清代旗人的司法审判制度》，《清史研究通讯》，1989：1（北京，1989.03），页21－25。此文修改后收入氏著，《清代法律制度研究》，页304－313。

② 定宜庄，《清代理事同知考略》，收录于庆祝王钟翰先生八十寿辰学术论文集编辑委员会编，《庆祝王钟翰先生八十寿辰学术论文集》（沈阳：辽宁大学出版社，1993），页263－274。

③ 胡祥雨，《清代法律的常规化：族群与等级》（北京：社会科学文献出版社，2016）。

此即法律的“常规化”（normalization）。皇帝秉持着既维护亦不停削弱旗人司法特权的态度，一旦旗人在法律上的特殊性无法符合社会现实，多会适时调整以减少旗、民间的不平等。

在众多与旗人相关的法律史研究中，赖惠敏的一些作品显得颇有新意。《从清代档案看旗人的家庭纠纷（1644—1795）》一文主要讨论中下层旗人的各类家庭纠纷。因有许多案件佐证，法律条文的执行过程得以鲜明呈现，透过档案中的细节内容，亦可分析旗人的家户结构、妇女习气与寡妇再嫁等问题，促使该文无论在史料运用还是研究方法上皆有所突破。[①]

赖惠敏讨论家庭纠纷时，格外重视旗人妇女行为及其扮演的角色。《清代旗人妇女财产权之浅析》企图呼应传统中国妇女财产权这一重要问题，乃透过法律、契约与诉讼案件三类资料，指出旗人妇女在立嗣、嫁妆和继承等权利上均多于汉人妇女。[②]《妇女无知？——清代内务府旗妇的法律地位》则聚焦于内务府旗妇，分析她们在家内各种角色中拥有的权利与义务。本文除了主张内务府旗妇的特殊性来自文化影响外，亦强调部分制度性因素。内务府处理司法事务的机构为慎刑司，该署官员数量较一般州、县衙门来得多，即使民事纠纷仍仔细处理，而非直接交由当事人协调。此举导致妇女拥有更多运作空间，而非完全居于劣势。[③] 上述这两篇研究借由经济纠纷突显旗、民妇女间的差异，为相关讨论提供更多思考方向。

---

① 赖惠敏，《但问旗民：清代的法律与社会》（台北：五南图书出版公司，2007），《第三章·从清代档案看旗人的家庭纠纷（1644—1795）》，页 83－115。

② 赖惠敏，《但问旗民：清代的法律与社会》，《第二章·清代旗人妇女财产权之浅析》，页 51－82。

③ 赖惠敏，《但问旗民：清代的法律与社会》，《第四章·妇女无知？——清代内务府旗妇的法律地位》，页 117－159。

根据赖惠敏的研究不难发现，法律史研究除了刑事规范外，一些民事纠纷亦值得留意。关于旗人民法层面的讨论，主要以旗地最为丰富。满洲政权入关后为保障旗人生活无虞，将北京一带的民地圈为旗地，并依关外时期的“计丁授田”惯例，按丁发放五晌（三十亩）地。[①] 清初圈地政策延续了一段时间，顺治初年与康熙初年份别为两次圈地高潮，直到康熙中叶才逐渐结束。[②] 由于旗地为国家统一分配并严禁买卖，旗人仅拥有旗地使用权而非所有权。[③] 不过随着时间演进，旗地私有化的倾向日益显著，受到买卖禁令尚未完全开放的影响，许多纠纷自然容易产生。

刘小萌对北京旗地交易的探究着力甚深，他根据大量契约文书撰有以下三篇文章。《从房契文书看清代北京城中的旗民交产》认为清代北京的旗人与民人虽分居内、外城中，但其分居情势并不稳定。自康熙初年开始，已有许多旗人购买外城民人房产，并逐渐得到政府许可；民人亦于乾隆朝以降进入内城购买旗地、旗产，他们常利用“典”的方式规避旗地买卖禁令。旗人在旗地、旗产的迅速流失下不仅生计深受影响，更因旗、民普遍混居而逐渐汉化。[④]《乾、嘉年间京畿旗人的土地交易——根据土地契书

① 〔清〕姚文燮，《无异堂文集》，收录于四库未收书辑刊编纂委员会编，《四库未收书辑刊·第 8 辑第 23 册》（北京：北京出版社，2000），卷 7，《圈占记》，页 13a：“本朝八旗禁旅，带甲数百万，制于近畿四百里内，圈地以代饷。……凡圈民地，请旨户部，遣满官同有司，率笔帖式、拨什库、甲丁等员役，所至村庄，相度畎亩，两骑前后，牵部颁绳索，以记周四围而总积之。每圈共得几百十晌，每壮丁分给五晌，晌六亩。晌者，折一绳之方广，其法捷于弓丈。”

② 赵令志，《清前期八旗土地制度研究》（北京：民族出版社，2001），页 102－115。此处主要是指京畿地区的旗地，八旗驻防的圈地多在驻防设立时同步进行，时间并不一致，参见赵令志，《清前期八旗土地制度研究》，页 185。

③ 赵令志，《清前期八旗土地制度研究》，页 302－306。

④ 刘小萌，《从房契文书看清代北京城中的旗民交产》，《历史档案》，1996：3（北京，1996. 08），页 83－90。

进行的考察》有别于上文，特别关注旗人间的土地交易行为。清初旗地不准买卖的禁令，随着时间逐渐发生变化，康熙九年（1670）先允许旗地在旗内买卖，乾隆二十三年（1758）进一步开放越旗交易。禁令的陆续开放，显示旗地兼并行为难以阻挡，旗人间的贫富差距也随之扩大。①《清前期北京旗人满文房契研究》则透过十件满文房契呈现满、汉房契之别，常为白契的满文房契内容较不完整并且多属同旗交易。清中叶以后的满文房契已非常少见，如实反映当时旗人大多汉化的趋势。②

除了刘小萌之外，赖惠敏亦曾利用契约文书讨论旗地交易。《从契约文书看清前期的旗地政策与典卖（1644—1820）》指出，清政府管理旗地的政策本有缺失，官方对不需纳税的旗地始终未有详尽丈量资料，导致旗地发生纠纷时难以查核。另一方面，旗人大多将旗地交给旗下奴仆耕种，许多奴仆眼见有机可乘便将旗地占为已有。旗地的流失未必皆为旗人自身问题，其中还存有一定制度性因素。③ 同样是利用契约文书，刘小萌较留意旗地交易的过程与影响，赖惠敏则是进一步分析旗地纠纷的深层原因，双方可说是各有侧重。

旗人由于身属国家仰赖的重要力量，清政府除了给予土地协助维持生计外，还提供许多政治参与的机会。在国家的刻意保障下，旗人有别于汉人拥有更宽广的入仕途径，受皇帝重用出相入

---

① 刘小萌，《乾、嘉年间京畿旗人的土地交易——根据土地契书进行的考察》，《清史研究》，1992：4（北京，1992. 12），页 40－48，39。

② 刘小萌，《清前期北京旗人满文房契研究》，《民族研究》，2001：4（北京，2001. 07），页 84－94。

③ 赖惠敏，《从契约文书看清前期的旗地政策与典卖（1644—1820）》，《中央研究院近代史研究所集刊》，32（台北，1999. 12），页 127－163。

将者不乏其人。[①] 除了入仕机会较多外，旗人发生行政疏失时的惩处亦与汉人不尽相同。孟姝芳指出在清朝军制中，八旗、绿营分属两大系统，若以官员处分的角度观之，其中存有处分法规、承担责任和处分类属之别。透过旗人官员的处分特殊性，即能证明清朝重八旗轻绿营的倾向。[②] 孟姝芳留意到八旗与汉人官员的行政处分差别，有效弥补前人之不足，然孟姝芳的讨论仅限乾隆朝，难以呈现制度的演变全貌，此外只将旗人视为武官进行讨论，似乎也忽略旗人"文武互用"频繁之情形。[③] 关于八旗官员的行政处分制度，仍有许多待开发的空间。

清朝在巩固政权和保护旗人的双重考虑下，不仅给予旗人身入庙堂的多种途径，也让他们拥有披甲当差的机会，此举既可维持八旗武力的稳定，旗人亦能领有固定饷银维持生计。对大部分旗人而言，这份披甲钱粮是他们赖以为生的重要收入。[④] 然而这些广受皇恩的旗人，似乎令皇帝越来越失望。叶高树在《深维根本之重：雍正皇帝整饬旗务初探》[⑤] 和《清雍乾时期的旗务问题：

---

① 旗人除了科举外，还可透过官学、翻译科考、挑选侍卫与拜唐阿（baitangga，衙门中无品级的杂役、执事人）等方式入仕，他们入仕后的升转速度往往也较汉人来得快。这方面的研究详可参见杜家骥，《八旗与清朝政治论稿》（北京：人民出版社，2008），《第十二章・旗人之任官制度与其政治影响》，页 413 - 434。

② 孟姝芳，《乾隆朝官员处分研究》（呼和浩特：内蒙古大学出版社，2009），页 98 - 116、133 - 136。

③〔清〕福格著，汪北平点校，《听雨丛谈》，卷 1，《军士录用文职》，页 26："古人才智宏达，不拘一隅，故文武共途，无所处而不当。……我朝效法三代，八旗仕进之阶，不泥一辙，大臣故不判其文武，下至食饷弯弓之士，亦有文职之径。"

④《清高宗纯皇帝实录》（北京：中华书局，1985），卷 1358，页 201，乾隆五十五年七月乙酉条："更念旗人，俱赖钱粮度日。"

⑤ 叶高树，《深维根本之重：雍正皇帝整饬旗务初探》，《台湾师大历史学报》，32（台北，2004. 06），页 89 - 120。

以雍正十三年满、汉文“条陈奏折”为中心》[①] 两文中，指出清世宗有鉴于旗人素质严重下滑，积极从“清语骑射”的教育训练、改善旗人生计问题与革除奢靡放纵的不良习性三部分着手，希望彻底解决旗人的衰败情势。然根据清高宗甫继位的“条陈奏折”，可知清世宗大力改革下的成效似乎非常有限，清高宗见状亦只能在其父基础上继续整顿。皇帝为导正旗人日益颓败的风气，甚至会拟定若干惩罚与禁制加以恫吓。这类特别针对旗人实施的单行法规，也是八旗制度研究的重要环节，可惜长期以来较未受人重视。叶高树关于这方面的讨论，着实为后人提供继续深化的基础。

皇帝面对旗人素质的日益滑落，多指出问题症结在于旗人“渐染汉习”。[②] 虽然旗人自入关以来，在旗、民分治政策下多与汉民相隔离，[③] 但实际上未必尽是如此。因为即使被局限于固定空间内，[④] 旗人许多生活机能仍有赖民人才能维持，旗、民间的

---

① 叶高树，《清雍乾时期的旗务问题：以雍正十三年满、汉文“条陈奏折”为中心》，《台湾师大历史学报》，38（台北，2007. 12），页 69－152。关于“条陈奏折”的细部分析，详可参见叶高树，《各抒所见——雍正十三年满、汉文“条陈奏折”的分析》，《故宫学术季刊》，23：4（台北，2006 夏），页 75－127。

② 叶高树，《习染既深，风俗难移：清初旗人“渐染汉习”之风》，收录于台湾师范大学编，《近世中国的社会与文化（960—1800）论文集》（台北：台湾师范大学历史学系，2007），页 247－275。

③ 根据管东贵的推算，满洲政权入关前的人口大约为七十五万到八十万之谱，当时中国人口则有一亿三千万到一亿五千万左右。详可参见管东贵，《入关前满族兵数与人口问题的探讨》，《中央研究院历史语言研究所集刊》，41：2（台北，1969. 06），页 179－194。

④ 清朝入关初期在北京城内，强行实施旗、民分居政策，原本在内城居住的汉人无论官民一律迁居外城，内城则成为清朝皇室、王公贵族和八旗官兵的聚居区域，参见刘小萌，《清代北京旗人社会》（北京：中国社会科学出版社，2008），页 54。除了北京城以外，驻防地区也多采旗、民隔离政策。详可参见马协弟，《清代满城考》，《满族研究》，1990：1（沈阳，1990. 03），页 29－34。

频繁接触在所难免。[①] 有论者甚至指出北京香会组织中的旗、民互动相当融洽，香会不仅提供旗人精神寄托，更有助于旗、民生活与文化的交融。[②] 旗人尚武朴实精神的丧失虽然未必与汉化直接相关，但从皇帝将其归咎于“渐染汉习”来看，多少反映当时旗、民间已打破藩篱，不再完全形同陌路。

关于旗、民关系的研究，除了旗人大本营北京外，全国各地的驻防八旗亦是学者的关注焦点。满洲政权在关外时期即有筑城屯兵的习惯，入关后为有效控制汉人稳定情势，初期的驻防八旗常随战事转移。不过官方在一些军事要地上，仍有永久驻防的计划，首先于顺治二年（1645）分别在江宁、西安两处设立驻防，随后又在康熙、乾隆两朝，依序确立直省与边疆驻防的设置。[③] 清政府为减少旗人在部分驻防地区与汉人过度接触，多将旗人活动范围局限于“满城”中，[④] 但旗人毕竟无法完全与世隔绝，满城的隔离效果其实不如预期。

关于八旗驻防与民人的互动，以下几篇着重双方矛盾与冲突的研究值得留意。赖惠敏以杭州满城为题的《从杭州看清代的满

---

① 刘小萌，《清代北京旗人社会中的民人》，收录于故宫博物院国家清史编纂委员会编，《故宫博物院八十华诞暨国际清史学术研讨会论文集》（北京：紫禁城出版社，2006），页 93 - 107。

② 刘小萌，《清代北京旗人社会》，页 367 - 440。

③ 关于八旗驻防的设置概述，详可参见定宜庄，《清代八旗驻防研究》（沈阳：辽宁出版社，2002），《第一章・八旗驻防制度的形成》，页 8 - 116。

④ 满城的定义具有广义与狭义之分，广义的满城为八旗驻防所筑之城池，狭义的满城则有下列两种说法。马协弟认为惟有设置于直省都会或府州重地，驻防者主要为满洲旗人，且与驻地附近居民（汉人或回人）存有鲜明对比者，才可称为满城；朱永杰则将八旗驻防的驻扎地，细分为满城、满营与驻防城三类。相关讨论详可参见马协弟，《清代满城考》，页 30、朱永杰，《“满城”特征探析》，《清史研究》，2005：4（北京，2005. 11），页 83 - 84。学界目前对满城的定义似乎尚无定论，满城的数目至今也未有共识。

汉关系》，不仅介绍一些相关制度，还特别指出驻防旗人仍保有故土旧俗，以及多有欺压汉人的行为，但清政府对扰民的不法旗人常未严惩。基本上此处的旗、民关系，自清初到盛清间并不融洽，直到嘉庆朝以后因旗人逐渐汉化，旗、民对立的情形才日益减少。[①] 汪利平的《杭州旗人和他们的汉人邻居：一个清代城市中民族关系的个案》，同样讨论杭州的八旗驻防，但该文重点主要置于驻防兵丁的认同意识。杭州的旗、民关系绝非始终处于冲突状态，汉民渐渐能接受旗人为生活中的一部分，而旗人与杭州人这两种身份，往往也并存于驻防旗人的自我认同中。当地直到清末受到革命反满浪潮的影响，旗、民间的矛盾才再度展现。[②] 潘洪钢的《清代驻防八旗的民族关系研究——从荆州旗、民的几次斗殴事件入手的探讨》，则利用道光与光绪两朝荆州驻防的几次旗、民斗殴案件，讨论当地的旗、民互动。旗、民间平时虽然互动融洽，但由于双方身份终究有别，难免会产生严重冲突，清朝灭亡后甚至还存有类似事件。[③] 借由上述研究可知八旗驻防与当地汉民的关系非常复杂，难以简单一概而论。对于满洲统治者而言，稳定汉人民心为巩固政权的重要关键，清政府该如何处理旗、民冲突避免激起族群矛盾，是个有待继续深究的课题。

在清末革命浪潮下，旗人多被视为协助皇帝压迫汉人的异族

---

① 赖惠敏，《从杭州看清代的满汉关系》，《两岸发展史研究》，5（桃园，2008. 06），页 37 - 89。

② 汪利平，《杭州旗人和他们的汉人邻居：一个清代城市中民族关系的个案》，《中国社会科学》，2007：6（北京，2007. 11），页 188 - 200。

③ 潘洪钢，《清代驻防八旗的民族关系研究——从荆州旗、民的几次斗殴事件入手的探讨》，《江汉论坛》，2005：2（武汉，2005. 02），页 72 - 76。

分子，平时完全不受法律约束，即使“作奸为盗”亦能“逍遥法外”。[①] 这种带有浓厚民族情绪的特殊观点，导致许多学者讨论旗人的法律地位时，难以跳脱传统“特权论”窠臼。[②] 透过上述研究回顾，可知近年关于旗人的法律史研究，无论在历史解释还是议题开发上都较昔日来得多元。清朝法律史与八旗制度研究的结合至今已日益成熟，[③] 日后惟有透过更多规范条文的梳理，以及运用档案中的实际案例，尝试综论法律中的各种面向，才有机会突破现有格局，提出有别过往的研究成果。

第三节　研究方法与架构

中国史上的历代王朝，除了汉人政权外，有些则为非汉民族所建立。然而在“夷狄入中国则中国之”的想象下，汉人大多相信在中国建立王朝的“异族”将难以避免地汉化，逐渐成为“华夏”成员的一分子。[④] 这种带有文化优越意识的“汉化”

---

① 黄季陆主编，《民报·第4册》（台北：中国国民党中央委员会党史史料编纂委员会，1969），《天讨（民报临时增刊）·普告汉人》（明治四十年［1907］发行），页1946、1952：“试就满洲之历史观之，满洲之虐民，较嬴秦、蒙古为尤酷，不必征之野史也。……又以有司，无治旗之例，故凡旗民作奸为盗者，均得逍遥法外，而惟所欲为。”

② 相关研究成果可参见郑秦，《清代法制史研究综评》，收录于氏著，《清代法律制度研究》，页458－462。

③ 近期有两本综论值得注意，其一为前述胡祥雨的《清代法律的常规化：族群与等级》，其二则是高中华的《清朝旗民法律关系研究》（北京：经济管理出版社，2015）。

④ 汪荣祖，《论多民族中国的文化交融》，收录于汪荣祖、林冠群主编，《胡人汉化与汉人胡化》（嘉义：台湾中正大学台湾人文研究中心，2006），页1－39。汪荣祖认为“汉化”观虽有其影响力却不够全面，因为在大一统的观念下，往往只能看到中国的一致性，进而模糊中国的多样性。

观，不但深植许多中国人心中，甚至成为一种普遍的历史解释。[①]

长期主导人们看待“异族”入主中原处境的“汉化”观，在1949年遭逢魏复古“征服王朝”理论的挑战。魏复古认为研究者必须跳脱传统的同化学说（absorption theory），改采文化涵化（acculturation）概念。简单来说，辽、金、元和清这四个“征服王朝”，发展了一种永久理性的本土主义形式（perpetuative-rational forms of nativism），而非毫无保留地完全“汉化”；惟有社会界线荡然无存，他们才会与汉文化完全融合，此时通常也是征服王朝的终结。[②] 中国史上的“征服王朝”，对汉文化的接受其实有所选择。在维持本民族特色的考虑下，“征服王朝”统治中国期间始终具有“社会、文化二元性”特征。

魏复古“征服王朝”理论的提出，虽未被所有学者认同，但已对传统的“汉化”观产生不小冲击。在魏复古的提醒下，研究者逐渐跳脱“汉人中心论”，试图从非汉民族角度观察问题。然而随着许多学者反复讨论，“征服王朝”理论的一些盲点也逐渐浮现。其一为将生产体系、历史性格不同的游牧民族，与狩猎农耕民族相提并论是否恰当；[③] 其二为魏复古虽已留意到“征服王

---

① 除了中国学者外，一些外国学者亦采取类似观点，例如著名的法国汉学家沙畹（Emmanuel-èdouard Chavannes）和伯希和（Paul Pelliot），均认为契丹入侵中国后即逐渐汉化为中国式朝代。参见魏复古著，苏国良等译，《中国辽代社会史（907—1125）总述》，页9。

② 魏复古著，苏国良等译，《中国辽代社会史（907—1125）总述》，页30－32。

③ 村上正二著，郑钦仁译，《征服王朝》，收录于郑钦仁、李明仁等编译，《征服王朝论文集》，页120。

朝”间的各别差异，[1] 但“征服王朝”理论仍有可能导引出北亚历史“一元性”发展的结果。[2] 持平而论，“征服王朝”理论因着眼于非汉民族“征服”中国之举，仍以中国历史为主轴，对于北亚历史的发展脉络自然较少论及。我们与其强调魏复古忽略北亚诸民族历史的复杂性，不如重视他描绘“征服王朝”一致性特征的企图。“征服王朝”理论能否反映历史现象实属见仁见智，[3] 但魏复古指出非汉民族入主中原后并未完全汉化，反而在中国推行“二元统治”的核心观点，直到今天仍有一定参考价值。

不过若从北亚族群自成系统的历史进程加以观察，魏复古在部分历史解释上确实有些简化。“征服王朝”理论即使颇有见地，但魏复古在一些细节处可能为求通则而着墨不多，关于“二元统治”的执行内涵，就是个很好的例子。根据魏复古的观点，非汉民族入主中原后为保持自身权益，在行政、军事和经济等方面多展现二元性。该“二元”的具体分野，或可从“征服者”与“被征服者”之别来初步理解。有些研究探讨入侵中国的“征服者”时，多将其归类为单一族群，例如契丹、女真、蒙古与满洲，然

① 例如魏复古认为辽朝和金朝，分别代表征服型态的两大主要副型（subtype）：辽朝为文化抵抗型（culturally resistant），金朝为文化让步型（culturally yielding），清朝则是过渡时期（transitional），参见魏复古著，苏国良等译，《中国辽代社会史（907—1125）总述》，页 51。这种分类方式或许仅强调这些“征服王朝”接受汉文化的程度差别，原则上仍视他们为一体。

② 吉田顺一著，郑钦仁译，《北亚的历史发展与魏复古的征服王朝理论》，收录于郑钦仁、李明仁等编译，《征服王朝论文集》，页 174－177。

③ 有些学者讨论“征服王朝”理论时，因不赞同魏复古的预设前提而认为该理论难以反映史实。例如岛田正郎指出契丹国不该被视为中国历代王朝之一，而应将其置于北亚民族史中，当作胡族国家来思考比较恰当。参见岛田正郎著，李明仁译，《征服王朝乎？胡族国家乎?》，收录于郑钦仁、李明仁等编译，《征服王朝论文集》，页 226－234。

而这种见解不仅未留意族群概念的复杂性,[①] 更忽略"征服王朝"在边疆崛起之初常兼有农、牧两种生产形态。[②] 因此,"征服王朝"在入主中原前夕,往往已具备多民族国家的特质。[③]

相较于几个早期北亚游牧民族帝国,"征服王朝"无疑有其特殊性,不少研究已深入探讨该议题,[④] 以下兹以拉铁摩尔(Owen Lattimore)与狄宇宙(Nicola Di Cosmo)的作品为例。拉铁摩尔指出这些得以征服中国的游牧民族,主要来自农、牧交界地带的草原"边际"(marginal)区,他们并非典型的游牧民族,而是一种混合文化民族。此处的游牧民族在长期与中国交战下,逐渐兼有草原部落联盟与中原王朝两者之长,此举不仅促使这些"边际王朝"越来越善于运用农耕文明的经济资源,他们一直引以为傲的战斗力亦日益增强。[⑤] 狄宇宙进一步认为每个北亚

---

① 王明珂强调一个族群的界定,有客观特征与主观认同两种层面,后者又有工具论(instrumentalists)与根基论(primordialists)两种模式。不过无论何种界定方式,都不是完全对立无法兼容。详可参见王明珂,《华夏边缘:历史记忆与族群认同》(北京:社会科学文献出版社,2006),页9-20。根据上述内容可知族群的组成绝非一成不变,其内涵相当复杂。若以自十二、十三世纪兴起的蒙古为例,他们应是由蒙古高原及其东边的一些部族混合而生,主要可分为蒙古语系的室韦——蒙古,以及蒙古突厥混合语系的鞑靼两类。人们因常将语族与民族两种概念相混淆,故多误认蒙古为单源民族。相关讨论详可参见孙进己,《蒙古族的多源多流》,收录于郝时远、罗贤佑主编,《蒙元史暨民族史论集》(北京:社会科学文献出版社,2006),页86-100。

② 护雅夫著,李明仁译,《再论征服王朝》,收录于郑钦仁、李明仁等编译,《征服王朝论文集》,页203。护雅夫因认为女真与满洲,属于原始农耕民族而非游牧民族,故在此文中仅论及契丹与蒙古的状况。

③ 村上正二著,李明仁译,《征服王朝论》,收录于郑钦仁、李明仁等编译,《征服王朝论文集》,页195。

④ 关于这方面的研究讨论,详可参见王明珂,《游牧者的抉择:面对汉帝国的北亚游牧部族》(桂林:广西师范大学出版社,2009),页8-11、233-244。

⑤ 拉铁摩尔(Owen Lattimore)著,唐晓峰译,《中国的亚洲内陆边疆》(南京:江苏人民出版社,2005),页347。拉铁摩尔虽未如同魏复古般明确提出"边际王朝"概念,但他确实特别重视"征服王朝"地理位置的重要性。拉铁摩尔的看法可说为"征服王朝"均有一定半农半牧特征,提供更完整的解释。

游牧国家的生存关键均为掌控资源，随着诸多游牧政权的更迭兴亡，后起之秀陆续在前人经验上发展更容易获得外部资源的方式。因此，自10世纪初崛起的“征服王朝”，开始尝试直接控制农业地区资源，不再只依靠不稳定的朝贡或贸易维生。[①]

无论前述几种论点何者较为正确，这些研究均呈现一共同现象，即“征服王朝”越过长城长驱直入前，可能已是多元文化兼容并蓄，惟各“征服王朝”间仍有些许差异。综观这些“征服王朝”入侵汉地前凝聚的诸族群，除有各种游牧民族势力外，许多汉人亦被招徕为己所用；这些汉人不仅能为统治者提供农业资源，甚至成为国家极为仰赖的重要成员。[②] 从此角度来看，借由

---

① 狄宇宙根据国家取得财政收入的策略，将内亚（inner Asian）游牧民族建立的国家分为四大阶段：朝贡（tribute）、贸易伙伴（trade partnerships）、二元管理体制（dual administration）和直接征税（direct taxation）。上述四阶段未有固定演进时序，而是随着国家治理经验的累积逐步出现更多种选择，一个游牧国家可能同时兼有多种手段获得外部财富。狄宇宙认为较晚出现的游牧国家，在前人经验的影响下发展更为多元。详可参见 Nicola Di Cosmo, "State Formation and Periodization in Inner Asian History," *Journal of World History*, 10: 1 (Spring, 1999), pp. 1-40.

② 这方面的精要综论可参见陶晋生，《历史上汉族与边疆民族关系的几种解释》，收录于韩复智编，《中国通史论文选辑·下》（台北：双叶书廊，1973），页176-177。关于汉人“文官”的讨论，详可参见姚从吾，《契丹汉化的分析——从契丹汉化看国史上东北草原文化与中原农业文化的合流》，收录于韩复智编，《中国通史论文选辑·下》，页161-164；陶晋生，《女真史论》（台北：稻乡出版社，2003），页38-42；萧启庆，《忽必烈“潜邸旧侣”考》，收录于氏著，《内北国而外中国：蒙元史研究·上册》，页113-143；袁闾琨等著，《清代前史·下卷》（沈阳：沈阳出版社，2004），页552-557、561-579。关于汉人提供军事武力的讨论，详可参见杨若薇，《契丹王朝政治军事制度研究》（台北：文津出版社，1992），页31-34；陶晋生，《女真史论》，页34-36；萧启庆，《元代的宿卫制度》，收录于氏著，《内北国而外中国：蒙元史研究·上册》，页216-255；赵绮娜，《清初八旗汉军研究》，《故宫文献》，4: 2（台北，1973. 03），页55-66；谢景芳，《八旗汉军的名称及含义沿革考释》，《北方文物》，1991: 3（哈尔滨，1991. 08），页84-88；黄一农，《红夷大炮与皇太极创立的八旗汉军》，《历史研究》，2004: 4（北京，2004. 08），页74-105。

族群属性来区分“征服者”与“被征服者”并非易事。[①]

“征服王朝”的“二元统治”一大特征，或可视为统治者刻意透过制度，将特殊成员划分出来的政策；[②] 所谓的“二元”实难根据某种族群或文化来归类，只能简单区别为“征服者”与“被征服者”两种集团。基本上各族群成员均分布于这两个范畴中，统治者也会视情况扩增或缩编“征服者集团”。通常“征服王朝”在刚崛起或政局不稳时，多积极吸收非本民族成员加入“征服者集团”，为统治者提供更多力量与资源。[③] 值得注意的是，每个“征服王朝”的“征服者集团”皆有自身特色，实际运作情形亦不尽相同。[④]

---

① 部分学者探讨“征服王朝”理论时，已留意“征服王朝”自崛起至征服中国始终具备多民族特质，例如村上正二认为元朝社会相当复杂，并非简单的二元社会，参见村上正二著，郑钦仁译，《征服王朝》，页 148－150。叶高树亦指出清朝拥有文化高度包容性的“多元一体”特点，而非过往王朝的文化强势主导意识，参见叶高树，《清朝前期的文化政策》，页 45－52。

② 叶高树曾指出清朝旗人实属制度性群体，他进一步强调若运用“征服王朝”理论研究清史，尚须考虑征服主体已属“多民族”（multiethnic）统治型态。参见叶高树，《满洲统治中国的特征：对“征服王朝”理论与“汉化”观点的省思》，收录于台湾历史学会编辑委员会编，《迈向 21 世纪的台湾历史学论文集》（台北：稻乡出版社，2002），页 277。除了叶高树专论的清朝外，其余“征服王朝”应也有类似依制度区分“征服者”与“被征服者”的现象。

③ “征服者集团”除了策士、战士等身份外，部分成员的任务则是为统治阶层提供资源或照料其生活，例如契丹斡鲁朵中提辖司管理的“番汉转户”、蒙古的投下私属民与满洲的包衣。这些特殊成员的户籍与一般人民有别，应可视为“征服者集团”的一分子。上述特殊成员的介绍，详可参见杨若薇，《契丹王朝政治军事制度研究》，页 55－65、李治安，《元代政治制度研究》（北京：人民出版社，2003），页 400－416、祁美琴，《清代内务府》（沈阳：辽宁民族出版社，2008），页 14－35。

④ 最明显的例证为每个“征服者集团”大多不是同构型团体，其内部几乎仍有族群分野，惟组织结构又不尽相同。相关讨论详可参见陶晋生，《女真史论》，页 77、傅克东、陈佳华，《八旗制度中的满汉蒙关系》，《民族研究》，1980：6（北京，1980. 11），页 24－39，56。这些不同处象征各“征服者集团”拥有专属运作方式，其内部成员地位未必一致。

上述分析对厘清“征服王朝”如何执行“二元统治”应有帮助，然而该理解方式仍稍嫌不足。毕竟“二元统治”尚存另一面向，即所谓族群分治政策。若以辽朝“北、南面官制度”为例，其统治者先将帝国成员简单分为游牧、农业族群，再以“因俗而治”之法加以管理，此举明显也是种“二元统治”。民族分治政策的推行，乃希望借由尊重各族群的习惯旧俗，达到稳定政权的效果。然而该统治策略下的期待似乎无法尽如人意，因为国家如果没有统一法典的颁行，有时反而不利于官方统治。[①] 辽政府为解决该问题，曾尝试调和汉法与契丹法，意图针对疆域内各族群实施统一法律，这些努力可惜最终并未成功。[②]

尽管辽朝调和不同法律的努力以失败作收，此举依然影响后世深远。继辽而起的金、元二朝，均在政局相对稳定时推行类似改革。女真旧俗与汉法的相结合始于金熙宗朝，金章宗泰和二年（1202）正式颁布的《泰和律》，即属兼容两者并适用于全国成员的法典。[③] 从此除了少数民事规范还是“因俗而治”外，金朝原

---

① 国家法典未一致化的最大问题，为不同族群间发生冲突时应施予何种规范较为恰当，参见柏清韵著，蔡京玉译，《辽金元法律及其对中国法律传统的影响》，页148。

② 辽朝曾将《重熙制》改订后宣布全国臣民一体适用，但此举未实行太久就宣告结束。这次改革之所以难以实践，主要原因有二：其一为无论契丹人还是汉人，有时均认为刑罚变得过重，其二为部分契丹民事旧俗与传统汉法差异过大，双方难以互相调和，婚俗即为一明显的例子。详可参见柏清韵著，蔡京玉译，《辽金元法律及其对中国法律传统的影响》，页149－153。

③ 金朝这方面的举措，可能与其政治结构有关。陶晋生曾指出女真人运用一套相当成功的方法统治中国东北与华北，该典范亦被元、清两朝模仿。金朝的政治结构相当特殊，与传统中国、契丹的制度皆有别。相关讨论详可参见陶晋生，《金代的政治结构》，《中央研究院历史语言研究所集刊》，41：4（台北，1969. 12），页567。

则上已建立全国通行一致的法律体系。[①] 元世祖入主汉地后，至元八年（1271）前的法律运作仍以《泰和律》为主，惟刑罚依蒙古旧俗有一定比例的减轻。《泰和律》自至元八年永远禁行后，[②] 元朝并未立即颁布新法典取而代之，而是透过许多新修单行法规建立崭新的法律体系。[③] 此举虽有些别出心裁，却未转变调和汉法与游牧民族法于一体的企图。元朝首先在刑事规范方面达成目标，其策略甚至较金朝更为妥切；[④] 此外在民事规范上亦尝试统合，但这方面的努力因涉及复杂的文化层面，仅维持一小段时间

① 根据《泰和律》的内容可知，除了民事方面的婚姻与继承规范保留女真旧俗以“因俗而治”外，基本上已属全国通行一致的法典。《泰和律》的刑罚常具有双重性，即某一罪行同时处以杖刑与徒刑，恰能反映汉法与草原习惯法融为一体。详可参见柏清韵著，蔡京玉译，《辽金元法律及其对中国法律传统的影响》，页153-157。此外金朝实施徒刑附加杖刑之举，在《泰和律》以前已有惯例，相关讨论详可参见姚大力、郭晓航，《金泰和律徒刑附加决杖考——附论元初的刑政》，收录于柳立言编，《宋元时代的法律思想和社会》（台北：台湾编译馆，2001），页63-81、陈昭扬，《金代的杖刑、杖具与用杖规范》，收录于台师大历史系、中国法制史学会、唐律研读会主编，《新史料·新观点·新视角：天圣令论集（下）》（台北：元照出版公司，2011），页76-80。

② 是年元世祖正式定国号为“大元”。一般认为元朝在至元八年前并无国号，该见解可能不完全正确。蒙古政权在此之前，其实拥有并行五十余年的“大蒙古国”与“大朝”两种国号，后者主要用于对内场合。值得注意的是，“大朝”可视为“大蒙古国”的简称，而“元朝”的“元”亦有“大”的意涵，这三者间具有一定关联性。关于元朝国号的讨论，详可参见萧启庆，《说“大朝”：元朝建号前蒙古的汉文国号》，收录于氏著，《内北国而外中国：蒙元史研究·上册》，页62-78。

③ 元朝在沿用《泰和律》的同时，亦会颁布一些国家断例，这些独立单行法规逐渐吸收《泰和律》的精神，进而形成一套新的法律体系。关于元朝法律体系的建立过程与意义，详可参见姚大力，《论元朝形法体系的形成》，收录于柳立言编，《宋元时代的法律思想和社会》，页83-128。

④ 最明显的例子即元朝将草原游牧民族的赔偿习俗，与传统汉法的刑法相结合，巧妙地创设征偿制度，解决辽、金两朝遭遇的一些难题。元朝法律尝试在蒙古习惯法与传统汉法的刑罚间取得平衡，而非如同辽、金两朝般将两种刑罚迭加起来。参见柏清韵著，蔡京玉译，《辽金元法律及其对中国法律传统的影响》，页167-172。

就宣告结束。[1] 综观金、元二朝的法律制定，虽秉持“因俗而治”原则却未墨守成规，多审度时势谨慎改革，分别发展出具有自身特色的“二元统治”。[2]

透过上述分析，可知所谓“二元统治”应能从两层面来理解。其一为统治者借由制度将“征服者”与“被征服者”相区隔，“征服者集团”因身属统治者仰赖的重要力量，常在行政或经济资源上拥有一定保障，成为国家中的特殊阶层。其二则是统治者为妥善管理各族群而推行的民族分治政策，即人们耳熟能详的“因俗而治”。上述两种看似不同的“二元统治”，背后主要目的却均为维持政权的稳定。总而言之，讨论“二元统治”时有必要留意其双重意涵：一方面为以是否拥有特殊待遇与任务来区分的社会阶层，另一方面则是以不同文化来归类的族群分野；这两者所呈现的，恰与“征服王朝”的“社会、文化二元性”特征相符。根据“二元统治”的不同面向，或能简单推论出两种“二元群体”，其一为“征服者集团”与“被征服者集团”，其二则为“非汉”族群与“汉”族群。“征服者集团”与“非汉”族群常被认为高度重叠，“被征服者集团”与“汉”族群亦然，但他们彼此间终究无法直接画上等号，其中

---

① 柏清韵著，蔡京玉译，《辽金元法律及其对中国法律传统的影响》，页 157－185。关于蒙古民事规范的研究，另可参见柏清韵另一篇文章：柏清韵著，柳立言译，《元代的收继婚与贞节观的复兴》，收录于柳立言编，《宋元时代的法律思想和社会》，页 387－428。

② 值得一提的是，元朝因领土广大又属蒙古帝国的一部分，其情势远较辽、金两朝来得复杂。例如元帝国内部的复杂文化关系，不易简单运用“二元统治”加以说明。若从法律的角度来看，带有浓厚伊斯兰文化色彩的“回回法”，亦具有一定重要性。“回回法”主要可分为教律、民事规范和刑罚三部分，前两者大多受到元政府尊重。相关讨论详可参见王东平，《元代回回人的宗教制度与伊斯兰教法》，《回族研究》，2002：4（银川，2002. 11），页 44－50。

的微妙处值得细心体会。

"征服王朝"实属一概括性概念，每个"征服王朝"均有丰富的个别差异。令人好奇的是，身为中国历史上最后一个"征服王朝"，清朝的"二元统治"具有何种特殊性？清朝除了受到明帝国资产的影响，辽、金、元三朝亦是清朝引以为鉴的对象，在这些因素的交错下，清朝的"二元统治"内涵格外耐人寻味。清朝的"征服者集团"究竟为何？关外旧俗与传统汉法间又是如何调和？这些皆为本书打算探讨的重要课题。

本书为求完整回答上述提问，兹以旗人群体为研究对象。旗人泛指八旗组织中的各种成员，他们在关外时已是皇帝仰赖的重要力量，将其视为清朝的"征服者集团"并不为过。若想探求清朝"征服者集团"的特殊性，以清朝法律为主轴分析旗人身居其中的地位，应属最直接的方式。另一方面，借由观察旗人入关后的法律适用情形，亦能为清政府如何调整"因俗而治"提供部分解答。由此可知旗人入关后的法律地位，无疑是探讨清朝"二元统治"特质的重要取径。

综观中国法律史研究，已逐渐由早期的"法典史"面向，即重视法律的"规范史"与"观念史"，转变为强调法律"社会史"面向的"审判史"研究。[①] 法律史研究在这股趋势下，日益摆脱过往的单纯条文分析，走向法律实际运作的讨论。这种研究焦点的转变，确实有助于法律史研究更为深化，然而如何透过法律实

① 根据黄源盛等人的统计，台湾法学院近五十年来的法史学硕、博士论文已反映该研究转向。参见黄源盛等，《薪传五十年——台湾法学院法史学硕博士论文》，《法制史研究》，14（台北，2008．12），页198－202。

践进一步重建国家的法律体系，亦是不可忽略的重要工作。① 本书有鉴于此，并未在“法典史”或“审判史”间有所偏废，而是积极将两者并重讨论。

若采取较为广义的解释，国家颁行的各种规范均可视为法律。② 因此，清朝法律史研究除了基本律典外，各朝会典与诸部院则例亦值得留心。本书不仅以《大清律例》为中心，更运用《大清会典》、《大清会典事例》、《户部则例》、《吏部处分则例》与《八旗则例》等资料，全面探讨与旗人相关的规范内涵。在清朝法律的实践方面，现存规模庞大的档案留下不少珍贵纪录。本书主要以宫中档、明清内阁大库档、军机处档月折包为基础，搭配其他类别的档案进行案件分析。在为数甚多的档案中，尤其不可忽略满文档案的重要性，满文档案有时能有效弥补汉文档案之不足，为探讨旗人法律地位不可或缺的重要史料。清朝法律史目前的研究趋势，似乎较着重“审判史”面向，研究者如何在此基础上继续深化，应属刻不容缓的重要任务，本书即可算是一种尝试。

本书除了绪论与结论外，共分为四个部分。前三部分乃根据

---

① 有学者将此概念称为“动态制度史”研究，即突破单纯静态描写的“典章制度史”格局，尽量呈现“游戏规则”实际操作与不断演变的一面。具体而言，“动态制度史”研究必须满足下列两个标准：其一为全面描述人们如何既受“新生制度”制约，又冲击“既有制度”的动态过程；其二为尝试说明引发人与制度相互影响的内在动力为何。相关讨论详可参见邱澎生，《“动态制度史”研究如何可能？——评介〈明代中央司法审判制度〉》，《明代研究通讯》，6（台北，2003. 12），页129－142。

② 广义的法律是指国家依统治阶级意志制定或认可，并由国家强制力保证其实施的行为规范总称。法律既是以行为规范为其存在的形式，亦以调整人们权利、义务关系为内容。参见浦法人编，《法律辞典》（上海：上海辞书出版社，2009），页1，“法”。

现代法学概念，分别从刑法、民法和行政法的角度，全面探讨旗人的法律地位。第二章“旗人的刑事规范与司法制度”，旨在分析旗人的刑罚、审判与诉讼制度，这些均为旗人在法律上最明显的特点，也是探讨旗人法律地位的根本内容，实有必要先行考察。第三章“旗人的民事规范与纠纷调解”，主要以“田土”、“钱债”与“户婚”等民事案件为中心，此外还会触及满洲旧俗与传统汉俗在民事规范方面的调和议题。第四章“旗人的行政规范与行政制裁”，拟将视野转移至行政法范畴，因其内涵相当庞杂，本章特别聚焦于三个较能展现旗人特殊性的主题，即八旗官员、兵丁之规范，与旗人的人身自由限制。本书最后一部分《皇帝对旗人扰民事件的态度》，则是跳脱前三章脉络，专门探讨旗、民分治政策的运作与意义，主要关注皇帝如何处理旗、民冲突，以及面对法律上的旗、民差异问题。

最后必须附带说明的是，因与旗人相关的法律条文演变主要集中于道光朝以前，故本书的时间断线设定在顺治朝至道光朝这段期间。除此之外，旗人群体中最特殊的一群人，即被称为宗室、觉罗的皇族旗人。他们虽然也是旗人的一分子，但其“天潢贵胄”的身份远非一般旗人可以比拟，适用的法律规范也大多另成体系。本书为求结构一致与完整，未将皇族旗人纳入讨论。

第二章
旗人的刑事规范与司法制度

在现代法学中，刑法为规定犯罪与刑罚的强制社会生活规范，凡规定犯罪成立要件及其法律效果为内容的国家法律均属之。[①] 刑法虽然属于现代法学概念，但透过上述定义不难发现，传统中国的刑法发展其实源远流长。[②] 相较于世界上其他地区，中华法系很早已有内容成熟的刑法典，甚至以此作为国家法律的基础。[③] 在这长时段历史进程中，非汉民族建立的"征服王朝"有何特殊处，常受到研究者的瞩目。

对于"征服王朝"而言，如何有效建立国家法典，并在其中维持"征服者集团"的特殊性，可能是政权巩固与否的重要关键。如同绪论所言，金、元两朝在这方面颇有建树，刑事规范的

---

① 黄仲夫，《刑法精义》（台北：元照出版公司，2005），页3。

② 先秦时代的法律多以"刑"为名，例如《禹刑》、《汤刑》和《吕刑》等，由此不难看出中国刑法的发展甚早。直到《法经》出现后，"刑"的使用才渐被"法"所取代，不过李悝此举仅将过去以刑名为纲领的法律体系，改为根据罪名分门别类，内容上并无太大的变化，详可参见梁治平，《寻求自然秩序中的和谐》（北京：中国政法大学出版社，1997），页43－45。

③ 滋贺秀三认为传统欧洲法律是以"私法"为基础，传统中国法律则是注重刑法与官僚统治机构组织法，详可参见滋贺秀三，《中国法文化的考察——以诉讼的形态为素材》，《比较法研究》，1998：3（北京，1998．05），页18－26。张中秋在此基础上，将传统中国法律文化称为公法文化，强调其本质为一种刑事性的法律体系。张中秋进一步指出该公法文化的形成原因，应与古代中国的国家权力发展较早并且迅速成熟有关。详可参见张中秋，《中西法律文化比较研究》（南京：南京大学出版社，1999），页78－102。

一致化尤为明显。基于刑法在中国法律史研究中的重要性，以及受到金、元两朝相关重要举措的启发，本书将先从旗人的刑事规范与司法制度着手讨论。

第一节 “犯罪免发遣”律的制定与意义

一、旗人刑罚入关后的演变

顺治元年（1644）八月间，清朝正式自盛京迁往北京，[①] 大量旗人也一同“从龙入关”。[②] 对每个“征服王朝”而言，从根据地迁入中原汉地象征一个崭新的开始，过往制度势必得有所调整。清朝入关后应实施何种法律安定秩序，可说是一大挑战，经朝堂一阵讨论后，多尔衮最终决定“自后问刑，准依明律”[③]。此举究竟是为了方便管理被征服的汉人，还是打算直接沿用前朝旧法，似乎惟有分析几起旗人司法案件才能厘清。

顺治元年（1644）五月间，正黄旗吴尔珠家人扎鼐、达折和马达折，因争夺水桶殴打同旗吴阿岱之妻，各被求处鞭五十。[④] 顺治二年（1645）九月间，镶黄旗敖尔布（olbo，汉军中的抬鹿

---

① 清世祖自顺治元年八月二十日自盛京启程，于九月十九日抵达北京。参见《清世祖章皇帝实录》，卷7，页81，顺治元年八月乙亥条：“上自盛京迁都燕京，是日车驾启行。”《清世祖章皇帝实录》，卷8，页87，顺治元年九月甲辰条：“未刻，上自正阳门入宫。”

② 《清世宗宪皇帝实录》，卷119，页576，雍正十年闰五月甲午条。

③ 《清世祖章皇帝实录》，卷5，页62，顺治元年六月甲戌条。

④ 中国第一历史档案馆编，《清初内国史院满文档案译编·中》（北京：光明日报出版社，1989），页15，顺治元年五月初三日条。

角兵）马锡元因与肖二擅自在汉人聚落作乱，自行逃回的肖二被罚百鞭和贯耳鼻，马锡元则因被汉人杀死而不论。[①] 顺治二年十一月间，怀顺王下刘克礼之奴仆常树，因带领邓山与刘二擅入汉人村落抢劫而被斩首，邓山与刘二则分别被鞭一百与贯耳。[②] 这些案例大多发生于顺治元年与二年间，其中不法旗人所受之刑主要为鞭责与贯耳鼻。由此可知，旗人进入中原后仍受传统满洲习惯法约束，这也表示清政府甫入关之际，采取了“因俗而治”策略。此举不仅可维持本民族特色，又能避免引起众多汉民的不满。

清朝入关后仅花很少时间便掌控全局，[③] 随着政权日益稳定，于顺治四年（1644）颁布新法典似乎只是水到渠成。这部宣示新时代正式来临的《大清律集解附例》，内容其实与前朝法律差异不大。对“征服王朝”而言，维持本民族特色以巩固政权可说是首要任务，清政府在此前提下，是否愿意扬弃“因俗而治”让旗人也适用这部新律？学界虽有论者认为清初旗人仍受关外旧俗约束，[④] 但若细究当时的法律运作情形，可以发现旗人并未完全处于《大清律集解附例》的适用范围外，其中的复杂现象尚待厘清。

顺治十年（1653）间，正蓝旗包衣克胤牛录下张二等人查庄

---

① 《清初内国史院满文档案译编·中》，页 167，顺治二年九月二十二日条。

② 《清初内国史院满文档案译编·中》，页 187，顺治二年十一月初四日条。

③ 司徒琳（Lynn A. Struve）认为明朝与清朝在明清之际展开了一场竞赛，其规则为明朝应保持对领土的控制，清朝则是如何重建控制。这场竞赛总体而言，明朝的失败比清朝的胜利来得更快。详可参见司徒琳著，李荣庆等译，《南明史：1644—1662》（上海：上海书店出版社，2007），页 57－58。

④ 苏钦认为即使清律颁布，清政府对旗人仍是执行关外法制，参见苏钦，《民族法规考》，页 287。

时，殴打庄头黄熙裳，致其四日后伤重死亡。[①] 在这起斗殴命案中，承审官员虽然没有明确表示引用何种法律，但从为首的张二最后被问拟绞监候，即能推测是根据《大清律集解附例》而来。[②] 顺治十一年（1654）间，居于盛京的正黄旗牛录章京木清额家看坟人大哥，始终怀疑其主命罗汉杀死自己，一日竟趁着酒意手持弓箭刀枪将罗汉戳伤，甚至杀了自己的儿子与其他无辜之人。承审官员对这起极为残忍的案件作出以下判决："查律杀壹家非死罪参人者，凌迟处死，大哥按律应拟凌迟，但所杀有伊子在内，相应立斩。"根据这段判语中的"查律"一词，可以发现官员审判旗人案件时会以清律为依据，反映旗人确实受到清律约束。[③]

除了上述两起案件外，下述案件亦值得仔细探讨。顺治十一

① 《明清内阁大库档案》（台北：中央研究院历史语言研究所藏），登录号 089444－001，刑部尚书巴哈纳·刑部为打死人命事，顺治十年五月初八日。

② 通常官员上报承审案件时，多会在判语之末提及根据何项律例裁断，不过该题本未有相关情形。此举是否表示旗人不受清律管辖？这种推论可能不甚恰当。根据《大清律集解附例》，被殴打成伤者若在保辜期限内死亡，殴人者所受的刑罚即为绞监候，由此可知该案应是依照《大清律集解附例》而判，亦表示旗人在其适用范围内。参见王宏治等点校，《大清律集解附例》，收录于杨一凡等主编，《中国珍稀法律典籍续编·第 5 册》（哈尔滨：黑龙江人民出版社，2002），卷 19，《刑律·人命·斗殴及故杀人》，页 327："凡斗殴杀人者，不问手足、他物、金刃，并绞（监候）。"括号内容为律文小注。另关于《大清律集解附例》的版本介绍，详可参见郑秦，《顺治三年律考》，收录于氏著，《清代法律制度研究》，页 1－21、苏亦工，《法学所馆藏〈大清律〉提要》，《法律文献信息与研究》，2007：4（北京，2007. 12），页 7－9、岛田正郎著，姚荣涛译，《清律的成立》，收录于刘俊文主编，《日本学者研究中国史论著选译·第 8 卷》（北京：中华书局，1992），页 461－521。

③ 此案最后得到皇帝的同意："大哥着即处斩，余依议。"参见《明清内阁大库档案》，登录号 089433－001，刑部尚书张秉贞·刑部为射死人命事，顺治十一年五月二十五日。

年间，镶黄旗法塔哈牛录下弓匠阿哩呢的妻子，[①] 趁其夫随军出征时与本旗的阿叔虎朵通奸，双方被捉后都承认此事。然而承审官员面对这起案件竟不知如何裁断：

> 查律，和奸者，各杖捌拾。又查盛京定例，凡本夫出兵，而妇人犯奸，男、妇各处死，但奉有热审死罪有可矜疑的，奏请定夺之旨。阿哩呢妻、阿叔虎朵今或应责鞭发落，或照盛京之例处死，或候阿哩呢回日结案，伏候圣裁。[②]

承审官员感到为难之处，在于不清楚当以“律”还是“盛京定例”为裁断依据。若从刑度等级来看，引文中的“律”当指《大清律集解附例》无误，[③] 而所谓的“盛京定例”，则是清朝关外时期以习惯法为主的法律规范。[④] 当时虽然距清律颁布已过七年，官员仍在新律与习惯法间犹豫不决，多少表示当时尚处过渡阶段。皇帝对于此案的态度，无疑为观察旗人适用清律与否的重要指标。从皇帝最后指示“阿哩呢妻、阿叔虎朵，姑免死，着各鞭壹百”的结果来看，即能理解旗人已在清律适用范围内，未有

---

① 弓匠为旗人差使的一种，其基本上拥有专门技术，每个佐领设有一人，照马甲支领钱粮。参见陈文石，《满洲八旗的户口名色》，收录于氏著，《明清政治社会史论》（台北：台湾学生书局，1991），页 564。

② 关于此案的经过详可参见《明清内阁大库档案》，登录号 117478 - 001，刑部尚书张秉贞·刑部为通奸事，顺治十一年六月十四日。刘景辉也曾利用这起案件，分析所谓的“盛京定例”，详可参见刘景辉，《满洲法律及制度之演变》，页 48 - 51。

③ 王宏治等点校，《大清律集解附例》，卷 33，《刑律·犯奸·犯奸》，页 382：“凡和奸，杖八十。有夫者，各杖九十。刁奸者（无夫、有夫），杖一百。”

④ 根据《满文老档》和《盛京刑部原档》中的案件，可知清朝关外时期对通奸罪的处分，轻则鞭一百贯耳鼻，重则处死。详可参见张晋藩、郭成康，《清入关前国家法律制度史》，页 519 - 520。

额外的专属法律。

根据上述几起案件的分析，不难看出旗人违法犯纪者多受清律处置，与大部分民人没有两样。不过若细心观察阿哩呢妻子通奸案，仍可发现这对通奸男女所受之刑为“鞭”而非“杖”一百，旗人与民人间仍有些差异。多尔衮虽在入关初期宣布取消“鞭责旧制”，改行传统汉法的“五刑”，[①] 但这起案例中不法旗人的刑罚模式仍属关外习惯法。查阅档案中的其他案例，亦可发现这类情形并非偶然。

顺治十年间，正白旗包衣牛录下的辛搭喇汉，未禀问牛录章京多拜即私自将人、马交与别的牛录，这件被认为“殊非法纪”的违反军律案件，随后迅速交由兵部审理。兵部尚书噶达洪接获此案时，认为应“将辛搭喇汉鞭七十”，并主张此例必须“以惩将来”。[②] 受限于档案残缺，此案的最终判决难以得知，不过仍可呈现不法旗人承受鞭责的事实。顺治十一年间，镶黄旗包衣牛录下赵梓因在外嫖赌被其兄高富责罚，赵梓一怒之下将其兄殴伤，刑部尚书任浚对赵梓提出以下惩处：

> 合依兄弟殴兄折伤者律，杖壹百，流参千里。赵梓系满洲，免流，应鞭壹百。事在本年拾壹月拾陆日赦前，相应免责。[③]

---

① 《清世祖章皇帝实录》，卷 5，页 62，顺治元年六月甲戌条：“鞭责似觉过宽，自后问刑，准依明律，副予刑期无刑之意。”

② 《明清内阁大库档案》，登录号 117507－001，兵部尚书噶达洪·兵部为私令人马跟随出兵事，顺治十年十月十二日。

③ 《明清内阁大库档案》，登录号 117480－001，刑部尚书任浚·刑部为弟殴兄长审拟由，顺治十一年十一月二十九日。

该案的后续判决结果为“赵梓依议”，惟赵梓最终因事发于赦前逃过一劫。赵梓案透露了两则重要讯息，其一为再次确认旗人的杖刑均改为鞭刑，其二则是旗人若犯流罪得以免于流放。透过上述分析可知旗人确实身处《大清律集解附例》的适用范围，只是刑罚模式有别于民人。

不法旗人所受刑罚的特殊性，虽然没有明文加载《大清律集解附例》，但透过清初的司法案件仍可略知一二。旗人刑罚以鞭代笞、杖，以及免于徒、流的现象，推测与清朝关外时期的习惯法有关。清太祖时期的习惯法，身体刑主要有“打腮”、“射鸣镝箭”、“贯耳鼻”和“鞭刑”四种，至清太宗朝则渐以后两者为主。[①] 在前文所举的一些顺治初年司法案例中，不法旗人所受的身体刑也多为这两者。然而由于多尔衮在顺治三年（1646）四月间，宣布永远取消贯穿耳鼻之刑，[②] 关外旧俗中的身体刑只剩下鞭刑。此外清朝在关外时期因人力短缺，再加上土地面积不广，自由刑多为“圈禁”或是“饿禁”，徒、流之刑鲜少出现。[③] 根据上述分析，即能理解旗人为何身处新律约束中，却拥有不同的刑罚待遇。

相较于金、元两朝在中国颁布全国适用的法典，《大清律集解附例》也具有类似性质，唯一较大的差别在于刑罚形式。金、元两朝设计的刑罚，融合了传统汉法与游牧习惯法，[④] 这种情形却未见于清律。综观清律中的刑罚，可说是完全继受明律，这也

---

① 张晋藩、郭成康，《清入关前国家法律制度史》，页 529－530。

②《清世祖章皇帝实录》，卷 25，页 215，顺治三年四月戊子条：“刑部奏言：‘凡重辟减等者，鞭一百、贯穿耳鼻。’得旨：‘耳鼻之在人身，最为显著，贯穿耳鼻之刑，永行革除。’”

③ 张晋藩、郭成康，《清入关前国家法律制度史》，页 530－531。

④ 相关讨论详可参见本书之绪论。

表示清朝原则上接受中国法律的“五刑”传统。当清朝未随政权逐渐稳定尝试将习惯法融入汉法中，多少显示其对汉地传统格外尊重，实属妥善处理“征服者”与“被征服者”关系的例证。[①]不过清朝虽然在很大程度上维持汉人的固有传统，并不表示他们放弃自身特殊性，若以法律层面为例，清政府巧妙借由对旗人施予“同罪异罚”之法来化解难题。

不过从长远的角度来看，“同罪异罚”终究不是长久之计。传统中国法律发展至明代结构已非常严谨，贸然更改其中的刑罚，容易产生刑度不均的问题。鞭刑与笞、杖刑由于仅是刑具材质不同差别不大，但旗人犯徒、流罪均可豁免则显得非同小可。随着时间日久，清政府逐渐发现旗人因免受徒、流罪，导致旗人大多不畏刑罚，犯罪问题越来越严重，这也使得刑部不得不提出应对之策：

> 旗下人犯充军流徒罪者，止行鞭责，以致奸宄无所创惩。今后犯军罪者，枷号三月，犯流罪者，枷号两月，犯徒罪者，枷号一月，仍照数鞭责。职官本身及妻子兄弟，俱照律准赎。……得旨：所奏四款，有裨锄奸去恶，着即遵行，永着为例。[②]

刑部认为对不法旗人只实施鞭刑难有约束效果，建议以枷号刑来折抵徒、流刑。枷号“本以羁狱囚”，[③] 自明代开始成为一种刑

① 相关讨论详可参见 Nicola Di Cosmo, “State Formation and Periodization in Inner Asian History,” p. 37.

②《清世祖章皇帝实录》，卷 102，页 786，顺治十三年六月庚辰条。

③ 清史稿校注编纂小组，《清史稿校注》，卷 150，《志 125 · 刑法二》，页 3979。

罚，通常为充军的附加刑，或是一些轻罪的独立刑罚，不过始终未成“常法”。[①] 清朝在关外时期亦执行过枷号刑，推测应是仿效明律而来。[②] 刑部这番建议马上获得清世祖认同，旗人犯徒、流罪将折枷换刑的规定从此颁行。[③] 该新例虽有助于解决旗人刑责过轻的问题，还是有些美中不足，关键在于流刑与徒刑各有三等、五等之分，新例并未对此进一步细分。折枷法若采这种设计方式，法律原有的刑度等差将难以展现。

新例公布几个月后的一起案件，恰可说明这个状况。旗下投充人纪应魁包揽灵寿县差役罗西河解送的官铜一万斤，却“自行花消借放”，纪应魁被捕后因承认不讳遂有以下判决：

> （纪）应魁合依揽纳他人税粮者，若侵克，以监守自盗论，肆拾两，律斩，系杂犯，准徒伍年。查系旗下人，应折徒枷号壹个月，仍鞭壹百。[④]

纪应魁被求处杂犯斩罪，准徒五年，因折枷法之故其徒刑改为

---

① 〔清〕沈家本，《刑法分考》，卷 12，《枷号》，收录于氏著，邓经元等点校，《历代刑法考附寄簃文存》（北京：中华书局，2006），页 327：“枷号之制，历代未见。……明祖《大诰峻令》始有枷令名目。……然明祖虽用之而未尝着为常法，故《明史·刑法志》不详其制，惟《问刑条例》问拟枷号者，凡五十三条，有一月、两月、三月、半年之别，皆不在常法之内。又有用一百斤及一百二十斤枷者，尤不可以为常法也。”

② 苏钦，《民族法规考》，页 290－291。

③ 值得注意的是，此例颁布后似乎没有马上编入《大清律集解附例》中。《大清律辑注》为康熙年间的注律典籍，其中并未收录折枷法的内容，仅在徒刑之后附有相关说明：“旗下人犯徒、流，折责枷号，有新例。”参见〔清〕沈之奇著，怀效锋等点校，《大清律辑注》（北京：法律出版社，2000），卷 1，《名例律·五刑》，页 3。

④《明清档案》，卷册 A029－037，《刑部尚书图海·刑部为投充人盗卖官铜分别论罪事》，顺治十三年十月初九日。

枷号一个月。值得注意的是，“杂犯斩罪”属于一种较特殊的罪名，[①]“杂犯斩罪”与“杂犯绞罪”并称为“杂犯死罪”，其“准徒五年，非真斩真绞也”。[②]清律的徒刑最多只有三年，从徒“五”年这个计数当可得知它与一般徒刑有别。由于折枷法仅根据军、流、徒之名决定枷号日数，无法顾及“杂犯死罪”这一特殊情形，导致纪应魁之惩罚竟无异于一般徒刑。这起案件虽然比较极端，却能明显呈现折枷法实际运作时的局限。

清政府有鉴于此，于顺治十八年（1661）再度修改旗人的折枷法，使其内容更为完善：

> 旗下人犯徒一年者，枷号二十日；徒一年半者，枷号二十五日；徒二年者，枷号一月；徒二年半者，枷号三十五日；徒三年者，枷号四十日。若犯流二千里者，枷号五十日；二千五百里者，枷号五十五日；三千里者，枷号两月。军罪，仍枷号三月。杂犯死罪准徒五年者，枷号三月十五日。[③]

修改后的新例在刑罚设计上更为细致，与五刑等级之别完全相

① 〔清〕王明德著，何勤华等点校，《读律佩觿》（北京：法律出版社，2000），卷4下，《死刑二》，页135：“然二死之外，有等而下之曰杂犯斩、杂犯绞者，有等而上之者曰枭斩、曰凌迟，更有从凌迟而上曰枭示，曰戮尸以剉碎其骨者。”由此可知死刑并非仅有斩、绞两种，还有其他等级的死刑。

② 〔清〕王明德著，何勤华等点校，《读律佩觿》，卷2，《杂》，页27。

③ 《钦定大清会典事例（光绪朝）》（台北：启文出版社，1963），卷727，《刑部・名例律・犯罪免发遣》，页7a－7b。

符。然而这则重要规范却未立即编为清律条文,[①] 直到雍正三年（1725）才将此例稍作修改,[②] 以“犯罪免发遣”之名纳入清律中,[③] 一直实施至清末才宣告结束。[④]

从清初旗人刑罚的演变历程来看，可以了解清政府已逐渐放弃“因俗而治”，尽量让旗人与一般民人的刑罚趋于接近。不过由于属于“征服者集团”的旗人群体，终究是国家极为仰赖的重要力量，皇帝即使无法继续透过关外旧俗的实施以保障其特殊

---

① 不过康熙年间颁行的《刑部现行则例》中则有相关内容，参见《刑部现行则例》，收录于《六部则例全书》（台北：台湾图书馆藏），卷上，《名例·旗下徒流折枷号》，页 11a：“凡旗下人犯罪，俱依律杖责外，其犯徒罪一年者，枷号二十日；一年半者，二十五日；二年者，一个月；二年半者，三十五日；三年者，四十日。若犯流罪二千里者，枷号一个月二十日；二千五百里者，一个月二十五日；三千里者，两个月。军罪，枷号三个月。杂犯死罪，准徒五年者，枷号三个月零十五日。”《刑部现行则例》应是日后修律的先行准备，其性质无法完全等同于清律。清圣祖本希望透过纂修《刑部现行则例》进一步修订清律，可惜终康熙之世仍未如其所愿，详可参见郑秦，《康熙现行则例考》，收录于氏著，《清代法律制度研究》，页 22－33。

② 〔清〕黄恩彤编，《大清律例按语》（台北：台湾大学图书馆藏），卷 1，《名例律·军官军人犯罪免徒流》，页 34a－34b：“但查旗下人犯罪枷号之例，……而总徒四年者，并未议及，应增总徒四年一项，于徒三年之后。其总徒四年、准徒五年者，徒满之日，仍得还籍，较之军、流长在配所者稍轻。今军罪止枷号三个月，而杂犯死罪准徒五年者，反枷号三个月零十五日，轻重不符，应将准徒五年枷号三个月零十五日者，改为枷号五十日；总徒四年者，枷号四十五日，庶为轻重允协。又律内军罪，有附近、边卫、极边、永远等项之分，今一概枷号九十日，似无分别。应将枷号日期，自七十日起至九十日止，亦分为四等。”

③ 〔清〕薛允升著，黄静嘉编校，《读例存疑重刊本》（台北：成文出版社，1970），卷 2，《名例律上之二·犯罪免发遣》，页 33：“原律目系《军官军人犯罪免徒流》，雍正三年以现行旗下人犯徒流等罪准折枷号，与军官犯罪免徒流之意相符，因另立‘犯罪免发遣’律名，列于军籍有犯之前，以旗下犯罪折枷号之例载入，作为正律。”

④ 臣工于清末讨论“化除满汉畛域”议题时，旗人犯罪免发遣一事曾被提出，参见吴志铿，《晚清有关清除满汉畛域的讨论——以光绪三十三年七月谕令建言为中心》，收录于李国祁教授八秩寿庆论文集编辑小组编，《近代国家的应变与图新》（台北：唐山出版社，2006），页 246－247。

性，也会采取其他方法加以应对，折枷法应属此背景的产物。沈家本曾指出“犯罪免发遣”律的出现并不特别，它其实是仿明律中的“军官军人犯罪免徒流”而来。[①] 明朝因担心军人一旦被罚以徒、流刑，将导致“军伍渐空”的不良后果，[②] 又考虑军人“既已劳役离乡矣，若复加以流配徒役，则与凡人何异哉”，[③] 故不对军人与军官施以徒、流刑。由于旗人也是以当兵为主要工作，将清律的“犯罪免发遣”与明律的“军官军人犯罪免徒流”相比确实有其道理。然而若细究“军官军人犯罪免徒流”之内容，即能发现明代军人犯有徒、流罪虽不执行，仍改发其他卫所充军，[④] 纵不受徒、流刑却有发遣之实。相较于旗人的折枷换刑，明代不法军职人员的替代性刑罚似乎较为严重，两者难以同日而语。

清朝皇帝可能既希望减少旗人原本因习惯法而免被徒、流的特殊性，又不愿意矫枉过正让旗人承受太重的刑罚，才利用自明朝大量出现的枷号刑设计出折枷法。清政府采用汉法元素调整旗

---

① 〔清〕沈家本，《寄簃文存》，收录于氏著，邓经元等点校，《历代刑法考附寄簃文存》，卷1，《奏议·旗人遣军流徒各罪照民人实行发配折》，页2032：“此条乃犯罪免发遣律文，系因明律《军官军人免徒流》一条仿照编纂。考明代军官军人，隶于各卫以充什伍，各卫所差务亦极殷繁，故犯流、徒者，仍发各卫充军。当差旗人犯罪折枷，与此意实相符合。”

② 〔清〕沈之奇著，怀效锋等点校，《大清律辑注》，卷1，《名例律·军官军人犯罪免徒流》，页30。

③ 〔明〕应槚，《大明律释义》，收录于续修四库全书编纂委员会编，《续修四库全书·第863册》（上海：上海古籍出版社，2002），卷1（名例卷），11a。

④ 黄彰健主编，《明代律例汇编·上册》，卷1，《名例律·军官军人犯罪免徒流》，页302：“凡军官军人犯罪，律该徒、流者，各决杖一百。徒五等，皆发二千里内卫分充军。流三等，照依地里远近，发各卫充军。该发边远充军者，依律发遣，并免刺字。若军丁、军吏及校尉犯罪，俱准军人拟断，亦免徒、流刺字。”

人刑罚，[1] 不仅有助于化解旗、民在法律上的差异，枷号刑度较轻又可防止旗人离散各地，亦为皇帝保有一批巩固政权的力量。折枷法无疑也属于一种汉法与游牧民族习惯法的融合，只是这种刑罚模式仅适用于旗人而非全国臣民，与金、元两朝的情形不尽相同。

一些学者在分析“犯罪免发遣”律的制定原因时，多强调皇帝维护八旗武力的动机，该见解虽无太大问题却略有不足。从表面上来看，旗人以枷号代替徒、流刑确实可避免八旗军力分散，但这可能不是“犯罪免发遣”律出现的唯一解答，透过清高宗所言即能略知梗概：

> 从前定例，旗人犯军、流、徒罪，均准枷责发落者。原因国初满洲习俗淳朴，顾惜颜面，京师多留一人，即得一人之用，自宜格外培养。又恐遣发外省，地方官或转有不能如法约束之处，是以定有此例。[2]

根据上述引文可以理解皇帝除了希望借由“犯罪免发遣”律保障旗人为国所用外，亦有避免他们成为地方民官负担的考虑。当“征服王朝”推行“二元统治”时，多存有借由制度区分“征服者”与“被征服者”之举，在清朝即为旗、民之别。由于清初处理旗人事务的机构并未遍及全国，若直接将旗人发遣至外省易有管理困境，该情形或许是皇帝决定实施旗人“犯罪免发遣”的另

---

① 关外时期的清朝虽然也有枷号刑，但推测应仿效明律而来。清朝关外时期使用枷号刑的判例，详可参见中国人民大学清史研究所、中国第一历史档案馆编译，《盛京刑部原档》（北京：群众出版社，1985），页141－171。

②《清高宗纯皇帝实录》，卷664，页428－429，乾隆二十七年六月丁酉条。

一重要因素。

旗人群体虽以提供武力为重要存在价值，但并非每位成员都扮演这种角色。不过即使没有直接为国家提供武力的旗人成员，仍适用“犯罪免发遣”律，旗下家奴即为很好的例子。顺治十二年（1655）四月间，正红旗包衣噶儿住牛录旗下家奴刘拐子，因诬告阿参而被判处杖一百流三千里，由于官方不知道刘拐子的特殊身份，打算迅速将他流配，直到其主尼他海主动禀明刘拐子为自己的家奴，刘拐子才得以改判免流归主。① “犯罪免发遣”律可说是清朝“二元统治”政策的缩影，如实反映旗、民差异的浓厚制度性特质，“被征服者”一旦进入八旗系统就能改变身份，并在刑罚上被一体对待。②

不过象征旗人特殊法律地位的“犯罪免发遣”律，并非自雍正三年修入清律后就一成不变。随着时局以及皇帝考虑的转变，“犯罪免发遣”律的适用范围不断发生变化，此举恰能呈现旗人的法律地位不断处于变动状态，他们拥有的特殊性也不是完全牢不可破。以下将分析雍正朝以后“犯罪免发遣”律的修订历程，

---

① 在此案中官员之所以无法准确判断刘拐子的身份，除了他自己没有直接表明外，名字的变化也是一大关键。刘拐子本名刘二，受伤腿瘸后才被改为刘拐子，然户部档册内并未同步修改，导致官员难以查对。参见《明清内阁大库档案》，登录号088750-001，大学士刑部尚书图海·刑部为题知事，顺治十二年六月初八日。值得注意的是，刘拐子一案事发于顺治十二年，当时尚未有犯罪旗人折枷换刑的规定，所以才直接赦免刘拐子的流罪。当旗人折枷法推行之后，旗下家奴自然也在其效力范围内，例如康熙三十年间，积尔海的家奴闫墙子，便因诬告其主而被刑部求处鞭一百枷号三个月之刑，参见《清代起居注册·康熙朝（台北版）·第2册》，页968-969，康熙三十年十月初七日条。

② 该现象可能较少见于其他“征服王朝”。若以元朝为例，汉人成为蒙古人的私属或是奴隶，似乎亦会脱离原有户籍进入另一管理体系中，但他们在刑罚上未必享有如同蒙古人一般的待遇。关于元代的私属与奴隶介绍，详可参见李治安，《元代政治制度研究》，页400-414、642-649。

并试着探讨其中的意义。[1]

二、"犯罪免发遣"律的调整与意义

如前所述，旗人与民人同样受到清律约束，惟旗人在刑罚上较独树一格。该特殊状况并未被皇帝忽视，清世宗有一次阅读律文后提出下列疑问：

> 凡违禁偷刨封禁矿砂等律，汉人发边卫充军，旗人解部枷责。朕思发遣治罪，满、汉应同一律，从前定例，将徒、流等罪之旗人，改折枷责，今可否更改，与汉人画一之处，着大学士，会同八旗都统，及满洲、汉军之九卿，确议具奏。[2]

清世宗基于旗、民"应同一律"的想法，认为旗人不该免于发遣，这可说是清朝入关以来，皇帝首次企图画一旗、民的刑罚模式。臣工经过一番讨论后，向皇帝提出下列建议：

> 大学士、八旗都统、九卿等遵旨议覆：向例旗人犯军、流、徒罪者，俱改折枷责结案，未免轻于干犯。查满洲、蒙古营生之道，与汉民迥异，有犯军、流罪者，概行发遣，恐致难以图存，请仍照旧例，枷责完结。其汉军人等，嗣后有

---

① 关于"犯罪免发遣"律的演变，下列两篇研究值得参考：林干，《清代旗、民法律关系的调整——以"犯罪免发遣"律为核心》，《清史研究》，2004：1（北京，2004. 02），页 39－50、苏钦，《民族法规考》，页 285－322。

② 《清世宗宪皇帝实录》，卷 41，页 606，雍正四年二月癸酉条。

犯军、流罪者，一体照律发遣。①

从引文内容来看，臣工认同旗人的折枷换刑确实刑度偏低，然直接取消“犯罪免发遣”律亦有一定难度。臣工权衡上述情形后，建议旗人中与汉民差异较大的满洲、蒙古仍行旧例，差异较小的汉军则“一体照律发遣”。这个较为折衷的方案最终被清世宗接受，汉军从此被迫离开“犯罪免发遣”律的效力范围。② 例如雍正十年（1732）间，镶黄旗汉军副参领靳光宗因“贪弊累累”，依律杖一百流三千里。靳光宗虽然身为旗人，却因汉军身份比照民人立即“札发顺天府起解”。③

清朝皇帝通常将旗人视为一体，汉军自雍正四年脱离“犯罪免发遣”律的效力范围自然有些特殊。一些学者对此状况虽有留

① 《清世宗宪皇帝实录》，卷 48，页 719，雍正四年九月辛卯条。

② 除了汉军之外，辛者库包衣佐领、旗鼓佐领下人若犯军、流罪，也不再拥有折枷换刑的待遇，参见《清高宗纯皇帝实录》，卷 73，页 166，乾隆三年七月戊寅条：“自雍正四年定例，汉军暨辛者库包衣佐领、旗鼓佐领人等，犯军、流者，俱按所犯编发各省地方。”所谓旗鼓佐领是指包衣佐领下的汉姓人，与一般汉军不尽相同，参见〔清〕福格著，汪北平点校，《听雨丛谈》，卷 1，《内旗旗鼓与八旗汉军不同》，页 17：“若内府旗鼓，按《八旗通志》内统于上三旗满洲都统，本与八旗汉军不同，《满洲氏族谱》内谓旗鼓人为满洲旗分内汉姓人。”至于辛者库（sin jeku，斗米）包衣佐领即为管领，其地位较一般包衣佐领来得低下，参见杜家骥，《八旗与清朝政治论稿》，《第十三章·清入关后的八旗奴仆及其与清朝统治》，页 437－440、493－495。

③ 《明清内阁大库档案》，登录号 061007－001，署镶黄旗汉军都统工部尚书范时绎奏折录副，雍正十一年五月十六日。值得注意的是，汉军犯军、流罪亦实发之举，实存有一段缓冲期，并非直接从雍正四年开始执行，参见《清世宗宪皇帝实录》，卷 78，页 15－16，雍正七年二月壬午条：“朕特令宽其期限，于雍正六年四月为始，令分发遵行，盖欲使众人无不熟知之后，而有仍然犯罪者，方照所定之例惩治。近见旗下议奏事件，竟有援引现今新定之例，以议从前所犯之案者，甚属错误。”

意，但其中的一些细节并未深究。[①] 首先值得注意的是，“犯罪免发遣”律规定旗人犯有军、流、徒三罪均可折枷，然汉军在上述改革中，仅提及犯有“军、流罪”者“一体照律发遣”，汉军在雍正四年后若犯徒罪又该如何处置？雍正八年（1730）间，正红旗汉军李永安佐领下的李秉政，因侵盗钱粮一千两以下，照监守自盗律拟斩，准徒五年，不过由于李秉政身属旗人，最终处置乃“解部鞭责，枷号发落”。[②] 透过此案可知，雍正四年后犯有徒罪的汉军仍可折枷换刑，这也表示他们并未完全不再适用“犯罪免发遣”律。

除此之外，这个别开生面的法制改革，其实没有持续太长时间。乾隆二年（1737）三月间，清高宗在将其父母“升祔太庙礼成”后提出的一系列“宜布鸿施”事宜中，对汉军因罪发遣一事重新规定：

> 汉军犯军、流等罪者，其亲族坟墓，俱在京师，边方远土，风尚顿殊，平时不习生计，类难存活，且与百姓交错居住，不无滋扰。仍照旧例，以枷责完结。[③]

由此可知清高宗鉴于多种因素，最后还是令汉军重新适用“犯罪免发遣”律。自乾隆二年开始，汉军旗人若犯有军、流、徒罪，

---

① 冯尔康论及此事时，只简单利用实录中的数据，探讨清世宗改革折枷法的过程，参见冯尔康，《雍正传》（台北：台湾商务印书馆，1992），页 366。此外吴志铿认为此举恰可说明统治者将汉军排除满洲统治集团外的意图，参见吴志铿，《清代前期满洲本位政策的拟订与调整》，页 102 - 103。

② 《明清档案》，卷册 A056 - 055，《江宁巡抚乔世臣・江宁巡抚为署员侵帑捏饰事》，雍正十一年五月十九日。该题本的批红为“该部核拟具奏”，最后情形不得而知。

③ 《清高宗纯皇帝实录》，卷 38，页 691，乾隆二年三月甲午条。

即如同八旗满洲、蒙古般得以折枷换刑，[①] 甚至连“从前发遣在配”之汉军亦有机会返回故里。[②] “犯罪免发遣”律效力范围的首次调整，就此暂告一个段落。

清世宗对“犯罪免发遣”律效力范围的修正，虽在其子清高宗继位之初被取消，但更为重大的改革其实还在后头。自乾隆十三年（1748）起，“犯罪免发遣”律的效力范围历经多次调整，这些改革不仅涉及好几种层面且多被纂修为例，在法律上具有更正式的意义。[③] 为求清楚呈现乾隆朝以降“犯罪免发遣”律内涵之变动，乃将“犯罪免发遣”律后的条例作一整理，制成表 2－1－1 以供参考。

表 2－1－1　《名例律·犯罪免发遣》条例之演变

年　份	条例修订内容	备　注
乾隆十六年（1751）	a. 凡八旗满洲、蒙古、汉军奴仆，犯军、流等罪，除已经入籍为民者，照民人办理外，其盛京带来，并带地投	此例来自乾隆十三年刑部议覆直隶总督那苏图之奏。

① 汉军于乾隆二年重新被纳入“犯罪免发遣”律的效力范围后，辛者库包衣佐领、旗鼓佐领下之成员亦一并比照办理，惟时间较汉军来得晚，参见《清高宗纯皇帝实录》，卷 73，页 166，乾隆三年七月戊寅条：“刑部郎中石柱奏：‘嗣于乾隆二年，改汉军发遣之例，仍以枷责完结。辛者库包衣佐领、旗鼓佐领人等，与汉军同属旗人，亦请遵照旧例，画一办理。’得旨允行。”若仅就字面意思来看，凡入旗的汉人或可笼统称为“汉军”，但这也容易造成外八旗汉军与部分内三旗包衣相混淆，根据该例即可理解两者在严格定义上仍有差别。

②《清高宗纯皇帝实录》，卷 41，页 730，乾隆二年四月乙亥条：“汉军现犯军、流罪者，已照旧例以枷责完结，其从前发遣在配之人，着该部按其情罪，查明请旨。”

③ 在明清法律体系中，除了律文外还存有许多条例。苏亦工认为清代的条例虽然数量庞杂，但律例并行的架构始终未被打破。苏亦工进一步指出明清的律例关系主要有两种：其一为重复调整，并可再细分为绝对排斥与相对排斥两种状况；其二为各自调整。详可参见苏亦工，《明清律典与条例》（北京：中国政法大学出版社，1999），页 237－246。“犯罪免发遣”律效力范围的改革，应属于重复调整中的相对排斥，也就是律、例并未完全矛盾，条例仅在某些特定条件下才取代律文。相较于雍正朝只以谕旨形式调整律文，乾隆朝的改革显得更为正式。

续 表

年 份	条例修订内容	备 注
	充，远年擒获，及白契印契所买，若经赎身归入佐领下开户者，均照旗人正身之例，一体折枷鞭责。其设法赎身，并未报明旗、部之人，无论伊主曾否收得身价，仍作为原主户下家奴，有犯军、流等罪，仍照例问发。	
	b. 凡旗人家奴，犯军、流等罪，仍依例酌发驻防为奴，不准折枷外，其犯该徒罪者，照旗下正身例，折枷鞭责发落。	
乾隆二十一年（1756）	凡旗人殴死有服卑幼，罪应杖、流折枷者，除依律定拟外，仍酌量情罪，请旨定夺，不得概入汇题。其有情节惨忍者，发往拉林、阿尔楚喀，不准枷责完结。旗员中如有诬告、讹诈，行同无赖，不顾行止者，亦如之。	乾隆十九年已有相关规定，但二十一年才正式纂修为例。乾隆二十二年，将发往拉林、阿尔楚喀，改为发往黑龙江、三姓等处。
乾隆二十八年（1763）	汉军家奴，犯该徒罪者，照民人一体实徒，徒满之后，仍押解回旗，交与伊主，服役管束。	
乾隆三十二年（1767）	a. 问拟旗人罪名，务详核案情，如系寡廉鲜耻，有玷旗籍者，无论满洲、蒙古、汉军，均削去本身户籍，依律发遣，仍逐案声明请旨。其余寻常犯罪，及因公事获遣者，仍照例折枷鞭责完结。	该例内容应来自乾隆二十七年六月与三十一年四月两道谕旨。
	b. 凡八旗满洲、蒙古、汉军奴仆，犯军、流等罪，除已经入籍为民者，照	此例乃前述乾隆十六年两例与乾隆二十八年例合并而成。

续 表

年 份	条例修订内容	备 注
	民人办理外，其现在旗下家奴，犯军、流等罪，俱依例酌发驻防为奴，不准折枷。犯该徒罪者，除汉军奴仆，照例问拟实徒外，其余照旗下正身例，折枷鞭责发落。至设法赎身，并未报明旗、部之人，无论伊主曾否收得身价，仍作为原主户下家奴，有犯军、流等罪，仍照例问发。	
乾隆三十五年（1770）	内务府所属庄头、鹰户、海户人等，如犯军、遣、流、徒等罪，俱照民人一例定拟，不得与在城居住当差之旗人，一体折枷完结。	
乾隆三十九年（1774）	凡在京满洲、蒙古、汉军，及外省驻防食粮当差者，如犯军、遣、流、徒等罪，仍照例折枷发落。其余居住庄屯旗人，及各处庄头，并驻防之无差使者，军、遣、徒、流，俱照民人一体办理。	
乾隆五十年（1785）	在京满洲、蒙古、汉军，及外省驻防，并盛京、吉林等处屯居之无差使旗人，如实系寡廉鲜耻，有玷旗籍者，均削去本身户籍，依律发遣，仍逐案声明请旨。如寻常犯该军、遣、流、徒、笞、杖等罪，仍照例折枷鞭责发落。至内务府所属庄头、鹰户、海户人等，及附京住居庄屯旗人，王公各处庄头，有犯军、遣、流、徒等罪，俱照民人一例定拟。	此例先将前述乾隆三十九年例修改，再与乾隆三十二年a. 和乾隆三十五年例合并而成。

续 表

年　份	条例修订内容	备　注
嘉庆六年（1801）	凡八旗满洲、蒙古、汉军奴仆，犯军、流等罪，除已经入籍为民者，照民人办理外，其现在旗下家奴，犯军、流等罪，俱依例酌发驻防为奴，不准折枷。犯该徒罪者，汉军奴仆，照民人例问拟实徒，徒满之后，仍押解回旗，交与伊主，服役管束；其满洲、蒙古奴仆，照旗下正身例，折枷鞭责发落。至设法赎身，并未报明旗、部之人，无论伊主曾否收得身价，仍作为原主户下家奴，有犯军、流等罪，仍照例问发。	此例乃前述乾隆二十八年例与乾隆三十二年 b. 例合并而成。
道光五年（1825）	凡旗人窝窃、窝娼、窝赌，及诬告，讹诈，行同无赖，不顾行止，并棍徒扰害，教诱宗室为非，造卖赌具，代贼销赃，行使假银，捏造假契，描画钱票，一切诓骗诈欺取财，以窃盗论，准窃盗论，及犯诱拐强奸、亲属相奸者，均销除本身旗档，各照民人一例办理。犯该徒、流、军、遣者，分别发配，不准折枷。至八旗满洲、蒙古奴仆有犯，罪应军、流者，依例发驻防为奴；徒罪以下，照民人问拟，徒满释回，仍交与伊主，服役管束，毋庸销除册档。	

数据源：《大清律例按语》、《读例存疑重刊本》

观察该简表可发现“犯罪免发遣”律效力范围的变动，主要分为一般旗人与旗下家奴两类。为求行文更为聚焦，以下将根据上述分类进行讨论，而非依时序逐条分析。

一般来说，旗人犯有徒、流、军罪，均因“犯罪免发遣”律得以折枷换刑。不过清高宗在乾隆十九年（1754）却提醒官员审理相关案件时，必须特别加以留意：

> 旗人犯杖、流等罪，例应枷责发落。在公罪及过误，自可照例完结，至关人命，即当核其轻重。七克登布以酒醉细故，遂凶殴侄孙九格致死，殊属惨忍，着发往拉林、阿尔楚哈。嗣后似此案件，该部照律定拟外，仍酌量情罪，请旨定夺，不必概入汇题。[①]

旗人七克登布因酒醉细故殴死侄孙，本应“照例以枷责完结”，[②] 但清高宗认为此案罪情重大无法等闲视之。清高宗最后下令将七克登布发往拉林、阿勒楚喀，并规定日后这类“殊属惨忍”案件，皆须特别请旨定夺。该上谕在乾隆二十一年（1756）正式修入清律中，[③] 之后除了发遣地从拉林、阿勒楚喀改为黑龙江、三姓等处外，[④] 基本上没有太大变动。[⑤]

上述改革确实改变旗人在法律上的特殊待遇，但这项新规定

---

① 中国第一历史档案馆编，《乾隆朝上谕档·第2册》（北京：档案出版社，1989），页763，乾隆十九年九月二十五日条。

②《清朝文献通考》（台北：新兴书局，1963），卷204，《刑考十·徒流》，页6687。

③《钦定大清会典事例（嘉庆朝）》（台北：文海出版社，1991），卷586，《刑部·犯罪免发遣》，页4b-5a。

④ 清高宗为避免派往拉林、阿勒楚喀种地者与其他遣犯相混，令臣工讨论遣犯应改送何地，臣工的讨论如下：“嗣后民人犯罪，不必发遣吉林等处，俱照旧例发遣云南等省。旗下不肖匪徒，不必发往拉林、阿勒楚喀，俱发遣黑龙江、三姓等处。并将从前发遣拉林人犯，交该副都统严查，如有不安分生事者，声明报部，即照新例，改发云南等省。”清高宗随后对此议表示赞同。参见《清高宗纯皇帝实录》，卷551，页1041，乾隆二十二年十一月丙辰条。

⑤ 该例直到嘉庆年间依然使用，由此可证其实效性，参见〔清〕祝庆祺等编，史春风等点校，《刑案汇览三编（一）》（北京：北京古籍出版社，2000），《犯罪免发遣·嘉庆二十二年说帖》，页15。

可能也不是偶然之举。自清初以来，皇帝有时会将不法旗人发遣外地以示严惩，乾隆年间甚至还送其前往拉林、阿勒楚喀种地。[①] 清高宗对“犯罪免发遣”律的调整，或能从此脉络加以理解。此外该新例具有很强的局限性，毕竟惟有“似此案件”才如此处置，改革的幅度并不大。然而无论如何，这次改革仍为接下来的丰富改革揭开序幕。

乾隆二十七年（1762）正月间，湖南宜章县知县张时栋拿获一位行迹可疑之人，并在其行李中搜出大量与湖南武职大员有关之契券书札。张时栋对此丝毫不敢大意立即向上呈报。是年正月二十八日，张时栋亲自将犯人押往省城，交由署湖广总督印务的湖北巡抚汤聘、湖南巡抚冯钤、湖南按察使严有禧等人严审。该犯供称他是顺天大兴县人名叫黄运景，其侄黄在中因曾在兵部充当书吏而与湖南大小武员多有交往，其中不乏嘱托营求之事，每当黄在中事成后，便请他前往湖南索讨银两。[②] 此案由于牵连甚广，清高宗立刻下令湖广总督爱必达尽速回任调查。当清高宗接到爱必达的报告后，对许多旗人牵涉其中深感痛心，并指责爱必达所拟之刑过于轻纵。[③] 清高宗在此案冲击下，认为旗人早已丧失“国初浑厚之风”，有必要借由调整“犯罪免发遣”律整顿旗人风气：

---

① 关于旗人“发遣”刑的讨论，详可参见本书第二章第二节。

② 《明清内阁大库档案》，登录号 184404－001，兵部为书吏武职交关事移会，乾隆二十七年三月日不详。从该移会所附名单来看，涉及此案的官员多达三十八人。

③ 《乾隆朝上谕档·第 3 册》，页 900－901，乾隆二十七年六月初三日条：“内阁奉上谕：‘爱必达等审拟兵部书役撞骗婪赃一案，已交三法司核拟速奏。惟折内将那兰保、雅隆阿、察伦泰拟罪之处，过于轻纵，实出情理之外。武弁与书役交通舞弊，已属大干法纪，况那兰保身系满洲，即不知畏法，亦当稍顾颜面，何至与下贱书役，直以兄弟相称，卑鄙无耻，至此已极，我满洲中岂宜有此臣仆。那兰保着削去户籍，发往伊犁，给与厄鲁特为奴。’”

> 嗣后凡满洲犯有军、流、遣罪，如系寻常事故，仍照旧例枷责完结。倘有似此寡廉鲜耻之徒，其人既甘为败类，又何必复以满洲成例待之，自应削去户籍，依律法〔发〕遣。其如何完结之处，该部逐案声明请旨，庶不致高下其手之弊。其汉军人犯，无论军、流、徒罪，俱即斥令为民，照所犯定例发遣，不必准折枷责，着为例。[①]

自乾隆十九年的上谕后，清高宗再次修正“犯罪免发遣”律的效力范围。罪情重大的满洲、蒙古旗人可能不再适用“犯罪免发遣”律，直接“削去户籍，依律发遣”；汉军旗人则继雍正四年后，再度无法适用“犯罪免发遣”律。

暂且扣除汉军不谈，这次改革某方面来说延续了先前的策略，即强调根据案情决定“犯罪免发遣”律的适用与否。不过汉军在此新规定中待遇明显较差，一犯有军、流、徒罪直接依律处置，完全没有转圜余地。乾隆二十八年（1763）六月间，刑部曾将正白旗汉军的蔡钟麟“合依诬告人死罪未决律，杖一百流三千里加徒役三年，系汉军照例销除旗档，照民人例，札发顺天府定地发配”。[②] 乾隆二十九年（1764）十一月间，镶白旗汉军德珠因挟势非法借贷财物，被刑部求处杖一百流二千五百里，“系汉军销除旗档，不准折枷，照例发往川、陕边省为民”。[③] 根据这两起案例，可知乾隆二十七年后的汉军，一旦触法皆比照民人处置。

---

① 《乾隆朝上谕档·第 3 册》，页 903，乾隆二十七年六月初六日条，内阁奉上谕。

② 《明清内阁大库档案》，登录号 151485－001，刑部为审拟具奏事移会稽察房，乾隆二十八年六月日不详。该案皇帝的裁示为“依议”，可知皇帝同意这个判决。

③ 《明清内阁大库档案》，登录号 216834－001，刑部为审汉军主事德珠勒令书办借垫银两案移会稽察房，乾隆二十九年十二月日不详。该案皇帝的裁示也为“依议”。

不过如同雍正朝的例子般，这种对汉军不公平的现象并未持续太久。乾隆三十一年（1766）四月间曾有官员奏称：

> 嗣于上年办理香河县车辆一案，将内务府郎中伊星阿、管领增福，依侵盗钱粮一千两例，拟斩，杂犯准徒五年，系旗人折枷鞭责发落。今此次审拟内务府员外郎哈丰阿等，承修沟工一案，将拟流之哈丰阿、福葆，拟徒之舒玺，均札发顺天府，定地发配充徒，所办前后不符，未经画一，实属疎忽。查内务府包衣汉军，原与八旗汉军人员，例得出旗为民者不同，其犯有寻常徒、流等罪，自不得仿照八旗汉军实在徒、流之例一体办理。即八旗汉军，自非寡廉鲜耻、情罪较重者，亦不必遽行发遣。①

上述引文反映了几个现象。首先，内务府包衣汉军与八旗汉军分属不同群体，从法律的适用性即可见一斑。人们论及八旗制度时常将入旗的汉人笼统称为汉军，但清人福格表示："若内府旗鼓，按《八旗通志》内统于上三旗满洲都统，本与八旗汉军不同，《满洲氏族谱》内谓旗鼓人为满洲旗分内汉姓人。"② 所谓旗鼓佐领是由包衣中的汉人组成，其成员虽然也以汉人为主，严格来说却不能视为汉军。③ 不过时人对此似乎也不甚了解，哈丰阿等人

---

①《乾隆朝上谕档·第4册》，页878，乾隆三十一年四月二十五日。

② 〔清〕福格著，汪北平点校，《听雨丛谈》，卷1，《内旗旗鼓与八旗汉军不同》，页17。福格继续补充道："其在内府仕途，均与满洲相同，洊升九卿，亦占满缺。惟中进士分部院观政，则与八旗汉军相同，亦近世之误也。"

③ 关于包衣与汉军常被混淆的讨论，详可参见陈国栋，《清代内务府包衣三旗人员的分类及其旗下组织——兼论一些有关包衣的问题》，《食货月刊》，12：9（台北，1982. 12），页5－23。

被依律发遣，可能起因于官员将这两者混为一谈。此外，汉军之所以失去刑罚上的特殊性，或许与当时的“出旗”政策有所关连，[①] 此举亦可呈现八旗制度各项改革同步一致的特色。

另一值得注意处，为官方对汉军实发规定的态度转变。有别于先前斩钉截铁地强调汉军罪犯“无论军、流、徒罪俱即斥令为民”，上述引文却改称“八旗汉军自非寡廉鲜耻、情罪较重者，亦不必遽行发遣”，其转变因素虽然难以得知，仍足见汉军确实再度回到“犯罪免发遣”律的部分效力范围内。[②] 如同雍正朝的前例一般，汉军完全无法适用“犯罪免发遣”律终究只是昙花一现。

“犯罪免发遣”律此后又历经几次修订。乾隆三十五年（1770）十二月间，内务府题报一起鹰户谢天福等人与民人高士

---

① 汉军虽在清初受到重用，但当国家局势稳定后汉军逐渐丧失原有优势。清政府为解决日益严重的旗人生计问题，选择将汉军排除于八旗之外，这也是所谓的“出旗”政策。该政策可分为两阶段：第一次为乾隆七年至八年，以京师汉军为主；第二次则从乾隆十九年开始，一直延续到乾隆四十五年，以驻防汉军为主。详可参见孙静，《乾隆朝八旗汉军身份变化述论》，《黑龙江民族丛刊（双月刊）》，2005：2（哈尔滨，2005. 04），页 59－64。关于汉军的出旗政策，亦可参见范传南，《乾隆朝八旗汉军出旗述论》（大连：辽宁师范大学历史学系硕士论文，2008）。

②《乾隆朝上谕档·第 4 册》，页 879，乾隆三十一年四月二十六日条：“嗣后问拟旗人罪名，务详核犯案情节。如实系寡廉鲜耻，有玷旗籍者，不但汉军当斥令为民，依律遣发，即满洲亦当削其名籍，投畀远方。其余寻常罪犯，及因公事获谴者，无论满洲、汉军，仍照定例折枷鞭责完结。如此则旗人益当知所劝惩，而敕罚亦昭平允，着传谕中外问刑衙门知之。”值得注意的是，汉军适用“犯罪免发遣”律与否之情形，可能和“出旗”政策密切相关。当大量汉军开始离开八旗时，清政府亦不再将汉军视为旗人的一员，其法律上的待遇自然也随之改变。不过换个角度观之，出旗政策实施后仍有部分汉军留在八旗中，这些未出旗的汉军可能与八旗满洲、蒙古成员更为融合，该情形或许促使皇帝再度视汉军为八旗的一分子，进一步导致“犯罪免发遣”律改革策略的调整。关于出旗政策后汉军更为融入八旗的讨论，详可参见张佳生，《八旗中“汉人满化”现象论析》，收录于氏著《八旗十论》（沈阳：辽宁民族出版社，2008），页 230－249。

杰强拔三教庵内树木卖钱分肥之案。谢天福、边德、杨廷栋因属旗人而被问拟枷号两个月。[①] 内务府虽是依律判决，但清高宗认为“鹰户人等虽隶内务府旗籍，而散处近京各州县，实与民人无异，若犯事到官，不当与在城居住当差之旗人一例问拟”，令谢天福等人比照民人办理，并将此例永远颁行。[②] 该案除着眼于鹰户本属于下层旗人外，还有旗人当差与否的考虑，这也是另则条例出现的契机。乾隆三十九年（1774）间，刑部上报一起船户刘治偷卖漕米案件，从犯方天秃因有旗人身份得以折枷鞭责。清高宗面对此案却持不同于律例的见解：

> 其从犯内，方天秃一犯，声明系旗人，应折枷鞭责完结等语，固属照例办理。但同系旗人，其间亦各有分别。如果身居京师，食饷当差、在官服役之人，身犯流、徒等罪，原可折枷完结；若在屯居住，及各处庄头，与民混处日久，即与民人无异，则犯法亦当与同科。况我朝统壹寰宇百三十余年，久已中外一家，薄海民人，与旗人并无歧视，何独于问拟流、徒一节，尚拘往例乎？嗣后除京城之满洲、蒙古、汉军，现食钱粮当差服役之人，及外省驻防之食粮当差，如犯流、徒等罪，仍照旧鞭责发落外，其余住居庄屯旗人，及各处庄头，并驻防之无差使者，其流、徒罪名，俱照民一例实遣，着为例。此案拟徒之方天秃交部，即照此办理。[③]

---

① 《清高宗纯皇帝实录》，卷874，页716－717，乾隆三十五年十二月乙亥条。

② 《乾隆朝上谕档·第6册》，页446，乾隆三十五年十二月初三日条。除了这段引文外，清高宗亦表示：“嗣后内务府所属庄头、鹰户、海户人等，如犯军、遣、流、徒等罪，俱照民人一例定拟。俾各知所儆戒，畏法安分，未始非因事成全之道，所有此案内谢天福、边德、杨廷栋，即照此例行。”此例随后亦载入清律中。

③ 《乾隆朝上谕档·第7册》，页723，乾隆三十九年十一月初六日。

清高宗不仅重申不法旗人已“与民人无异”，进而强调国家视全部臣民为一体的立场。因此，“犯罪免发遣”律有必要重新修正，此后未披甲的无差使旗人均不再适用该律。

有别于过往着重族群性质或案情轻重，清高宗这次对“犯罪免发遣”律的改革，却以是否有差使作为“犯罪免发遣”律的适用依据，为相关改革开启了新面向。此举主要强调旗人乃因军人身份，才拥有折枷换刑的待遇，更为合理化“犯罪免发遣”律的存在意义。不过旗人人口自康熙朝以来持续激增，许多旗人早已面临无差可当的窘境，此例的执行无疑对其冲击甚大。乾隆五十年（1785）二月间，刑部奏称此例将导致无差使旗人竟与“寡廉鲜耻、有玷旗籍者一例发遣”，“亦觉漫无区别”，请求皇帝修改此例。[①] 清高宗最终基于现实考虑，接受刑部的建议取消此例，“犯罪免发遣”律的划时代改革再度戛然而止。[②]

若“犯罪免发遣”律在乾隆年间的多次改革，象征部分正身旗人不再完全适用，那身属旗人群体最下层的旗下家奴，自然也

① 〔清〕黄恩彤编，《大清律例按语》，卷 31，《名例律·犯罪免发遣》，页 57b－58a：“臣部因盛京、吉林等处旗人，皆散处四乡，差使限于定额，断不能人人挑补，其屯居之无差使者，实出于势之不得不然，并非游惰偷安者可比。偶而有犯，即与民人一例实发，将旗人之混入军、流民籍，日积日多，且或因获谴之后，竟与寡廉鲜耻、有玷旗籍者，一例发遣，亦觉漫无区别。”

② 刑部乾隆五十年二月间的具奏，原本仅建议东北地区的无差使旗人依旧例折枷完结，然清高宗基于法律一致性的考虑，亦将直省驻防无差使旗人一并纳入，参见《钦定大清会典事例（嘉庆朝）》，卷 586，《刑部·名例律·犯罪免发遣》，页 4a：“盛京吉林等处旗人，散于四乡，差使限于定额，不能人人挑补。其屯居无差使者，并非游惰偷安，偶尔有犯，即与寡廉鲜耻者一例实发，似无区别。酌请将东三省旗人，除实系寡廉鲜耻有玷旗籍者，始行实发外，其屯居无差使者有犯，仍折枷鞭责。又查各省驻防旗人，差使亦有定额，与东三省屯居无差使者，事理相同，未便因其未经食粮当差，即与民人一例实发。”

逐渐被排除在外。如前所述，旗下家奴虽然地位低贱，[①] 但在刑罚上仍享有如同正身旗人般的待遇，有些承审官员甚至直接称呼他们为“旗下人”。[②] 不过这种情形最晚在乾隆朝初期始有变化。乾隆十六年（1751）颁布的两条新例，内容都是针对旗下家奴而设，其中明显透露不法旗下家奴的折枷换刑已有所调整。

乾隆十六年的第一则新例，主要是界定旗下家奴的几种类别与相关处理方式，许多注律典籍均表示该例来自刑部议覆直隶总督那苏图乾隆十三年之奏，[③] 但笔者目前尚未在官书或档案中找

---

① 在传统中国社会中，所谓的“贱”具有两种意涵，其一为“官民关系”，其二则为社会地位低下没有独立人格的个人，以及由这些人构成的等级。后者在历史上的指称并不固定，直到明代官方才在法律中正式界定何者为“贱民”，但在这段长期发展过程中，奴仆处于社会最低层仍是不争的事实。参见经君健，《清代社会的贱民等级》，页 31－32。旗下家奴虽身处八旗组织，但其本质还是奴仆，地位与一般旗人仍有差别。

② 兹举康熙朝的一个例子加以说明。康熙十六年间，有一名留有头发又身穿僧服之人，无故在皇帝车驾行幸处接跪。此人因行为怪异遭到官兵捉拿，讯问后得知他名叫刘有道，打算出家行善，并曾在佛前发誓惟有将桥修成才剪头发。一日刘有道听闻皇帝车队经过，“欲拜活佛募化”，并无别故。刑部原本打算依冲突仪仗律，将刘有道杖一百并发边卫充军，但因刘有道为旗下人，故改为枷号三个月鞭一百，该判决最终也得到皇帝认可。刘有道虽被称为旗下人（gūsai niyalma），但他其实只是旗下家奴，这从该档案的满文内容即可得知：bi daci gulu šanggiyan i ši ging nirui an ca sy šilin i booi niyalma bihe，ijishūn dasan i jakūcuci aniya，bi ejen de baifi booci tucihe，sain be yabuki seme……。根据这段满文可判断刘有道本为正白旗西京（ši ging 音译）佐领下施林（šilin 音译）的家人，他在顺治八年时曾求其主让他出家行善。参见《明清内阁大库档案》，登录号 185106－019，刑垣史书，康熙十六年二月二十四日。根据这起案例，亦能了解旗下家奴在康熙朝所受刑罚，与一般旗人并无二致。

③ 相关内容参见〔清〕黄恩彤编，《大清律例按语》，卷 31，《名例律・犯罪免发遣》，页 49a－49b：“臣等谨按，此条系乾隆十三年六月内，臣部议覆原任直隶总督那苏图条奏定例，应纂辑以便遵用。”〔清〕薛允升著，黄静嘉编校，《读例存疑重刊本》，卷 2，《名例律上之二・犯罪免发遣》，页 34：“此旗下家奴犯罪分别折枷之例，原例本系三条：一系乾隆十三年，刑部议覆直隶总督那苏图条奏定例。”

到相关资料。该新例将旗下家奴分为三种状况：一、已入民籍者照民人办理。二、若经赎身开户者照旗人正身例折枷鞭责。三、尚未正式完成赎身者若犯军、流等罪“照例问发”。当旗下家奴成为民人或是一般旗人，在刑罚上即比照新身份办理。乾隆二十七年三月间，从觉罗满保家中放出为民的家奴高信，其子高应禄入籍大兴县，九月时捐官得到县丞一职，不料觉罗满保之孙觉罗福文柱来年四月得知此事后，竟向官府告发此事。由于高应禄“出身微贱”不可捐官，遂被官员求处杖一百徒三年。[①] 此案虽呈现旗下家奴进入民籍后地位不会马上恢复，但他们所受的刑罚已无异于一般民人。

透过上述条例的分析，不难发现一般旗人与旗下家奴似乎为两种群体，因为这两者若刑罚待遇相同实无必要相区隔，其关键处可能在于第三种状况的“照例问发”究竟是什么意思？同年制定的另一条新例，恰可为此提供一些解答，该例表示“凡旗人家奴犯军、流等罪，仍依例酌发驻防为奴，不准折枷外，其犯该徒罪者，照旗下正身例，折枷鞭责发落”。乾隆三十三年（1768）十月初六日，驻扎龙陵之正蓝旗护军校根敦扎布家人李福，煮晚饭时不慎引发火灾，除了其主草房付之一炬外，这把火还因风势太大烧毁草房一百九十五间、棉甲十五付、账房五顶、弓七十五张、箭两百四十支。李福虽属无心之过仍难规避责任，承审官员将其依公廨失火律加等拟流，李福因身属旗下家奴而被发往伊犁

① 官员审理此案时曾发生无例可引之窘境，最后乃利用一起长随杜七之子杜时昌捐纳同知的成案解决问题：“今高应禄之祖高国柱，系白契卖与福文柱家，虽经放出，究属出身微贱，与长随之子无异，未便滥邀名器。高应禄即高倌福，应比照杜时昌案，杖一百徒三年。”参见《明清内阁大库档案》，登录号100219-001，刑部奏福文柱呈控家奴违例捐官移会稽察房，乾隆二十八年十月二十一日。

为奴。[1] 由此即能看出旗下家奴若犯流罪将被发往驻防为奴，与一般旗人的“正身例”大不相同。受限于史料缺乏，难以得知该例始于何时，但从时人称其为“当时现行则例”来看，[2] 多少反映该例应已执行一段时间。薛允升对此则有下列看法：

> 奉天等处满洲有犯发遣者，发驻防当差，奴仆发驻防兵丁为奴，见“徒流迁徙地方”。此云依例，即彼条例文也。[3]

薛允升认为新例中的“依例”，乃根据“徒流迁徙地方”律中的一则条例为准。该例制定于雍正五年，涉及奉天、宁古塔、黑龙江等处旗人与旗下家奴的发遣问题。[4] 薛允升的见解看似有道理，但该例实与旗人的“发遣”刑较为相关，与一般军、流罪不可混为一谈。[5] 在史料付之阙如的情况下，准确指出旗下家奴刑罚发生变化的转折点并不容易，但推测在雍正朝后期已略有迹象。

无论旗下奴仆何时不再受到“犯罪免发遣”律的完全保障，

---

① 官员审理此案时表示：“查律载，官府公廨失火者，杖八十徒二年，又名例内开，旗下家奴犯军、流等罪，例发驻防为奴，不准折枷各等语。今护军校根敦扎布家人李福，煮饭延烧军营官兵草房，较之公廨失火者，情罪尤重。”基于上述原因，李福所受处分才被加重。参见《明清档案》，卷册 A207－128，《大学士傅恒等·大学士为失火延烧草房军器治罪事》，乾隆三十三年十一月日不详。

② 〔清〕吴坛著，马建石等编，《大清律例通考校注》（北京：中国政法大学出版社，1992），《犯罪免发遣第二条例文》，页 218。

③ 〔清〕薛允升著，黄静嘉编校，《读例存疑重刊本》，卷 2，《名例律上之二·犯罪免发遣》，页 34。

④ 会典记载该例于雍正三年修订完成，但比对清世宗的上谕可能不是如此。会典内容详可参见《钦定大清会典事例（光绪朝）》，卷 741，《刑部·名例律·徒流迁徙地方附律条例》，页 8b－9a。

⑤ 关于旗人“发遣”刑的讨论，详可参见本书第二章第二节。

可以确定的是至少在乾隆十六年以后，清律中已有与旗下家奴刑罚相关之规定。旗下家奴在“犯罪免发遣”律中的地位转变，明显较一般旗人来得早，反映清政府调整“犯罪免发遣”律的适用范围时，先以旗人群体中的低下阶层为首要目标。随着一般旗人有时亦无法折枷换刑，旗下家奴的相关待遇再度经历几次修正。最显而易见的是当汉军于乾隆二十七年无法适用“犯罪免发遣”律时，旗下家奴连带受到影响。汉军旗下家奴自乾隆二十八年以降，犯有徒罪不再折枷而是实徒，即可看出相关改革实有考虑法律的一致性。① 旗下家奴的刑罚规范差不多就此定型，日后仅有一些条例的修并，并无太大新意。②

在经历乾隆朝的一连串改革后，“犯罪免发遣”律的效力范围不再出现大规模调整，直到道光朝才有新的变化。道光五年（1825）四月间，协办大学士英和奏曰：

> 犯窃、刺字、寡廉鲜耻、甘心下贱销除旗档，宜遵例实力奉行也。国初定例，旗人犯罪军、流、徒俱折枷，不惟正身，即满洲、蒙古家奴，犯徒亦折枷者，其意可想而知也。乾隆年

---

① 不过当汉军恢复适用“犯罪免发遣”律后，汉军奴仆却未同步改回，薛允升曾指出：“查汉军家奴犯该徒罪，不准折枷，系乾隆二十八年定例。原因二十七年上谕：‘汉军正身旗人，有犯军、流、徒，不准折枷’之语，是以奏明奴仆有犯，亦不准折枷。迨后遵奉三十一年上谕纂定条例，满洲与汉军正身，仍系分别情节定拟，实发折枷，并无汉军不准折枷之文，奴仆有犯，似亦未便强为区别。”其背后原因并不清楚，可能由于旗下奴仆地位本来就不高，清政府无意恢复他们原有的待遇。薛允升见解详可参见〔清〕薛允升著，黄静嘉编校，《读例存疑重刊本》，卷2，《名例律上之二·犯罪免发遣》，页34。

② 〔清〕吴坛著，马建石等编，《大清律例通考校注》，《犯罪免发遣第二条例文》，页219：“乾隆三十二年馆修，以此例两条均系旗下家奴犯军、流、徒罪治罪之例，是以并为一条。其原例内有赎身奴仆归入佐领下开户，照旗下正身一体折枷鞭责等语。查八旗开户，已于乾隆二十一年钦奉上谕，放出为民，故将此节删去。”

间定例，犯窃销档；凡刺字者销档；寡廉鲜耻，有玷旗籍者销档；诬告讹诈，行同无赖者发遣；赌博生事匪类者发遣。……国初旗人尚少，欲其团聚京师，虽有罪不肯轻弃。乾隆年间生齿日繁，虑其败坏风气，将不肖逐渐汰除。此在乾隆年间，为因时变通，而在今日，则为遵循旧例。无如后来诸臣，往往以姑息为慈祥。……嗣后诸例渐次废弛，犯窃者则作百检十，一切例应刺字者，俱为之曲法开脱，以致旗人肆无顾忌。①

英和之奏恰巧反映“犯罪免发遣”律修订后的一些弊病。清高宗虽力图改革“犯罪免发遣”律以强化对旗人的约束，亦希望借此剔除旗人中的败类分子，但最终成效似乎不大，问题关键应在于规范内容本身。该例强调“如系寡廉鲜耻，有玷旗籍者，均削去本身户籍，依律发遣，仍逐案声明请旨”，“寡廉鲜耻”与“有玷旗籍”这一构成要件因较有主观性，官员判案时可能刻意不引用该例为不法旗人开脱，纵然皇帝握有这些“削籍”重案的最终裁量权，② 仍不易对旗人产生惩戒作用。英和虽未直接点出上述问

① 〔清〕贺长龄辑，《皇朝经世文编》（台北：文海出版社，1972），卷 35，《户政十·八旗生计·会筹旗人疏通劝惩四条疏》，页 12b。

② 条例中若规定“仍逐案声明请旨”，代表皇帝拥有这类案件的最后裁量权，以下兹举一例说明。嘉庆十一年七月初四日，内务府拜唐阿萨伶阿之妻孟氏上吊自杀，经调查发现孟氏是因自己和拜唐阿来麟的奸情被其夫察觉才羞愧自尽。依照清律的规定，和奸案之奸妇因奸情败露羞愧自尽者，奸夫杖一百徒三年，但官员认为“今旗人来麟身充内务府拜唐阿，乃敢在营房此（原档案残）地不顾廉耻，恣意和奸，以致奸妇因奸情败露，羞愧（原档案残），应照依寡廉鲜耻有玷旗籍者，削去本身户籍定（原档案残），与地方官照例办理，以示惩儆。”官员因认定来麟行为不检，主张以此例加重处罚，不过最终仍须以皇帝的决定为准。所谓“寡廉鲜耻”似乎没有统一标准，而是根据官员或皇帝心中的一把尺来判断。参见《明清内阁大库档案》，登录号 190962－001，刑部为审拟内务府拜唐阿来麟因奸酿命案移会稽察房，嘉庆十一年八月二十六日。

题，但从他明确指出哪些犯行应“销除旗档”来看，无疑已注意并尝试解决该困境。[①] 英和的建议随后得到皇帝首肯，这也是“犯罪免发遣”律最后一次调整。[②]

根据魏复古的“征服王朝”理论，非汉民族入主中原或统治中国部分地区时，通常都会推行所谓的“二元统治”。此举除了基于维持本民族特色的考虑外，多少也具有保护本民族的考虑。由此观之，自然不难理解为何旗人在部分法律规范上与民人有别。然而这种差异性也没有想象中的大，旗、民在犯罪认定上均服膺于清律的规定，差别仅在于旗人犯有军、流、徒罪可以折枷抵免，笞、杖之刑则改为以鞭责打。该特殊规划不仅有“二元统治”的效果，也不至于让国家法律体系太过冗乱，实为一巧妙的设计。更为重要的是，旗人在刑罚上的特殊性并非一成不变，自雍正朝开始陆续出现多次改革，其原因一方面是皇帝企图让国法更为一致化，另一方面亦希望借由增加刑度加强对旗人的约束力。不过由于旗人终究是皇帝仰赖的重要力量，旗、民分治为一难以放弃的政策，许多改革推出不久后即宣告结束，反映皇帝在此问题上仍有局限性。

纵然如此，旗人拥有的特殊待遇并非牢不可破，透过乾隆朝修

---

① 〔清〕黄恩彤编，《大清律例按语》，卷 90，《名例律·犯罪免发遣》，页 7b－8a：“臣等谨按，道光五年四月内，管理镶黄旗满洲都统英和等，条奏惩劝旗人折内，声明嗣后旗人窝窃、窝娼、窝赌，及诬告，讹诈，行同无赖，不顾行止，并棍徒扰害，教诱宗室为非，造卖赌具，捏造假契，行使假银，描画钱票，代贼销赃，一切诓骗诈欺取财，以窃盗论，准窃盗论之类，俱销除旗档，照民人徒、流、军、遣，一体问拟，不准折枷等因，奏准在案，应纂辑为例。再查旗人犯诱拐强奸、亲属相奸，较诈欺各项，尤属有亏行止，似应一并销除旗档。”由此可知刑部在英和的建议基础上，又增补了一些犯行。

② 《钦定大清会典事例（光绪朝）》，卷 727，《刑部·名例律·犯罪免发遣》，页 6a－6b。

订的条例，可知皇帝已将自己的司法最终裁量权正式制度化，其有权取消旗人罪大恶极者的折枷换刑待遇。这种富有弹性的法律设计，既有助于皇帝约束旗人，又不至于彻底打破旗、民间的界线，堪称一两全其美的折衷手段。道光朝以降虽将旗人会被销档的罪行逐一具体化，却不表示旗人完全丧失刑罚上的特殊性，薛允升所言“此例行而直以民人待之矣”，或许只是部分状况而非全貌。①

第二节　旗人刑罚中的“新例”与“发遣”

一、处理旗人命案的“新例”

旗人的折枷法自顺治十三年（1656）略有雏形，至顺治十八年大致确立，最后则在雍正三年以“犯罪免发遣”之名正式载入清律，许多论者认为旗人的法律“特权”就此确立。② 然而综观

① 薛允升的见解参见〔清〕薛允升著，黄静嘉编校，《读例存疑重刊本》，卷 2，《名例律上之二·犯罪免发遣》，页 36。最明显的佐证为道光朝以后，不法旗人未必全数销档实发。道光十七年间，福州驻防马甲广春因细故和景庆父子斗殴，广春持刀将景庆之子富尔当阿戳伤。持刃伤人者依律应杖八十徒二年，旗人则可折枷鞭责发落。不过由于广春是个累犯，承审官员认为“驻防兵丁平日如系安分，偶致犯罪，自应照律折责问拟，若其素非守法，屡有过犯，务应随案严办，庶期惩一儆百，俾知畏法”，建议将怙恶不悛的广春销除旗档照民人例处置，该建议最后也得到皇帝认可。关于这起案件的始末，详可参见台北故宫博物院藏，《宫中档道光朝奏折》，文献编号 405012521，闽浙总督钟祥等·奏报从严惩办旗兵斗殴伤人案缘由，道光十七年六月初五日、《明清内阁大库档案》，登录号 145521-001，刑部为旗丁斗殴伤人从重惩办事移会稽察房，道光十七年八月初三日。

② 持此观点的研究成果众多，以下兹举中、外两各一例作为代表：沈大明，《〈大清律例〉与清代的社会控制》（上海：上海人民出版社，2007），页 69-71、路康乐（Edward J. M. Rhoads）著，王琴等译，《满与汉：清末民初的族群关系与政治权力》（北京：中国人民大学出版社，2010），页 39-40。

有清一代的旗人司法案件，“犯罪免发遣”律其实仅反映旗人所受刑罚的主要特点而非全貌。本节将聚焦于处理旗人命案的“新例”与旗人的“发遣”刑，一探这些常被忽略的特殊旗人规范。

在分析所谓的“新例”问题前，或能从下列案件开始谈起。康熙四十一年（1702）五月初，刑部向皇帝提报一起命案，凶手佛保被求处绞监候，清圣祖对此表示：

> 此系另户，着问该都统，何故不行奏闻？这案着照新例议处，否则法不严矣。①

上述引文有两个重点值得注意，其一为“另户”，其二则为“新例”。从字面意思来看，推测是指当“另户”犯下杀人罪时，必须依照“新例”处置，“否则法不严矣”。暂且撇开“另户”不谈，所谓“新例”究竟为何？查阅现存清代官书，相关记载可惜并不清楚，似乎惟有借由档案中的实际案件，才能进一步了解“新例”的来龙去脉。

首先要理解的是，“新例”的推行究竟有何特殊目的？透过清圣祖所言可知新例的制定，无非是希望解决旗人命案过多的问题：

> 向来满洲，无犯法杀人之事。康熙初年，一年之内，最多不过一、二件而已，自平吴三桂以来，满洲杀人之事渐多，五年前至每月七、八件。朕谓若不力禁，断不知改。自

① 《清代起居注册·康熙朝（台北版）·第17册》，页9343，康熙四十一年五月初六日条。

> 定为新例，又将都统、副都统、佐领官，一并治罪，是以去年仅有三件，今年仅有一件。由是观之，则知法严而人命之事自少矣。[①]

曾有学者指出自康熙朝三藩之乱后，八旗军力已大不如前。[②] 旗人武力的衰退，或许如实反映旗人素质的大幅下滑，本来生性质朴的旗人竟陆续犯下多起杀人命案。清圣祖对此问题早已念兹在兹，他认为八旗杀人案件的增多，"可见满洲习俗寖薄矣"。[③] 该现象当然并非统治者所乐见，为挽回旗人的"淳厚之俗"，只能推出较以往更为严厉的"新例"。这种"严于立法"之策，"庶命案较往年，十分仅有二分"，[④] 可见确实达到一定效果。[⑤]

这个足以震慑旗人的"新例"，内容究竟有多严厉？关于这个问题，清律中似乎没有相关记载，但在一些案件中仍留下值得注意的蛛丝马迹。康熙五十年（1711）三月间，刑部将复审宁古塔将军觉罗孟俄洛审理案件的结果上呈皇帝。此案内容为倪喀他因马匹遗失四处寻找，途中恰巧看到一匹无主之马，便骑上这匹

---

① 《清圣祖仁皇帝实录》（北京：中华书局，1985），卷222，页233，康熙四十四年八月甲午条。

② 叶高树，《习染既深，风俗难移：清初旗人"渐染汉习"之风》，页256。

③ 《清代起居注册·康熙朝（台北版）·第12册》，页6674－6675，康熙三十七年十一月十四日条："朕初亲政时，见满洲无有斗殴、持刀杀人之事，以后渐有犯者，及今而此风日甚，可见满洲习俗寖薄矣。即今各案中，亦有犯此者，必复从前淳厚之俗为善也。"

④ 《清代起居注册·康熙朝（台北版）·第17册》，页9350，康熙四十一年八月二十二日条："朕严于立法，以治满洲杀人之罪，庶命案较往年，十分仅有二分。"

⑤ 《清代起居注册·康熙朝（台北版）·第22册》，页12183－12184，康熙五十二年闰五月初九日条："又八旗打死人者，朕定新例，交与该旗，即令完结，此等事渐少，去岁尚有两、三案，今岁无矣。"虽然"新例"确切出现时间暂时无法得知，但时至康熙五十二年应已过了许多年。由此看来"新例"似乎效果不错，颇为清圣祖所乐道。

马继续寻马。倪喀他随后被该马主人孟阿图撞见，孟阿图认定倪喀他为偷马贼，手持劈柴将其打倒并以脚乱踢，导致倪喀他伤重次日殒命。无论宁古塔将军还是刑部审理此案时，都拟将孟阿图绞监候，然清圣祖却指示将“孟阿图着交与该将军，照新例正法”。[①] 清律中的杀人罪可细分为“七杀”，即七种使人致死的原因，刑责亦有所不同；[②] 除此之外，命案受害者与凶手的关系亲疏，也会影响刑度轻重。[③] 根据清律相关规定，杀人犯所受刑责的主要差异，大致表现于行刑方式与时间上，前者有绞与斩两种形式，后者则可分为监候与立决。[④] 刑责有别表示即使同为死罪，仍有轻重缓急之别。回头看这起旗人犯下的杀人案，依律原本只该判处绞监候，[⑤] 最后却依照“新例”正法。由此可知“新

① 《清代起居注册·康熙朝（台北版）·第19册》，页10607－10608，康熙五十年三月二十六日条。

② 所谓“七杀”是指谋杀、故杀、劫杀、斗杀、误杀、戏杀和过失杀，参见〔元〕徐元端，《吏学指南》，收录于续修四库全书编纂委员会编，《续修四库全书·第973册》（上海：上海古籍出版社，2002），卷3，《七杀》，页5a－5b：“谋（二人对议）、故（知而犯之）、劫（威力强取）、斗（两怒相犯）、误（出于非意）、戏（□和相害）、过失（不意误犯）。”

③ 郭建等著，《中国法制史》，页289。

④ 所谓“监候”即“监固候决”之意，相对于“立决”的马上行刑，“监候”则需经复核才决定行刑与否。清代的监候制度主要可以分为朝审与秋审，前者主要针对京师地区，后者则为地方各省。在朝审与秋审过程中，罪犯有可能因情实而被处死，也有可能产生诸如缓决、减等或留养承祀等不会马上执行死刑之情形。自古以来，在“人命关天”的思维下，皇帝对待决的死刑犯多慎重以对，不过死刑覆审、覆奏制度的成熟，实经历一段从唐代至清代的长时间发展过程。关于死刑监候制度的介绍，详可参见孙家红，《清代的死刑监候》（北京：社会科学文献出版社，2007），页1－32。

⑤ 孟阿图所犯之罪应属“斗杀”，其刑责为绞监候，参见田涛等点校，《大清律例》（北京：法律出版社，1998），卷26，《刑律·人命·斗殴及故杀人》，页430：“凡斗殴杀人者，不问手足、他物、金刃，并绞（监候）。”

例”规定犯有杀人罪的旗人，直接正法处置不留丝毫余地。[①]

除了上述孟阿图打死倪喀他的案件外，以下几个例子也可说明“新例”的运作。康熙五十一年（1712）间，镶黄旗敦达礼佐领下闲散人巴戒，因二哥借钱不还，遂同本旗四十儿等将其围殴，导致二哥伤重殒命。刑部拟将巴戒斩监候、四十儿等人绞监候，清圣祖却表示：“巴戒率众行凶，打死二哥，殊属可恶，着交本旗，照新例正法；为从四十儿等之罪，着依议。”[②] 另正黄旗纳汉太佐领下拨什库（bošokū，领催）费扬古，向嫂嫂要银花用不成反而遭受辱骂，费扬古不满之余拔出小刀将其嫂戳死。刑部将费扬古问拟斩监候，清圣祖则曰：“费扬古将伊亲嫂踢伤，又用刀戳伤数处身死，费扬古着交与该旗，照新例正法。”[③] 根据这些例子，证明犯有杀人罪行的旗人均直接依“新例”正法。不过有个重点值得注意，该“新例”似乎仅在旗人杀死旗人时才会援引。康熙四十一年六月间，旗人得济打死汉人马六，刑部将得济定拟绞监候，清圣祖了解此案后并未言及“新例”，惟要求刑部连带处分得济的长官，[④] 可见“新例”可能只适用于旗人间的相杀命案。

经过上述的分析，大致已能理解“新例”的涵义，不过仍有

---

① 所谓“正法”原意为依法处置，日后则逐渐转变为死罪立决之意，参见〔清〕沈家本，《汉律摭遗》，收录于氏著，邓经元等点校，《历代刑法考附寄簃文存》，卷7，《捕律》，页1508：“至正法，注解为依法，乃正法之本义。后世以正法为死罪立决者，非此义也。”

②《清代起居注册·康熙朝（台北版）·第21册》，页11597－11598，康熙五十一年九月二十九日条。

③《清代起居注册·康熙朝（台北版）·第21册》，页11814，康熙五十一年十二月十九日条。

④《清代起居注册·康熙朝（台北版）·第17册》，页9396，康熙四十一年六月初八日条。

一个问题悬而未解，皇帝在佛保杀死牛钮案中为何特别提及“另户”？查阅档案中其他执行“新例”的案件，不难发现“另户”一词确实常被提起。康熙五十年间，盛京镶红旗达记佐领下西白、布尔古礼，与族兄之子马岱前往城内医马，回程途中众人因酒醉发生争执，布尔古礼竟对马岱拳打脚踢至气绝，布尔古礼遂被刑部问拟绞监候，清圣祖对此表示：“西白等甚属凶恶，动辄杀人，况布尔古礼打死者系另户人，应将伊交与该将军，照新例完结，本发还，着再议具奏。”① 镶红旗汉军纪自成佐领下之马兵李起龙，与另名马兵王四顺斗殴时拔出小刀将其戳死，李起龙依律应绞监候，清圣祖对此表示：“李起龙系另户人，而杀死另户人，应照新例议，本发还，着再议具奏。”② 从这两例可知无论凶手还是被害人，皇帝均特别强调他们的“另户”身份，底下这起案例则更为明显。康熙五十一年十一月初九日，刑部向皇帝报告一起步军花子打死步军小校巴雅尔图之案，皇帝了解案情后认为有必要厘清花子与巴雅尔图两人的身份：

> 巴雅尔图、花子或系另户人，或系人家人，本内并未声明。若系人家人则已，若系另户人应照新例完结；若打死者系另户人，花子系人家人，亦应照新例完结。尔等问明具奏。③

---

①《清代起居注册·康熙朝（台北版）·第19册》，页10811－10812，康熙五十年七月初八日条。

②《清代起居注册·康熙朝（台北版）·第20册》，页11010－11011，康熙五十年十月二十日条。

③《清代起居注册·康熙朝（台北版）·第21册》，页11698－11699，康熙五十一年十一月初九日条。

大学士奉旨询问刑部，查明巴雅尔图为家人，花子为另户人。清圣祖最终裁示"花子虽系另户人"，但"打死管伊小校，殊属可恶"，仍"应照新例完结"。①

清圣祖特别要求官员辨明凶手花子与被害人巴雅尔图的身份，乃因这与花子的刑责有所关联。若凶手与被害人都是"另户"，凶手直接依照"新例"处置，若双方皆为"家人"则免于执行"新例"；除此之外，若凶手是"家人"而被害人为"另户"，凶手依然适用于"新例"。总之，"新例"援引与否必须先判断凶手与被害人的身份，概要关系如表2-2-1。

表2-2-1　旗人命案"新例"之适用范围

凶手身份 被害人身份	另户	旗下家人
另户	○	○
旗下家人	×	×

"另户"在上述案件中被屡屡提及，象征"新例"与"另户"间密切相关。曾有论者指出"另户"为八旗户籍中的一种类别，通常是正身旗人的分居户；② 然从许多实际案例来看，此处所言的"另户"应有不同意涵。"另户"是清初八旗户口的常见名称，凡由一户内分出另立户档者，无论正身旗人的子弟成丁后自父亲名下分出，还是获准"开户"的奴仆自原主名

① 《清代起居注册·康熙朝（台北版）·第21册》，页11708-11709，康熙五十一年十一月十二日条。

② 傅克东，《八旗户籍制度初探》，页36。

下开出，很长一段时间都被编入另户册内。[①] 至雍正朝中期以后，清政府为解决日益恶化的八旗生计问题，开始着手整顿八旗户口，此时才出现“正户”、“另户”、“开户”、“另记档案”与“户下”等细部分类。伴随八旗户口名色的细致化，“另户”即使仍被用来指称旗人的分居人口，却仅限于正身旗人，开户人等已被排除在外。[②] 透过表 2-2-1 与上述“另户”意义变迁的相互比较，康熙年间执行“新例”时出现的“另户”，应是指扣除旗下家奴以外的旗人群体。推测当时由于“另户”在旗籍中为大宗，导致皇帝多直接用“另户”一词代称正身、开户等旗人。[③]

“新例”最后还需说明之处，为旗下家奴的适用问题。旗下家奴虽然属于旗人群体的一分子，但他们似乎不受“新例”

---

① 《清世宗宪皇帝实录》，卷 62，页 956，雍正五年十月辛丑条：“但另户亦有不同，其中有卑污下贱，同于奴仆者，亦有原系家下奴仆，开户而为另户者。若发遣远方，不令人管束，又致生事。嗣后除满洲正身之另户外，如有此等犯罪发遣者，着该部酌量，给与披甲之人为奴当差。”

② 关于“另户”的讨论，详可参见刘小萌，《八旗户籍中的旗下人诸名称考释》，收录于氏著，《满族的社会与生活》（北京：北京图书馆出版社，1998），页 152-162。清朝关外时期的八旗并没有“另户”这一户籍称谓，旗下“另分户人”在当时一般称为“各户”。不过入关后几十年间，“各户”一词渐被“另户”取代。若从满文来看，“各户”与“另户”都是 encu bisirengge，皆有“另住”的意涵。清史研究者熟知的“正户”一词，满文写为 jingkini encu boigon，即“正身另户”之意，足见“正户”最初反而是“另户”下的部分群体，与日后的意义大相径庭。

③ 〔清〕不着撰者，《新例要览》，收录于四库未收书辑刊编纂委员会编，《四库未收书辑刊·第 1 辑第 26 册》（北京：北京出版社，2000），未分卷，《刑部新例上·减等发遣脱逃》，页 3a-3b：“再发遣旗人正身，俱系另户之人，非平常发遣人犯可比。”根据这则史料不难看出，正身旗人与“另户之人”似乎具有相同意义。受限于史料不足，此处正文内容多为笔者推论，日后还需更多史料加以佐证。

约束，[①] 惟有杀害“另户”旗人时才比照“新例”办理；[②] 不过如果凶手与被害人的角色相互对调，旗下家奴并未得到相同保障。康熙五十年间，正黄旗渣克旦佐领下的张扬，发现族弟索柱的家人黄欲明，意图偷索柱牛车等物后逃走，张扬鞭打黄欲明加以讯问，黄欲明因被张扬刑讯而亡。刑部将张扬依律问拟枷号四十日鞭一百，[③] 清圣祖对此仅表示：“打死一族家人，当照平人拟罪，这案所引之例是否，着查奏。”[④] 雍正元年二月二十日，正黄旗佐领白色家人大硕色和白色内侄马常发生口角，马常怒向白色告状，白色遂命侄孙宁柱连同家人大祥等，将大硕色捆缚殴打，大硕色回家后便气绝身亡。此案经过审讯后，白色依官员将奴仆非

① 旗下家奴不受“新例”约束的最好例证，即旗下家奴相杀时未使用“新例”加以处置。然这类案件较为少见，参见《清代起居注册·康熙朝（台北版）·第 20 册》，页 11327－11328，康熙五十一年三月二十七日条：“又覆请刑部等衙门所题，正红旗朝奇佐领下闲散人席顺家人李成，调戏伊家妇人孙氏，孙氏持小刀恐吓追赶，下阶踏空跌去，戳中李成肚腹身死，将孙氏相应照律拟绞监候，秋后处决一疏。上曰：‘孙氏乃一妇人，岂能杀人？因下阶踏空跌去，李成向前欲扶，适中孙氏所持之刀，遂致戳死，实为可矜。人命关系重大，着九卿詹事科道会议具奏。’”史料中的妇人孙氏应该也是旗下家人，她意外杀死李成后，法司并未将其依“新例”处置。

② 除前述所举步军花子打死步军小校巴雅尔图的案件外，再举一个情节类似的案件为例。康熙五十年间，正黄旗汉军家马甲林三向同佐领下另户步兵周玉新索讨欠钱，双方发生角口并且互殴，林三以小刀戳死了周玉新。林三原本依律被求处斩监候，但清圣祖认为：“林三系旗下人奴仆，而且用小刀戳死另户人，应照新例完结，本发还，着再议具奏。”参见《清代起居注册·康熙朝（台北版）·第 20 册》，页 11101－11103，康熙五十年十二月初四日条。

③ 张扬打死族弟家仆之罪行，依律须杖一百徒三年，参见田涛等点校，《大清律例》，卷 27，《刑律·斗殴·良贱相殴》，页 454：“若殴（内外）缌麻、小功亲之奴婢，非折伤勿论；至折伤以上（至笃疾者），各减杀伤凡人奴婢罪二等，大功（亲之奴婢）减三等；至死者（不问缌麻、小功、大功）杖一百徒三年。”由于张扬身为旗人，所以改为枷号四十日，鞭一百。

④《清代起居注册·康熙朝（台北版）·第 19 册》，页 10911－10912，康熙五十年九月初六日条。

故杀责打身死例罚俸一年，起衅之马常与不行劝阻之宁柱，俱照不应为律鞭八十。[①] 旗下家奴由于身份低贱，常被主人施与私刑或是剥夺生命，[②] 主人也鲜少为此受到太严重的处罚。[③] 一般旗人杀害旗下家奴不需执行“新例”，应与当时法律体系中的良贱之别有关。

这则约束旗人杀人罪行的“新例”，自康熙朝四十年（1701）左右出现后，一直延续到乾隆初年。从“新例”的严厉特质来看，可知“新例”具有挽救旗人风俗不佳的用意。不过“新例”即使立意甚佳，终究属于一种“法外用刑”，雍正初年已有臣工注意到“新例”可能产生的负面影响，建议皇帝取消“新例”。监察御史傅色纳表示“自此例颁布以来，满洲俱知畏法，斗殴案件已为少矣”，皇帝亦常“为示宽仁”将应正法者“改拟减等发落”，傅色纳认为日后的相关案件，“仍援成法拟罪请旨”较为恰当。[④]

---

① 《明清档案》，卷册 A040-018，《刑部尚书宗室佛格·刑部为汇题议结细事五起由》，雍正元年四月二十八日。

② 主人对旗下家人施以私刑在当时经常发生，皇帝也曾多次劝告旗人不可过于苛刻。例如清世祖认为旗下逃人事件之所以层出不穷，主人本身也要负些责任：“尔等亦当思家人何以轻去，必非无因，果能平日周其衣食，节其劳苦，无任情困辱，无非刑拷打，彼且感恩效力，岂有思逃之理?”参见《清世祖章皇帝实录》，卷 102，页 788，顺治十三年六月己丑条。另李煦家人王可成曾因遗失送往北京的奏折而被“严行锁拷”，对此清圣祖亦告诫李煦：“今将尔家人一并宽免了罢，外人听见亦不甚好。”参见中国第一历史档案馆编，《康熙朝汉文朱批奏折汇编·第 1 册》（北京：档案出版社，1985），页 807-808，《苏州织造李煦·奏因家人途中遗失进折自请处分并补进折》，康熙四十七年正月十九日。

③ 在清律中家长殴打奴婢的处罚并不严重，参见田涛等点校，《大清律例》，卷 28，《刑律·斗殴奴婢殴家长》，页 457：“若奴婢有罪（或奸或盗，凡违法罪过皆是），其家长及家长之期亲，若外祖父母，不告官司而（私自）殴杀者，杖一百。无罪而（殴）杀（或故杀）者，杖六十徒一年。”

④ 中国第一历史档案馆编，《雍正朝满文朱批奏折全译·上册》（合肥：黄山书社，1998），页 71，《监察御史傅色讷·奏报满洲命案依法拟罪折》，雍正元年四月初九日。由于无法见到该奏折的满文原件，在此暂用中译本内容。日后若有机会见到满文原件，将会进行更深入的校对。

傅色纳的建议有其道理，因为“新例”相较于既有法规确实太过严苛。这件奏折因为未奉朱批，无法得知皇帝最后是否采取傅色纳的建议，然透过其他同类案件的处理情形，可以得知“新例”并未就此消失。

雍正元年（1723）八月间，正白旗双定管领下马甲巴达子，因常被正黄旗伯齐佐领下护军韦广欺负心生不满。该月初八日，巴达子在茶馆与韦广相遇，再次受到韦广当众羞辱，巴达子愤而拿出预藏的小刀将韦广刺死。承审官员表示应“将巴达子照满洲人杀满洲人之例，即予正法”，清世宗最后则下令改为“着候秋决”。[①] 雍正元年九月间，正黄旗巴什（baš）佐领下牧丁（adun i niyalma）赫伦特（herentei）因酒醉和正黄旗景卫（ging we）佐领下护军斯达色（sydase）发生冲突，赫伦特于当天晚上再度前往斯达色家中寻衅，赫伦特本欲持刀砍斯达色，反而被斯达色持砖打倒，翌日中午赫伦特伤重身亡。斯达色虽然属于自卫杀人，仍被依“满洲杀死满洲例”求处正法，最后在皇帝改判为绞监候下才逃过一劫。[②]

---

① 《雍正朝满文朱批奏折全译·上册》，页 286－288，《正白旗满洲都统满都呼·奏报审理巴达子刺杀人命案折》，雍正元年八月十四日。满都呼之翻译疑有误，应为满都护或是满都祜（manduhū）。

② 台北故宫博物院编，《宫中档雍正朝奏折·第 29 辑》（台北：台北故宫博物院，1977—1980），页 286－308，《正黄旗满洲都统马尔萨等·奏报满人斯达色因故打杀满人赫伦特案请旨定夺事》，雍正元年十二月十八日。本案承审官员的判决与皇帝朱批内容的满文，转写为罗马拼音如下。承审官员的判决：“udu bucehe herentei，sydase i suksaha i babe tokocibe，（虽然死者赫伦特刺了斯达色大腿处）damu sydase，herentei be tantafi bucebuhe be dahame，（但因斯达色打死赫伦特）sydase be manju，manju be waha kooli songkoi uthai fafun i gamame.（将斯达色依满洲杀死满洲之例正法）”皇帝朱批：“sydase be tatame wara weile tuhebufi bolori be aliyafi wa，gūwa be gisurehe songkoi obu.（斯达色着绞监候，秋后处决，余依议）”汉文翻译亦可参见《雍正朝满文朱批奏折全译·上册》，页 576，《正黄旗满洲都统马尔萨·奏报满人自相斗殴致死折》，雍正元年十二月十八日。

透过上述案例可知“新例”仍正常运作，完全未受到傅色纳建议影响，此外“新例”自康熙朝中叶发展至雍正朝，在用语上亦渐趋明确。从官员的定拟来看，“新例”即“满洲杀死满洲例”，恰巧印证前文对“新例”内容的推论。除此之外，“新例”虽然始终保持严厉本色，但皇帝的态度已发生转变。相较于清圣祖大多严格依“新例”将犯人正法，清世宗对上述两案的处理则较为弹性。此举可能是因为皇帝开始发觉“新例”不近人情的一面，而且在相关案件日益减少的情况下，似乎也没有继续执行该严刑峻法的必要。当皇帝对“新例”的执行已不如过往来得不留余地时，多少象征“新例”即将步入历史。雍正四年五月间，“新例”首先面临第一阶段的修订：

> 刑部议奏：“西安闲散满洲厄尔格，因饮酒不相逊让，将披甲人李佳宝殴死，厄尔格应拟斩决。”得旨：“满洲杀死满洲，即行正法，当日定例甚善。自定例后，此等事件甚少，可见立法稍严，而全活者转多。但此内亦有故杀、谋杀者，亦有斗殴致死者，所犯之罪，有斩、绞之不同，其中宜加分别。嗣后将应斩者，定为立斩；其应绞者，定为立绞，似为允协，着交部着为定例。”①

一般说来，旗人若触犯“新例”大多“即行正法”，也就是“斩立决”。② 清世宗虽肯定“新例”具有减少旗人相杀案件之效，却认

① 《清世宗宪皇帝实录》，卷 44，页 640－641，雍正四年五月壬辰条。

② “新例”所规定的“正法”乃“死罪立决”，但究竟是以何种方式执行死刑呢？根据相关案件推测为“斩立决”，参见《清代起居注册·康熙朝（台北版）·第 20 册》，页 10968，康熙五十年十月初一日条：“又覆请刑部等衙门所题，镶蓝旗常禄佐领下骁骑校沙布禄家〔人〕麻色，因斗殴用小刀戳死同旗法富里佐领下三奇，相应照新例立斩一疏。”

为其中未分斩、绞的设计并不妥当。自此之后，旗人杀害旗人虽然仍是立决，但是多了斩、绞之分，稍稍减少"新例"的严苛性。

上述"新例"的修订幅度即使不大终究是个开始，"新例"最后也在乾隆二年三月间宣告结束：

> 更定旗人命案律例。谕总理事务王大臣："满洲杀死满洲，即行正法，当日立法稍严，使人不敢轻犯，原属保全之意。今满洲生齿日繁，且知遵守法度，相残之事甚少。旧定旗、民条例，未免轻重悬殊，所当随时更定，酌议画一。着九卿，会同八旗都统，详确定议具奏。"寻议："嗣后旗人遇有命案，仍依律分别斗殴、谋、故，定拟绞、斩监候，其有服制者，照服制科断，永着为例。"从之。[①]

清高宗有鉴于旗、民在命案上，所受处罚轻重过于悬殊，决定着手加以调整。从此犯有命案的旗人皆依清律定拟，历时数十年的"新例"正式画下句点。[②] 不过值得注意的是，"新例"背后的精

---

① 《清高宗纯皇帝实录》，卷 38，页 693，乾隆二年三月戊戌条。

② 在雍正四年与乾隆二年间，"新例"的执行理论上是分为立斩和立绞两种形式，然而笔者至今尚未找到更多可供佐证的案例，无法确定"新例"的执行情形究竟为何。笔者目前仅寻获一件较为相关的档案，或许可对该问题提供部分解答。参见《明清档案》，卷册 A067－166，《总理刑部事务和硕果亲王・题覆江宁有旗下领催哈尔扣杀人与恩赦相符应将其援赦免罪并追埋葬银》，乾隆元年六月初二日："臣乌纳哈等，看得拟绞监候缓决人犯哈尔扣，于雍正十一年五月二十日，在城上该班，因同班披甲波伦太回家来迟，哈尔扣系委署领催，将波伦太抢白，波伦太不服，拳殴哈尔扣；哈尔扣力不能敌，一时情急，拔身带小刀扎波伦太，次日殒命。将哈尔扣照斗殴杀人者不问手足他物金刃并绞监候律，拟绞。查雍正十二年于慎刑奉恩纶等事内，缓决，在上元县监禁。……该臣等会同都察院、大理寺，会议得据江宁将军乌纳哈等疏称，监候绞犯一名哈尔扣。因哈尔扣原系委署领（转下页）

神并未完全消失。由于清高宗发觉“新例”的价值在于使旗人“畏而不敢蹈”，“向来立法从严具有深意”，但骤然恢复“新例”又显得朝令夕改。经过一番权衡后，只好在秋审时将旗人互杀者皆纳入情实，[①]企图达到“立法从严”以及“旗民事例画一”间的平衡。[②] 该规定直到嘉庆八年才被取消，可见清政府借由重典约束旗人的态度又延续了一段时间。[③]

（接上页）催，于雍正十一年五月二十日，在城上该班，有同班开档披甲之波伦太回家，哈尔扣责备波伦太到班迟延，波伦太不服，将哈尔扣殴打一掌，哈尔扣力不能敌，一时情急，随拔身带小刀扎伤波伦太，次日殒命。将哈尔扣依斗殴杀人律拟绞监候，雍正十二年秋审缓决在案。”上述史料的两段内容几乎相同，但在划底线处却有些差别：哈尔扣都是依照斗殴杀人律定拟，不过一者写为“拟绞”，另一者则写为“拟绞监候”。此案发生于“新例”尚有效力时期，波伦太既为开档披甲，哈尔扣理应依“新例”处置，为何最后是绞监候而非绞立决？笔者在资料有限的情况下，只能推测出以下三种情形：其一为官员仍依照“新例”办理此案，即根据法律判断犯人应立绞还是立斩，惟最后上奏皇帝时被改为绞监候；其二为“新例”已成具文，旗人相杀亦直接依清律问拟。其三为身属“开档”之人的被害者波伦太，在当时已不被归类为正身旗人，故未受到“新例”保障。由于类似案件付之阙如，笔者在此不敢妄下定语。然清高宗于乾隆二年仍要求刑部改定“新例”，再加上该档案为官员奏报旗人罪犯可否适逢恩赦赦免一事，其内容势必不如一般审案报告来得完整。因此，笔者暂且认定“新例”在乾隆二年以前，还是具有一定效力。

① 秋审为各省每年复核斩、绞监候案件之制度。秋审分为地方、中央两阶段进行，地方秋审主要由各省按察司主持，督、抚负其全责；当地方秋审结束后，督、抚将具题中央，依序交由刑部、九卿和皇帝裁断。详可参见那思陆，《清代中央司法审判制度》，页 142－149。

②《清高宗纯皇帝实录》，卷 342，页 734，乾隆十四年六月壬午条：“但思立法之道，与其狎而易犯，不若使知所畏而不敢蹈。向来立法从严，具有深意，惟是旗、民事例，既经画一，今又改从斩决旧制，朕心有所不忍。嗣后满洲与满洲殴杀案件，着于秋审时俱入情实，庶旗人咸知警惕，不犯有司。”即使这种方法是继承“新例”精神而来，由于纳入情实并非直接处死，就刑度而言仍较过往来得轻。清高宗曾表明他很少在秋审或朝审中勾决旗人罪犯，参见《清高宗纯皇帝实录》，卷 1434，页 169，乾隆五十八年八月甲子条：“况此例不过严禁旗人相杀之意，虽入情实，数年以来朕酌其情不勾，改为监候者甚多。”

③ 参见〔清〕蒋超伯，《爽鸠要录》，收录于高柯立等编，《明清法制史料辑刊·第 2 编·第 22 册》（北京：国家图书馆出版社，2014），卷 1，页 13a：“凡旗人杀死旗人之案，从前俱入情实。嘉庆八年刑部奏明，照民人斗殴一律，分别情伤轻重，定拟实、缓。”

综观上述讨论，还有个现象值得一提，那就是“新例”虽强调“满洲杀死满洲即行正法”，却不代表皇帝将八旗满洲特殊化。透过相关案件的分析，可以发现看似针对“满洲”而行的“新例”，其实适用于旗人整体。康熙五十二年（1713）间，正黄旗王伦佐领下闲散人李芝荣，因将正蓝旗佟世炳佐领下佟国珍戳死，被福建将军祖良璧题请就地正法，刑部却认为应将李芝荣解送京师减等发落。面对双方意见的歧异，清圣祖裁示曰：“将军祖良璧请将李芝荣在本地方正法甚是，刑部反为减等，令解至京，是何言也？李芝荣着交与该将军，照新例正法。”① 此案的凶手李芝荣身属汉军，当他犯下杀害旗人罪行时，皇帝乃要求根据“新例”处置，由此可以看出八旗汉军如同八旗满洲般均受到“新例”约束。

类似上述所举案例，八旗蒙古在法律规范用语上，亦被纳入“满洲”一词的义涵中。乾隆五十八年（1793）间，山西巡抚蒋兆奎依“满洲杀死满洲”于秋审时直接拟为情实之规定，② 处理布兰殴毙济成一案；然蒋兆奎赫然发现济成其实是八旗蒙古而非八旗满洲，随即向皇帝奏明缺失，认为应将布兰改为缓决。清高宗看到蒋兆奎之奏感到相当不以为然：

> 向来定例，满洲杀死满洲，例文本未妥协，自应以旗人杀死旗人，载入例条，则蒙古、汉军皆可包括。……今该抚

---

①《清代起居注册·康熙朝（台北版）·第22册》，页12355－12356，康熙五十二年九月初八日条。

② 在一些提示官员行政业务的书籍中，多有论及与秋审相关的注意事项，其中即有说明哪些情况应拟为情实，参见〔清〕不著撰者，《州县须知》，收录于四库未收书辑刊编纂委员会编，《四库未收书辑刊·第4辑第19册》（北京：北京出版社，2000），卷4上，《秋审条款定例入情实各条》，页1b。

误会例意，以被殴之济成系属蒙古，误拟情实，请改为缓决。试思八旗俱有蒙古、汉军，岂蒙古、汉军独非旗人？而满洲杀死蒙古、汉军，竟可毋庸抵偿，如是异视，岂公道乎？……除本案仍照原拟办理外，蒋兆奎、祖之望，俱着严行申饬，仍交部议处。至各省办理此等案件，恐亦有似此拘迂者，并着通谕知之。[1]

蒋兆奎当初应希望借由该奏免受皇帝责骂，不料此举在清高宗眼里却是画蛇添足。清高宗认为规范内文中的“满洲”当指所有旗人，蒋兆奎未将八旗蒙古适用该例，是因为太过拘泥于字面意义，反而无法洞悉该例的意义。从汉军与蒙古亦适用“满洲之例”的情形来看，“满洲”与“旗人”在皇帝的一些用语中常混为一谈，八旗满洲并未被特别看待。[2]

二、 旗人的“发遣”刑

清朝在关外时期并未设有徒、流刑，入关之初虽然很快吸收传统中国法律的精髓制定清律，仍保有旗人不受徒、流刑的传统，当“犯罪免发遣”律自顺治初年逐渐完备时，更将这项旗人在法律上的特殊待遇正式制度化。不过档案中不乏旗人因罪发往外地以示惩处的案件，这是否意味着法律规定与实际案件间存有矛盾？若想彻底解决该问题，有必要先厘清何谓“发遣”。

---

① 《乾隆朝上谕档·第 17 册》，页 493，乾隆五十八年八月初四日条。

② 王钟翰曾引用蒋兆奎一案证明旗人就是满洲人，参见王钟翰，《关于满族形成中的几个问题》，收录于氏著，《王钟翰清史论集·第 1 册》（北京：中华书局，2004），页 131－133。

关于“发遣”一词的定义，“犯罪免发遣”律开宗明义说得很清楚：“凡旗人犯罪，笞、杖各照数鞭责，军、流、徒免发遣，分别枷号。”[①] 根据律文的解释可知“发遣”为动词，即字面上发配遣送的意思。综观清代的刑罚，五刑中的徒、流刑与明代确立的充军刑因模式相似，常被归类为同一种刑罚，法律用语上也逐渐使用“发遣”作为这些刑罚的共同代称。薛允升曾指出“雍正三年，以现行旗下人犯徒、流等罪，准折枷号，与军官犯罪免徒、流之意相符，因另立犯罪免发遣律名”，[②] 从“犯罪免发遣”律与“军官犯罪免徒流”律意义颇为雷同的角度来比较，更能理解“发遣”为徒、流等刑的另一种说法。

然而“发遣”除具备上述意义外，亦是一种独立的刑罚名称，这点常被人们忽略。“发遣”刑属于一种“闰刑”，即五刑外的补充刑罚，刚开始可能具有临时性质，日后却在长期执行下逐渐制度化。[③] 清朝“发遣”刑的发展，其实与明朝重要“闰刑”之一的充军刑密切相关。明朝法律体系虽然不脱传统五刑架构，但这并不代表明朝的刑罚模式完全没有变化。自明初以来刑罚减等的情形相当普遍，造成《大明律》中五刑的刑度等级遭到严重破坏，其中又以降死一等刑与死刑差距过大最为棘手。明政府为解决这个问题，配合明朝特殊的卫所制与军户世

---

① 田涛等点校，《大清律例》，卷 4，《名例律上·犯罪免发遣》，页 91。

② 〔清〕薛允升著，黄静嘉编校，《读例存疑重刊本》，卷 2，《名例律·犯罪免发遣》，页 33。

③ 〔清〕王明德著，何勤华等点校，《读律佩觿》，卷 4 下，《闰刑条目》，页 135：“按五刑正目，自汉景以后惟止笞、杖、徒、流、死而已，是以名例特冠其例于首，以明刑之为法各有其正。虽云五者之外，仍有凌迟、枭示、戮尸等类，初非国之常刑，要皆因时或为一用者，终不可以五刑之正名。故止散见于律例各条中，或备着乎律例各条外，卒不得与五刑正目同俦而并列。”

袭制设计了充军刑。[①] 明朝充军刑的设置，有助于解决当时法律制度的缺漏，它也成为明朝特别的一种刑罚。[②] 清朝入关后因继受明律传统，顺理成章地沿用在明代扮演重要角色的充军刑。不过由于清代没有相应的兵制可配合，再加上充军刑与流刑间轻重难分，导致充军刑在清代很快失去作用与意义。[③] 换个角度来说，清朝再度面临过往明朝遭逢的困境，这可说是“发遣”刑应运而生的重要契机。

清朝的“发遣”刑起源甚早，在顺治年间已有相关记录，只是当时尚称为“流徙”。与一般徒、流刑不同的是，“流徙”或“发遣”刑的执行地点集中于边疆地区，[④] 早期主要在东北地区，

---

① 明初以来刑罚的重要特色，为罚役与纳赎两种赎刑方式的确立，然此举亦产生流刑逐渐萎缩与徒刑惩治范围大幅扩大的结果。降死一等的重刑原本为“输役终身”，如今则改为“徒五年”，与死刑间明显差距过大。当降死一等刑惩治力度不足，明政府自然会找寻合适的替代刑罚，充军刑便在这种背景下出现。参见吴艳红，《明代充军研究》（北京：社会科学文献出版社，2003），页 173 - 205、230 - 241。

② 王明德曾言：“充军之令，从古未有，始自有明而已。”沈家本则对此表示：“愚按此说，似是而未尽也。……谓从古未有，始自前明者，特未考之史册耳。”参见〔清〕王明德著，何勤华等点校，《读律佩觿》，卷 3，《充军》，页 100、〔清〕沈家本，《充军考·上》，收录于氏著，邓经元等点校，《历代刑法考附寄簃文存》，页 1272 - 1273。

③ 清史稿校注编纂小组，《清史稿校注》，卷 150，《志 125·刑法二》，页 3978 - 3979：“清初裁撤边卫，而仍沿充军之名。后遂以附近、近边、边远、极边、烟瘴为五军，且于满流以上，为节级加等之用。……然名为充军，至配并不入营差操，第于每月朔望检点，实与流犯无异。而满流加附近、近边道里，反由远而近，司谳者每苦其纷歧。”

④ 从清初的案件来看，早期的“流徙”并未言明前往地点，仅泛称边疆地方。例如顺治三年的一起逃人案件，赵自美和傅洞儿“各鞭壹百，流徙边远”。“流徙边远”的满文为 jecen i bade falabumbi，即流往边疆地区之意。参见《明清内阁大库档案》，登录号 087564 - 001，刑部左侍郎召罗·刑部为隐匿东人事，顺治三年九月初三日。

乾隆朝以后则改发往新疆。[1] 由于在明代发挥重要作用的充军刑，到了清代演变为流刑的加等刑，充军刑的意义遂被“发遣”刑取代。清代的“发遣”刑不注军籍不入行伍，与充军刑大相径庭，不过在惩治力度与设计目的上都与充军刑极为相似。[2] 随着时间演进，“发遣”刑的内容也日益丰富，被发遣者存有“安置”、“种地”、“当差”和“为奴”之别，刑度通常越后者越重。“发遣”刑虽然属于五刑以外的“闰刑”，仍无疑是清朝相当重要的一种刑罚。[3]

根据上述分析，可以发现“发遣”在清律中具有双重意义：其一为徒、流、军三种刑罚的泛称，其二为降死一等的刑罚。由于后者在官书中记载不明，导致人们常将这两者混为一谈。[4] 如果彻底了解“发遣”的复杂义涵，一开始的提问自然能迎刃而解。“犯罪免发遣”律虽然规定旗人犯有徒、流、军刑可免于发

---

① 〔清〕薛允升著，黄静嘉编校，《读例存疑重刊本》，卷 6，《名例律·徒流迁徙地方》，页 145：“顺治十二年题准，一应流犯俱照律例所定地方发遣，其解部流徙者，改流尚阳堡。十八年定，凡反叛案内应流人犯，俱流徙宁古塔，尔时之流徙，即后来之外遣也。宁古塔即吉林也，外遣者祗此二处，嗣后则有三姓、索伦、达呼尔，即黑龙江等处也。乾隆二十四年以后，遂有发遣新疆者矣。”《清史稿》亦有更详细的说明，参见清史稿校注编纂小组，《清史稿校注》，卷 150，《志 125·刑法二》，页 3979：“而又有发遣名目，初第发尚阳堡、宁古塔或乌喇地方安插，后并发齐齐哈尔、黑龙江、三姓、喀尔喀、科布多，或各省驻防为奴。乾隆年间新疆开辟，例又有发往伊犁、乌鲁木齐、巴里坤各回城，分别为奴种地者。”

② 吴艳红，《明代充军研究》，页 245。

③ 魏道明，《始于兵而终于礼——中国古代族刑研究》（北京：中华书局，2006），页 227。

④ 由于徒、流、军三种刑罚与“发遣”刑的性质太过类似，有些官员也未必完全清楚其差异。例如宁古塔将军博第，曾将已故遣犯马三视为军、流之犯，“误援恩赦”，令其妻子归旗，此事导致博第遭受罚俸六个月的处分。参见《明清内阁大库档案》，登录号 055702－001，大学士总理兵部事务鄂尔泰. 尊旨题覆事，乾隆二年五月二十五日。

遣，却未言明“发遣”刑是否也比照办理，旗人被“发遣”外地未必代表“犯罪免发遣”律失效，“发遣”刑的因素亦有必要考虑。至于这个推断是否正确，只能进一步从档案中的案件寻找答案。

康熙二十四年（1685）四月间，刑部具题一起旗人舒书将弟弟赛纳家人打死，却因事在赦前理应免罪之案。清圣祖在了解舒书为人后表示：“此本依部议。伊等恣意妄为，殊属不良，不可留京。传谕裕亲王，令其发遣荒远地方。”① 康熙三十二年（1693）九月间，清圣祖对正白旗原任三等侍卫吴郎格，欲杀婶母与弟弟应枷号鞭责之事，作出以下裁示：“吴郎格在张家口任章京时，自称凡事得于朕前启奏，欺人行诈之处甚多，为人狂妄，今又欲杀其婶母与弟，凶恶已极，此人不可留于京师，着枷号鞭责，发往黑龙江当差。”② 康熙五十一年（1712）七月间，清圣祖认为挑其七岁幼弟二达子脚筋的海塔“凶恶已极”，令海塔“俟枷责之后”，“发往白都纳当差”。③ 旗人在“犯罪免发遣”律的保障下，理论上不会有因罪发遣的情形，然在一些特殊情况下，皇帝仍会将其发遣在外。从上述案件来看，当皇帝觉得旗人所犯罪情过于严重，常在他们服完原有刑责后再发遣至边远地方。此举不但有加重处罚的效果，亦能避免在京旗人的素质受其负面影响。

罪情重大的旗人被发遣外地，在康熙朝以个案形式居多，皇

---

①《清代起居注册·康熙朝（北京版）·第18册》（北京：中华书局，2009），页8924－8925，康熙二十四年四月三十日条。

②《清代起居注册·康熙朝（台北版）·第4册》，页2064－2065，康熙三十二年九月初十日条。

③《清代起居注册·康熙朝（台北版）·第21册》，页11500－11501，康熙五十一年七月初七日条。

帝常在处理刑部上报案件时才特别声明。由于部分旗人折枷后才被“发遣”，表示“发遣”对他们而言只属于一种附加处罚而非正刑，严格来说并不能根据这些案例，证明旗人已正式适用“发遣”刑。不过即使如此，推测清圣祖在处理这些案件时，多少参考了“发遣”刑的运作模式，这种视状况调整旗人刑责的灵活手段，也逐渐促使旗人的“发遣”刑不再只是附加处罚。康熙五十年间四月间，清圣祖曾询问臣工：“盛京人犯，刑部常拟遣发黑龙江，将此问明具奏。”[1] 透过臣工的回复，可以得知当时旗人的“发遣”刑已趋于规范，发往何地和从事何种任务都很清楚，甚至还有一般旗人与家奴之别；[2] 更为重要的是，其中似乎未有先折枷再发遣的状况，“发遣”俨然成为一种主要正刑。

康熙朝以降与旗人相关的“发遣”刑持续发展，发遣地区与任务形式两方面均有调整。“发遣”刑之所以被视为降死一等的重刑，关键在于犯人不但发配边疆还被要求从事劳役，这对于一般人来说必定苦不堪言。不过对一些旗人而言东北可说是家乡，许多旗人甚至本身就在东北生活，将他们发往东北明显成效不彰。清世宗似乎也察觉这个问题，于是令刑部更改律例，最后结果为：

---

①《清代起居注册·康熙朝（台北版）·第19册》，页10641，康熙五十年四月十二日条。

②《清代起居注册·康熙朝（台北版）·第19册》，页10650－10652，康熙五十年四月十六日条：“温达等又奏曰：‘臣等遵旨，盛京等处居住人，得何罪始发黑龙江，得何罪始发江宁、杭州之处，问刑部尚书齐世武等，据云偷刨人参案内，为从者若系盛京等处旗下另户人，发黑龙江当差；若系家人，给与黑龙江穷披甲人为奴。将拐诱人口案内来历不明之人，盛京等处居住旗下人不行详明，用白头文书买去者，若系另户人，发江宁、杭州披甲；若系家人，发江宁、杭州，给与穷披甲人为奴。’”

> 刑部遵旨议定："私刨人参人犯，若仍发往黑龙江等处，与伊等犯罪之处相近。嗣后偷参发遣之犯，系满洲、蒙古，发往江宁等处，有满兵驻防省城当差；系汉人、汉军，发往广西、云南等烟瘴地方当差。"从之。①

从刑部修改的内容来看，清政府巧妙运用八旗驻防来解决发遣地区的问题，此举既能减少发遣东北旗人刑度较低的疑虑，又不至于让旗人与民人相混。从中亦可看出满洲、蒙古与汉军已有差别，后者的待遇竟与一般民人无异，这可能与清世宗当时免除汉军适用"犯罪免发遣"律的政策有关。不过这种八旗内部不平等的情形并未持续太久，清世宗随即发现将汉军发往广西、云南等烟瘴地方太过严苛，进而选择更改该处分方式。②

旗人"发遣"刑除了发遣地区外，任务形态也日益产生变化。旗人被发遣者原本多是前往发遣地"当差"，但清世宗一次整体调整"发遣"刑之举，促使旗人遣犯的任务型态曾出现短暂转变契机。雍正五年（1727）间扎克拜、达里克两地遭贼人进犯，在情势相当危急之际，被发遣当地种地的罪犯纷纷"跟随官

---

①《清世宗宪皇帝实录》，卷 51，页 762，雍正四年十二月辛酉条。

②《起居注册·雍正朝》（台北：台北故宫博物院藏），雍正十年八月初八日条："向来偷挖人参之犯，若系满洲、蒙古，则发往江宁、荆州等处，有满洲兵驻防之省城当差；若系汉人、汉军，则发往广东、广西、云、贵等处烟瘴地方当差。近闻发往广东人犯，例在崖州、陵水等处，此地水土最为恶毒，北方之人到此，易染疾病，每多伤损。朕思此等不良之辈，虽孽由自作，然其情罪较之盗犯，尚觉稍轻，即发遣之本意，亦欲全其性命也。今因水土不服，至于难保，亦可悯恻。若将此等人犯，改发沿海一带卫所，入伍充军，俾得保全躯命，似亦法外之仁。着广东督抚，会同按察使，即行确查究议具奏。其广西、云、贵等省，若地方风土，有与此相类者，亦着该督抚将如何改发之处，妥议具奏。"广东督抚在接到皇帝命令后，立即配合政策具题上奏，参见《明清档案》，卷册 A054－055，《广东总督鄂弥达·广东总督为刨参人犯改发沿海事》，雍正十年十月二十一日。

兵守护城垣，竭力捍御”。这些遣犯奋不顾身的举动令清世宗大为感动，故在来年六月间谕曰：

> 续据顺承亲王等奏称，伊等深知感戴朕恩，共思黾勉，可见有罪之人，予以自新之路，仍可望其改恶从善。若发往黑龙江、三姓诸处，不过终身为人奴仆而已。朕意嗣后将应发黑龙江等处人犯，遣往北路军营附近可耕之地，令其开垦效力，在伊身可以努力自新，而于屯种亦甚有益。其如何遣发安置之处，尔等详议具奏。①

清世宗明显有感于种地遣犯并非一无是处，才决定修改“发遣”刑的相关规定。不过由于“应发黑龙江等处人犯”中推测亦有不少旗人，这是否意味着旗人此后的发遣任务多了种地选项，不再局限于当差？透过清世宗日后另则上谕，可知答案应属否定：

> 内阁奉谕旨：凡有罪人犯，应行发遣黑龙江者，前经办理军机大臣等，议令改发查克拜、达里克等处，种地效力赎罪，已奉旨允行在案。朕思满洲、汉军人等，不谙耕种之事，若发往查克拜、达里克，甚属无益。目今伊等尚未起身，着仍照旧例，发往黑龙江等处。向后满洲、汉军内，应

---

①《清世宗宪皇帝实录》，卷 120，页 588 - 589，雍正十年六月辛未条。臣工商议后的结果如下：“办理军机大臣等遵旨议奏：‘发遣黑龙江罪犯，蒙恩旨仍前改发北路军营屯种，予以自新之路。请嗣后此等人犯，改发于军营附近之处，一切衣食照康熙五十八年酌定条例，着该处给发，由京城派弁兵递送军前。该犯在途，有妄行不法，逋逃拒捕者，即于本处立斩。至台站所裁车辆牛只，应仍前添设，以备沿途需用。’从之。”参见《清世宗宪皇帝实录》，卷 125，页 647，雍正十年十一月癸卯条。

行发遣之人，俱照此办理。[①]

根据上谕的内容，可知清世宗本有意让旗人遣犯种地，但后来考虑他们并不擅长耕种而再度改弦易辙。

旗人的“发遣”刑任务形态虽在雍正朝未有明显变化，但这方面的改革脚步并未就此停滞。乾隆十五年（1750）七月间，清高宗认为原本因罪发往军台效力的旗人周绍儒，因“全无出力之处”，下令将他“发往拉林、阿勒楚喀地方种地赎罪”。[②] 拉林、阿勒楚喀位于宁古塔一带，“去船厂甚近，平畴沃壤，五谷皆宜”，乾隆朝初期清政府为解决旗人的生计问题，曾将部分闲散旗人移驻于此“屯垦耕种”。[③] 或许在旗人移往边区开垦已有先例的影响下，清高宗亦尝试将旗人罪犯遣至拉林、阿勒楚喀种地，此举甚至于乾隆十七年（1752）七月间成为定制：

> 旗下无知之人，不务生计，任意赌博饮酒，似此不肖匪类，贼害旗人，莫此为甚，若不尽除，则旗下年幼之人，仍不免引于恶习。应交八旗，将此等行止不端，不肖之匪类人等确查，系另户送部，给与车辆，送往拉林、阿尔楚喀，给与地亩产业；若系开户、旗下家奴，亦送往拉林、阿尔楚喀地方，与官为奴种地。至不守本分，醉饮生事，及屡逃、行

---

① 《起居注册·雍正朝》，雍正十一年四月十九日条。

② 《清高宗纯皇帝实录》，卷369，页1077，乾隆十五年七月甲子条。

③ 《清高宗纯皇帝实录》，卷166，页99，乾隆七年五月乙丑条。所谓“船厂”即今天的吉林，参见〔清〕徐珂，《清稗类钞》（北京：中华书局，1984—1986），《地理类·吉林为船厂》，页83：“吉林一名船厂，以其地有修造水师战船之厂得名。”

窃，皆系深害旗人之恶徒，俱照现今所议办理。[1]

根据引文可知不肖旗人多被发遣拉林、阿勒楚喀种地，由于这些遣犯以累犯居多，此举似乎存有加重处罚的意涵。[2] 从此旗人遣遣不再只有“当差”一种选项，更为顽劣不堪者将被发往边区种地。然而该改革并没有持续太久，乾隆二十一年十一月间，清高宗因担心发往拉林、阿勒楚喀种地的罪犯，会破坏当地屯居旗人的纯朴风气，[3] 决定将相关罪犯仍遣送黑龙江、三姓地区当差，[4] 旗人发遣种地的规定再度被取消。相较于雍正朝的状况，乾隆朝的政策改变主要是避免旗人素质的恶化，并非担心旗人不具备种

---

① 《明清档案》，卷册 A182－093，《镶白旗汉军都统阿克敦·奏报旗兵行止不端应交部发往拉林阿尔楚喀种地》，乾隆十七年八月二十八日。

② 自此乾隆十七年之规定颁布后，各旗都统便开始根据此例严查上报。例如某位镶白旗汉军都统，表示他接到相关命令后，立即“饬交各该参、佐领等，逐一严查”，随后亦报称该旗应发往拉林、阿勒楚喀之两人：“今据参领何永垲等，查得孔广福佐领下革退步兵孔继仁，从前逃走一次、行窃一次有案，今又行窃，断难望其改过。又据参领萧国用等，查得张国柱佐领下闲散沈朝梁，从前两次斗殴有案，殴兄不法，今又斗殴被获，实系怙恶不悛之人。”参见《明清内阁大库档案》，登录号 102171－001，刑部为厢白旗汉军都统奏为革退步兵孔继仁多次行窃难望改过闲散沈朝梁多次斗殴怙恶不悛照例发往拉林阿尔楚喀地方种地移会稽察房，乾隆十七年九月十一日。根据这则史料，推测发往拉林、阿勒楚喀种地者，多为不知悔改的旗人累犯。

③ 《清高宗纯皇帝实录》，卷 551，页 1041，乾隆二十二年十一月丙辰条：“拉林地方，派遣兵丁种地，原因满洲生齿日繁，与其在京闲住，不如给田耕种，俾各谋生，所出之缺，亦可使在京闲散余丁，挑补食饷。……但京城不肖之徒，犯罪亦发拉林，恐莠良杂处，不惟彼处风俗，渐染日坏，亦于兵丁生计，大有攸关。”

④ 根据前注引用史料，旗人遣犯不再前往拉林、阿勒楚喀种地后，“俱发遣黑龙江、三姓等处”。不过仅从字面意义来看，实难理解旗人是以何种身份发往黑龙江、三姓等处。查阅相关律例的记载，这些被发遣黑龙江、三姓等处的旗人应是前往当差，参见《钦定大清会典事例（光绪朝）》，卷 741，《刑部·名例律·徒流迁徙地方》，页 18b：“八旗另户正身及曾为职官，发遣黑龙江、吉林，及乌鲁木齐等处者，俱当差。”

地的能力，不同时空下的考虑重点明显有别。

在上述一系列分析中，还有个小问题尚待解决，即被判定“发遣当差”的旗人究竟在当地从事哪些事务。旗人由于身为国家重要武力来源，大多享有“披甲当差”的权利与义务，此处的“当差”能否与因罪发遣的“当差”直接划上等号？为了避免望文生义，笔者比较了几件满文档案，希望透过满文一探“当差”在不同语境下是否存有意义之别，详情可参见表2-2-2。

表2-2-2 满文档案中出现“当差”一词之段落节译

档案内容简介	满文转写	汉文翻译	数据源
正红旗满洲旗分常泰佐领下骁骑校雅尔泰因伤无法当差	funde bošokū yartai udu cooha de emu mudan, duin mudan afaha, abade juwan ilan mudan, uheri ciyanliyang funglu jefi orin ninggun aniya, dehi se, morin ci tuhefi, bethe morin de gidabufi mokcoho, bethe dohošome alban de yabume muterakū.	骁骑校雅尔泰虽出兵一次，上阵四次，打围十三次，共食钱粮俸禄二十六年，年四十岁。因从马上跌落，脚被马压断，脚瘸无法当差。	《明清内阁大库档案》，登录号070676-001，奉天将军额洛图·为请旨事，乾隆五年十二月初三日。
骁骑校赵邦仁年老难以当差请准告退	funde bošokū joo bang in, nadanju nadan se, juwe yasa derike, yabure feliyere de mangga, alban kame muterakūngge yargiyan seme akdulafi alibuhabi.	骁骑校赵邦仁年七十七岁，两眼昏花，步履艰难，难以当差是实，具保呈送。	《明清档案》，卷册A163-077，《兵部尚书李元亮·奏报骁骑校年老难以当差请准告退》，乾隆十五年四月二十一日。

续 表

档案内容简介	满文转写	汉文翻译	数据源
佐领杜尔孝等受贿代运米石售卖与偷刨人参罪犯一案	kemuni yacimboo be jurgan de benefi, manju coohai seremšeme tebuhe goloi hoton de falabufi alban kame yabubume, silkabuha ehelinggū urse de targacun obuki sehebe dahame.	仍将雅亲保解部，发往驻防满洲省城当差，以为奸滑劣徒所戒。	《明清内阁大库档案》，登录号 054145－001，刑部尚书达尔党阿·为遵照部咨具题事，乾隆十三年五月二十八日。
伊犁将军奏永当苦差折磨差使之安宁等六人效力十年	julesi ili de falabuha endeheme [enteheme] joboro alban de adunggiyame takūršabure weilengge ursei dorgi unenggi weile be safi endebuku be halafi eiten alban de muterei teile hūsun tucime yaburengge bici juwan aniya duleke manggi harangga kiyanggiyūn [giyanggiyūn] ambasai baci yargiyan be jafafi hese be baime wesimbukini seme.	之前发往伊犁，永久当苦差折磨差使罪犯内，若有果真知罪改过，竭力完成一切差使者，十年过后，所属将军大臣等，据实具奏求旨。	《明清内阁大库档案》，登录号 171449－001，刑部为安宁等效力十年由移会稽察房，乾隆五十四年三月二十三日。

根据表 2－2－2 的分析，可以发现在旗人一般披甲与因罪发遣两种状况中，“当差”的满文常写为 alban de yabume、alban kame、alban kame yabubume，如同汉文般没有太大的差别。在满、汉文交叉比对下，旗人发遣在外的“当差”，确实容易被理

解为一般的“披甲当差”，但这种看法还有待商榷。一些关于清代“发遣”刑的研究，不约而同指出“发遣当差”主要是在当地官府从事杂役。[①] 这些研究虽然鲜少论及旗人，仍提供一个重要讯息，即“当差”可能是一种笼统用语，泛指官方提供或指派的任务。因此，旗人被“发遣当差”亦有可能不是前往当地“披甲”，而是如同民人般在官府服劳役，下面例子或可略为佐证。雍正十三年（1735）十一月二十八日，镶黄旗汉军副都统常寿奏称因黑龙江地方人力匮乏，建议皇帝任用当地因罪发遣的旗人披甲，如此既有助于巩固边疆，还能给予这些旗人一条自新之路。[②] 该奏即使没有直接表明旗人“发遣当差”的工作

---

① 例如刘炳涛，《清代发遣制度研究》（北京：中国政法大学硕士论文，2004），页26、吴佳玲，《清代干嘉时期遣犯发配新疆之研究》（台北：政治大学民族研究所硕士论文，1992），页134－141。

② 这件奏折是以满文书写，笔者将重要内容节录转译如下：dubei jecen i niyalma ekiyehun bade，（在边疆人员缺乏处）emu niyalma be baitalaci，uthai emu niyalmai tusa be bahara be dahame，（用一人即得一人之力）eiten baita huwekiyebume yendebufi，dergi hošoi babe akdulame tuwakiyara ohode，（若诸事振兴，坚守东方）yargiyan i tumen aniyai etuhun kiyangkiyan jecen oci ombi，（实可万年巩固边疆）aha mini geli bairengge，（奴才复请）musei gurun i onco amba kesi de，（因我朝宽大之恩）bucere weile necihe urse be hono buceburakū，banjire bade unggifi halame dasabuha，（犯死罪者尚未处死，差往谋生处改正）kemuni faššame weile joolibumbime，（仍效力赎罪）gung bici sonjome baitalambi，（若有功则选用）te tubade falabume unggihe manju sai dorgi，（今流往那里的满洲人内）ini jui be uksin gairakūngge bi，（有其子未被选为披甲者）selei futa tabufi beye dubentele harihangge inu bi，（也有缚以铁索终身解押者）esei yadara gacilabuhangge yargiyan i jilacuka bairengge，（这些人的贫穷艰窘，实在可悯）ejen esede emu beye be icemlere jugūn bahabume，（请圣主给予这些人一条自新之路）hese wasimbufi baicafi guwebure，（下旨检查赦免）leksei uksin etubufi weile be joolibure.（皆披甲赎罪）。参见《宫中档雍正朝奏折·第32辑》，页273－289，《镶黄旗汉军副都统常寿·奏陈黑龙江地方使流徙获罪之人入官庄当差给牛、种子以增仓粮收入等事》，雍正十三年十一月二十八日；汉文翻译亦可参见《雍正朝满文朱批奏折全译·下册》，页2474，《镶黄旗汉军副都统常寿·奏陈黑龙江地方积粮等三事折》，雍正十三年十一月二十八日。

内容，却反映旗人到达当地后并未“披甲”，由此可以推论旗人身受“发遣”刑的“当差”，与一般旗人的“披甲当差”有所不同。

上述常寿提出的建议，最后得到了皇帝首肯。[①] 不过透过乾隆三十年（1765）的新修条例，亦可得知旗人遣犯并非从此皆可在当地直接披甲当差：

> 旗下另户人等，因犯逃人匪类及别项罪名，发遣黑龙江等处，并奉天、宁古塔、黑龙江等处旗人，发遣各处驻防当差者，三年后果能悔罪改过，即入本地丁册，择其善者，挑选匠役、披甲，给与钱粮。三年内不行改过，及已过三年造入丁册后，复行犯罪，即销除旗档，改发云、贵、两广，令地方官与民人一体严加管束。[②]

这则条例除呈现皇帝照顾旗人的一面，也证明旗人被“发遣当差”并非“披甲当差”，否则没有必要特别说明“三年后果能悔罪改过，即入本地丁册，择其善者，挑选匠役、披甲，给与钱粮”。旗人因罪发遣后通常未入当地档册，例如雍正十三年十月间，奉天副都统巴尔岱曾奏请能否让遣犯子孙进入档册与

---

① 常寿之奏最后有“cangšeo i ere wesimbuhe be gisurefi yabubuha.（常寿此奏议后执行）”字样，可知皇帝同意常寿的建议。参见《宫中档雍正朝奏折·第32辑》，页273，《镶黄旗汉军副都统常寿·奏陈黑龙江地方使流徙获罪之人入官庄当差给牛、种子以增仓粮收入等事》，雍正十三年十一月二十八日。

②〔清〕薛允升著，黄静嘉编校，《读例存疑重刊本》，卷3，《名例律·徒流人又犯罪》，页84。

披甲。[1] 上述新修条例实与巴尔岱获准施行的建议相关，从此不仅遣犯后人有机会入档当差，遣犯本身表现良好者亦有同等机会。总而言之，旗人因罪“发遣当差”与一般“披甲当差”之形式应是截然不同。

旗人在“犯罪免发遣”律的保护下，犯有徒、流、军罪通常得以折枷换刑，但许多罪行严重的旗人，自康熙朝常被皇帝遣往外地以示惩戒。然此举与“犯罪免发遣”律并无矛盾，因独立于徒、流、军刑外的发遣刑，在“犯罪免发遣”律中未有与其相对应的条文。此外另一方面，旗人身受“发遣”刑虽然拉近旗、民法律待遇上的距离，却也未完全消弭两者间的界线，旗人若被发遣承担的任务仍与一般民人有别，并未违背旗、民分治政策的旨意。最后值得一提的是，旗人“发遣”刑随着时间演进，逐渐从一种附加刑转变为正式刑罚，但这种蜕变并非如此简单。即使雍

① 参见《宫中档雍正朝奏折·第31辑》，页738－740，《奉天副都统巴尔岱·奏请将受流徙刑之子女入归原旗籍缘由》，雍正十三年十月初九日：“da falabuha weilengge niyalma beye wajifi，（原遣犯身故后）esei jusei dorgi，encehen bisirengge oci，（这些人的孩子内若有具才能者）ba na i ambasa de bithe alibufi，（呈文地方大臣）harangga baci bithe dahabufi ging hecen i harangga gūsade bederebume unggimbi，（由该处保题遣回京城所属旗分）ememu encehen akū jime muterakūngge oci，（或有无才能不能来者）ging hecen i dangse de akū bime，（既京城档册内无名）tesu bade geli falabuha weilengge niyalmai juse seme dangse de dosimburakū bairengge，（本地又因遣犯之子无法入档册）enduringge ejen kesi isibume，（恳求圣主施恩）eici esebe baicafi ging heceni dangse de dosimbure，（或将这些人查看后入京城档册）eici tesu ba i dangse de dosimbufi uksin etubure oci，（或入当地档册披甲）manju sa amaga inenggi inu buruburе de isinarakū ombi.（如此则满洲人等日后也不致逃亡）……baldai i ere wesimbuhe be gisurefi yabubuha.（巴尔岱此奏议后执行）”汉文翻译亦可参见《雍正朝满文朱批奏折全译·下册》，页2415，《副都统巴尔岱·奏陈白都讷等地人犯子女归旗折》，雍正十三年十月初九日。

正五年已明文规定枷责之犯改为发遣者免受枷责，[①] 皇帝有时仍将“发遣”视为一种附加刑，例如清高宗认为“遣发转得免其枷责，是名为加重而实则从轻，尚未允协”，[②] 下令旗人情罪重大者必须先枷责再发遣，甚至将此定为常法。[③] 在这种情况下，旗人的“发遣”刑应兼具正刑、附加刑两种性质，皇帝可视情况灵活运用，更有利于皇帝约束旗人。

清朝皇帝为维护“国家根本”的力量，在刑罚上特别给予旗人“犯罪免发遣”的待遇，旗人因而多被认为拥有“法律特权”。不过如同本章第一节所述，皇帝借由多次调整“犯罪免发遣”律加强对旗人的约束，而非一味地纵容溺爱。更为重要的是，皇帝有时基于恢复旗人纯朴风气的考虑，还会利用加重其刑的方式来遏止歪风，处理旗人相杀命案的“新例”与旗人的“发遣”刑，即为两个明显的例子。若多加分析旗人的司法案件，以及细心爬梳清律中的相关规定，当可理解旗人在法律上是否拥有“特权”，实在难以一概而论。

---

① 〔清〕黄恩彤编，《大清律例按语》，卷 34，《名例律·加减罪例》，页 11b：“凡例应枷责之犯，奉旨改为发遣者，俱免其枷责之罪。臣等谨按，此条系雍正五年钦奉上谕，谨将应为定例之处，恭纂为例，以便引用。”

② 〔清〕吴坛著，马建石等编，《大清律例通考校注》，《加减罪例第二条例文》，页 298：“乾隆四十年四月内，刑部审奏已革笔帖式奎亮首告六十七、图拉聚赌一案，奉旨：‘六十七、图拉系职官，乃与奎亮等两次聚赌，实属不堪。部议将应行枷责之处，改发乌鲁木齐效力赎罪，虽已从复位拟，而因遣发转得免其枷责，是名为加重而实则从轻，尚未允协。六十七、图拉着仍照例枷责，俟满时再行发往乌鲁木齐效力赎罪。嗣后凡有此等改拟案件，俱着照此办理。’”

③ 根据嘉庆年间的一起案例，可知前注上谕颁布后确有执行。正白旗蒙古马甲穆克登额不仅多次顶撞母亲，又前往吏科笔帖式保成家中打闹，清仁宗得知此案后裁示：“穆克登额屡次顶撞伊母，已属不法，复因保成理斥微嫌，辄黉夜登门打毁什物，并将保成迭殴多伤，殊属凶横。穆克登额着枷号三个月，满日重责八十鞭后，再行照例发遣，余依议。”参见《明清内阁大库档案》，登录号 208966-001，刑部为马甲穆克登额顶触伊母殴伤保成由移会稽察房，嘉庆五年十二月十九日。

第三节　旗人的中央司法审判与诉讼制度

一、关外时期的司法审判与诉讼制度

传统中国虽是行政权与司法权区分不清，也未具备严密的刑事诉讼法，仍有一套独自运作的司法审判与诉讼制度。[①] 在清朝旗、民分治政策下，双方因各自拥有专属的管理体系，司法审判与诉讼制度亦有所别。本节将以旗人的中央司法审判与诉讼制度为焦点，一探其特色与流变。[②]

清太祖起兵之初，刑罚与司法制度都相当简单，后者主要由清太祖与扎尔固齐掌管。扎尔固齐为蒙文断事官之意，但他并非专职司法人员，而是出则统领军队入则参与国政的重要官员。清太祖于万历四十三年创建八旗制度后，司法制度遂与八旗制度相整合，旗人犯有微罪多在牛录中审理，惟重大案件才送交大臣、贝勒（beile，原意为王，后成为一种爵位名）甚至是清太祖。[③] 不过昔日的扎尔固齐亦未消失，而是与新制并存为一种三级审判

---

① 关于传统中国政府行政权与司法权区分的概要讨论，详可参见林干，《中国古代权力与法律》（北京：中国政法大学出版社，2004），页 274－284。不过传统中国制度纵然有行政权与司法权分立的设计，但皇权常能凌驾司法权，导致分权的效果终究有限。

② 关于这方面的研究，下述两篇基础性作品可供参考：郑秦，《清代旗人的司法审判制度》，页 21－25；那思陆，《清代中央司法审判制度》，页 205－211。本节受限于篇幅，主要讨论旗人的中央司法审判与诉讼制度，至于地方旗人的相关讨论，详可参见本书第五章。

③ 张晋藩、郭成康，《清入关前国家法律制度史》，页 563－572。

制度。[1] 天命七年（1622）间，八王共治政体正式确立，原有的五大臣与十扎尔固齐被改为八都堂与十六审事官。随着八旗制度的日益成熟，国家司法制度也渐与八旗合而为一，八位领旗贝勒拥有的司法权越来越大。然而无论制度如何改变，清太祖始终无庸置疑地独揽终审权。[2]

当清太祖去世后，满洲政权的司法制度略有变化。审事官——八大臣——贝勒的三级审判制度依然存在，[3] 但继位者清太宗受限于"八王共治"，无法拥有如同其父般的司法大权，终审权主要由四大贝勒共同掌握。在清太祖策划的"八王共治"政体下，大汗地位明显不如以往，清太宗"实无异整黄旗

---

① 《清太祖高皇帝实录》，卷 4，页 62，乙卯年十一月条："又置理政听讼大臣五人、扎尔固齐十人，佐理国事。……凡有听断之事，先经扎尔固齐十人审问，然后言于五臣，五臣再加审问，然后言于诸贝勒，众议既定，奏明三覆审之事。犹恐尚有冤抑，令讼者跪上前，更详问之，明核是非。故臣下不敢欺隐，民情皆得上闻。……"实录满文本的内容如下："yaya weile be neneme juwan jargūci duilefi sunja amban de alambi，（每个案件先于十扎尔固齐审断后，再上报五大臣）sunja amban beidefi beise de alambi，（五大臣审讯后再上报贝勒）tuttu geren i toktobufi habšara niyalma be han ini juleri niyakūrabufi neneme ilan jalan i beidehe gisun be alabufi.（众人定拟后，令原告跪于汗前，并告知前述三级审讯的结果）geli gisun dalibuhabi ayo [ayoo] seme habšara niyalma de dacilame kimcime fonjifi weilei waka uru be yargiyalafi（又恐语有隐蔽，故查问原告以明核是非）tuttu beideme ofi dergi ambasa dalime baharakū. （如此审讯则众臣不得欺瞒君上）fejergi buya niyalmai gisun urunakū hafuname（底下小民之言必定可以上达）……"，参见《大清太祖武皇帝实录》（奈良：天理时报社，1967），卷 2，页 194。满、汉文本之别主要为满文本强调官员最后宣判时，原告必须跪在汗前聆听以便于汗进一步询问；汉文本对此的描述较不清楚，似乎将宣判与汗对原告的讯问，视为不同时间点的两件事。

② 姚念慈，《清初政治史探微》，页 81－96。

③ 值得注意的是，前文提及的都堂一职，大约于天命八年后宣告取消。关于都堂的研究，详可参见刘小萌，《满族从部落到国家的发展》，页 193－200。都堂消失后可能是由固山额真取而代之，成为新的"八大臣"。

一贝勒”,[①] 难以继续在司法权上独占鳌头。然而这种情形并未持续太久，随着清太宗巧妙打击其他三大贝勒之权势，八旗制度强调的“八分”精神逐渐荡然无存。[②] 天聪年间刑部的出现，更象征满洲政权的司法制度进入一个崭新阶段，刑部日益突破八旗的局限，令司法事务不再受到八旗内部诸贝勒与固山额真太多干预。刑部的出现及其地位的提升，实与皇权成长密切相关，惟有清太宗在八旗中取得绝对优势，并使得议政会议影响力不再，刑部才可能充分扮演国家独立司法机关的角色。[③] 在清太宗控制八旗的考虑下，刑部恰能取得发展机会，促使满洲政权在入关前夕，已略有传统汉式司法制度的规模。

二、顺治朝八旗司法审判与诉讼制度的改变

清政府于顺治元年入主中原时，虽然已有部分传统汉制基础，但面对急速扩张的领地与人口，整个局势完全不可与关外时期同日而语。如同其他“征服王朝”般，满洲政权既无法直接将关外旧制推行于中国，又不可能放弃本民族特色，只好采取旗、

---

① 罗振玉辑，《天聪朝臣工奏议》，收录于潘喆等编，《清入关前史料选辑·第2辑》（北京：中国人民大学出版社，1989），《胡贡明五进狂瞽奏》，页34：“有人必八家分养之，地土必八家分据之，即一人尺土，贝勒不容于皇上，皇上亦不容贝勒，事事掣肘，虽有一汗之虚名，实无异整黄旗一贝勒也。”

② 徐凯强调八旗制度曾经历三阶段变革：从清太宗开始，诸王议政的传统遭到破坏；顺、康两朝则是上三旗体制的确立，皇权得以进一步强化；最后到了雍正朝，下五旗私属于旗主的关系亦宣告结束，皇权取得所有的权力。详可参见徐凯，《清代八旗制度的变革与皇权集中》，《北京大学学报（哲学社会科学版）》，1989：5（北京，1989. 09），页89-99。

③ 姚念慈，《清初政治史探微》，页229-234。刑部并未完全取代原有的三级审制，其功能在天聪朝主要有三：对八旗内部审断的复审、审理事涉两旗的案件与执行《离主条例》。刑部至崇德朝时期，更具有审问八旗诸王公之权。

民分治政策化解问题。旗、民分治可说是一种“二元统治”，“征服者”与“被征服者”分属不同体系，若以司法制度观之，清政府曾于顺治二年（1645）四月间告知户部：

尔部遍行严查，如有不遵法纪者，俱行治罪。传谕各处抚、按、道、府、州、县各官，不论满洲，及满洲家汉人，若有违法犯罪者，即拏送来京。如满洲恃强，不服拘拏，即识其姓名居址，赴京控告，便差人逮问。若地方官不能稽查，即属庸懦溺职；刑部官有所徇纵，即属挟私误公。国法具在，断不轻饶。①

地方官似乎无权直接惩治不法旗人，必须转交或请求京师处理。若旗人不归一般民官约束，势必造成一些旗人胆敢在地方闹事。陕西道御史罗国士曾指出地方上许多人“托名满洲”为非作歹，希望官方严加调查“以儆刁风”，清政府对此表示：

满汉久已相安，岂容奸民借端滋扰，着户部通行严禁，如有故违，听该地方官按律究治。事涉满洲者，仍会同满洲官审问，解部处分，不许徇情畏忌。②

从奸民假借满洲身份与“仍会同满洲官审问”来看，旗人在法律上确实与一般民人有别，该特殊性也被有心人加以利用，“托名满洲”违法犯纪。根据上述两则史料，可知旗、民应属不同司法

---

①《清世祖章皇帝实录》，卷15，页140，顺治二年四月辛巳条。
②《清世祖章皇帝实录》，卷22，页192，顺治二年十二月甲申条。

体系，旗人相关案件不能交由一般民官审理，须与满洲官员一同讯问。然值得注意的是，为何旗人罪犯均交部审理？此外第二则史料中的“满洲官”，又究竟是指哪些官员？

在讨论这些问题前，有必要先行分析清朝入关初期的政治局势，以及当时司法制度概况。满洲政权虽于天聪五年设立刑部，但原有的八旗三级审制依然存在，清太宗朝的司法制度为国家、八旗两种制度杂糅而行，双方势力随时间互有消长。刑部之所以难以完全取代八旗三级审制，推测有两项重要因素。其一为八旗制度在当时仍举足轻重，领旗贝勒的影响力不容小觑。其二为刑部毕竟属于中央司法事务机关，在传统中国司法制度中，刑部除了少数京师案件外，鲜少直接处理讼案，重大案件的初步审理或轻微案件，常先交由地方官府处理；由于当时满洲政权尚未出现州、县地方行政制度，八旗组织在司法审判上依然有一定作用。[①] 受限于八旗势力不易完全消除以及基层司法审判机构的需求，清太宗必然无法摆脱带有浓厚满洲色彩的八旗三级审制，刑部的权力亦难以伸展。

清朝“八家共治”与中央集权间的矛盾，入关后却出现了变化契机。当清政府逐渐掌握局势与控制全国财源，一举扭转关外时期皇帝依赖八旗掳获归公的局面，八旗成员从此无不仰赖国家

---

① 传统中国法律制度中，始终存在地方与中央并存的审判制度，地方政府常负责案件初审，中央司法机关则会负责案件复审。时至明代甚至出现严格的审转制度，徒、流刑以上的案件必须经过州、县——府——藩司或臬司——三法司层层审转，判决结果若出错不但会遭到封驳，官员也得接受议处，该审转制度日后则被清朝所继承。关于审转制度的意义与影响，详可参见邱澎生，《当法律遇上经济：明清中国的商业法律》（台北：五南图书出版公司，2008），《第三章·讼师与幕友对法律秩序的冲击》，页 103 - 117。

俸禄银米的供养，促使皇权得以对八旗拥有绝对的支配。[①] 八旗一旦无法与皇帝相抗衡，象征清太宗生前积极提升皇权的努力终于开花结果，皇权既然凌驾于八旗制度上，原有八旗与国家双轨并行的司法制度势必遭受冲击。顺治元年十月间，多尔衮向臣民宣布："凡官民诉讼，若不告部院，越诉王者，无论是否有罪，皆挞罚之"。[②] 这道命令主要规定官民不得擅自越诉，多少反映领旗贝勒已无法专管一旗司法事务，此后刑部的重要性日益增加，领旗贝勒开始退居二线。[③] 在此背景下当可理解旗人犯法者为何会送京交部，除了当时旗人大多居住北京的因素外，还蕴含清政府意图强化刑部权力的另一层目的。

回到前述两个问题，不法旗人若必须送部审理，为何还有地方官与"满洲官"会审解部之言？其中原委或可从档案中的相关案件得知。顺治二年九月间，泗州属洞色庄的苏武向固山额真叶臣申告："尔兵丁曾偷盗我驴一、被子一、缛子一、服二"。叶臣得知此事后派人前往调查，查获哲贝与广尼两人并将其下"法

① 姚念慈，《清初政治史探微》，《后编第一篇 · 多尔衮与皇权政治》，页 247 - 316。姚念慈认为人们过去将多尔衮与清世祖间的对立，视为两黄旗与两白旗之争并不恰当。姚念慈指出多尔衮拥有大权的原因，主要来自摄政王的地位而非两白旗。因此，顺治朝的政治问题不再是皇权与旗权相抗衡，皇权的二元化倾向才是重点。透过当时局势可知皇权已完全凌驾于八旗上，日后发展仅为皇权归于多尔衮或清世祖。

②《清初内国史院满文档案译编 · 中》，页 51，顺治元年十月初四日条。

③ 领旗贝勒入关后的司法权，主要表现于议政王大臣会议中。议政王大臣会议之权势虽不如往昔，仍存有部分司法权，主要职掌为审议八旗宗室、大臣罪行，或是重大案件的复审。详可参见姚念慈，《清初政治史探微》，《后编第二篇 · 评清世祖遗诏》，页 353、杜家骥，《八旗与清朝政治论稿》，《第十章 · 入关后八旗王公大员议处国家机要大政的议政王大臣会议》，页 339。由此看来，领旗贝勒已属国家司法体系之一环，不再独掌一旗司法事务。根据后文列举的案例，可知许多旗人案件均交由刑部审理。

司”审理，[①] 史料中并未详明的“法司”推测应为刑部。清政府甫入关之际因局势动荡不安，再加上八旗人才不敷运用，不得不大量起用明朝投降官吏协助管理广大新占土地，基本上中央和省级以上兵政要职多掌握于旗人手上，省以下包括道、府、州、县的官员则多由汉官充任。[②] 此案中的民人苏武受到旗人骚扰并未向地方官申诉，而是直接向固山额真提告，其中虽未提及地方民官与“满洲官”的会审情形，仍反映地方上的“满洲官”应为管理八旗职官。类似案件相当多见，[③] 透过这些案件可以理解旗人案件虽然必须送部审理，但在地方上往往会先经旗员查拿与初步审讯，有效弥补地方官无权约束旗人之窘境。在前述顺治二年四月间的命令中，强调地方官遭逢旗人顽劣者，可直接拿送京师或请求京师遣人捉拿，并未提及旗员的角色，该命令可能是针对擅自离营甚远的旗人而非一般情形。

综合上述讨论，清朝入关后虽大力提升刑部地位，却不表示原有八旗三级审制从此荡然无存。由于一般民官无权管理旗人，八旗制度中的各级旗员，遂转化为旗人司法案件中的初审者，如同地方民官般协助刑部处理案件。时人曾将旗员模拟为地方民

---

① 《清初内国史院满文档案译编·中》，页 169，顺治二年九月二十二日条。

② 韦庆远，《〈明清档案〉与顺治朝官场》，《社会科学辑刊》，1994：6（沈阳，1994.11），页 88－99。另值得注意的是，当时因有“用满臣与民阂，用汉臣又与政地阂”的两难局面，导致清政府任命的旗人督、抚多以汉军为大宗。上述史料参见清史稿校注编纂小组，《清史稿校注》，卷 246，《列传 26·祝世昌》，页 8229。关于清初汉军被重用的情形，则可参见孙静，《乾隆朝八旗汉军身份变化述论》，页 59－64、刘凤云，《清康熙朝汉军旗人督抚简论》，收录于阎崇年主编，《满学研究·第 7 辑》（北京：民族出版社，2003），页 350－372。

③ 同一日存有许多扰民案件的纪录，内容多是地方旗员先行审理再送交“法司”，参见《清初内国史院满文档案译编·中》，页 167－171，顺治二年九月二十二日条。

官，从法律运作的角度来看确实有些道理。[①] 旗员除了接受民人的词讼捉拿不法旗人解送刑部外，还必须处理辖下的相关案件。顺治七年（1650）四月间，三等侍卫巴林被其母发现床缛下留有写着“欲将诬告之人带来处死”等语的字条，巴林之母随后将该字条送交牛录章京科尔昆，科尔昆又将该案上告刑部。[②] 由此可知旗员扮演向上递呈案件的角色，亦能证明原本八旗三级审制的精神仍被保留，惟最终送交对象从领旗贝勒转变为刑部。

刑部权力在顺治朝的上升，亦可从旗人常直接向刑部提出诉讼之举加以观察。顺治七年四月间，谭泰旗下拜他喇布勒哈番（baitalabure hafan，骑都尉）吉郎阿酒醉后，调戏与殴打同牛录瓦拉之妻，该女子为此怒而告部。[③] 顺治十一年十一月间，镶红旗把什兔牛录下兔儿忒家人孩子，因受主母责打，不仅将主母的手抓破，还拉扯兔儿忒之肾囊致其身死。兔儿忒之侄牙沙布得知此事后，马上“具禀到部”。[④] 这两起八旗案件中的受害者或其家属，并未向旗员申诉而是直接前往刑部提告，多少反映原有八旗三级审制已被破坏，该现象应与清政府力图削弱八旗势力的政策有关。[⑤] 虽然清政府主要打击对象为领旗贝勒，但领旗贝勒一旦失势，一旗的固山额真很容易取而代之；清政府为避免重蹈覆

---

① 〔清〕琴川居士编辑，《皇清奏议》（台北：文海出版社，1967），卷45，《赫泰·筹八旗恒产疏》，页11b－12a：“国家定鼎以来，布列八旗，分编参、佐领，为之管辖，犹天下之有省、郡、县，为之阶第。……八旗之设参、佐领，亦隐然以一旗为一省，一参领为一府，一佐领为一县矣。”

② 《清初内国史院满文档案译编·下》，页74－75，顺治七年四月初六日。

③ 《清初内国史院满文档案译编·下》，页88，顺治七年四月二十九日。

④ 《明清内阁大库档案》，登录号086745－001，刑部尚书任浚·为奴杀主事，顺治十一年十二月十三日。

⑤ 关于清世祖削弱八旗相对独立性的讨论，详可参见姚念慈，《清初政治史探微》，《后编第二篇·评清世组遗诏》，页337－376。

辙，或许会同步缩减旗员的司法权，允许旗人直接向刑部提出诉讼。此外开放刑部受理旗人申诉，亦可降低旗员仗势欺压旗人的机会。顺治三年正月间，固山额真阿山听信巫者萨海之言，认定雅巴海之妻与人私通，令雅巴海必须出妻。雅巴海不从，阿山乃同其子塞赫逼迫雅巴海移居与出妻，雅巴海之妻最终只能逃跑并诉于刑部。[①] 此案中的雅巴海及其妻子完全受制于固山额真，若非刑部出面主持正义，他们的冤屈可能永远无法真相大白。

透过上述分析可以发现，受到清初削弱八旗势力政策的影响，八旗司法审判与诉讼制度随之产生变化。原有的八旗三级审制虽然尚存，但领旗贝勒专管旗下司法事务已较少见，八旗司法权主要集中于刑部，搭配旗员的协助处理案件。由于皇权入关后在与八旗的竞争上已占有上风，刑部以国家最高司法机关之姿涉入旗人司法案件，亦可说是水到渠成。不过从长远的角度来看，该旗人司法制度的设计并不完善，其中最大的问题为刑部职责太过沉重。早于顺治二年十二月间，刑部已具奏表明事务繁多：

> 刑部奏言：致治必先明刑，分理各有专属。今民间大小事务，在内不由五城御史，在外不由抚按监司郡县，单词片纸，俱向臣部告理。内外各官，尽成虚设。今务令无藉之

---

① 《清世祖章皇帝实录》，卷 23，页 199－200，顺治三年正月辛酉条。刑部官员审理此案时指出“阿山违法用巫，勒令雅巴海出妻，又希脱巫者罪，巧饰具启，罢职解任。塞赫，父过不谏，罢职，鞭一百，俱籍没家产”，多尔衮则认为“阿山多军功，止罢职解任，塞赫亦止罢职赎身，俱免籍家产”。该案牵连甚广，许多满洲权贵均受到惩处。

辈，不得越讼，以滋刁风，则职掌分而讼端可息矣。[①]

明制中刑部的主要职掌，为复核各省徒、流以上与审理京师地区之案，[②] 后者"非经通政司准行，非由各衙门参送，不许听理"。[③] 所谓"各衙门"是指五城兵马司指挥、五城御史、锦衣卫、东厂、六科给事中，或其他五府、六部等机构，京师案件多从这些衙门移交至刑部。由于刑部依规定无法直接受理词讼，京师百姓若要提告，只能前往五城兵马司指挥、五城御史、通政司等处衙门申诉。[④] 因此，刑部即使掌管天下刑名，却不直接受理词讼，这也难怪清初刑部官员对当时各类官司"俱向臣部告理"，存有"内外各官，尽成虚设"之叹。当刑部提出这个问题后，清政府马上下令各衙门日后必须分理词讼，不许百姓贸然向刑部提告。

明朝严密的中央分层审级制度，在清初并未直接被清政府继承，该现象多少与清朝的"征服王朝"背景有关。非汉民族在继承汉制时，未必完全了解其复杂意涵，有时甚至会基于避免皇权受限，或欲使制度运作更为方便等因素简化汉制，金朝废除中

---

① 《清世祖章皇帝实录》，卷22，页196－197，顺治二年十二月乙巳条。后文如下："得旨：'内外诸司，各有职掌，刑部专理详谳，例不受词。古人立法，原有深意，以后民间词讼，在外则归抚按监司，在内则归顺天府、宛大二县、五城，如果有冤抑，许赴通政使司投告，察审送部，尔部不许仍前滥收词讼。如问刑衙门听断不公，致使小民受冤者，事发重治。'"

② 关于明朝刑部的组织与职掌，详可参见那思陆，《明代中央司法审判制度》（北京：北京大学出版社，2004），页16－21。

③ 《大明会典》（台北：新文丰出版公司，1976），卷214，《文职衙门·大理寺·详拟罪名》，页24a。

④ 关于明朝京师地区的司法审判程序，详可参见那思陆，《明代中央司法审判制度》，页145－164。

书、门下两省与元朝未设立大理寺之举，便是很好的例子。[①] 清朝在关外时期虽已建立刑部总管司法事务，却未一并引进完整配套制度，这是因为当时尚无实施如此繁复司法程序之条件。然而当清朝入关后，面对大量新增的人口与土地，马上发现各类司法事务不能仅由刑部处理，顺治二年十二月间即决定恢复过往分层审级制度。

不过这方面的改革，似乎只落实于一般民人身上，根据前述提及的旗人案件，顺治三年后向刑部直接投诉的旗人依然存在。推测由于旗人案件较为特殊，清政府才允许旗人直接向刑部申告。此举虽与弱化八旗势力政策相吻合，却亦有刑部处理旗、民案件程序未统一，以及增加刑部负担的隐忧。清政府可能并未忽视这些问题，故最晚自康熙朝已着手调整相关制度，其主要体现于步军统领衙门的初审权，以及八旗都统的司法权两方面。

三、 康熙朝以降的八旗司法审判与诉讼制度

如前所述，刑部在明制中虽有权审理京师案件，却不直接受理词讼，这也促使五城兵马司、五城御史或通政司等机构，在京师案件中扮演了重要角色。清朝关于京师案件的处理主要承袭明制，但清制又以增设步军统领衙门为一特色，此举实与京师的旗、民分布有关。顺治朝初期的北京城原是旗、民杂处，后来清政府有鉴于“近闻争端日起，劫杀抢夺，而满汉人等彼此推诿，

---

① 相关讨论详可参见陶晋生，《金代的政治结构》，《中央研究院历史语言研究所集刊》，41：4（台北，1969. 12），页 573 – 574、赵文坦，《元代的刑部和大宗正府》，《历史教学》，1995：8（天津，1995. 08），页 19 – 22。

竟无已时”，下令将旗、民分别限定居住于北京内、外城中。①历经这次新规划后，内城的治安主要交给由步军统领领导的八旗步军营负责，外城的治安仍归五城兵马司、五城御史管理。② 步军统领之职未见于明朝，可说是清朝基于八旗因素特别设置。步军统领衙门起初仅为北京内城的治安机关，不过随着时间进展其权势越来越大，先是在康熙十三年（1674）提都九门事务，之后又于康熙三十年（1691）兼管巡捕三营，总理整个京师的治安事务。③

步军统领虽然只有正二品，但因其负责京师安全故地位重要，多由皇帝身边重臣出任。清人福格曾表示：

> 步军统领，即古之执金吾，今俗呼九门提督，盖九门锁钥、白塔信炮、大内合符皆归掌之，秩如汉之司隶校尉、明

① 《清世祖章皇帝实录》，卷 40，页 319，顺治五年八月辛亥条：“京城汉官、汉民，原与满洲共处，近闻争端日起，劫杀抢夺，而满、汉人等，彼此推诿，竟无已时，似此何日清宁？此实参居杂处之所致也。朕反复思维，迁移虽劳一时，然满、汉各安，不相扰害，实为永便。除八旗投充汉人不令迁移外，凡汉官及商民人等，尽徙南城居住，其原房或拆去另盖，或贸卖取价，各从其便。”八旗分驻于内城中，一开始按照旗色各有所居，日后却在旗人频繁调动与大量旗产私自交易下趋于紊乱，详可参见刘小萌，《清代北京内城居民的分布格局与变迁》，《首都师范大学学报（社会科学版）》，1998：2（北京，1998. 04），页 46－57。

② 由于会典仅笼统记载“国初，设步军统领一人”，难以准确得知步军统领的设置时间，但透过八旗步军营的主要任务为护卫内城，推测步军统领出现于顺治五年以后，或在此年职务发生转变。会典内容参见《钦定大清会典事例（嘉庆朝）》，卷 875，《步军统领·官制·守卫》，页 1a、6a－13b。另关于步军统领沿革之细致讨论，详可参见唐彦卫，《清初步军统领设立渊源考》，《历史档案》，2015：2（北京，2015. 05），页 63－69。唐彦卫的部分观点，或许可补笔者之不足。

③ 张伟仁，《清代法制研究·册 1》（台北：中央研究院历史语言研究所，2007），页 191。巡捕营设立于清初，起初仅设有南、北两营，由兵部督捕衙门掌管。顺治十四年增设巡捕中营，乾隆四十六年再增设左、右二营。巡捕诸营自康熙三十年后，均由步军统领衙门管辖。详可参见张伟仁，《清代法制研究·册 1》，页 193。

> 之锦衣卫。虽武职二品，威权甚重，多以王公勋臣兼领其事。汉光武云："作官须作执金吾。"此官之盛，由来久矣。管辖八旗步军、巡捕五营，又有郎中、员外郎、主事、司务、笔帖式为之属。徒罪以下词讼，皆得自理。出入九衢，清尘洒道，街官闾吏，呵殿道迎，虽亲王行途，无此威重也。①

透过福格的观察，当能理解步军统领即使位不甚高，权势却是不容小觑。步军统领衙门虽属武职机关，不过自康熙十三年开始获得司法权，得以审结笞、杖轻案，② 从此步军统领衙门与五城御史，均为京师重要的基层司法机关。

康熙十三年以降的步军统领衙门为何拥有司法权，确切原因似乎难以得知。推测由于性质类似的五城兵马司、五城御史皆有司法权，再加上步军统领提都九门后权势明显增强，促使清政府决定给予步军统领司法权以便于执行任务。步军统领起初虽然仅管理八旗步军营，但自从同时掌有巡捕诸营后，他的权限不再只限于内城。基本上无论内、外城的案件，步军统领均有权审理，③ 此举虽会造成步军统领与五城兵马司、五城御史的司法权相重叠，④ 却也使其逐渐负起部分旗人司法案件初审之责。

清初步军统领衙门的运作程序，受限于史料不易得知，但康

---

① 〔清〕福格著，汪北平点校，《听雨丛谈》，卷 1，《步军统领》，页 19－20。

② 《钦定大清会典事例（嘉庆朝）》，卷 876，《步军统领·职制·断狱》，页 1a："康熙十三年定。凡审理八旗、三营，拏获违禁犯法奸匪逃盗一应案件，审系轻罪，步军统领衙门自行完结，徒罪以上，录供送刑部定拟。"

③ 步军统领兼管旗、民案件之情形，详可参见《康熙朝满文朱批奏折全译》，页 1590－1597。

④ 那思陆，《清代中央司法审判制度》，页 150。

熙朝的情形则可从档案中得到些许线索。康熙某年六月三十日，正白旗喀瓦尔达佐领下新满洲护军永科，无故持刀砍伤陈胜志与索柱两人，永科遂被押往步军统领衙门，经讯问后移送刑部。[①] 另康熙某年七月二十三日，原正白旗侍卫索伦图克特讷，酒醉后进入正蓝旗步甲瓦哈礼家中擅取炕上铺毡，瓦哈礼之嫂肖氏出言制止，图克特讷竟拔刀恐吓肖氏取毡而去，瓦哈礼见状向外追喊，将图克特讷移拿步军统领衙门，图克特讷经讯问后亦被移送刑部。[②] 根据上述两起案件，可知步军统领不仅负责缉凶，还会在犯人移送刑部前初步讯问。除此之外，步军统领衙门也成为旗人的申诉处。康熙五十六年（1717）四月初二日，正白旗包衣马维汉牛录养狗之人五十四，前往步军统领衙门告称家中遗失大量财物，步军统领隆科多乃亲自前往搜证。此案虽经一番审讯后尚存诸多疑点，仍明显呈现旗人并非径自前往刑部，而是选择向步军统领衙门提告，[③] 步军统领衙门似乎已带有旗人京师案件初审机关之色彩。[④] 当步军统领开始负责旗人案件的初审时，旗人京师案件的司法程序变得更加完备，大为减轻刑部的负担，国家整体司法制度不再过于紊乱。更为重要的是，步军统领因多由皇帝

---

① 《康熙朝满文朱批奏折全译》，页1612，《步军统领隆科多·奏报将酗酒伤人犯解部审理折》，康熙年月日不详。

② 《康熙朝满文朱批奏折全译》，页1612，《步军统领隆科多·奏报京城六七月所获各案折》，康熙年月日不详。

③ 《康熙朝满文朱批奏折全译》，页1194，《步军统领隆科多·奏为审办五十四家失窃一案折》，康熙五十六年五月二十六日。此案因重要嫌犯常路翻供而陷入僵局，隆科多仅先将初步审问情形奏报皇帝。

④ 类似观点亦可参见胡祥雨，《清前期京师初级审判制度之变更》，《历史档案》，2007：2（北京，2007．05），页47。

的旗人心腹出任，亦可有效减轻皇帝对旗人事务遭汉人插手的担忧。①

旗人中央司法制度除了因步军统领衙门的设置更加完备外，八旗职官扮演的角色也不能轻忽。清朝入关初期，虽曾为了加强中央集权积极打击八旗势力，导致八旗内部的司法权大受影响，但这毕竟是清初特殊局势下的产物。随着皇权的日益稳定，皇帝不仅控有上三旗，许多皇子也陆续被封入下五旗中。② 八旗制度渐从血缘亲族式的封建组织，演变为一种官僚统治系统。③ 皇帝可能有鉴于转型后的八旗制度已难以危害皇权，故决定给予八旗都统部分司法权，协助刑部处理司法事务，该现象从雍正十一年（1733）的新修条例即可得知：

> 八旗兵丁、闲散、家人等，有应拟笞、杖罪名者，该管章京即照例回堂完结。其主仆相争、控争家产、隐匿入官对象、长幼尊卑彼此相争，及赌博、讹诈、擅用禁物、容留贩卖来历不明之人等事，俱由该旗审明，照例完结。此内若有

---

① 值得注意的是，随着旗、民在北京内、外城日益混居，五城御史亦多经手旗人案件，这也使得五城御史与步军统领的司法权更为重叠。不过两者仍有些许差异，步军统领基本上得以审理旗人笞、杖罪以下案件，五城御史若遇到原告与被告均为旗人的案件则必须送交刑部。关于这方面的讨论详可参见张伟仁，《清代法制研究·册1》，页185、191。

② 杜家骥，《八旗与清朝政治论稿》，《第八章·八分体制瓦解后八旗领主分封的长期残留及其政治影响》，页264－281。清世祖已将他的三位皇子福全、常宁和隆禧封入下五旗，具体制度至康熙六年后才正式确立。值得注意的是，在康熙三十七年以前，皇帝均从自领上三旗中分出部分佐领，随受封皇子进入下五旗，之后则始有皇子进占下五旗王公佐领的情形。雍正朝以降已无皇子携带上三旗佐领入下五旗，象征皇权对下五旗的控制更为强烈。

③ 细谷良夫，《清代八旗制度之演变》，《故宫文献》，3：3（台北，1972.06），页37－60。

刑讯事件，会同刑部司官，动刑审讯，俟完结之日，行文都察院查核，若有不符之处，即行参奏；如有情重，不能即刻完结者，会同该部，审拟完结。若关系人命盗案，及持金刃伤人、干连民人等事，交该部完结。关系别旗之事，会同该旗完结。①

这则新修条例可说是明文规定八旗都统的司法权，即笞、杖轻罪得以自理，其他较为重大的案件则须会同或移送刑部完结。

该例为何出现于雍正十一年，史料中未有明确记载，但推测应是其来有自。雍正四年四月十七日，清世宗曾表示：

嗣后凡朕所交事件，及尔等奏请会同刑部审理事件，俱着会同刑部堂司官，在该旗公署审理。若又行送部，尔等前往会审，反觉繁扰。尔等将此，传谕八旗都统知之。②

该上谕的出现，恰能说明八旗都统似乎早有和刑部官员会审的情形。八旗都统在顺、康两朝并无办公衙门，平时只能在私宅中处理旗务，直到雍正元年才拥有专属的八旗都统衙门。③ 或许正因如此，八旗都统早期必须前往刑部会审，直到八旗都统拥有独立

① 〔清〕黄恩彤编，《大清律例按语》，卷 61，《刑律·诉讼·军民约会词讼》，页 74b - 75a。

② 《世宗宪皇帝上谕八旗》，收录于台湾商务印书馆编审委员会主编，《景印文渊阁四库全书·第 413 册》（台北：台湾商务印书馆，1986），卷 4，页 18b，雍正四年四月十七日条。

③ 李洵等点校，《钦定八旗通志》，卷 112，《营建志一》，页 1943，雍正元年九月十五日："和硕庄亲王、内务府来宝，现今八旗并无公所衙门，尔等将官房内，拣皇城附近选择八处，立为该管旗官公所，房舍亦不用甚宽大，特谕。"

办公空间后，清世宗才决定将会审地点改在八旗都统衙门，以减少人员往返之烦扰。另同年四月二十五日，清世宗为避免官员间彼此推诿，特别下令“嗣后应于旗下完结事件，不行完结，推诿部院者，都察院即行参奏”，[①] 从中可知当时有些案件已直接交由八旗完结。

上述史料反映雍正朝的八旗都统有权处理部分案件，一些情罪较重之案则须会同或提交刑部审理完结。[②] 令人好奇的是该现象始于何时？那思陆认为八旗都统自清朝入关后即拥有司法权，甚至主导旗人命盗案件的初审，刑部仅扮演复核的角色，直到康熙五十五年（1716）八旗命案才始交由该旗与刑部会审。[③] 那思陆的观点奠基于康熙五十五年七月间的一起案件，特别征引如下：

> 又覆请刑部所题，厢蓝旗护军校马什，被护军二雅图戳死，将二雅图即行正法一疏。上曰：“此等事由旗报部检尸，仍送该旗审理具奏，似觉太烦。况由部检尸，由旗审理，情罪未必恰当。人命事情，关系重大，嗣后如此等事，旗下大

---

① 《世宗宪皇帝上谕八旗》，卷 4，页 18b－19a，雍正四年四月二十五日条，该则史料的后文为：“应于部院完结事件，不行完结，推诿旗下者，亦行参奏。如此则事不至于迟误，而彼此推诿之弊可除矣。着将此旨，传谕八旗大臣等知之，特谕。”

② 八旗都统与刑部会审的案件，应多属于情罪较为严重者。例如雍正六年七月十五日，镶黄旗八旗都统与刑部，针对护军武海殴打领催七十五一案进行会审，武海因将“七十五擅行殴打，至于折足，情殊可恶”，被判处“永远枷号，遇赦勿赦”。参见《世宗宪皇帝上谕八旗》，卷 6，页 44a－44b，雍正六年七月十五日条。

③ 那思陆，《清代中央司法审判制度》，页 92－93。那思陆指出八旗都统入关后之所以拥有审理旗人命盗案件司法权，可能是基于各省督、抚、提、镇各官，对军人案件均有审理权，八旗都统因而比照办理。

臣会同刑部审明，一次完结，将此为例。”[1]

引文提及八旗命案由刑部验尸后，“仍送该旗审理具奏”，可见八旗都统在康熙朝确实拥有司法权。然而该情形究竟源自顺治朝还是康熙朝，可能还需更多例证加以说明。[2]

八旗都统的司法权若至康熙朝才出现变化，当与步军统领司法权的发展有些关联。如同前文所述，顺治朝的步军统领尚未拥有司法权，康熙十三年后则能自行完结笞、杖轻案，徒、流以上案件“录供送刑部定拟”。[3] 在旗人司法案件的处理过程中，八旗都统与步军统领扮演着类似角色，一般说来两者职权应会互相影响，问题仅在于谁先发生变化。不过即使如此，他们的司法权仍不尽相同。透过案例可知步军统领处理徒罪以上案件时，没有所谓的“审理权”，也就是说步军统领常在讯问完犯人后，即将其移交刑部，无权提出初步判决。[4] 八旗都统则不然，观察康熙五十五年以前的案例，八旗都统对于重案似乎亦有初审权。[5]

不过八旗都统的司法权，在康熙五十五年间却出现转变，是

---

① 《清代起居注册·康熙朝（北京版）·第 30 册》，页 15178－15179，康熙五十五年七月初六日条。

② 关于这个问题，胡祥雨曾透过一则顺治年间的题本数据，论证当时八旗都统拥有司法权，胡祥雨与那思陆的观点值得一并参看。详可参见胡祥雨，《清代法律的常规化：族群与等级》，页 165。

③ 《钦定大清会典事例（嘉庆朝）》，卷 876，《步军统领·职制·断狱》，页 1a。

④ 相关讨论详可参见那思陆，《清代中央司法审判制度》，页 95、159。胡祥雨，《清前期京师初级审判制度之变更》，《历史档案》，2007：2（北京，2007. 05），页 42－43。

⑤ 《清代起居注册·康熙朝（北京版）·第 27 册》，页 13426－13427，康熙四十五年九月十二日条：“正白旗都统崇古礼等奏，为护军保住，因西白、西达角口至保住门前撒泼，保住喝令家人殴打，至五鼓时西达身死。议照新例，将保住正法。上曰：‘此事与近日照新例发落一案少异，着交与该部议奏。’”

年清圣祖下令日后八旗命案，必须由八旗都统与刑部一同会审。该政策除了可从皇帝意图削弱八旗都统司法权的角度来思考，其余因素亦不容忽视。八旗都统衙门处理旗人命案时，一大难处为无人可以验尸，仅能向刑部请求支持。① 然而验尸与审判若分属不同系统，容易产生一些弊病，时人曾有言："人命重大，不经目睹，而止凭仵作图结以定重轻，不但虚实情形不能立辨，而奸胥亦得易生朦混之弊。"② 人命案件至关重要，皇帝为求判决准确，要求八旗都统与刑部官员会审实属无可厚非。此外如同上一节所述，清圣祖针对旗人命案颁布严厉的"新例"，旗人相杀不问原因为何杀人者一律正法。若旗人命案先交由刑部验尸，再转交八旗都统审拟具奏，该严法的恫吓效果，多少会因审判流程旷日废时而大打折扣。透过这两点或能理解清圣祖令八旗都统与刑部会审旗人命案有其道理。当时的考虑重点，似乎已从政治权势角力，转移至如何让司法制度的运作更为完美。

然而无论真正原因为何，八旗都统与刑部官员的会审规定，不可否认仍使八旗都统的司法权受到一定程度影响。康熙五十五

① 雍正十二年五月间，刑部郎中觉罗禅塔海奏称八旗收押人犯如果身故，必须等待刑部派员带领仵作前来验尸，才准家属收领尸体，"倘遇炎热之际，秽气动蒸，因而沾染他人，殊觉未便"。觉罗塔海建议每旗应盖一"五檩瓦房"，专门安置身故人犯，"如此则高墙内人犯，自无沾染之虞"。根据该例推测八旗本身应无仵作编制，详可参见中国第一历史档案馆编，《雍正朝汉文朱批奏折汇编・第26册》（南京：江苏古籍出版社，1991），页299－300，《刑部郎中觉罗禅塔海・奏请于八旗圈禁人犯高墙外另盖五檩瓦房相验身故人犯折》，雍正十二年五月初八日。另值得一提的是，刑部自雍正十一年才设有仵作，在此之前是由京师五城的仵作协助验尸，参见《钦定大清会典事例（光绪朝）》，卷1041，《都察院・五城・仵作》，页14b："雍正十一年题准。人命最重相验，相验全凭仵作。刑部向无仵作，遇有命案，随传五城仵作相验。嗣后刑部专设仵作二名，五城各设仵作一名，由本城召募诚实谙练者充当。给发工食，每月各一两，如三年无过，月各二两。"

②《雍正朝汉文朱批奏折汇编・第32册》，页945－946，《刑部山西司主事张钺・奏陈刑部现审左右二司宜设专官并轮流检视人命折》，雍正年月日不详。

年的改制，应可视为八旗都统司法权日益限缩的开端。皇帝这方面的改革其实甚有耐心，并未过于躁进。那思陆曾指出清世宗于雍正元年十二月间在刑部添设现审司，象征八旗都统审理旗人命盗案件的权力已被剥夺，[①] 此观点可能尚有斟酌空间。因为在现审司设立前，刑部的现审案件已交由部内诸司处理；[②] 清政府为增加现审案件的处理效率，才决定将“十四司之现审画归两司”，“又于十四司官员内，拣选干练者，以当此任”，以期“事专而易结，人犯无久禁之苦”。[③] 此举虽然立意甚佳，结果却有些不如预期，由于“司官各司其事，又办现审，非关勤劳，实难兼顾”，[④] 造成承审官员“更换无常”，“以致事多丛积”。[⑤] 现审左、右二司因无法彻底发挥成效，臣工纷纷建议将现审司官员改为专职，以免各司官员左支右绌，[⑥] 清世宗最后也在雍正七年

① 那思陆，《清代中央司法审判制度》，页93。那思陆所引的史料为《清世宗宪皇帝实录》，卷14，雍正元年十二月己酉条：“添设刑部现审司，办理在京八旗命盗，及各衙门钦发事件。”

②《大清会典（雍正朝）》（台北：文海出版社，1993），卷149，《刑部·十五司职掌》，页1b：“江南等十五司，各设郎中、员外郎、主事，令各清理所隶本省刑名，仍量其繁简，带管直隶府、州、县，并在京衙门、盛京地方、宁古塔将军衙门事件，各照司分办理。至内务府、盛京刑部、各省将军咨送事件，八旗词讼、五城移申，一切现审人犯，初分江南等十四司承审。”

③《雍正朝汉文朱批奏折汇编·第32册》，页302，《刑部候补主事宜廷栋·奏陈铸给刑部现审两司印信并选能员补授及论俸升转不必调司折》，雍正年月日不详。

④《雍正朝汉文朱批奏折汇编·第31册》，页853，《刑部浙江司主事李五福·奏陈刑部现审司宜特设专人以供厥职管见折》，雍正年月日不详。

⑤《雍正朝汉文朱批奏折汇编·第32册》，页945，《刑部山西司主事张钺·奏陈刑部现审左右二司宜设专官并轮流检视人命折》，雍正年月日不详。

⑥ 例如《雍正朝汉文朱批奏折汇编·第31册》，页633，《刑部督捕司郎中江洪·奏陈满洲司官宜有专司及现审司官宜有专责管见折》，雍正年月日不详：“今现审司官，皆于各司司官内，委派兼理，夫审断狱讼双方之是非，一事之曲直，非细心研究，罕得其情。若乃既办本司，复兼现审，则一人之精力有限，而一事之委曲多端，即有长才，难于分任。请嗣后凡现审司官，另设专员办理，庶听断之下，可以尽心，而折狱之良，无难称职矣。”、《雍正朝汉文朱批奏折汇编·第32 （转下页）

(1729) 答应这项请求。[1]根据现审司的沿革历程，可以发现现审司刚设置时，不脱过往各司官员轮流处理现审案件之惯例，也未专管八旗案件。可能由于八旗案件亦属京师现审案件，性质又较为重要，清世宗才会在上谕中特别提及。换句话说，现审司的出现，未必表示八旗都统的司法权始被刑部侵夺。

八旗都统司法权弱化的情形，可能要到雍正十一年颁布的新例才可看出端倪。该例将八旗都统的司法权，分为下列三种层面：一、旗人犯有笞、杖罪名者，八旗都统可直接完结。二、旗人案件中属于主仆相争、控争家产、隐匿入官对象、长幼尊卑彼此相争、赌博、讹诈、擅用禁物、容留贩卖来历不明之人等事，也由八旗都统审结，不过若有刑讯需求或“情重不能即刻完结者”，则须会同刑部官员处理。三、旗人若犯人命、盗、持金刃伤人等案，或案情与民人相关，送交刑部完结。八旗都统的司法权，乍看之下类似于一般地方州、县官，[2] 然而较为不同的是，

(接上页) 册》，页 246－247，《刑部额外侍郎牧可登·奏请由刑部现任司员内拣选人员专理左右现审两司事件折》，雍正年月日不详：“臣部因现审案件，关系紧要，奏请添设左、右现审二司，铸印给与，所以专责成收实效也。但现审二司，虽铸印给与，并未设立专员，仍系江南等十四司内，拣选司官之才能者，令其审理。……臣请将臣部现任司员内，才守兼优，谙练刑名者，拣选满汉郎中、员外郎、主事各一员，笔帖式各五员，令其专理左、右现审两司事件。”

① 《清世宗宪皇帝实录》，卷 87，页 166，雍正七年十月庚申条：“添设刑部左、右现审司，满、汉郎中、员外、主事十二员，笔帖式十员，专理现审事件。从刑部额外侍郎牧可登请也。”

② 在清朝司法制度中，地方州、县官对民事细故与笞、杖轻罪案件可全权处理，一旦审理完毕判决立即有法律效力，详可参见李凤鸣，《清代州县官吏的司法责任》(上海：复旦大学出版社，2007)，页 8。

八旗都统不仅可自理笞、杖轻罪案件，还有权处理部分徒、流案件。[①] 根据雍正十一年例的内容，八旗都统应将命盗等重案送交刑部完结，某些状况下的徒、流罪名案件必须与刑部会审，其司法权已与过往有所不同。

不过这则与八旗司法制度相关的新例并未实行很久，乾隆五年（1740）即被删除，会典对此的注释为：

> 谨案：此条雍正十一年定。乾隆五年，查八旗笞、杖轻罪，向由该旗完结，其会同刑部审拟之例，业经停止，至命盗等事，已于雍正十三年定例，专交刑部办理。此条删。[②]

这段简短的注释颇耐人寻味，除了根据“查八旗笞、杖轻罪，向由该旗完结”，可知八旗都统处理笞、杖轻罪之权未受影响外，从“至命盗等事，已于雍正十三年定例，专交刑部办理”来看，似乎说明雍正十三年的某则新例，为雍正十一年例遭删除之因。进一步查阅官书典籍，发现雍正十三年间，确实出现一条与八旗司法制度相关的条例：“八旗案件，俱交刑部办理，该旗有应参

---

① 前述八旗都统司法权三层面中第二类情形罗列的几项罪名，基本上以笞、杖轻罪为多，有些则属徒、流之罪。例如容留贩卖来历不明之人，《大清律例》有载：“凡收留（良）人家迷失（道路、乡贯）子女，不送官司，而卖为奴婢者，杖一百徒三年；为妻妾子孙者，杖九十徒二年半。若得迷失奴婢而卖者，各减良人罪一等。被卖之人不坐，给亲完聚。”参见田涛等点校，《大清律例》，卷 8，《户律·户役·收留迷失子女》，页 180。

② 《钦定大清会典事例（光绪朝）》，卷 819，《刑部·刑律诉讼·军民约会词讼》，页 21a－21b。另可参见〔清〕吴坛著，马建石等编，《大清律例通考校注》，卷 30，《军民约会词讼已删条例文》，页 903。

奏者，仍行参奏。”[①] 官书虽对该例的问世未多着墨，下列档案仍透露些许蛛丝马迹。

雍正十三年九月间，总理刑部事务的和硕果亲王允礼，奉命处理恩赦案件时特别指出：

> 除臣部自行审理案件，现在详查具奏外，其经各旗参奏，咨取臣部司员会审者，共九案。或臣部派员往会，或该旗指员咨取，皆系该旗自行主稿。其案内人犯几名，或系羁禁高墙，或系在旗看守之处，臣部无凭稽查，该旗又不速行知会，碍难办理。[②]

透过引文可知八旗与刑部的会审案件，主稿权握在八旗都统手上，足见八旗都统的主导地位。允礼为求尽速处理这些恩赦案件，建议皇帝“或饬该旗自行办理，或交臣部办理，庶责有专归，事无牵制，案件得以速完”，清世宗对此表示：“应交刑部办理，仍速督饬该旗，有应参奏者，即行参奏”。清世宗应是鉴于八旗处理案件过于缓慢，[③] 才决定将相关案件转交刑部专门负

---

① 〔清〕黄恩彤编，《大清律例按语》，卷 61，《刑律·诉讼·军民约会词讼》，页 75a。

② 《雍正朝汉文朱批奏折汇编·第 29 册》，页 276，《总理刑部事务果亲王允礼·奏呈各旗会审未结各案清单如何办理请旨遵行折》，雍正十三年九月二十一日。

③ 早在雍正十一年间，已有官员奏称八旗审案延迟过久之问题，参见《雍正朝满文朱批奏折全译·下册》，页 2207，《镶蓝满洲旗参领达奎·奏报限期审结案件折》，雍正十一年五月十三日：“奴才伏思，部审之案，俱于定期内完结。现八旗审案，并无定期，又未将缘由咨照稽察旗务官员，或有将案数日完结者，或数月结案不完者亦有；倘不定期限期，不交稽察旗务官员稽察，审案日久，既生行私弊端不可料定。请交付八旗大臣，嗣后旗官所承办之审案，或与部员会审案件，俱依部院例分议种类案件，限期完结。”该奏未奉朱批，此建议最终可能没有得到皇帝的同意。

责，进而导致雍正十三年例的出现。[①] 该例可说是影响深远，八旗都统原本可与刑部会审的权力已不复见。不过雍正十三年例强调的"八旗案件，俱交刑部办理"，也不表示八旗都统连对笞、杖轻罪的司法权都被剥夺，《读例存疑》的批注即为明证。[②]

八旗都统虽然保有最基本的司法权，但其中仍有一些局限。在讨论这个问题前，有必要先谈《钦定八旗则例》的这则规定：

> 八旗兵丁犯罪，由部审拟鞭责，送回该旗。除部文内声明革退者，照部咨革退外，其文内未经声明者，查系行窃、逃走之案，无论罪名轻重，概行革退；系一切公、私等罪，在鞭一百以上者，革退；如所犯在鞭一百，及鞭一百以下者，仍准当差，毋庸革退。[③]

---

① 雍正十三年十月间，正黄旗汉军副都统尚崇璧奏称："近见八旗参奏之事，多有奏请会同刑部审理者，既经会部审理，而取供定罪，又惟旗员是主。臣伏思旗员皆系武职，谙习律例者甚少，即使被参之人情罪皆实，而援定律例，恐亦未必尽协，且恐以参奏之人，承审其中，或有挟私，而被参之人，虽有屈抑，断难伸诉。再参奏事内，或有一、二未合原参，而被参之人，或另有隐情者，恐原参之人，亦未必能平心认为己过，复为分晰，求之情罪允服之道，似为未合。臣请嗣后凡八旗参奏事件，亦照外省督参抚审、抚参督审之例，皆听刑部审理。"参见《宫中档雍正朝奏折·第25辑》，页292，《正黄旗汉军副都统尚崇璧·奏陈八旗参奏事件应归刑部审理折》，雍正十三年十月十七日。尚崇璧的上述建议，可能也是雍正十三年例出现的原因。

② 〔清〕薛允升著，黄静嘉编校，《读例存疑重刊本》，卷40，《刑律·诉讼·军民约会词讼》，页1025："谨按：虽交刑部办理，仍不准由刑部收呈，细事仍听该旗完结，应与越诉门及有司决囚门各条参看。"

③ 《钦定八旗则例》（香港：蝠池书院出版公司，2004），卷10，《廉部·禁令·兵丁犯罪》，页1a。

《钦定八旗则例》并未说明该例始于何时，[①] 但应不会晚于《钦定八旗则例》成书的乾隆六年（1741）。[②] 引文最前面的“八旗兵丁犯罪，由部审拟鞭责，送回该旗”值得留意，从中可知不法旗人是在刑部被鞭责后才送回旗下，八旗都统似乎无权鞭责旗人，下列案件恰能呈现该例的执行。雍正六年间，西安驻防领催李天植，随原任协领穆尔浑出兵西藏，回程途中因扰民连同家人被解送京城，鞭责后再送往正蓝旗汉军都统永兴下当差。[③] 乾隆三十四年（1769）七月间，镶黄旗满洲都统移送一案至刑部，此案内容为镶黄旗披甲挂住与民人胡大等，在营房内因借米纠纷互殴，挂住之子巴扬阿持砖打伤胡大伙计陈二的额头。刑部审讯完

---

① 《钦定八旗则例》的出现，与兵部则例的修订有关。总理兵部事务大臣鄂尔泰编审兵部则例时，发现下列情形：“从前律例馆刊刻臣部则例，俱系绿旗处分事宜，其八旗事例，并未编纂有书。现在臣部办理八旗案件，或钦遵特颁御旨，或照各处议覆之例，或仍遵中枢政考，或引用会典内开载事例，其无正条可循者，又往往援引比照定议，未能画一遵行。谨将八旗则例先行编纂……”参见《明清档案》，卷册 A093-071，《大学士总理兵部事务鄂尔泰·奏呈八旗则例》，乾隆五年四月十八日。根据这件档案，可知大致从乾隆五年四月间开始修订。《钦定八旗则例》最终完成于乾隆七年三月间，参见《清高宗纯皇帝实录》，卷 162，页 40，乾隆七年三月丙寅条：“八旗则例告成，纂修官以下议叙有差。”

② 在《钦定八旗则例》修订期间，该例曾于乾隆六年特别被提出，可见应已实施一段时间。参见《清高宗纯皇帝实录》，卷 147，页 1114，乾隆六年七月壬午条：“大学士鄂尔泰等奏：‘臣等校阅八旗则例，俱系钦遵历年所奉谕旨，及议覆臣工条奏准行事件，详加纂辑。查各旗现行事件内，有相沿办理无案可稽者，又有各旗办理互异者。谨会同酌议，纂入例册。……一、兵丁犯罪，部文内声明革退者，遵照部咨革退外，其未经声明者，如系行窃逃走之案，及一切公私等罪，所犯在鞭一百以上者，概行革退；如所犯在鞭一百，及鞭一百以下者，情罪尚轻，毋庸革退。’得旨：‘此议甚善，依议。’”

③ 《明清档案》，卷册 A093-023，《正蓝旗汉军都统永兴·正蓝旗汉军都统为马兵母老侄幼请准退差终养由》，乾隆五年三月十七日。

毕后，先将巴扬阿与挂住分别鞭责再交旗管束。[①]

《钦定八旗则例》的这则规定，与前述关于八旗都统司法权的讨论似乎有些矛盾，最关键者为八旗都统自乾隆五年后，究竟是否拥有处理笞、杖轻罪的司法权。由于笔者目前暂时无法完整掌握清前期的八旗都统衙门档案，[②] 难以得知八旗都统对笞、杖轻罪案件的确切处理情形，但透过其他史料，推测八旗都统拥有最基本的司法权应是无庸置疑。不过若是如此，又该如何解释《钦定八旗则例》中刑部鞭责不法旗人的规定？

以下两层面的思考，或许有助于解决该问题。首先，《钦定八旗则例》中的相关条文，除强调"八旗兵丁犯罪，由部审拟鞭责，送回该旗"外，后续内容均属八旗兵丁革退与否的规定，可见该例重点在于约束八旗兵丁而非一般旗人。[③] 推测八旗兵丁因属国家军队一分子，八旗都统不便擅自处罚，故只能将不法八旗兵丁送交刑部处置。除此之外，还有一种可能为八旗都统有时为贪图方便未严格执行司法权，随意将各类旗人司法案件上呈刑部。类似情形亦曾发生于五城兵马司与步军统领衙门，嘉庆十八年（1813）四月间，御史夏修恕奏称"近日五城及步军统领衙门，于寻常讼案罪止杖、笞以下者，往往不察事理，概

① 《明清内阁大库档案》，登录号 084540－001，刑部为厢黄旗满洲都统奏旧营房披甲挂住与民人胡大等在营房内争米斗殴分别杖笞鞭责移会稽察房，乾隆三十四年十月初七日。

② 中国第一历史档案馆的八旗都统衙门档案，无疑是探讨这方面问题的重要数据，期待日后能有幸查阅这些档案弥补本书论述之不足。

③ 相关讨论详可参见本书第四章第二节。

以送部了事”，[①] 清政府随即特别修法约束上述衙门。[②] 若五城兵马司与步军统领衙门存有上述问题，八旗都统衙门将旗人笞、杖轻案送交刑部之举似乎也不足为奇了。

八旗都统的司法权至乾隆年间明显不如往昔，八旗都统在旗人中央司法制度中的角色，逐渐演变为上报与协助刑部两种形式。乾隆三十七年（1772）三月间，正白旗汉军孙天培佐领下王宽等人，向旗内长官指控族内王官“欺祖灭伦”、“出妻霸嫂”。事情起源自王宁病故后，遗孀杨氏和儿子永寿被其堂弟王官收留。该年正月间，永寿向族长王宽表示曾撞见母亲与叔叔通奸，王官甚至为此将发妻李氏赶回娘家，此外王官还盗卖祖坟上的大杨树。都统范时绶接获此案后马上进行讯问，但王官对这些指控皆矢口否认。范时绶发现双方说法差异甚大，随将此案“送部审断”。[③] 都统范时绶接受词讼后，仅经初步审讯便转呈刑部，并未先行问拟罪名，推测八旗都统无权审理这类案件，只能如同步

---

① 《清仁宗睿皇帝实录》，卷268，页637，嘉庆十八年四月辛酉条：“刑部虽总理谳狱，然案情较重，罪名大小，办理自有等差。近日五城及步军统领衙门，于寻常讼案罪止杖、笞以下者，往往不察事理，概以送部了事。以致刑部现审之案，日积日多，不能速为断结。……着刑部详查定例，并酌定条款，凡轻罪细故，可由五城及步军统领衙门审结者，俱令自行拟结。其应送部而不送部者，固当照例参处，如不应送部而率意送部者，刑部将原案驳回，并将该衙门参奏请旨。”

② 〔清〕黄恩彤编，《大清律例按语》，卷88，《刑律·断狱下·有司决囚等第》，页60b-61a：“嗣后五城及步军统领衙门审理案件，如户、婚、田土、钱债细事，并窃盗、斗殴、赌博，以及一切寻常讼案，审明罪止枷杖笞责者，照例自行完结。其旗、民词讼，各该衙门均先详审确情，如果应得罪名在徒、流以上者，方准送部审办，不得以情节介在疑似，滥行送部。”

③ 《军机处档·月折包》（台北：台北故宫博物院藏），文献编号016424，《正白旗汉军都统范时绶·为王宽等被控欺祖灭伦出妻霸嫂一案奏请送部审断》，乾隆三十七年三月二十五日。

军统领衙门般录供送部。[1] 除此之外，八旗都统还常肩负起协助刑部调查案件的责任。乾隆七年（1742）间，旗人王保柱和陈廷瓆父子“设计假书王谕、私雕图记”，“复假充和亲王差遣之人，持书投递山西盐政衙门，肆行诈骗”，事情曝光后王保柱等人不但遭受惩处，皇帝亦令各旗协助追讨他们诈骗而来的银两。由于陈廷瓆身属镶蓝旗，该旗汉军都统佛表题称经过调查，“陈廷瓆实系家产全无，不能完项”。[2] 查拿陈廷瓆的不法所得因属于旗内事务，刑部不便直接插手办理，才行文请求旗员协助。

清朝入关后随着皇权不断提升，八旗司法制度面临剧烈变化。清初八旗都统虽自领旗贝勒式微后握有一定司法权，但其权限却有日益下降的趋势，至乾隆年间基本上仅能处理笞、杖轻罪。皇帝之所以削弱八旗都统的司法权，应仍与避免八旗势力过大有关，毕竟八旗与国家制度间的抵触，终究是个必须面对的问题。八旗都统的司法权如同步军统领般，局限于笞、杖轻罪范围，如实呈现出皇帝在法律上降低八旗特殊性的企图。此举不但可以化解制度的紊乱，更能进一步强化皇权。

透过八旗中央司法审判与诉讼制度的演变，可知八旗虽属“国家根本”，但皇帝基于稳定政权考虑，不得不缩减八旗都统的司法权。然而八旗制度只要有一天存在，就有可能影响国家司法体系的运作。乾隆三十六年（1771）四月间，西山四王府西河滩上有具无名女尸被人发现，当官方正准备殓尸与“插牌招认”

---

① 关于步军统领衙门录供送部之举，详可参见《军机处档·月折包》，文献编号048479，《英和·奏报正蓝旗宗室翻译举人庆丰自行出首伊与胞兄庆遥系白莲教等情》，嘉庆二十二年七月十七日。

② 《明清档案》，卷册A116-060，《镶蓝旗汉军都统佛表·奏报旗人假谕诈财审结家产全无应交部治罪并豁免追银》，乾隆七年十一月十一日。

时，镶黄旗满洲营房章京那禄的家人三儿，前来告称该尸为伊主使女六妞儿的母亲，经六妞儿亲自确认后，西城兵马司令六妞儿择日前来“取具领状”与“缴还棺木抬埋银两”。然而当差役张永等人前往传唤六妞儿时，竟遭那禄及其子二豹刁难，甚至夺去传票与殴打张永等人。[1] 另乾隆三十七年十月间，旗人陈吉祥与鲁兴基因财物纠纷互殴，陈吉祥被打落门牙一颗，辫子亦被揪脱。不料此案进入司法程序后，管营官员却是刻意阻挠，拒绝交出殴打他人成伤的鲁兴基。西城御史面临这个窘境，奏称“八旗都统衙门，不过约束兵丁，以及操练、支放钱粮等事，至遇殴伤之案，自应照例听问刑衙门查办”，恳请皇帝谕令该旗配合调查。[2] 上述两起案件明显呈现旗员干预京师司法机关办案的一面，足见皇帝选择削减八旗都统的司法权，确实为一情非得已之举。

---

① 《军机处档·月折包》，文献编号 013916，巡视西域御史诚和等·奏请将镶黄旗满洲营章京那禄并伊子二豹一并交刑部审办以为肆横者戒由，乾隆三十六年四月二十四日。

② 《军机处档·月折包》，文献编号 018527，巡视西域御史海晏等·奏请将被伤之旗人陈吉祥凶手鲁兴基一并押送刑部照例审办并请将阻挠原被袒庇之佐领杨文灿金文元交兵部议处，乾隆三十七年十月三十日。

第三章 旗人的民事规范与民事纠纷

现代法学根据不同标准，将内涵复杂的法律作出多种分类，公法与私法之别即为其中一种。[①] 若从宏观角度观察中、西法律文化，或可将其属性简单区分为公、私法文化，[②] 现代社会中与刑法并驾齐驱的民事规范，主要为西方传统法文化长期发展下的产物。

上述关于传统中、西方法文化的描述，虽已长时间占有主导地位，但由于公法与私法间的定义太过模糊，[③] 许多人对该分类深感不以为然，传统中国是否拥有民法的论争也随之展开。张晋藩认为不能仅因法典编纂形式上民、刑不分，就得出传统中国没有民法的结论。传统中国虽然没有独立的民法典，民事规范却散

---

① 郑玉波，《法学绪论》（台北：三民书局，1973），页 26－31。

② 这方面的讨论详可参见张中秋，《中西法律文化比较研究》，页 102－117。需要说明的是，张中秋虽将中、西两种法文化区分为公、私法体系，却也强调该现象并非绝对。他表示私法即使是西方法律体系的重要根基，也不意味西方法律的全部内容都是私法，公法仍占有一席之地；不过传统西方近代以前的刑法因深受私法影响，又具有“私法化”的特殊现象。

③ 韩忠谟曾指出公法、私法虽是法学基本概念，但如何确定区分标准则相当困难。目前区分公法和私法的标准，主要有权力说、主体说、利益说等，但每种说法均有所局限与盲点。详可参见韩忠谟，《法学绪论》（台北：作者发行，1968），页 33－39。郑玉波甚至认为将法律分为公、私法过于传统，已不符合目前复杂的社会情势，他主张应将部分法律归类为公私综合法。详可参见郑玉波，《法学绪论》，页 30－31。根据上述讨论可知，公法与私法间目前未有缜密界定，在定义尚未完全清楚下，确实很难借此概念清楚描述中、西法文化的不同。

见于律、令、诏、条例和则例内，其中不乏土地、户籍、继承、婚姻、商业等各项规定。[①] 部分学者则持相反态度，例如巩涛表示研究者应避免以今论古，清朝纵然存有许多被认为具有法律效力的契约，但在中、西不同文化下，清朝契约可能只着眼于便于官员行政管理，与西方保障个人权利式的契约大不相同。[②] 该各有侧重的论争短时间内应难以取得共识，但或许如同徐忠明所言，研究传统中国法律时仍可使用民法一词，惟研究者必须保有中、西法律存在固有差异的警觉性，如此才有助于这方面的研究继续开展，而非继续停滞于概念本质问题上。[③]

关于传统中国民法的漫长发展，清朝尤其受到重视，研究者除了关注西方势力影响下的法律转型问题外，清朝的“征服王朝”特征也令人好奇清朝民法存有哪些特殊性。[④] 笔者在本书脉络下较为重视后者，即清朝入关后是否一并将关外旧俗带入关内，并尝试与金、元两朝相比较，[⑤] 以下将分为田土、钱债与户籍三方面进行讨论。

---

① 张晋藩，《论中国古代民法研究中的几个问题》，收录于氏著，《张晋藩文选》（北京：中华书局，2007），页 179－203。相关讨论亦可参见张晋藩，《中国法律的传统与近代转型》（北京：法律出版社，2005），页 204－228。

② 巩涛（Jérôme Bourgon）著，黄世杰译，《地毯上的图案：试论清代法律文化中的“习惯”与“契约”》，收录于邱澎生、陈熙远编，《明清法律运作中的权力与文化》（台北：中央研究院、联经出版公司，2009），页 215－253。

③ 徐忠明，《关于中国古代“民法”问题：借题发挥——张晋藩〈清代民法综论〉读后之随想》，收录于朱勇主编，《〈崇德会典〉、〈户部则例〉及其他——张晋藩先生近期研究论著一瞥》（北京：法律出版社，2003），页 218－243。徐忠明认为研究者虽有必要谨慎使用西方法学概念，但不宜矫枉过正，因为我们若完全依照西方法学标准，甚至可能得出古代中国根本没有法律的奇怪结论。

④ 关于清朝民法的地位与特点，详可参见张晋藩，《清代民法综论》（北京：中国政法大学出版社，1998），页 20－28。

⑤ 透过柏清韵的研究可知，女真、蒙古统治汉地时虽积极划一刑事规范，但在部分民事规范上仍维持“因俗而治”，此举应是基于民事规范具有较多族群差异的考虑。详可参见柏清韵著，蔡京玉译，《辽金元法律及其对中国法律传统的影响》，页 155－157、柏清韵著，柳立言译，《元代的收继婚与贞节观的复兴》，页 387－428。

第一节　八旗田房政策与旗地纠纷的处理

一、旗地、旗房政策的内容与意义

明代女真虽属中国北方的非汉民族，但他们不仅崇尚游牧文化，还发展出定居农业生活。相较于邻近蒙古的“行国”，女真的生活型态已倾向“城堡世居”。[①] 在女真人不断南迁过程中，与汉人、朝鲜人的接触日益密切，这也增加了农业在女真经济活动中的比重。八旗制度建立后，旗人大多过着“兵、农合一”的生活，[②] 不过满洲政权起初并未建立一套土地分配与管理政策，各牛录仅在其驻地附近开垦耕种，自行解决所需粮草。满洲政权以国家之姿系统分配土地于旗人，为天命六年（1621）进入辽沈地区后的事情，当大量旗人从原本驻扎的苏子河流域迁徙至此，失去土地的他们顿失依靠。清太祖为照顾这些旗人，在是年七月间颁布“计丁受田”令，[③] 为八旗兵丁

---

① 〔清〕福格著，汪北平点校，《听雨丛谈》，卷 1，《满洲缘起》，页 1：“满洲之俗，同于蒙古者衣冠骑射，异于蒙古者语言文字。满洲有稼穑，有城堡世居之民；蒙古则逐水草为行国，专射猎而无耕种也。”

②《清太宗文皇帝实录》（北京：中华书局，1985），卷 7，页 98，天聪四年五月壬辰条：“但明国小民，自谋生理，兵丁在外，别无家业，惟恃官给钱粮。我国出则为兵，入则为民，耕、战二事未尝偏废。”

③ 满文老档研究会译注，《满文老档·太祖 1》（东京：东洋文库，1955），卷 24，页 355，天命六年七月十四日条：“hai jeo bade juwan tumen inenggi，（海州地方十万日）liyoodung i bade orin tumen inenggi，（辽东地方二十万日）uhereme gūsin tumen inenggi，（总共三十万日）usin be gaifi，（取得这些田地后）meni ubade tehe coohai niyalma morin de buki.（给与我们驻扎于此地的兵马）……”满文中的 inenggi，意思为日、昼，在此处为土地面积的计量单位。一“日”约等于六亩，即一天劳力耕种的田亩数，参见孙文良主编，《满族大辞典》（沈阳：辽宁大学出版社，1990），页 82，“日”条。关于这则史料的讨论，亦可参见王钟翰，《满文老档中计丁授田商榷》，收录于氏著，《王钟翰清史论集·第 1 册》，页 588－608。

征地受田。[1] 从此以后，国有土地分给旗人的政策日益成熟，至清太宗朝仍实行不辍。

顺治元年（1644）清朝入关后，如何照顾众多离开故土的旗人子弟实属当务之急。顺治元年十二月间，清政府先令户部清查北京附近的无主荒田，分发给入关的八旗诸王、勋臣与兵丁。[2] 此举应是为避免民人权益受到侵害，然而实情却远比想象中复杂。由于“无主之地与有主之地犬牙相错”，导致旗人“势必与汉民杂处”，为避免“日后争端易生”，[3] 清政府不得不以换地方式尽量让旗、民相区隔。[4]

清政府入关后的旗地政策，主要延续关外“计丁受田”制度，不过由于关内情形较为复杂，清政府也适时作出一些调整。最明显处为基于“旗、民分治”原则，谨慎划分旗地界线。虽然民人被迫离开家园无庸置疑相当扰民，但清政府也并非完全蛮横无理，除了严格要求补偿民人的土地“务令均平”外，[5] 也禁止

---

① 清朝关外时期旗地制度的形成与发展，详可参见赵令志，《清前期八旗土地制度研究》（北京：民族出版社，2001），页 23－59。

②《清世祖章皇帝实录》，卷 12，页 117，顺治元年十二月丁酉条：“我朝建都燕京，期于久远，凡近京各州、县民人无主荒田，及明国皇亲、驸马、公、侯、伯、太监等，死于寇乱者，无主田地甚多。尔部可概行清查，若本主尚存，或本主已死而子弟存者，量口给与，其余田地，尽行分给东来诸王、勋臣、兵丁人等。此非利其地土，良以东来诸王、勋臣、兵丁人等，无处安置，故不得不如此区画。然此等地土，若满汉错处，必争夺不止，可令各府、州、县、乡、村，满、汉分居，各理疆界，以杜异日争端。今年从东先来诸王，各官兵丁，及见在京各部院衙门官员，俱着先拨给田园，其后到者，再酌量照前与之。”

③《清世祖章皇帝实录》，卷 12，页 113－114，顺治元年十二月己未条。

④《清世祖章皇帝实录》，卷 13，页 120，顺治二年正月辛卯条。

⑤《清世祖章皇帝实录》，卷 14，页 126，顺治二年二月己未条：“各州、县有司，凡民间房产有为满洲圈占，兑换他处者，俱视其田产美恶，速行补给，务令均平。傥有瞻顾徇庇，不从公速拨，耽延时日，尔部察出，从重处分。”

旗人破坏民人无法搬迁的坟墓,[1] 甚至还有豁免赋税钱粮的优待。[2]

八旗兵丁入关后一人可得旗地五晌,[3] 丈量工具并未使用民间惯用的步弓而是使用绳索，故八旗占领民地的行为常被称为“圈地”或是“绳地”。[4]“圈地”活动主要有两波高潮：第一次为顺治二年（1645）至四年（1647）三次大规模圈地，第二次则发生于康熙初年。这两波“圈地”目的不尽相同，顺治年间主要是为了保障旗人生活所需，康熙年间则多为借机侵占良田，后者性质明显更为恶劣。“圈地”虽然可归类上述两大高潮阶段，却不表示其余时间没有“圈地”行为，仅相对而言规模较小。[5] 清圣祖亲政后，有感于“圈地”造成许多负面影响，为避免继续劳民

① 《清世祖章皇帝实录》，卷14，页127，顺治二年二月壬戌条：“兵科给事中向玉轩奏言：‘民间坟墓，有在满洲圈占地内者，许其子孙岁时祭扫，以广皇仁。’从之。”《清世祖章皇帝实录》，卷14，页128，顺治二年二月丙寅条：“命户部传谕管庄拨什库等，凡圈占地内，所有民间坟墓，不许毁坏，耕种所植树木，毋得砍伐，违者治罪。”

② 《清世祖章皇帝实录》，卷25，页209-210，顺治三年三月乙卯条：“户部奏言：‘民间田地，拨给满洲，虽已于邻近地方补还，但庐舍田园，顿非其故，迁徙流离，深为可念。应照被拨地数，一应钱粮，全免一年。其地土房舍，虽未经拨给满洲，而与近村被拨之民，同居分种，亦应照分出地数，将一应钱粮，量免一半。凡故明公、侯、外戚屯地，既经拨出，其钱粮自应照数永免。如有被拨之民，将他处未拨产业，混开冒免者，察出重究。’从之。”

③ “晌”又写作“垧”，相当于土地计量单位“日”。晌的满文为cimari，该字亦有明晨、清早之义，参见〔清〕沈启亮，《大清全书》（沈阳：辽宁民族出版社，2008)，卷10，页49b，“cimari”条。“晌”另有“大晌”与“小晌”之分，大者为十亩，小者为六亩，参见孙文良主编，《满族大辞典》，页82，“日”条。当时圈地所用之“晌”，推测应为“小晌”。

④ 乌廷玉等著，《清代满洲土地制度研究》（吉林：吉林文史出版社，1992)，页48。

⑤ 详可参见赵令志，《清前期八旗土地制度研究》，页101-115。

伤财，在康熙八年（1669）下令永远停止“圈地”。[①] 不过这道禁令主要适用于直省地区，口外地区仍会圈地以资旗人耕种。[②]

清朝旗地由于为国家统一发配而具备强烈国有性质，得以与八旗制度密切整合。国家给与土地乃希望旗人生活无虞，故当旗人离开故土至新驻地时，会在当地得到新的旗地。八旗制度因有调动频繁的特色，将土地通过国家分配与置换，确实为一较妥当之策。清初“圈地”政策应延续自关外八旗土地制度，[③] 未必尽是满洲政权压榨汉人的恶政。

除了给与旗人旗地维持生计外，清政府还须处理大量兵丁及其家口入关后的住宿问题。大量旗人涌入北京城时，一开始多是强取民宅居住，这从顺治元年十月间，明朝原任带刀指挥仇承胤等人的报告即可窥知一二：

> 胤住居北城崇教坊二铺地方，家眷三、四十口，栖身度日。不料有镶黄旗下固山，口称奉旨占房，将胤即刻驱逐，

---

① 〔清〕吴振棫，《养吉斋余录》，收录于氏著，童正伦点校，《养吉斋丛录》（北京：中华书局，2005），卷1，页351：“世祖亲政后，谓习武古所不废，然夺民耕耨之地，民生何以得遂。敕部速命地方官，将前圈地土，尽数退还原主。康熙八年，又命永禁旗下圈占民间房地。”

②《清圣祖仁皇帝实录》，卷32，页432，康熙九年二月癸未条：“户部遵旨议覆：‘古北等口外，空闲之地，分拨八旗。查喜峰口、独石口外，既无闲地，正红旗又无赴边外领地之人，不必拨给。今以古北口外地，拨与镶黄旗、正黄旗；罗文峪外地，拨与正白旗；冷口外地，拨与镶白旗、正蓝旗；张家口外地，拨与镶红旗、镶蓝旗。’从之。”

③ 清朝入关后实施八旗驻防制度，当旗人离开京师前往驻地时可领取新的地亩。不过值得注意的是，由于各驻防区状况不同，旗地分配渐演变为下列三种类别：一、官员、兵丁均有旗地。二、仅官员有俸米地，兵丁没有份地。三、官员、兵丁均无旗地，一律补贴俸饷。详可参见赵令志，《清代直省驻防旗地浅探》，《黑龙江民族丛刊》，2001：2（哈尔滨，2001. 05），页70－75。

家业分毫不许搬移，已经占住在内，仍欲将巷内民房一并夺占，乡民惊慌，号泣欲死。[1]

仇承胤苦求皇上以苍生为念，约束旗人强夺民房的行为，此言亦反映一般小民面对旗人的跋扈无理完全无从抵御。受限于史料记载不全，难以得知仇承胤的建议有何效果，[2] 但从后续的一些命令来看，清政府此时可能已计划在京师实行旗、民分居政策，更多民人被迫离开家园势在必行。顺治三年（1646）二月间，清政府即以治安因素为由要求一些民人搬家：

谕兵部：近闻京城内盗贼窃发，皆因汉人杂处旗下，五城御史、巡捕营官难于巡察之故。嗣后投充满洲者，听随本主居住，未经投充不得留居旗下，如违，并其主家治罪。工部疏于稽察，亦着议处。汉人居住地方，着巡捕营查缉；满洲居住地方，着满洲守夜官兵查缉。其迁移民居，工部仍限期速竣，勿得违怠。尔部速行传谕。[3]

清政府认为京师治安不佳，源于旗、民杂处官员难以稽查，为解决问题只好将民人驱离旗下，迁徙至工部为其新建的房屋中。治安问题似乎只是一种借口，此举真正目的应是在京师区隔旗、民。顺治五年（1648）八月间，清政府再度以旗、民共处多有纷

① 《明清内阁大库档案》，登录号 085566－001，原任带刀指挥仇承胤等·为泣诉夺房苦情事，顺治元年十月日不详。

② 监察御史傅景星也注意到类似情形："民房应给旗下者，当宽以限期，俟其搬移，始令旗下管业。"参见《清世祖章皇帝实录》，卷 14，页 127，顺治二年二月辛酉条。不过可惜的是，清政府对于此奏有何响应似乎无从得知。

③ 《清世祖章皇帝实录》，卷 24，页 204，顺治三年二月甲申条。

争为由，正式下令旗、民从此分居于内、外城中。①

当民人均被迫移往外城时，他们遗留于内城的屋舍自然成为旗人住处。清政府处理旗人居住问题时，亦采取类似分配旗地的方法将空房发给旗人。旗人领有的房屋数量依地位有所不同，《大清会典》有载："顺治五年题准。一品官给房二十闲、二品官给房十五闲、三品官给房十二闲、四品官给房十闲、五品官给房七闲、六品七品官给房四闲、八品官给房三闲。拨什库、摆牙喇、披甲给房二闲。"② 顺治十六年间，清政府曾重新调整给与旗人的房屋数量，至康熙年间则因北京旗房已不敷使用，每个旗人难以皆有房产，官方只好改发现钱让他们自行在官地造房居住。③

旗人对于清政府而言，扮演着巩固政权的重要角色，官方给予旗人土地与房屋，当是基于妥善照顾这些"国家根本"的考虑。不过也因如此，旗地、旗房的真正所有权一直属于国家，旗人仅拥有使用权。④ 清政府不但禁止旗人私自买卖旗产，亦不许他们买卖民产。⑤ 旗人在不动产交易上的处处受限，除避免他们仗势欺人扰害民

---

① 《清世祖章皇帝实录》，卷40，页319，顺治五年八月辛亥条。清政府有鉴于民人迁徙之不易，拟定了补偿措施："朕重念迁徙累民，着户、工二部，详察房屋间数，每间给银四两，此银不可发与该管官员人等给散，令各亲身赴户部衙门，当堂领取，务使迁徙之人，得蒙实惠。"由此可见清政府并非完全罔顾民人的权益。

② 《钦定大清会典事例（嘉庆朝）》，卷843，《八旗都统·田宅·拨给官房》，页1a。

③ 《钦定大清会典事例（嘉庆朝）》，卷843，《八旗都统·田宅·拨给官房》，页1b-2a："康熙七年题准：'盛京后来甲兵余丁，未得房屋者，该都统、副都统移咨该部，照每人屋一间例，折价三十两，自行置造。'八年题准：'每等房各减银十两，嗣后各处投诚人员，给与官地盖房，照例给价。'"

④ 刘小萌，《清代北京旗人社会》（北京：中国社会科学出版社，2008），页102。

⑤ 李洵等点校，《钦定八旗通志》，卷62，《田土志一·土田规制·肇基规制》，页1116-1117："十八年九月户部言：'民间地土房屋，禁止满洲置买，已于顺治七年三月内定例遵行。后顺治十三年，奉有顺治七年未禁以前，所买地土房屋入官，户部给发原价，其钱粮行文地方官除免之旨。臣等看得未禁之前，所置地土房屋，发觉者请不给原价，免其入官。七年禁止以后，所买地土房屋，仍照定议，尽行入官，买者、卖者一并治罪。'诏从所请。"

间外，另一因素推测为旗人已被定位为“国家根本”，没有太多从事这类经济活动的必要。

然而透过许多既有研究成果，上述设想可说是完全落空。旗、民交产的情形其实相当普遍，而且逐渐产生出严重的恶果。旗人在此交易过程中大多居于劣势，大量国有旗产流入民间，旗人生计随之发生问题。[①] 满洲旧俗原本就较不重视不动产权，[②] 旗人入关后对复杂的产权转移手续更是一窍不通；此外清政府的管理旗产方法，也未针对关内高度复杂局势一并调整，使得官方无法清楚掌控旗产数量。[③] 在这些因素的交错影响下，大量旗地、旗房遂被民人占据。清政府有鉴于旗产流失问题过于严重，不得不以国家力量加以解决，除加强宣示旗产买卖禁令外，甚至动用公帑向民人赎回旗地。[④] 不过这些旗产虽受清政府不遗余力的保护，终究难以阻挡它们从旗人手中流失的趋势。

关于八旗土地与房屋的研究，一直是八旗研究中的重要课题，[⑤] 本节接下来希望能另辟蹊径，聚焦于特殊的旗产政策下，究竟存有哪些民事纠纷？国家又该如何处理？由于旗地较旗房容

---

① 刘小萌，《从房契文书看清代北京城中的旗民交产》，页 83 - 90、刘小萌，《乾、嘉年间京畿旗人的土地交易——根据土地契书进行的考察》，页 40 - 48 + 39。

② 满洲政权纵然是农牧并重的生产模式，但他们的文化与生活习惯仍与中原农业地区有别。满洲人重视的财产，主要为所属人丁与牲口而非土地，尤其自八旗制度创立后，旗人随时得听从国家号令移往驻地，无法携带的不动产只能抛弃，导致旗人较不重视土地产权。详可参见刘小萌，《清代北京旗人社会》，页 104。

③ 赖惠敏，《从契约文书看清前期的旗地政策与典卖（1644—1820）》，页 127 - 163。

④ 旗地回赎后最先是重新交还到旗人手上，之后因考虑旗人难以守住旗地，故改为设立旗租地，旗租共有存退、另案、庄头、屯庄、三次、四次、奴典和公产等八个项目。关于旗租的讨论，详可参见衣保中，《清代八项旗租地的形成、破坏与丈放》，《史学集刊》，1993：4（长春，1993. 11），页 28 - 34。

⑤ 相关讨论详可参见陈佳华，《八旗制度研究述略（续）》，页 115 - 118、鹿智钧，《近二十年来（1989—2009）八旗制度研究的回顾与讨论》，页 164 - 170。

易发生纠纷，内容复杂性也比较高，下文将主要以旗地为例，探讨旗人不动产纠纷的形成与特点。

二、八旗土地政策下的旗地纠纷①

旗人入关之初得到的不动产虽然都来自国家分配，但不能否认的是，这些不动产大部分来自于民人。清政府虽标榜不忘保障民人权益，但规模如此庞大的置换田房行为，一些冲突事件仍难以避免。清初旗地一大纠纷，即围绕着旗、民间的占地与换地而来。顺治二年九月间，王玮绩向户部呈控宝坻县生员陈尹之地被圈占后，竟将他的土地转拨给陈尹，恳请官府归还土地。承审的户部郎中孙塔责问王玮绩若无欺瞒，为何不在秋收前申诉？现在正值秋收之际，无论该田实际主人是谁，收获都应归耕种的陈尹所有；此案日后再交地方官详加调查，如果实属王玮绩之田则归还，并另拨田地补偿陈尹。② 此案虽不是旗人间的纠纷，仍可看出与旗地政策密切相关。

当国家强制要求百姓交换土地时，户籍数据一旦不清楚就很容易发生纠纷，甚至会有趁乱夺取他人土地之情形。顺治九年（1652）四月间，宝坻县民邳纪庚，向皇帝控诉镶白旗披甲壮丁贾国禄“恃恶横行”，“强霸民地贰圈计拾伍顷，民房贰庄计五拾余间”；邳纪庚曾恳求贾国禄手下留情，反被贾国禄带着三十余

---

① 旗地与旗房既属国有，部分相关纠纷在现代法学中，可能会被归类为行政诉讼。然而清朝法律体系毕竟有其特殊性，旗地纠纷亦带有民事色彩，故本书仍将此纳入讨论。上述法学概念参见王海南等，《法学入门》（台北：元照出版公司，1999），页 299。

②《清初内国史院满文档案译编·中》，页 162－163，顺治二年九月十八日条。

人打劫家中财物。此案迅速转移至都察院，经官员调查后赫然发现事实并非如此。原来镶白旗自德牛录曾分给贾国祥等人七个壮丁地亩，不料宝坻县民邳庚五等人“霸占不与耕种”，贾国禄怒向户部提告，这些人不仅屡传不到，甚至纠众殴打贾国禄家人。之后在户部派人捉拿相关人犯的同时，邳纪庚亦“潜赴京师，控告御前”。[①] 根据此案可知旗、民双方在土地转移间，非常容易发生冲突，而且民人未必完全居于劣势。此外原本单纯的土地纠纷，竟有可能演变为斗殴事件，这类案件的负面影响完全不可小觑。

在清初大规模“圈地”、“占房”政策的影响下，纠纷可说是层出不穷。[②] 清政府面对这种状况并非视而不见，早在顺治四年已强调“圈拨田屋，实出于万不得已，非以扰累吾民也”，“自今以后，民间田屋，不得复行圈拨，著永行禁止”。[③] 不过该命令出现后，其实仅停止大规模“圈地”活动，小规模“圈地”仍时有所闻。[④] 清圣祖亲政后再次重申禁止“圈地”的立场，并多次约束臣工不可占用民地。[⑤] 清政府应有注意到“圈地”的不良后

---

① 《明清内阁大库档案》，登录号 155893－001，都察院承政固山额真阿拉善·都察院承政为发审事，顺治九年四月二十六日。

② 值得注意的是，旗地纠纷有时甚至会成为政治事件，最著名者即康熙年间的鳌拜借由换地整肃政敌，详可参见尤淑君，《从朱昌祚之死看康熙初年的圈地问题》，《政大史粹》，9（台北，2005. 12），页 37－87。

③ 《清世祖章皇帝实录》，卷 31，页 257，顺治四年三月庚午条。

④ 赵令志，《清前期八旗土地制度研究》，页 110－111。

⑤ 《清代起居注册·康熙朝（北京版）·第 16 册》，页 8012－8013，康熙二十三年五月十七日条：“户部以丈量过旗下官员溢额地亩，且暂留原主名下，俟需用时，再行拨给。上曰：‘田地为民恒产，已经给与者，不便复取。其旗下官员人等，既有溢额之地，宜注册，俟需用时，再行拨给，民地不可轻动，着依议。’”《清代起居注册·康熙朝（北京版）·第 18 册》，页 8872，康熙二十四年四月初九日条：“又户部题，顺天府府尹张吉午疏请，自康熙二十四年起，凡民间开垦地亩，永免圈取，议不准行。上曰：‘凡民间自开田亩，毋许圈取，久已有旨。今若圈与旗下，恐致病民。嗣后百姓自开田亩，永不许圈。如有应给之处，着以户部现存旗下多余田地给发。’”

果，才循序渐进地终止该政策。

“圈地”活动告一段落后，这类纠纷理论上将趋于减缓，但从当时一些档案纪录来看，这种期待似乎是事与愿违。镶红等旗在顺治年间，陆续退还直隶河间府沧州之地百余顷，[①] 康熙八年“永停圈拨”之令颁布后，这些土地便交给民人耕种纳粮。这些民人本以为能永远安居乐业，没想到日后仍发生圈拨事情。首先庄头刘存在康熙四十三年（1704）间，向内务府具呈“指要此项地亩”，接着在康熙五十年（1711）间与康熙五十三年（1714）间，又有庄头卢章、李必达等人，援刘存例“指要此地”。沧州百姓感到权益受损，纷纷向直隶巡抚赵弘燮陈情，赵弘燮因而奏称：

> 查沧州旗退地亩，乃在康熙捌年以前，既一概奉有永行停拨之旨，沧民久已纳粮行差，原与近今旗退地亩召种输租者有间。但刘存等要地，已经内部具题，奉旨取拨，则今庄头李必达等所要之地，亦应一例拨给。惟是从前所拨，为数尚少，今次要地，陆百壹拾余顷。部文取拨越多，沧民失业益众，扶老携幼，哀号乞命之状，不堪听闻。臣思李必达等不得此地，尚有别处旗退输租地亩，可以分拨，沧民一失此地，则千百穷黎，俱无依赖，势必失所。……今臣不敢谓此地不应拨给庄头，但恳圣恩念沧州之地，已经拨过贰次直属，近今旗退地亩，别属颇多。请将李必达等参拾参人，在于别属旗退输租地内，均匀拨给。一转移间，在庄头仍有应

---

① 旗人因“圈地”获得之旗地，若地力贫瘠不利耕种，官方会另外给与较肥沃的土地。这些被退还的旗地，有些直接交给民人耕种，有些则招收民人耕种收租。关于退出旗地的讨论，详可参见赵令志，《清前期八旗土地制度研究》，页 140 - 152。

得之地，而沧民可免失业之苦。[①]

皇帝接到此奏后令户部讨论回报，户部本不同意赵弘燮之建议，但户部尚书赵申乔另主张“如该抚所请”，皇帝最终亦表示“照赵申乔所议行”。[②] 根据此案可知，官方纵然已宣告禁止“圈地”，仍有可能为之。旗地常在圈拨与退还间反复，当旗、民争夺地权时，旗人因有国家力量撑腰，民人大多难以抗衡。此案要不是赵弘燮挺身而出，沧州之民可能难保其地。

旗人在旗地政策下有机会倚赖国家力量夺取土地，许多不法之徒看准旗人这项优势，尝试借此对土地产权上下其手。涉入清世宗继位纷争的允禟，本有旗地一百三十八顷，坐落于静海县双窑村地方。允禟和其子弘晸于雍正四年遭到圈禁，旗地也随之入官并召民佃种，一位佃户周柏年曾将该地亩事，告知熟识的天津县民人许鸣。乾隆四十七年（1782）十月间，许鸣得知弘晸已被释放，盘算利用弘晸声势，将此项地亩在县清查承认并佃种获利。许鸣乃动身赴京和弘晸侄子延恒商议，延恒禁不住许鸣一再怂恿答应此事，命许鸣先赴县办理，事成后允其充当庄头。弘晸得知许鸣的计划后，认为土地既已入官岂能认回，回绝了延恒的请求。乾隆四十八年（1783）二月间，许鸣亲自与弘晸见了面，弘晸得知此举有利可图后立场动摇，命许鸣、延恒二人自行筹划。

此策最终由许鸣着手执行，他先托人撰写札谕投递县衙

---

① 《宫中档康熙朝奏折·第4辑》（台北：台北故宫博物院，1976—1977），页880－886，《直隶巡抚赵弘燮·奏请将庄头李必达所要沧川旗退地亩改于他处拨给》，康熙五十三年五月十六日。

② 《清圣祖仁皇帝实录》，卷259，页560，康熙五十三年七月甲子条。

门，表示弘晸将于此收认土地作为马厂。知县王凤文收到札谕后，回复许鸣须在部具呈，县内无法办理。许鸣转而请求延恒向部具呈，但延恒因担心事迹败露，要求许鸣先返回天津县。许鸣无奈之余只能动身离京，不料这起案件已惊动官府，许鸣等人冒领地亩的计划就此东窗事发。[①] 弘晸本因其父允禟缘故被圈禁多年，直到乾隆四十八年才解禁，然弘晸刚恢复爵位与官职后就发生这起案件。皇帝对此大感惊讶，下令官员严加查办，[②] 最后在弘晸一干人等遭受惩治下，[③] 该案正式告

① 关于此案的内容，主要参见下列档案：《军机处档·月折包》，文献编号 033190，刘峩·覆奏旗民交涉事件秉公严办事，乾隆四十八年六月二十六日、《军机处档·月折包》，文献编号 032981，永瑢等·奏报遵旨将正蓝旗奏许鸣私行查收静海县地亩一案速回讯问情形，乾隆四十八年六月初六日、《军机处档·月折包》，文献编号 033167，质郡王永瑢等·奏为遵旨严审定拟正蓝旗具奏民人许鸣执弘晸谕帖往静海县冒认地亩一案事，乾隆四十八年六月二十一日。另许鸣赴县上呈的文件，参见《军机处档·月折包》，文献编号 033293，许鸣·禀呈静海县正堂太老爷为特认双窑村马厂地请更名著册事，乾隆四十八年三月二十一日。

② 参见《军机处档·月折包》，文献编号 033089，永瑢等·奏为许鸣持帖往静海县私收地亩一案系弘晸知情指使请旨将弘晸公爵并延恒顶带先行革去俟审讯明确另行定拟具奏，乾隆四十八年六月十五日："弘晸着革去奉恩辅国公并内大，延恒着革去四品宗室顶戴，交留京办事王大臣，会同宗人府、该部，秉公严审，定拟具奏。"

③ 延恒交由宗人府圈禁，许鸣则被判处绞监候。弘晸原本也难逃圈禁，但清高宗认为："其罪固由自取，第念延恒所写札谕内言语，究非弘晸授意令其编写，若使札谕出自弘晸之手，自当加倍治罪，尚不止于圈禁。今讯明止于贪图微利，尚与授意者有间，况今与朕同辈年稍长者，止弘晸一人。现在驻跸热河，敬念皇祖推恩笃祜，奕禩相承。前弘晸因伊父缘事，圈禁数十年之久，尚且格外加恩释放，洊封公爵，今虽伊自取罪戾，若照所拟永远圈禁，朕心实为恻然。弘晸着加恩仍授为散秩大臣，令其在家闭户闲住，不必当差行走。"参见《清高宗纯皇帝实录》，卷 1183，页 842－843，乾隆四十八年六月壬午条。

一段落。[①] 由此可知不仅旗人知道自己在争取地亩上拥有优势，一些民人亦会狐假虎威来牟利。类似事件在当时可能时有所闻，才会让弘晸抱持侥幸心态，任凭许鸣胡作非为。

在官员严格把关下，确实有助于抑制旗人冒认地亩，然而有些官员不仅没有积极查缉不法，甚至对旗地产权纠纷的调处未保持公正。乾隆三十六年（1771）间，旗人张耀控诉内务府盐丁侵占苇塘地亩，双方为此缠讼多年。内务府因袒护盐丁，竟于乾隆四十九年（1784）命司库徐瑾，“随意指立封堆”，擅自将苇塘圈入盐场四至内。张耀对此不服屡屡上诉，但历年查办均依徐瑾之说“影射朦混”，张耀在多次诉讼中总是败下阵来。嘉庆四年（1799）间，中央认为盐场界址不清，“恐有盐丁影射私地，委员扶同附会情弊”，令盛京将军再行派员严查。来年二月间，将军衙门派出佐领恒福、内务府佐领延福，会同户部员外郎舒詹、笔帖式庆炽、工部六品官吕玑，以及牛庄与盖州的旗、民地方官前往勘验。

这些官员经过一番检查后，禀称因盐场坐落盖州界内甚多，“在牛庄界内无几”，导致康熙年间的盐场四至图未注有牛庄苇塘字样，将再另行绘图呈报结案。然而盛京户部侍郎成书，却发现新、旧两图差异甚大，认为其中必有隐情。成书正打算着手调查时，恰巧接获户部员外郎舒詹密报。舒詹透露查勘各官员“止将苇塘绳丈一段”，“并未确查盐场界址”，又因旧图中有一遗失地

① 弘晸虽一再强调涉入此事不多，但清高宗仍认为弘晸是幕后主使者：“阅此造作谕帖一事，弘晸之主使明矣。何则？延恒年幼，焉知旧事，而许鸣又系汉人，亦岂得知。若无弘晸主使，何能造作墨墨聂等字句。若止系延恒与许鸣商谋，转令王福清编作谕帖，则旧佃花户姓名，延恒又何由得知。此事朕不肯深究，特行宽宥耳，并非不能看出此等情节也。”参见《清高宗纯皇帝实录》，卷1184，页856，乾隆四十八年七月丁酉条。清高宗选择减轻弘晸之罪，或许具有特殊政治考虑。

名的荒村，他们遂“商令土人捏指一荒村名目，以为东界”；这幅新地图的制作很不准确，但众人竟嘱咐舒詹“不可多生枝节”，舒詹在众人压力下只能“随同画押”。成书得知该状况后马上具奏，希望皇帝派遣自己前往该地秉公查办。[①]

从成书一折内多次出现朱笔“可恶”字样，即可看出清仁宗对于此事甚为愤怒。清仁宗随后下令官员继续严加彻查，“从复位拟，以破积习”，[②] 此案最终于嘉庆九年画下句点。[③] 张耀与盐丁争讼的牛庄苇塘地，虽与一般旗地有些不同，[④] 但这起案

---

① 《宫中档嘉庆朝奏折》，文献编号 404005341，成书·奏为据实陈明查办旗人张耀控讨苇塘案并请旨特派一员会同奴才亲身前往秉公确查以清积案而绝弊端事，嘉庆五年三月十三日。

② 中国第一历史档案馆编，《嘉庆道光两朝上谕档·第5册》（桂林：广西师范大学出版社，2000），页 135－136，嘉庆五年三月二十五日：“军机大臣字寄：‘看来此项苇塘，显有盐丁私占，恒福等听嘱庇护情弊，总缘琳宁年老，不能整顿约束，诸事废弛，而所委之佐领、笔帖式等，又系盛京本地旗人，非亲即友，彼此联为一气，把持公事，竟成积习。今于奉旨交查事件，竟敢串通蔽混，抑逼画押，不可不彻底跟查，严行惩办，以清积案而绝弊端。此案着交傅森，会同晋昌、成书，秉公查办，所有查勘苇塘之委员，佐领恒福、笔帖式庆炽、工部六品官吕玑，俱着解任，交与傅森等会同审讯。将恒福等，如何受嘱庇护，通同扶捏，及倚势恐吓部员各情节，逐一跟究，据实参办。其应行革职者，一面革审，一面奏闻。此案必须从复位拟，以破积习。’”

③ 根据档案数据显示，牛庄苇塘的地亩清查，最终应完成于嘉庆九年，参见《明清内阁大库档案》，登录号 163762－001，盛京将军富俊等·为查勘苇塘确切情形事，嘉庆九年十二月十八日。

④ 盛京工部侍郎成策曾奏称：“牛庄之西，辽河两岸，以至海沿三道潮沟等处苇塘，自雍正五年题明工部，壮丁编织席片，谨备三陵以及各处应用之苇塘七段，招商纳税。……乾隆五年，洋鹊湾等处苇厂，有滋生塘亩，增添税银贰百柒两玖钱零。”参见《明清内阁大库档案》，登录号 157971－001，工部为增收苇束银两事移会稽察房，乾隆五十一年五月日不详。张耀争控的地亩，并非前述官方发给的国有旗地，这也是东北旗地较为特殊处。关于东北旗地的特点，详可参见刁书仁，《略论清代东北旗界设置与管理》，《吉林师范学院学报》，1991：3·4 期（吉林，1991. 07），页 84－89、定宜庄等，《辽东移民中的旗人社会：历史文献、人口统计与田野调查》（上海：上海社会科学院出版社，2004），页 196－210。

件仍反映旗地纠纷的一些特点。首先，此案缠讼多年的关键原因，为官方土地资料保存状况不佳。官员起初本欲检阅盐场地籍数据，不料藏于户部的档案竟已“霉烂无存”，盛京将军衙门又“无存贮各项四至册档”。[①] 在相关地籍资料无法取得的状况下，自然难以判断土地所有权的归属。赖惠敏曾指出清政府管理旗地多有疏失，此案恰能提供很好的证明。[②] 此外，官方因土地资料缺漏不得不差人前往勘验，但被派遣的官员也未必会秉公处理。官员奉命至地方处理土地纠纷时，有时贪图尽速结案未善尽职责，[③] 官方记录的模糊不清，更为有心人提供舞弊空间。受到上述因素影响，旗地纠纷的层出不穷确实不难理解。

综观上述几个案例，可以发现国家将民地转为旗地后，相关产权常未移交完全，官方记录亦不详实，这可说是发生旗地纠纷的主因。除此之外，旗地纠纷尚有另一种形态。旗地的国有性质，导致旗人并未掌握旗地所有权，不可将其擅自变卖私相授受。然而现实中旗人偷典、卖旗地之事时有所闻，相关禁令常如同具文，清政府有鉴于此亦只能逐步调整政策。自康熙初年开

---

① 《明清档案》，卷册 A293 - 107，《户部尚书布颜达赉·奏覆旗人呈讨苇塘界址履勘不清应委员详细再勘》，嘉庆四年十一月二十九日。

② 赖惠敏，《从契约文书看清前期的旗地政策与典卖（1644—1820）》，页 129 - 134。

③ 八旗官员丈量地亩时，似乎较少亲力而为，例如清圣祖曾有言：“前查牧场时，止镶黄旗大臣官员，查察明悉，其余七旗大臣官员，俱坐于村庄，传乡人询问完结。”参见《清代起居注册·康熙朝（台北版）·第 17 册》，页 9212，康熙四十一年二月初九日条。

始，旗地渐被允许在旗人间买卖，[1] 但无论禁令如何放宽，旗地仍被严格规定不可卖与民人。清政府在保障旗地不沦为民产上可说是不遗余力，无奈的是这项禁令不仅效果未如预期，还衍生出许多土地纠纷。

一些学者透过档案与契约数据，发现旗、民交产其实相当普遍。旗人有时因生计问题，被迫将旗地交易给民人换取现钱。受限于旗地不可卖与民人，旗人遂用“典”的形式转移产权，但此举实存有较大风险，民人很容易用低于地价的金额得到土地。[2] 此外不谙土地经营的旗人，多将土地交给旗下奴仆管理，一些不良奴仆便在主人的信任下为非作歹，私自将其主旗地变卖他人。[3] 上述情形由于常牵连多人，导致案情更加复杂。

乾隆四十四年（1779）爆发的一起土地诉讼案，即可看出众人为规避旗地禁令而产生的复杂纠葛。旗人鄂申在滦州油盘等庄

---

① 李洵等点校，《钦定八旗通志》，卷62，《田土志一·土田规制·肇基规制》，页1120：“是年（康熙九年）题准：‘官员甲兵地亩，不许越旗交易，其甲兵本身种地，不许全卖。’”、《清高宗纯皇帝实录》，卷557，页49，乾隆二十三年二月甲戌条：“军机大臣会同八旗大臣等议奏：‘据副都统祖尚贤奏称，八旗老圈地亩，例止准本旗买卖，遇紧急事故，本旗难觅售主，准典与别旗。其中添写虚价，多勒年限，致日久难赎，名典实卖，且得价转不如卖。请嗣后照八旗买公产例，不拘旗分买卖，令于左、右两翼税课司过税，不准私立文券。’应如所请。”由此可知旗地买卖先开放旗内交易，之后才扩大为跨旗交易。

② “典”是一种仅让渡所有权，保留所有权与回赎权的财产交易形式。典主（承典人）交付典价后，在典当期间获得土地的使用权与收益权，原业主仍保有名义上的土地所有权和期满回赎权。土地的典价一般低于卖价，当原业主急需用钱又想保有土地回赎权时，常采取“典”的方式。然而原业主通常多无力回赎，只得改典为卖，但得到的找价却很少。关于这方面的讨论，详可参见刘小萌，《清代北京旗人社会》，页145－151。

③ 详可参见赖惠敏，《从契约文书看清前期的旗地政策与典卖（1644—1820）》，页149－160。与该文较为不同的是，本书接下来将分析旗、民双方私自买卖旗地的过程与策略。

有地二十六顷四十二亩，交由庄头张立承种。乾隆八年间，鄂申将该地的十二顷与九顷，各以银四百两典与民人崔德贵与杨大年，剩余地亩则被庄头张立所隐匿。官方自乾隆二十一、二十二年（1756、1757）始清查旗地，此时鄂申已身故无嗣，由于民人不许典买旗地，崔、杨二人遂先假借旗人赵俊之名承典，再将地典与其他民人耕种收租。赵俊病故后，其侄赵大发认为此地既以其叔父之名承典，“遂思吞地收租”，但因杨大年是赵大发的母舅，不便夺其土地，只好将目标置于崔德贵的十二顷土地上。然而原佃户均不愿退地，为此甚至闹进衙门。此时杨大年亦有盘算，他打算利用民人“例不准有旗地”的规定，设计夺回分典给其他民人的土地。在此特殊机缘下，赵大发与杨大年两人决定进一步携手合作。

赵、杨二人首先找到裕亲王府的庄头李守愚出名承买地亩，但因这块土地为户绝之地，尚缺一位卖主。他们恰巧得知鄂申的外孙明定“愚鲁易欺”，故决定请明定充当卖主。一干人等密商后向官府宣称此地为明定母亲的陪嫁地亩，明定再将其分作两契卖出，一契为杨大年的地九顷，作价银四百两，由李守愚出名承买，仍交杨大年管业；另一契则是崔德贵的地十二顷与张立所隐之地五顷四十二亩，共十七顷四十二亩，作价银五百两，由李守愚之子达德出名承买，实则由赵大发友人杜培贤管业。众人说好“过税收地”后，杜培贤出银五百两，赵大发与杨天保各得银二百两，明定则得银一百两为酬庸。为让计划顺利完成，杨天保等人甚至假造契约等物，蒙骗领催、佐领顺利盖印图记，成功完成土地交易程序。[1]

一个看似完美的计划，但结果却是不如预期。由于该地原佃户知道赵大发等人影射地亩，纷纷不肯退地交还。杜培贤在拿不到地的情况下，难以付清先前允诺给与明定等人之银。明定因一直未拿到银一百两，竟向户部呈控有人偷典旗地。另一方面，庄头张立之妻佟氏，发现丈夫所隐的五顷四十二亩地被杜培贤并吞，心有不甘之余决定反击。她令义子耿天直赴京找寻鄂申堂侄六十六，向其谎称鄂申原典出的二十二个壮丁地已被佟氏赎回，不过如今又被民人霸占，若六十六愿出面争取即可收租获利。六十六在佟氏的怂恿下，向户部控诉杨天保盗卖旗地。当明定与六十六同时对杨天保提起诉讼时，该牵连多人私自买卖鄂申户绝土地的阴谋宣告曝光。[2] 皇帝非常重视此事，下令一体严查相关人等。[3]

笔者花了不少篇幅描述这起案件，乃因该案深刻呈现人们即

---

① 旗人在买卖房地人口时，必须经上税程序才算正式完成交易，参见《雍正朝汉文朱批奏折汇编·第33册》，页559，《光禄寺少卿蒋永禄·奏陈清除旗下买卖房地人口遭受勒掯之弊管见折》，雍正年月日不详："窃惟八旗有买卖房地、人口者，必买卖两家皆有佐领图记，骁骑校、领催到齐，方赴税课司，上税成交。此法最善，原可以杜其虚捏假冒之弊。"亦可参见《钦定户部则例（乾隆朝）》（香港：蝠池书局出版公司，2004），卷6，《田赋·旗地下》，页5a："旗人典卖房地，无论本旗、隔旗，具准成交。系出卖，令赴左、右翼纳税；系出典，令各报名该佐领记档，回赎时仍令报明销档。"

② 此案内容主要参见下列两件档案：《军机处档·月折包》，文献编号034134，工部尚书暂署户部事务金简·奏为据正蓝旗闲散宗室明定呈控伊伯父柏祥家人偷典伊家庄地一案请旨将案内交刑部会同宗人府审拟，乾隆四十八年十月初八日、《军机处档·月折包》，文献编号034240，多罗质郡王永瑢·奏为审拟正蓝旗闲散宗室明定呈控伊叔伯柏祥家奴杨天保偷典地亩等情一案缘由，乾隆四十八年十月二十一日。

③《明清内阁大库档案》，登录号159292-001，吏部为盗典地亩事移会稽察房，乾隆四十八年十月十九日。

使受到禁令约束，仍有机会游走法律边缘进行交易。从中可知民人为侵占旗地常找旗人充当人头户，旗人在有利可图的诱因下，往往也愿意与民人合作。然而双方又不易维持稳定合作关系，轻则合作破局，重则发生纠纷对簿公堂。清政府原本希望借由禁令避免旗地流失，不料仍会有人选择与旗人合作夺取旗地，甚至利用禁令攻击已有典权的佃户。官方维护旗地的期待不仅没有实现，反而衍生出更多纠纷。

上述案件因鄂申没有继承人，使得杨大年等人有意侵占该地。然而不只户绝土地会引起众人觊觎，有主地有时亦会被类似手段抢夺。道光八年（1828）间，马甲庆升控告家奴秦友仁“抗欠地租”；道光十三年（1833）间，骁骑校谟尔赓阿呈控自己交由秦贯百佃种的土地，“被里书赵桂勾串，不能收租”。经官员一番调查后，赫然发现庆升与谟尔赓阿所控竟为同一块地，秦友仁和秦贯百也是同一人。官员为厘清该土地产权，传讯当地佃户一百余人，他们大多表示该地实为庆升之产。旗文件中亦记载庆升有老圈地六顷三十五亩和自置地八顷七十亩，谟尔赓阿呈控的二顷九十亩老圈地，却在道光十一年（1831）才新入档册，老文件内并无相关记录。由于双方各执红、白契为证，此案一度陷入胶着，直到官员发现谟尔赓阿提供的关键证据，即乾隆四十四年购买庆升叔祖武巴立地亩的白契，其纸张色质很新，不像十几年前的契约，再加上字迹明显出于谟尔赓阿之手，案情才逐渐露出曙光。伴随更多证据的出现，谟尔赓阿不得不俯首认罪，这起土地侵占案才真相大白。

原来长年承种庆升地亩的秦友仁，因过度私典庆升之地，积极寻求解套办法。秦友仁拜托干亲家谟尔赓阿出名顶认该土地，借此开脱家奴隐占地亩之罪，谟尔赓阿亦认为此举有利可图，答应了庆升的请求。谟尔赓阿为举证拥有产权，先自秦友仁处抄得土地样式前往佐领处蒙报，再与秦友仁连手捏造白契，意图借由这些假造资料说服官府。[①] 当谟尔赓阿与秦友尚认罪后，此案曲直已经分明，相关人等皆难逃惩处。[②]

传统中国土地产权发展至清朝已很复杂，一地二主、三主非常普遍。[③] 旗地似乎亦常历经多次产权分割，当真正控制土地者存有侵占意图时，旗地纠纷往往就会发生。不过旗地案件仍有其特点，最明显者为民人受到八旗土地政策约束，必须寻找熟识旗人出名顶买，大幅增加土地产权的复杂性。一些旗人间的土地纠纷，仔细探究即可发现民人居中操弄的痕迹，而民人之所以得逞又有赖旗人协助。在讨论民人侵占旗地时，除强调民人如何用尽手段欺瞒旗人外，不可忽略部分案件中不法旗人扮演的角色。另外根据这两起案件，再度看出清政府管理旗地的缺失，毕竟处理土地纠纷的关键证据非官方文书莫属，旗人却多能轻易假造契约

---

① 此案内容主要参见下列两件档案：《宫中档道光朝奏折》，文献编号 405001616，大学士署理直隶总督琦善·奏为旗地控案究出串通家奴欺隐狡控不休之骁骑校朦报圈地率准入档之佐领请旨分别革职解任归案严审事，道光十八年闰四月二十九日、《明清内阁大库档案》，登录号 149585－001，户部为职官争控地亩恃符狡展事移会稽察房，道光十七年月日不详。

② 《宫中档道光朝奏折》，文献编号 405011645，奉上谕旗员穆尔赓阿串通家奴捏造契纸朦报地册着革职，道光十八年五月初三日：“莫〔谟〕尔赓阿身系旗员，辄敢串通家奴，捏造契纸，朦报地册，欺隐狡控不休，显系恃符狡饰。至老圈旗地，全以旗档为凭，若仅听本人自报，势必真伪混淆，该佐领花里雅逊布，并不详查，率据本人自报入档，钤用图记，其中显有情弊。骁骑校莫〔谟〕尔赓阿，着革职，佐领遵化营游击花里雅逊布，着解任，交该署督，督同两司，提集案内人证，严审确情，按律定拟具奏，该部知道。”

③ 透过永佃权、典权、质权与抵押权等存在，即可理解清朝土地制度中的所有权非常复杂，相关讨论详可参见张晋藩，《清代民法综论》，页 113－129。清代台湾土地所有权的复杂化，亦属很好的例子，详可参见艾马克（Mark A. Allee）著，王兴安译，《十九世纪的北部台湾：晚清中国的法律与地方社会》（台北：播种者文化，2003），页 59－102。

与谎报图册，旗下佐领等官往往也未详查。官方的土地管理既然如此不严谨，土地纠纷的频繁发生当是可想而知。

三、 旗地纠纷的审判程序

面对层出不穷的旗地、旗房争讼案件，清政府究竟该如何处理？清初都察院承政阿拉善曾有言：

> 窃照民间之事，该地方官审理，如关系满洲之事，即呈文送部，此旧例也。近来民间为争房屋、地土琐事，即在该地方官处告诉，擅将旗下旧人监禁，以致误地土，不得耕种。又闻地方官，将词讼归结甚迟，应归结之事，不速行归结，耽延时日，岂非贪官勒索之故乎？伏乞敕下督、抚、按，申饬地方各官，若关系满洲之事，即行送部，若系民间之事，该地方官速行归结，庶旗下旧人，不误耕种，而民生亦得安矣。①

根据上述引文可知，民间房屋、土地之讼若涉及旗人必须送部审理，与旗人刑事诉讼流程几乎一致；较不同处为刑事案件送交刑部，房屋、土地等民事案件则送交户部。清朝官制中的户部，“掌天下户口、土田之籍，一切经费出入，悉统理焉”，② 主要负

① 《明清内阁大库档案》，登录号 087579－001，都察院承政阿拉善等·为词讼速结分别满汉事，顺治九年四月初三日。

② 《钦定皇朝文献通考》，收录于台湾商务印书馆编审委员会主编，《景印文渊阁四库全书·第 632—638 册》（台北：台湾商务印书馆，1986），卷 81，《职官考·文职·户部》，页 1a。

责国家财政与经济事务，司法诉讼本非其主要职掌。不过旗地既属国家财产，又是旗人的重要生计来源，远非一般“细故”可比，[①] 旗地纠纷直接交由户部处理，似乎也不太令人意外。

户部若负责审办旗地纠纷，其运作过程又是如何？既有研究多指出户部处理旗地案件的单位为“现审处”，[②] 然而“现审处”直到乾隆年间才出现，在“现审处”出现前又为何者负责审理旗地案件？关于这个问题，清朝官书或能提供些许解答，首先在实录中有载：

> 户部题：“臣部八旗司员，有承审旗、民互控案件，多因提解人犯，日久迟延，不能完结。嗣后请定限两月内，凡民人有不到案者，将地方官，交吏部议处；八旗之人，有三次行文，抗不赴审者，将佐领、骁骑校，一并交兵部议处。”从之。[③]

引文中指出户部的“八旗司员”，负责审理旗、民互控案件。此外，康熙朝会典则对所谓“八旗司”存有下列说明：

> 江南等十四司，各设郎中、员外郎、主事，分掌钱榖诸务。又设八旗司官，管理旗下户口、田房等事。（八旗事务，

① 在清朝法律制度中，户婚、田土、钱债等事常被视为“细故”，地方官员往往可自理，不必审转于上级单位，参见〔清〕那彦成，《二任直隶总督奏议》，收录于氏著，《那文毅公奏议》，收录于续修四库全书编纂委员会编，《续修四库全书·第495—497册》（上海：上海古籍出版社，2002），卷70，《分谳诸狱》，页53a：“惟查民间控案，分别情节重轻，有例应题奏者，有咨部核奏者，其无关紧要之案，详由院司批饬，谓之外结。至若户婚、田土、钱债、口角细故，在各州县，无日无之琐细之事，谓之自理词讼，定例设立循环簿籍，开具案由，责成该管道、府、厅、州，稽查催审，按月注销。”

② 例如张德泽，《清代国家机关考略》（北京：学苑出版社，2001），页46、张伟仁、《清代法制研究·册1》，页199－200。

③《清圣祖仁皇帝实录》，卷287，页800，康熙五十九年三月壬辰条。

以各司本旗满官兼理，其蒙古、汉军官，则系专设。)①

除了上述官书资料外，清人文集中亦有相关内容：

> 八旗司（本朝以镶黄、正黄、正白为上三旗，镶白、正红、镶红、正蓝、镶蓝为下五旗，俱曰固山司）主八旗户口、田土争讼事，调各司满官主之。（旧制有汉军、蒙古员外郎各一人，今省）每司俱用协审汉官一人（汉官恊审之例，以六月为满，但主汉字文书，押字行文而已）、笔帖式三十二人、书办随曹拨遣（用浙江、江西、湖广、河南、陕西、广西、四川、贵州八司书办分掌之）、皂隶九人，又有八旗拨什库，属本旗司下。②

在吴暻的《左司笔记》中，更为清楚地呈现"八旗司"职掌，及其官员分配情形。其中最值得留意处，为"八旗司"是"调各司满官主之"，未设有专属主官。③ 根据前述史料可知，"八旗司"主要负责处理八旗民事纠纷，但这应非"八旗司"的唯一任务。

---

① 《大清会典（康熙朝）》（台北：文海出版社，1992—1993），卷 17，《户部》，页 1a - 1b。

② 〔清〕吴暻，《左司笔记》，收录于四库全书存目丛书编纂委员会编，《四库全书存目丛书·史部第 276 册》（台南：庄严文化，1996），卷 18，页 13a。

③ 不过即使如此，八旗司在户部的一些奏报中，仍常与十四清吏司相提并论。参见《明清内阁大库档案》，登录号 127467 - 001，《大学士兼礼部尚书兼管户部尚书事务徐本·户部为开列各司处已未完结事件》，乾隆七年九月初七日："臣部遵即派员督催办理，每三月奏闻一次在案。今自乾隆柒年五月初壹日起，至柒月贰拾玖日止，此三月内，臣部江南等十四司，并八旗司等处，共到上谕奏折壹百参拾玖件，全完科抄玖百陆件内，已完捌百捌拾柒件，未完壹拾玖件……"该件档案还详列各司的处理细项，在十四司后依序为镶黄旗司、正黄旗司、正白旗司、正红旗司、镶白旗司、镶红旗司、正蓝旗司与镶蓝旗司。

档案中显示户、刑两部其实均有“八旗司”，主要负责稽查八旗事务。[①] 或许由于旗地案件涉及八旗，户部一般官员无法胜任才转交“八旗司”。“八旗司”的细节虽未完全明朗，但已知在“现审处”设立前，是由“八旗司”审理旗地纠纷。

既然当时已经有“八旗司”负责旗地案件，为何又有“现审处”的设置？官书对此没有明确记载，查阅档案后推测应与官方希望更有效处理旗人民事纠纷有关。乾隆十三年（1748）正月间的一件户部移会曾表示：

> 户部为酌定八旗现审之章程等事。总办现审处案呈，查八旗现审事件，本部向系分派贵州等八司分办，今因办理未能画一，奉堂派员，归并总办，应将归并缘由，移会内阁典籍厅，查照可也。[②]

由于“八旗司”常“办理未能画一”，故清政府打算设立“现审处”解决问题。户部“现审处”实与刑部的现审两司颇为类似，一来均为了让诉讼案件的处理更有效率，二来他们在设立之初都没有明确规定专属官员的数目。[③] 若乾隆十三年正月间尚在筹划

---

① 《雍正朝汉文朱批奏折汇编·第33册》，页873－874，《正红旗汉军副都统韩光基·奏陈八旗旗务办理务期画一管见折》，雍正年月日不详：“再查户、刑两部，各有掌管八旗之司，原为稽察八旗事务。近见八旗司官，各司各旗，彼此多不相闻问，凡遇八旗通行之事，每致互异迟延，莫能觉察，此亦无所责成之故也。”

② 《明清内阁大库档案》，登录号106805－001，户部移会内阁典籍厅，乾隆十三年正月日不详。

③ 关于刑部现审司的讨论，详请参见本书第二章第三节。户部现审处则可参见《钦定大清会典（光绪朝）》（台北：启文出版社，1963），卷24，《户部·现审处》，页1a：“郎中、员外郎、主事无定员，由堂官派委。”值得注意的是，刑部现审司虽在雍正七年改设定额官员，但几年后现审司便宣告结束，参见《清朝通志》（台北：台湾商务印书馆，1987），卷65，《职官略·官制·刑部》，页7146：“雍正元年增置左、右二现审司。……乾隆二年改右现审司为直隶司，七年复改左现审司为奉天司。”

办理“现审处”事务，“现审处”究竟于何时开始运作？现存档案指出乾隆十三年四月间，已有“现审处”办理事件的纪录，“现审处”的正式出现应不会晚于此时。[①]

户部虽然设有“八旗司”或“现审处”处理旗地纠纷，但并非表示这类案件皆直接送交户部审理。户部审理旗地案件流程，与上一章讨论的刑事案件相仿，即案件送交户部前，必须先经过旗、民基层官员审理，当事人惟遭遇审断不公才能直接赴户部呈诉。[②] 基层官员收到旗地纠纷呈控后，“应批断者，即行批断”，“应送部者，必查取确据确供，叙明双方可疑情节，具结送部，听部查办，不得含糊申咨”。[③] 旗地案件送至户部后，其“八旗司”或“现审处”便展开审理，然户部终究不是司法单位，当案情陷入胶着有赖刑讯时，须会同刑部才可为之。[④] 清政府纵然将旗地案件交由户部负责，仍严格执行分层审级制度，与一般刑事案件没有两样。

清政府针对旗地案件设计了缜密的诉讼流程，符合国家一贯的旗、民分治政策，不过实际状况未必与此相符。乾隆十九年

---

① 《明清内阁大库档案》，登录号179113-001，户部为养育兵那尔松阿呈控房地被占案移会典籍厅，乾隆十三年四月日不详：“户部为参奏事。现审处案呈，查得厢白旗蒙古都统咨称，养育兵那尔松阿呈控民人李二串通七赛，将伊房地霸占，不给租银，咨部审追一案。于乾隆十三年四月二十四日奏，本日奉旨依议，钦此。”值得注意的是，会典中亦存有乾隆三十年“户部八旗司，改为现审处”的记载，参见《钦定大清会典事例（光绪朝）》，卷121，《吏部·处分例·部院承审事件》，页12b。“现审处”的确切设立时间，笔者暂且存疑待查。

② 〔清〕沈书城辑，《则例便览》，收录于四库未收书辑刊编纂委员会编，《四库未收书辑刊·第2辑第27册》（北京：北京出版社，2000），卷44，《审断·旗人田房、户口案件户部审理》，页2a-3b。另根据会典可知此例出现于乾隆四年，参见《钦定大清会典事例（光绪朝）》，卷121，《吏部·处分例·部院承审事件》，页10a-11b。

③ 《钦定户部则例（乾隆朝）》，卷126，《通例下·现审田房词讼》，页14a-14b。

④ 《钦定户部则例（乾隆朝）》，卷126，《通例下·现审田房词讼》，页14b：“部审旗、民互控事件，如双方匿情不吐，必须刑讯者，会同刑部严审。”

（1754）十一月间，在拉林种地的闲散旗人玛尔泰，告假来京屡在通州、滦州一带争控地亩，前后竟长达十年之久。清高宗感到非常不可思议，斥责方观承“毫无闻见”，令其尽速严查具奏。方观承接到上谕后立即着手调查，发现玛尔泰这十年来曾在通州、滦州、香河县等地衙门呈控，地方官多因“不识清字”，以及没有收到上级衙门的移文而消极处理。方观承进一步指出拉林都统、将军和玛尔泰所属旗分，均未将玛尔泰告假回京或出京控讼地亩之事知会直隶总督，才导致自己完全处于状况外。① 另乾隆四十三年（1778）三月间，贝子弘昨因庄头卢密和监生郭天玉有旗地纠纷，竟差人将卢密呈词送至通永道衙门，该道宋英玉在弘昨嘱托下，随即批示遵化州行文玉田县办理。② 根据上述两起案件，即可理解旗人常未依规定在八旗提出旗地诉讼。

乾隆四十八年二月间，香河县知县刘以观外出进香途中，忽有民妇将一烂纸包封丢入轿内。该民妇在刘以观询问下，供称为庄头刘希贤之妻，该纸为其主正白旗满洲护军八十三、成泰和德泰三兄弟意图递送之呈词。刘以观进一步调查后发现八十三等人，因和同旗讷隆武之妻吴氏有土地纠纷，才出此计报官兴讼。③ 面对旗人一再随意于地方衙门展开旗地诉讼，清高宗郑重表明严加挞伐的立场：

---

①《宫中档乾隆朝奏折·第23辑》（台北：台北故宫博物院，1982—1988），页504－506，《直隶总督方观承·奏报闲散玛尔泰告假来京屡在通州、滦州等处控争地亩情形案》，乾隆二十九年十二月十七日。

②《宫中档乾隆朝奏折·第42辑》，页509－510，《直隶总督周元理·奏为属员通永道宋英玉接受请托徇私审办讹占旗地案奏谢圣训仅将臣交部议处事》，乾隆四十三年四月初二日。详细案情亦可参见《明清内阁大库档案》，登录号158201－001，刑部为玉田县监生郭天玉呈控事移会稽察房，乾隆四十三年四月日不详。

③《明清内阁大库档案》，登录号203871－001，兵部为八十三不交亩租等事移会稽察房，乾隆四十八年二月日不详。

护军八十三等，俱系旗人，若为争地具呈，理应在该旗佐领处，投递查办，否则在该营大臣，及步军统领衙门，并部院具呈俱可。乃任意写呈，交与庄头，转掷与知县，是何规矩？旗人地亩，皆在州、县所管地方，若互相效尤，滥行在州、县呈递，于旗人体制，大有关碍。着将八十三等，革去护军，交刑部，并传集案内人证，审明从复位拟，具奏。[①]

清高宗重申旗地诉讼司法流程，严禁旗人在州、县衙门递送呈词。该上谕另一重要意义，在于促使旗地诉讼程序正式纳入《大清律例》，不再仅存于《户部则例》中。[②]

旗地纠纷较特别处为复杂产权难以厘清，不少旗地案件乃因双方各执一词，再加上地籍数据常有疏漏而缠讼多年。官方为了让旗地讼争尽快落幕，多采取委派官员前往当地丈量土地的策略。乾隆四十二年（1777）间，当皇帝得知镶蓝旗满洲原任副参领库蒙额，与闲散宗室文惠二人有土地纠纷，即下令“此案着派侍郎阿扬阿，押带库蒙额、文惠，前往该处查勘，办理具奏”。阿扬阿接旨后连同郎中塔琦、王士棻，押带库蒙额、文惠与“应行质讯人等”，于八月二十日自京启程。他们在二十三日抵达文安县时，一面召集双方庄头及地邻、佃户“听候查勘”，一面检阅相关案卷；在查勘土地的过程中，官员先于界址四至，令地邻、佃户人等“公同插立桩橛”，再“用颁发弓尺眼同查丈”。[③]

---

① 《清高宗纯皇帝实录》，卷 1174，页 741，乾隆四十八年二月乙丑条。

② 〔清〕黄恩彤编，《大清律例按语》，卷 61，《刑律·诉讼·越诉》，页 15a－15b：“八旗人等，如有应告地亩，在该旗佐领处呈递。如该佐领不为查办，许其赴部，及步军统领衙门呈递，其有关涉民人事件，即行文严查办理。若违例在地方官滥行呈递者，照违制律，从重治罪。该管官员，俱各严行议处。”

③ 《宫中档乾隆朝奏折·第 40 辑》，页 19－22，《阿扬阿·奏为镶蓝旗满洲原任副参领库蒙额及闲散宗室文惠互控侵占地亩改换假契一案查勘审拟情形》，乾隆四十二年九月初五日。

嘉庆六年（1801）间，镶蓝旗汉军旗人于智福，控告佐领佟璞砍伐其祖坟树木并毁坏坟墓，盛京将军晋昌在皇帝指示下，派员带领双方人等前往高台子地方查验，官员抵达后马上集合全村土著、耆老一起勘验地亩。[1] 根据这两起案件，大致能理解旗地纠纷的解决流程。官员连同诉讼当事人的现场查勘，不仅可实际检验土地档册记录，借由访问当地居民亦有机会获得更多信息，有助于厘清复杂的案情。

官员亲临现场调查旗地虽有其意义，有些人却认为此举并非解决问题的关键。苗寿与陶正中在雍正年间，已指出由于旗地档案存于“内府及户部衙门”，“档册未易清查”；若想有效化解旗地纠纷的“稽案不结”，或可彻底清查旗地后送部造册，并将副本发给地方官留存备查。[2] 持平而论，官员带领众人前往地方勘验，一来有可能扰害民间，[3] 二来官员若别有居心真相亦难大白，彻底清查旗地并将相关资料送交地方民官，似乎才是根本之策。然而旗地产权的流动相当迅速，再加上有些民人为规避禁令，常通过不法手段交易旗地。由于一套完整旗地数据的建立难

---

① 《宫中档嘉庆朝奏折》，文献编号 404008117，晋昌、成林·奏为审拟奉天镶蓝旗汉军旗人于智福呈控佐领佟璞砍伐伊家祖坟树木平毁坟墓一案定拟缘由具奏，嘉庆七年五月二十一日。

② 《宫中档雍正朝奏折·第 11 辑》，页 168－169，《巡察顺天永平宣化三府等处监察御史苗寿、陶正中·敬陈编造旗地清册事宜以正赋额以杜讼端事》，雍正六年八月二十四日。具体方法为：“此造送清册，务各壹样贰本。壹留部存案，壹由部转咨直隶督臣，发布政使司衙门，汇齐各册，按照地土坐落之各州、县、卫所，分晰编造。各清册壹本，钤发该地方印官，与民人粮地清册，一同存贮。”

③ 例如奉命丈地之拜他拉布勒哈番八哥等人，曾与昌平州知州刘君成等人发生纠纷。允祹等官认为此事起因于“旗员出外办理丈量等事，系该都统临时派委，原不拘爵秩之崇卑，是以向未定有仪注，致彼此接见时，互相争较，易滋事端。应请敕下礼部，将嗣后如有派委旗员，会同地方官办理公事之处，按照品级，议定仪注，一体颁行。”相关内容详可参见《明清内阁大库档案》，登录号 150009－001，管理礼部事务和硕履亲王允祹·礼部为按照品级议定仪注事，乾隆元年六月初十日。

度甚高，旗地纠纷终究只会层出不穷。

第二节 八旗俸饷制度与旗人的钱债纠纷

一、“钱债”的意义

“债”在现代法学中虽有其特别定义，[①] 但“债”的概念其实早已存在。随着人类社会形成与发展，一旦人们进行商贸活动，“债”就不可避免地应运而生。古汉文的“债”原为“责”字，表示一方有权要求另一方作某一特定行为，与现代民法所言的“债”相当接近。[②] 传统中国自宋朝以来，商贸活动出现长足发展，明清时期更达到一阵高峰，与“债”相关的法律，也在此趋势下一并向前迈进。[③] 在众多种“债”之中，以金钱性质的“债”最为常见，故传统中国法律用语常将其合称为“钱债”。[④]

清朝于关外时期因经济较不发达，关于钱债的规范相当简单。根据目前可见的史料，似乎仅有禁止放高利贷、设置当铺，以及约束主仆间借贷行为等规定，钱债纠纷亦很少见。[⑤] 旗人在关外大多生活俭朴与自给自足，再加上国家严禁人民放债取利，

---

① 相关内容详可参见王海南等，《法学入门》，页 241、林诠绍编著，《民法概要》（台北：新文京开发出版公司，2005），页 200。

② 郭建等著，《中国法制史》，页 315－316。

③ 相关讨论详可参见邱澎生，《当法律遇上经济：明清中国的商业法律》，《第六章·十八世纪商业法律的债负与过失论述》，页 209－249。

④ 例如〔元〕胡祗遹，《杂著·紫山大全集》（杭州：浙江古籍出版社，1988），卷 21，《又稽迟违错之弊》，页 186：“小民所争，不过土田、房舍、婚姻、良贱、钱债而已，是数者皆非难问难断可疑之大事。有争田一二亩而稽迟不断，受赂枉法，巧文佞说，直至三月务革，十月务开，又复如前，动经一年二年不决。”

⑤ 相关讨论详可参见张晋藩、郭成康，《清入关前国家法律制度史》，页 482－485。

导致当时较不容易出现钱债纠纷。满洲政权入关后，在钱债方面直接继受明律内容，[1] 一改过往并无与相关规范之情形。

二、 八旗兵丁的钱粮与恩赏制度

如前所述，清朝为照顾旗人入关后的生计，延续了关外“计丁授田”政策，分配许多土地与房屋给与旗人，使其得以维持基本生活所需。除此之外，清朝亦仿明制对旗人实施俸饷制度。八旗兵丁早在顺治初年，已可获得一定月饷，自康熙二十四年（1685）后还可领取岁米；另用于养马的马干草料，国家亦会提供补助。[2] 清政府既将旗人视为“国家根本”，势必从多方面照顾旗人生计。八旗兵丁所得之钱粮，“已多于七、八品官之俸禄”，不可不说是衣食无缺，[3] 这也难怪时人会将旗人俸饷称为“铁杆庄稼老米树”，象征这笔收入非常稳定可靠。[4] 清政府入关后因直接掌握国家经济，有能力推行八旗俸饷制度，此举不但改变旗人生活形态，更扭转皇权原本依赖八旗甚深的局势。[5]

---

① 明律中与钱债相关之规范共有三则，分别为违禁取利、费用受寄财产和得遗失物，详可参见黄彰健主编，《明代律例汇编·下册》，卷 9，《户律六·钱债》，页 571－576。

② 相关讨论详可参见陈锋，《清代军费研究》（武汉：武汉大学出版社，1992），页 30－38。八旗兵丁月饷、岁米和马干草料的数量，因军种与驻扎地不同而有别，本书为节省篇幅未逐一详述。另驻防八旗的相关内容，详可参见定宜庄，《清代八旗驻防研究》，页 193－204。

③《世宗宪皇帝上谕八旗》，卷 3，页 41b，雍正三年七月二十九日条：“今兵丁等钱粮，较前加增一两，又有马银，计其所得，已多于七、八品官之俸禄，即此有能谋生之人，尽足用矣。”

④ 刘小萌，《清代八旗子弟》（沈阳：辽宁民族出版社，2008），页 35。

⑤ 姚念慈指出清朝皇帝因统治确立，掌握了全国财政来源，一举扭转入关前皇权依赖八旗掳获归公的局面。八旗由分养国人，转变为国家的供养对象，上自亲王下至兵丁，无不仰给于国家俸禄银米，皇权与八旗的关系出现根本变化。清初皇权借助新的社会基础，解决其与八旗间原先不易克服的矛盾，同时亦巩固往昔的集权化成果。相关讨论详可参见姚念慈，《清初政治史探微》，页 284－285。

国家给与八旗兵丁的钱粮，主要为月饷、岁米与马干草料三类，其中月饷与马干草料都是每月领取。月饷在每月初一日支放，先发饷钱后发饷银，饷钱于每月初一、初二日放给，饷银则于每月初三、初四日放给。[①] 马干草料又分为“马银马钱”与“喂马料豆”两类，前者左翼四旗于每月初六日、右翼四旗于每月初七日关领；后者左翼四旗于每月十四日、右翼四旗于每月十五日关领。[②] 在旗人的俸饷中，以岁米的领取最为复杂。岁米顾名思义以年计数，然实际上并非一年领取一次。始于康熙年间的岁米制度，已规定分两季支放：春季自二月起，秋季自八月起，均限定三个月放完；康熙四十三年间，秋季改为十月支放，春季则维持在二月，此外均限定两个月放完。雍正元年（1723）再度改制，从此分为三月、七月、十一月三季支放，仍限两个月放完。至乾隆二年（1737）放米时间又从三季改为四季，[③] 依序于二月、五月、八月、十一月放给。[④]

关于岁米发放的实际状况，相关纪录主要集中于乾隆朝以后。以下兹以乾隆朝的几件档案为例，将岁米分四季支放的大略情形，制成表 3-2-1 以供参考。

---

① 《钦定户部则例（乾隆朝）》，卷 102，《兵饷·八旗饷银·放饷定期》，页 1a。

② 《钦定户部则例（乾隆朝）》，卷 104，《兵饷·八旗马干·关领马干定期》，页 1a。马干草料原以支付实物为多，自雍正朝以后则逐渐折银支给，这也就是所谓的“马银”、“马钱”，参见陈锋，《清代军费研究》，页 36。

③ 其实早在雍正年间，已有大臣向皇帝建议将“每岁三季放米之例”，“稍微变通，酌改四季给发”，只是未得到皇帝的同意。参见《雍正朝汉文朱批奏折汇编·第 31 册》，页 571，《镶白旗汉军副都统石文焯·奏请将八旗兵丁每岁三季放米之例酌改四季给发折》，雍正年月日不详。

④ 关于八旗岁米从两季支放到四季支放的改革过程，参见〔清〕杨锡绂，《漕运则例纂》，收录于四库未收书辑刊编纂委员会编，《四库未收书辑刊·第 1 辑第 23 册》（北京：北京出版社，2000），卷 20，《京通粮储·支放粮米》，页 14a-14b。

表 3-2-1　乾隆朝八旗岁米四季过档、支放时间举隅

支放季数	过档日期	支放日期	数　据　源
乾隆十五年第二季	乾隆十四年十二月十二等日以后	乾隆十五年二月初一日	《明清内阁大库档案》，登录号052921-001，大学士兼管吏部户部事务总管内务府大臣傅恒·题报支放八旗护军校骁骑校笔帖式披甲拜唐阿等本年第二季甲米事，乾隆十五年正月二十三日。
乾隆十五年第三季	不详	乾隆十五年五月初六日	《明清档案》，卷册 A166-076，《户部尚书蒋溥·题报第三季八旗甲米放完数目日期》，乾隆十五年八月二十八日。
乾隆十五年第四季	乾隆十五年七月初七等日以后	乾隆十五年八月初一日	《明清档案》，卷册 A165-106，《大学士管户部傅恒·题报支放第四季八旗甲米事宜》，乾隆十五年七月二十五日。
乾隆十七年头季	乾隆十六年十月初九等日以后	乾隆十六年十一月初一日	《明清档案》，卷册 A176-027，《大学士管户部傅恒·题报支放乾隆十七年头季八旗甲米事宜》，乾隆十六年十月二十四日。

根据表 3-2-1 可知岁米支放的实际情形，其内容值得与官书相比较。首先，根据《钦定户部则例》所载，岁米支放时间以“季首初一日，为开放定限”，① 支放前一个月还须先经户部过文

①《钦定户部则例（乾隆朝）》，卷 103，《兵饷·八旗饷米·开放期限》，页 2a：“甲米每年四季支放，季首初一日为开放定限。其或任意逾违，查出，将经管人员照例查参。”

件程序。[①] 上表中的四季过档日期，多与官书规定相同，惟第二季是在两个月前，明显有别于其他各季。[②] 其次，岁米支放虽依序在二月、五月、八月和十一月放给，实务上却多以十一月而非二月为头季。

自乾隆二年以后，岁米正式确立为二月、五月、八月、十一月四季支放，不过清政府有时会基于特殊考虑调整岁米的支放时间。例如乾隆十一年（1746）三月间，户部尚书海望奏称：

> 臣等查得，八旗兵丁甲米，每年份作四季开放，于上年十一月起，至本年十月止，每隔三月开放一次。乾隆八年因遇闰四月，经臣部奏准，将第三、第四两季甲米，俱早放半月等因，遵行在案。今本年遇闰三月，若按照定例，每隔三月开放一次甲米，则三、四两季放米之日，俱值青黄不接之际，其间迟速不均，米价或至稍昂，兵丁未免拮据。臣等酌议，请照乾隆八年遇闰，将甲米早放半月之例，本年第三季甲米，应于五月开放者，亦早放半月，于四月十五日开放；第四季甲米应于八月开放者，亦早放半月，于七月十五日开

① 《钦定户部则例（乾隆朝）》，卷103，《兵饷·八旗饷米·米档定限》，页3a：“兵丁甲米册档，于上月十五日送部，作为过档定限，无故逾限，承办官参处。”

② 该情形应不是乾隆十五年的特例，类似状况亦可参见《明清内阁大库档案》，登录号066295-001，协理户部事务讷亲·题报乾隆五年应支放八旗第二季甲米数目于乾隆四年十二月十九等日陆续咨送到部照例于二月一日开放起，乾隆五年正月二十五日、《明清内阁大库档案》，登录号054164-001，户部尚书兼管兵部尚书事务总管内务府大臣傅恒·题报支放八旗护军校等乾隆十三年第二季甲米事，乾隆十三年正月二十五日。根据上述资料，推测第二季岁米在前一年十二月过档，似乎为一惯例。

放。俾得预期关领，以资接济。[①]

透过引文可知岁米依四季每隔三月支放的规定，若碰到闰月有可能危及旗人生计，为了有效化解该困境，清政府只好提早支放岁米。除遭逢闰月这种不可抗力情形外，经济因素亦有可能影响岁米支放时间。乾隆十六年（1751）七月间，和硕履亲王允裪等人奏称，京师因连日下雨道路泥泞，“四乡粮食车辆进城者甚少”，“自十六、十七等日，京城内外米价，日见增长”。当时已是七月中旬，距离支放岁米的八月“为期已近”，允裪等人认为“若再早放数日”，已得米者将不再与民争购，有助于京师米价的调节。[②] 皇帝对此建议欣然同意，此举也确实发挥一定功效。[③] 不定期提早开放支领岁米之事可说是时有所闻，[④] 反映清政府执行政策颇为灵活的一面。

借由上述讨论可知八旗岁米分四季支放存有两项问题：其一为岁米由于每年定额，一旦遭逢闰月将对旗人生计有所影响；其二为岁米数量相当庞大，对于京城米价影响甚巨。清政府面对这些问题，虽能透过适时调整支放时间加以解决，但终究不是釜底

---

① 《明清档案》，卷册 A141－070，《户部尚书海望·奏请八旗甲米及秋季俸米遇闰早放半月》，乾隆十一年三月二十四日。该奏最终得到皇帝“依议”的指示。

② 《宫中档乾隆朝奏折·第 1 辑》，页 174－175，《和硕履亲王允裪等·奏请早放秋季分官兵俸甲米石以平米价折》，乾隆十六年七月十七日。皇帝的朱批为：“甚好，知道了。然必有铺户居奇之弊，亦应节制。又近日情形为何？速行奏闻。”

③ 《宫中档乾隆朝奏折·第 1 辑》，页 229，《和硕履亲王允裪等·奏报因先放官兵秋季俸甲米米价下降折》，乾隆十六年七月二十三日：“今自十七日起，一闻开仓之信，米价即日顿减。二十日户部已经开仓，先放甲米。现在市价，每米一石，减至四、五钱不等。”

④ 在《漕运则例纂》中存有诸多相关记录，详可参见〔清〕杨锡绂，《漕运则例纂》，卷 20，《京通粮储·支放粮米》，页 15a－17a。

抽薪之策。清政府为求一劳永逸，逐步在相关制度上进行改革。清高宗其实早已留意旗人生计受闰月影响的问题，多次额外发放甲米以补助旗人闰月所需，有时为加发“一季三个月甲米”，①有时则是“赏给一月甲米”，② 数量视情况而有别。不过此举起初未成定制，皇帝多在闰月又适逢京师米价上涨时才下令加发甲米，同时补助旗人与稳定米价。直到乾隆四十年（1775）闰十月间，每逢闰月加发甲米于八旗兵丁才正式制度化。③

清政府除补助旗人闰月所需外，④ 亦进一步着手健全岁米支

① 《清高宗纯皇帝实录》，卷 388，页 94，乾隆十六年五月辛丑条：“今岁入春以来，京师米价稍昂，经朕迭颁谕旨，量发仓米，分局平粜，以济民食。但当青黄不接之时，又值闰月，八旗兵丁未免艰于糊口。着加恩赏给一季三个月甲米，即于闰五月给放。俾穷兵饔飧优裕，不藉籴食贵米，市价自必平减，于闾阎生计甚有裨益。该部遵谕速行。”

② 《清高宗纯皇帝实录》，卷 492，页 585，乾隆二十四年四月丁丑条：“今岁入春以来，雨泽未霈，米价稍昂。经朕迭颁谕旨，量发仓米，分遣大员，在五城、圆明园各处，及通州地方，设厂平粜，以济民食。但当青黄不接之时，又值闰月，八旗兵丁，向无闰月支给甲米之例，未免买食维艰。着加恩于闰六月，赏给一月甲米，俾兵丁饔飧优裕，不藉籴食，市价自必愈加平减，于闾阎生计，均有裨益。该部即遵谕行。”另《明清内阁大库档案》，登录号 078213－001，奉汉字上谕八旗满洲蒙古汉军都统着加恩赏给兵丁闰月甲米相应移会稽察房查照，乾隆二十七年闰五月日不详：“内阁奉上谕：‘八旗兵丁甲米，闰月例不支放，但京师自夏至以来，雨水稍多，道路泥泞，粮食车辆或有阻滞，买食未免拮据，着加恩赏给一个月甲米，即行给放，俾兵丁饔飧优裕，市价亦平，于闾阎生计亦有裨益，该部遵谕速行。’”

③ 《清高宗纯皇帝实录》，卷 994，页 279－280，乾隆四十年闰十月丁未条：“八旗兵丁甲米，闰月例不支放，向虽曾特恩赏给，并非常例。第念京师五方聚集，食指浩繁，兵丁所得甲米，饔飧自给之余，或将剩米出粜，尚可润及闾阎，数十万户，仰资其利。现在正逢闰月，例无应放之米，兵民口食，未免拮据。着加恩赏给闰月甲米，即于本月十五日开放。……嗣后凡遇闰月，俱照此一体实给甲米，俾各永沾实惠。着为令，该部遵谕速行。”

④ 旗人因闰月而有生活困境，岁米之事并非单一个案。清高宗甫上台之际，曾有大臣奏称八旗护军校和骁骑校至闰月无钱粮可领，请求皇帝每逢闰月加发钱粮。清高宗随即于继位后的首次闰月，令护军校、骁骑校照兵丁例，“一体支给闰饷”。相关讨论详可参见叶高树，《清雍干时期的旗务问题：以雍正十三年满、汉文“条陈奏折”为中心》，页 118－119。

放制度。由于“向来八旗甲米，俱按四季支放，放完后去下届放米尚远”，导致“铺户乘机囤积，米价渐昂”，清政府为解决问题在乾隆十七年（1752）二月间，宣布此后八旗岁米将“按月轮放”：

> 查镶黄、正黄、正白三旗，并上三旗包衣，应领米数，较下五旗为多。请将镶黄、正黄二旗，于正月、四月、七月、十月支放；正白、正红、镶白三旗，于二月、五月、八月、十一月支放；镶红、正蓝、镶蓝三旗，于三月、六月、九月、十二月支放。……得旨允行。①

岁米若是分开支放，“粮价自无时落时长之虞，囤积不禁自止”，“接济兵民食用，实有裨益”。八旗岁米因对市场经济存有一定影响力，该支放制度的调整无疑甚为妥切。

八旗兵丁平时不仅有固定钱粮，某些特殊情况下还能得到额外补助。八旗兵丁一旦遭逢战事，除原本“坐粮”外还可领取“行粮”。出征“行粮”大致分为三种：行装银、盐菜银和口粮。行装银通常战前一次发给用于打点装备衣物，盐菜银、实物口粮则为战时发给的生活补贴与日食所需。出征“行粮”的额度并不固定，会依战事情势加以调整，各军种领取的数量亦有差别。国家既提供旗人出征“行粮”，原有“坐粮”当可抚养家眷，令旗人毫无后顾之忧地效力疆场，足见相关制度之完善。②

皇帝为了照顾旗人，无论平常还是战时均提供充分钱粮，若

---

① 《清高宗纯皇帝实录》，卷 409，页 361－362，乾隆十七年二月戊申条。这则政策推行后马上付诸实行，档案中也记录了相关情形，例如《明清内阁大库档案》，登录号 152846－001，户部为开放甲米事移会稽察房，乾隆三十二年闰七月日不详。

② 这方面的讨论详可参见陈锋，《清代八旗的战时俸饷制度》，收录于明清史国际学术讨论会论文集编辑组，《第二届明清史国际学术讨论会论文集》（天津：天津人民出版社，1993），页 682－691。

旗人在此丰厚补助下仍有生计问题，皇帝还有可能动用公、私帑救济旗人。顺治十年（1653）与顺治十二年（1655）间，清世祖目睹旗人深受水灾之苦，特别颁发内帑银两赈济八旗穷苦兵丁。[①] 有时旗人长年征战在外，虽有大量钱粮仍不敷使用，“以致物力渐绌，称贷滋多”，清圣祖乃令户部动用库银协助旗人偿还债务，化解旗人的生计压力。[②] 官方亦会特别关照八旗中的弱势分子，清圣祖曾要求各都统调查旗下“实系贫窭窘于谋生者”，并请户部商议如何提供抚恤。[③] 清圣祖康熙十年（1671）九月间巡幸东北时，特别“召披甲中伤老病退甲、闲散四百余人至御前”，“各赐银二十五两”，并向将军阿木儿图等谕曰：

> 此等闲散老病之人，卿等稽察之时，如有一二遗漏，未沾恩泽者，再行查出，陆续具奏，俾得均沾恩惠，以示朕轸恤之意。[④]

旗人中的闲散老病者，因无法披甲当差自然得不到钱粮。清圣祖并未忽视他们的困境，常透过恩恤方式提供照料。[⑤]

雍正年间也曾发生类似事件，清世宗某一日出巡时，忽有一

---

① 《清世祖章皇帝实录》，卷 79，页 621，顺治十年十一月丁酉条、《清世祖章皇帝实录》，卷 89，页 703，顺治十二年二月己巳条。

② 《清代起居注册·康熙朝（台北版）·第 2 册》，页 645－646，康熙三十年二月十七日条：“今八旗满洲蒙古护军校、骁骑校，及另户护军、拨什库、马甲，并子幼或无嗣寡妇、老病伤残、告退人等家下马甲，所有积债，尔部动支库银给还。汉军每佐领，各给银五千两，令其偿完债负外，余者各该都统收贮，以备公用。”

③ 《清代起居注册·康熙朝（台北版）·第 6 册》，页 2842，康熙三十三年九月十九日条。

④ 《清代起居注册·康熙朝（北京版）·第 1 册》，页 16－17，康熙十年九月二十三日条。

⑤ 又例如《清代起居注册·康熙朝（台北版）·第 6 册》，页 3350，康熙三十四年七月二十八日条：“盛京地方，比岁荒歉，粒食艰难，朕心深切轸念。原欲躬亲巡省，询问疾苦情形，遍敷恩泽。今虽停止东行，而所在贫窭兵丁，尚冀朕之临幸，是宜仍加赈恤，用裨资生，应作何加恩，尔部议奏。”

位自称镶蓝旗黄哈（hūwanghai）佐领下曾为披甲之人达尔环（darhūwan），跪求皇帝给与赏赐。清世宗亲自询问后知道达尔环参与过大小战役，却在一次解送犯人途中，不慎从马上摔下受伤，从此被革退披甲，返回庄屯耕种父祖留下的旗地维生。达尔环现年七十五岁，身有残疾且双目失明，无法工作的他又无子嗣照料，恳请皇帝恩赏半饷度日。清世宗听闻达尔环遭遇后，深感其情可悯，特别赏银二十两，并允诺来年亦会有赏。①

清政府给与旗人的钱财补助，最著名者乃“生息银两”。所谓“生息银两”就字面意思来说，是指国家以一笔钱为本金，通过买田召佃、交商经营、开设当铺等方式运作生息。官方最初通过此举增加国家或皇室收入，清世宗继位后宣布八旗

① 这件满文档案的主要内容翻译如下：tubaci mukden i jiyanggiyūn be dahame，（自那里跟随盛京将军）gldan be dailara cooha de emu mudan yabuha，（前往征讨噶尔丹一次）tereci amasi jifi，（从那里回来后）weilengge niyalma benere de，morin ci tuhefi bethe layaha，（解送罪犯时从马上摔落腿部萎缩）tereci uksin ci nakafi，ging hecen de jihe，（从此革退披甲来到京城）ging hecen de banjire hethe akū ofi，（在京城因无营生产业）mini mafa，ama i werihe ilan haha i usin be tuwakiyame ergen be hetumbuki seme tokso de jifi tehe，（想看守父祖留下之三壮丁田以度日而来到庄屯居住）te aha bi nadanju sunja se，（奴才现今七十五岁）beye jadahalafi，（身已残疾）yasa geli saburakū，（眼睛又看不见）usin weileme muterakū oho，（无法耕种）minde juse enen geli akū，（又身无子嗣）ciyanliyang bele akū ojoro jakade，（因无钱粮岁米）fuhali ergen hetumbure encehen akū，（全然没有谋生能力）umesi mohoro ten de isinahabi，（非常穷困已到极致）bairengge enduringge ejen，yerhuwen [yerhuwe] umiyaha gese sakda ergen be ujire hontoho ciyanliyang ni kesi isibureo seme niyakūraha sembi.（伏乞圣主施恩给与钱粮之半养育似蚁虫残生）另皇帝朱批如下：erei baihangge jilaka，（这项请求可悯）ede menggun orin yan šangna，（因此赏给银二十两）ishun aniya bi ubaba [ubabe] dulere de，geli jikini，（朕明年经过此处时令其再来）aika temhetu [temgetu] bu，（给其一应凭证）akū oci kadalara urse iliburahū [iliburakū].（否则管理人员不为置备）。满文原件参见《宫中档雍正朝奏折·第32辑》，页601－608，《奏为跪于路旁请求恩赏钱粮者缘由》，雍正年月日不详；汉文翻译亦可参见《雍正朝满文朱批奏折全译·下册》，页2607，《披甲达尔环·奏请赐半钱粮缘由折》，雍正年月日不详。

亦比照办理，所得息银将用于补助旗人红、白两事。该政策一直实施至乾隆三十五年（1770），此后即使旗人的红、白事仍有官方补助，相关经费却从原本“生息银两”息银改为国家公帑支付。[①] 曾有官员认为八旗“生息银两”政策推行后，“红事得以及时，白事得以尽礼”，“此诚亘古未有之旷典也”，[②] 这种说法虽有可能为溢美之言，仍可看出“生息银两”对旗人生计的重要性。

---

① 关于生息银两的讨论相当丰富，其中最为精彩者非韦庆远与张建辉两人的系列专文莫属，详可参见韦庆远，《康熙时期对“生息银两”制度的初创和运用——对清代“生息银两”制度兴衰过程研究之一》，《中国社会经济史研究》，1986：3（厦门，1986. 09），页60－69、韦庆远，《雍正时期对“生息银两”制度的整顿和政策演变——对清代“生息银两”制度兴衰研究之二》，《中国社会经济史研究》，1987：3（厦门，1987. 09），页30－44、韦庆远，《乾隆时期“生息银两”制度的衰败和“收撤”——对清代“生息银两”制度兴衰研究之三》，《中国社会经济史研究》，1988：3（厦门，1988. 09），页8－17、张建辉，《关于清代生息银两制的兴起问题——清代生息银两制度考论之一》，《中国社会经济史研究》，1995：1（厦门，1995. 01），页76－82、张建辉，《关于康熙对生息银两制的初步推广及其在八旗军队中的运用》，《清史研究》，1998：3（北京，1998. 09），页23－29、张建辉，《关于雍正对生息银两制的整顿及其在全国军队的推广——清代生息银两制度考论之三》，《清史研究》，2004：1（北京，2004. 02），页84－93、张建辉，《关于乾隆收撤“恩赏银两”与生息银两制的存废问题——乾隆的生息银两理论和政策》，《咸阳师范学院学报》，19：5（咸阳，2004. 10），页25－28、张建辉，《关于乾隆收撤“恩赏银两”与生息银两制的存废问题——乾隆复行“公库制”的失败与清厘生息帑本的意图》，《咸阳师范学院学报》，20：1（咸阳，2005. 02），页23－26、张建辉，《关于乾隆收撤“恩赏银两”与生息银两制的存废问题——乾隆收撤生息帑本的时间、条件及其善后》，《西北大学学报（哲学社会科学版）》，39：5（西安，2009. 09），页41－46。韦庆远与张建辉的见解各有侧重，值得一并参看，相关综评详可参见鹿智钧，《近二十年来（1989—2009）八旗制度研究的回顾与讨论》，页157－160。

②《雍正朝汉文朱批奏折汇编·第24册》，页311，《协理河南道事汉军监察御史刘永澄·奏请赏给京城八旗汉军兵丁生息银两折》，雍正十一年四月十二日。

三、 旗人“钱债”纠纷的发生与处理

从八旗钱粮与相关恩赏制度来看，国家对于旗人确实颇为照顾，旗人生活所需在此丰厚待遇下理应充足。然而根据既有研究成果显示，旗人生计问题自康熙朝中叶开始，已呈现难以挽回的趋势。该问题之所以如此严重，一来是人口激增造成许多旗人无法披甲当差，难以享受国家提供的福利；二来是旗人入关一段时间后日益奢侈，过度的开销导致入不敷出。除此之外，旗人生计问题的关键因素，其实存于八旗制度本身。由于国家规定旗人只能披甲为国效力，不许他们从事其他行业，被束缚于八旗制度中的旗人，不易积极为自己寻求出路。① 若旗人只能依赖国家供养而活，旗人生计问题终究难以彻底解决。② 皇帝面对旗人生计这个心头大患，不仅发放钱财救助旗人，亦试图透过制度改革化解问题，可惜成效都相当有限。③

旗人入关初期即使已受国家妥善照顾，得到旗地、旗房与固定

① 魏源这方面的见解颇有参考价值，参见〔清〕魏源，《圣武记》（北京：中华书局，1984），卷14，《武事余记·议武五篇·军储篇四》，页563－564：“聚数百万不士、不农、不工、不商、不兵、不民之人于京师，而莫为之所，虽竭海内之正供，不足以赡。且八旗有蒙古、有汉军，不尽满洲，满洲又皆收服辽东诸部落，非宗室天潢也。汉唐有养兵之费，宋明有宗禄之费，未闻举龙兴之地丰沛、晋阳、凤泗之民，而世世赡养之者。”

② 关于八旗生计的讨论，详可参见韦庆远，《论“八旗生计”》，《社会科学辑刊》，1990：5（沈阳，1990．09），页85－90、韦庆远，《论“八旗生计”（续）》，《社会科学辑刊》，1990：6（沈阳，1990．11），页82－85、周远廉，《八旗制度和八旗生计》，收录于阎崇年主编，《满学研究·第7辑》，页23－71。

③ 皇帝自雍正朝开始大力整饬旗务，旗人生计亦为重点之一，详可参见佟永功、关嘉禄，《雍正皇帝整饬旗务述论》，收录于支运亭主编，《八旗制度与满族文化》（沈阳：辽宁民族出版社，2002），页115－127、叶高树，《深维根本之重：雍正皇帝整饬旗务初探》，页89－120、叶高树，《清雍干时期的旗务问题：以雍正十三年满、汉文“条陈奏折”为中心》，页69－152。

的钱粮，不过有时若急需用钱仍须向他人借贷。当旗人遭逢生计困境，金钱借贷行为更是层出不穷，不少钱债纠纷亦随之产生。清朝于关外时期并未发展出具有自身特色的钱债规范，入关后相关规范则直接继受明律，旗人的钱债纠纷似乎没有特殊性。然而不可忽略的是，旗人生计问题及其衍生的钱债纠纷，实与八旗兵丁钱粮制度密切相关。笔者虽然受限于史料难以针对旗人钱债纠纷深入分析，[①]不过仍可试着从另一角度思考旗人钱债纠纷的出现与官方因应策略，此举或有助于为旗人生计问题成因提供更全面的解释。

从宏观的角度来看，除了旗人人口迅速滋生、生活奢华化和无法自由转业三大因素外，部分政策形同具文当属八旗生计问题的另一关键。首先，不仅如上节所论的旗地迅速流失，八旗官房亦出现类似情形。许多旗人因生齿日繁，不得不离开内城前往外城居住。乾隆四十六年（1781）间，官方要求住于城外的旗人搬入城内。此举大幅增加旗人的负担，镶黄旗满洲都统德福即表示：

> 现在城外居住旗人，约计一万余家，俱纷纷向城内寻觅房屋，人数甚众。而城内有房出租者，乘机居奇长租，每房一间，每月索取京钱七八百至一千文不等，较前加倍，食饷兵丁，颇觉多费。[②]

---

① 目前中央八旗都统衙门档案，主要藏于中国第一历史档案馆，暂时无法全面掌握。地方八旗衙门档案亦有参考价值，但其内容具有较多地方特殊性。属于细故案件的钱债纠纷，一般多在民间或基层衙门自行调处，受限于目前所见史料的局限，本节无法针对所谓“纯民事”案件进行分析。笔者找到的资料以中央档案居多，这些钱债纠纷因从民事案件演变为斗殴或杀人等刑事案件，才有机会上达中央。笔者深知根据现代法学的界定，这些钱债纠纷已非单纯民事案件，但笔者相信透过这些数据，仍可一定程度理解旗人钱债纠纷之内涵，谨于此先行告知读者。

②《军机处档·月折包》，文献编号030617，德福·奏为请清查城内隙地建盖官房以利旗人居住事，乾隆四十六年五月十八日。

德福建议皇帝在城内空地修建官房，“此项房屋不必拘定每兵两间之数”，“听租房官兵人等认租居住”，“其应纳房租，照城外官房取租之例，于季俸月饷内，由部坐扣”。道光七年（1827）间，福建道监察御史寅德亦奏称，许多旗人由于官房损坏“不堪居住”，自费另寻住处，然而“该兵丁等，每月应领钱粮，仅足养赡家口”，“若再加以赁房之费，用度未免拮据”。① 旗人入关之初虽可住于政府发给的官房，但这种福利似乎未永久延续。旗人若被迫租房度日，势必新增一笔可观支出。

除了旗地、旗房外，旗人最令人称羡的待遇，即领有稳定且数额还算充裕之钱粮。不过有时因部分官员居中舞弊营私，导致八旗兵丁无法如实领取。康熙五十六年（1717）十二月二十一日，在闽浙总督觉罗满保的衙门外，忽然聚集大量旗人喊告申冤，满保虽多次派人相劝，众人仍不愿离去；迫于情势相当紧张，满保决定亲自出面接见，抗议群众申明缘由后陆续返家。②

---

① 《军机处档·月折包》，文献编号 057706，福建道监察御史寅德·奏为请旨饬查八旗官房以安旗人而裕生计事，道光年月日不详。

② 参见《宫中档康熙朝奏折·第 9 辑》，页 667－668，《闽浙总督觉罗满保·奏闻福州将军祖良璧病情并参正白旗章京侵吞兵饷折》，康熙五十六年十二月二十二日。该满文奏折的主要内容翻译如下：ere sidende gulu šanggiyan i janggin lio yūn king yaburengge geli ehe ofi，（这段时间因正白旗章京刘云青行事又恶劣）tuttu geren gūnin daharakū teni hab šame yabuha，（故众意不服才诉讼前来）aha meni sucungga gūnin de jiyanggiyūn majige yebe oho manggi，（奴才我们本意为待将军稍微病愈后）jai uhei hebdefi ere janggin be wakalafi unggiki sembihe，（再会审并将此章京参送）geren uksin sa ere janggin i ciyanliyang tebume gaire de umesi hafarabufi [hafirabufi]（然众披甲被该章京坐扣钱粮非常窘迫）jorgon biyai orin emu i yamjishūn aha meni yamun de habšafi（于十二月二十一日傍晚至奴才衙门提告后）uthai siden i yamun de genefi geretele niyakūrafi ilirakū，（即赴公署通宵长跪不起）ududu mudan hafasa be takūrafi henduci facarakū，（多次差遣官员劝说仍不散）aha be araga [arga] akū emu derei donjibume wesimbume，（奴才等无奈之余只能一面奏闻）emu derei habšaha turgun be acafi beideki seme jiyanggiyūn de bithe unggihe.（一面将欲会审案情行文将军）

这些旗人共上呈两份讼状，其一为正白旗披甲控告本旗章京刘云青对兵丁放高利贷，并与领催等人勾结，擅自扣押兵丁钱粮还债，导致许多披甲整年未得钱粮；刘云青甚至擅自以铁链锁禁披甲，直到三更才放回。其二为四旗[1]披甲共同声明他们过往一向由将军给与印票采买马匹，不料今年刘云青竟与马贩合作，强迫披甲向其买马，每匹马再从钱粮中扣银二十五两，此举亦造成披甲整年未领钱粮，一家老小连同马匹都已断粮。满保发现事态严重，一面连同将军祖良璧、副都统王英虎会审，一面尽速向上奏报。皇帝得知此事时由于将军祖良璧恰巧病逝，故命满保暂代将军职务处理此事。[2] 满保首先力图稳定军心，下令每月提供披甲

---

① 福州八旗驻防的设置，始于康熙十九年闰八月，当时杭州副都统胡启元，率领镶黄、正白、镶白与正蓝四旗马、步兵一千零二十六名移驻福州。康熙二十一年间，清政府将耿藩旧部马兵一千名，悉数编入上三旗，并于福州驻防四旗内行走，先前进驻福州的满兵亦于是年撤回。详可参见定宜庄，《清代八旗驻防研究》，页31－32。

② 参见《宫中档康熙朝奏折·第9辑》，页669－672，《闽浙总督觉罗满保·奏闻汉军控告都统章京折》，康熙五十六年十二月二十二日。该满文奏折的主要内容翻译如下：emu afaha de araha gisun，（一份讼状言）gulu šanggiyan gūsai uksin sai uhei sume alarangge，（正白旗披甲一起告称）coohai urse de oshodome gaime umesi yadara omihon de isinaha jalin，（为兵丁被暴扣兵饷以致非常穷困事）ere utala aniya，meni gūsai janggin lio yūn king，madaha i jiha sindame，dabkime madaha gaime，（这些年来我们旗的章京刘云青放债收利）wai lang bosokū sai emgi sirendufi bujengsy ku ci buhe coohai ciyanliyang be gidame jafafi cisui bukdun [bekdun] de tebume gaime，（并与外郎、领催相勾结，暗自拿取布政司库所发兵丁钱粮扣还债务）meni gūsai uksin sa，aniya hūsime fun eli ciyanliyang baharakū，niyalma morin yooni omihon de isinahabi，（本旗披甲们整年份厘钱粮未得，导致人、马均饥饿）tuttu bime geli jiyanggiyūn i gisun seme holtome，（然又捏称为将军之言）cisui uksin sabe sele futalafi duka de maktafi horime，（擅自以铁链束缚披甲置于城门监禁）ilaci ging ni erinde teni cisui sindaha，（三更时才放人）ede meni geren mujilen šahūrafi araha [arga] akū uksin ci nakafi cihanggai amasi ging hecen de geneki sembi，（众人因而心寒无奈，情愿退甲返京）geli emu afaha hoosan de araha gisun，（又一份讼状言）duin gūsai uksin sai uhei sume alarangge，（四旗披甲一起告称）ere utala aniya uksin sai morin gemu jiyanggiyūn doron gidaha （转下页）

足够银两，发放钱粮时逐一点名并严格要求本人领取，杜绝官员私放借贷或克扣马价之事。①此外满保亦着手调查刘云青的不法

（接上页）piyoo bithe bufi udambihe，（这些年来披甲之马皆由将军给与印票购买）ere aniya gulu šanggiyan gūsai janggin lio yūn king，（是年正白旗章京刘云青）morin uncara fandz sai emgi hoki acafi，（与卖马贩子结党）cisui emu tanggū jakūnju funcere morin be dalame gajifi，（擅自为首带来马一百八十余匹）emte morin de orin sunjata yan menggun salibume，（每一匹马各折银二十五两）gidame jafafi ciyanliyang be tebume gaime，（暗自操弄并坐扣钱粮）geren uksin sai ciyanliyang yooni tebume gaire de wajifi aniya hūsime fun eli baharakū，（众披甲的钱粮都被坐扣完尽，整年份厘未得）morin uncara fandz de morin tome damu juwan nadan yan buhe，（每匹马仅给马贩银十七两）funcehe jakūn yan ya bade buhe be sarakū，（不知道剩下八两给于何处）te booi gubci sakda asigan [asihan]，morin ci aname yooni jeterengge akū（现今全家老小连同马匹均无食物）araha [arga] akū hengkišeme baifi uksin ci nakafi cihanggai ging hecen de amasi geneki sembi seme alibuha.（无奈叩请情愿退甲返回京城）另朱批如下：duleke aniya，guwangdung guwangsi dzungdu yang lin jihede，（去年两广总督杨琳来时）minde narhūšame wesimbuhengge fu giyan i jiyanggiyūn i fejergi，janggin cooha umesi facuhūn，（曾密奏福建将军之下章京、兵丁很乱）udu emu bošoko sindacibe，（虽设领催一员）gūsa gubci acafi habšandumbi（但全旗合而控诉）gūwa ba i adali akū，（不似其他地方）ejen ambula gūnin de tebuci acambi，（圣上应多加留意）amban bi jiyanggiyūn i baita be daiselaha bihebe dahame，（臣因为曾经代理将军事务）sarangge umesi getuken ofi ejen de donjibumbi sehe bihe（知者甚明而奏闻）te i muru be tuwaci gisun de acanahabi，（若看现今情形与所言相符）meiren janggin wang ing hū umesi juken niyalma bime sakdakabi（副都统王英虎人很平常又已年老）jiyanggiyūn i baita be daiselaci ojirakū [ojorakū]，（不能代理将军事务）jiyanggiyūn i baita be mamboo si taka daisela，（着满保先暂代将军事务）siranduhai hese wasimbumbi.（随后降旨）

① 参见《宫中档康熙朝奏折·第9辑》，页672－674，《闽浙总督觉罗满保·奏覆福州驻防正白旗章京被控缘由》，康熙五十七年三月二十四日。该满文奏折的主要内容翻译如下：baicaci uksin cooha de biyadari ciyanliyang be jalukiyame bahaburengge umesi oyonggū [oyonggo]，（查得披甲每月得到足够钱粮一事甚为紧要）tuttu meiren janggin i emgi hebdefi，（故与副都统商议）biyadari ciyanliyang bure de，（每月发放钱粮时）yooni siden i yamun de gamafi，（俱于公署办理）gūsai hafasa be uhei tuwame，（我等旗员共同看管）emke emken i gebu hūlame beye de afabume，（逐一唱名交给本人）hafasai bukdun [bekdun] de tebume gaire，morin i hūda be tatame gaire jergi jemden be eteme fafulaha.（严禁众旗员因债务马价克扣之弊）

行为，刘云青经过讯问对众披甲的呈控皆供认不讳。这起喧腾一时的福州驻防旗人控诉案，最终在官方积极处置下逐渐平息。①

旗员在八旗制度中扮演着重要角色，既被视为管理旗人的"父母官"，更是基层旗人与皇帝间的沟通桥梁，一旦旗员涉及舞弊营私，对旗人将产生莫大冲击。上述案件中的要角刘云青，即妥善运用旗员身份牟取暴利。刘云青深知披甲拥有固定钱粮，故先向旗下兵丁施放高利贷与假意协助买马，再将其钱粮直接扣留，毫无债务催讨的麻烦。此外刘云青的旗员身份亦让兵丁难以抗衡，这也解释为何众披甲群聚于总督衙门外彻夜申冤，他们似乎惟有越级上告，才能脱离不法旗员的压榨。从另一方面来看，旗人落入刘云青的高利贷陷阱，反映当时旗人多已入不敷出，不得不向外寻求经济援助。旗人若一时急需用钱往往无法慎思后果，又对关系亲近的旗员较无戒心，在部分不肖旗员的有心操作

① 参见《宫中档康熙朝奏折·第9辑》，页685－686，《闽浙总督觉罗满保·奏闻审理将军所属旗甲控诉案件折》，康熙五十七年六月二十一日。该满文奏折的主要内容翻译如下：fugiyan i jiyanggiyūn i fejergi gūsai uksin sa，（福建将军之下八旗披甲）gulu šanggiyan i sula janggin lio yūn king be habšaha emu baita be，（控告正白旗闲散章京刘云青一案）aha be acafi beideci，（奴才等会审）lio yūn king geren cooha de juwen sindafi，（刘云青放债于众兵）biyadari ujen madagan i ciyanliyang be tebume gaiha，（每月以重利坐扣钱粮）holtome jiyanggiyūn i gisun seme，（谎称将军之言）uksin wang diyan gi be sele futalafi duka de maktaha ba gemu yargiyan，（以铁链捆绑披甲王典基掷于城门处皆实）lio yūn king geli morin uncara fandz sade sirendufi，（刘云青又勾结马贩）geren uksin ci morin tome orin sunjata yan menggun gaifi，（向众披甲每马索银二十五两）morin uncara fandz de orin yan bumbi，（给马贩二十两）funcehe sunja yan be，lio yūn king，jiyanggiyūn bihe dzu liyang bi i booi da jang ioi lin i emgi cisui gaifi dendecembi seme（刘云青将剩余五两与原任将军祖良璧之包衣大张玉林一起私分）ceni beye alime gaimbi.（伊等供认不讳）

下，反而身陷更深的债务困境。[①]

旗人有时在现实生活中，仅图求眼前方便未有长远规划，对金钱借贷的警觉性略为不足，导致债务危机很容易发生。例如河南巡抚阿思哈曾在乾隆三十三年（1768）四月间，指出河南驻防满营甲兵在更替挑补时，常发生下列弊病：

> （披甲）如遇出缺，或本家无人，或子弟幼小，另行挑补，前项马械，俱需变卖，而新补之兵，又应制备，往往私相顶售，新甲即受旧甲之物，一时又无现银，遂将马械等项，合计作银五、六十金不等，三分起息，按月付给。在新甲不需现银，即得全副物件，固所乐从。即旧甲之家，孤寡居多，得有月利资生，本银长在，更所情愿。由来已久，乃相习成风，视为故常，日积月累，有至数十年，或终其身，偿利不下十数倍于本，而本终未还者。甚至物故之后，辗转复售一兵，而偿两家利息者。流弊无穷，深为兵累。[②]

新任披甲常接收前任披甲的装备以求省事，但此举亦会使其受困

① 旗员除借由放债巧夺旗人钱粮外，甚至还有直接扣押钱粮之行径。例如乾隆三十五年二月间，广州驻防水师旗营协领奇德，因俸满“例应进京”，又“拟扶母柩顺便回京安葬”。奇德为筹划长途旅费，决定侵扣旗人钱粮。是年十二月间，他与领催安定达等人议定每兵扣银两钱，估计一共可得银一百二十一两六钱。此事随即被“前赴散饷”的防御伊昌阿得知，意图向上禀报，奇德眼看事迹败露立即将钱“按名散还”，不过奇德最终仍难逃被处分的命运。详可参见《宫中档乾隆朝奏折·第35辑》，页484-486，《两广总督昭信伯李侍尧等·奏为臣等审拟水师旗营协领奇德侵扣兵丁应领谷价贪黩不职具奏事》，乾隆三十九年五月初九日。

②《宫中档乾隆朝奏折·第30辑》，页297-298，《河南巡抚阿思哈·奏为调剂河南驻防满营披甲兵私相顶售马械之以恤兵艰事》，乾隆三十三年四月初八日。每位披甲依例要“自立马三匹、盔甲一副、腰刀一口、撒袋一副、弓一张、箭五十枝，并鞍屉等物。”

于重利中。阿思哈面对这项积弊，建议官方先借每位披甲银五十两，“即与出缺之家，作为顶售马械之价”，日后再从每月饷银中扣还。[①] 阿思哈似乎认为旗人若向官方借钱更有保障，不过这种想法可能是相对而言，毕竟如果旗员违法犯纪，旗人仍难逃债务摧残。旗人涉入金钱借贷后，大多被迫进入一种恶性循环：起初仅因财务稍为窘迫而借钱，沉重债务却将旗人推向更为严峻的生计困境。

随着入关时间的增长，旗人已不复入关初期的生活无虞，当他们遭逢困境或急需用钱时多会举债，不少纠纷亦随之产生。以下这起镶蓝旗汉军已故千总崔濂之妻周氏，控诉正黄旗汉军马兵柏之熏之案就具有一定代表性。乾隆三十年（1765）间，正黄旗汉军的轻军都尉兼侍卫周绳武，升授甘肃黑城营都司，周绳武赴任时因缺乏盘缠，向本旗外叔祖轻军都尉柏嵩年借银二百两。两人说好这笔欠项，将透过周绳武的留京世职俸银俸米抵还，其余银两米石亦请柏嵩年代管。柏嵩年于乾隆三十六年正月十四日病逝，周绳武的姊姊周氏随后于二月间，向正黄旗汉军处询问此项银两应如何处理，副都统塔永阿因周氏身属镶蓝旗，令周氏改向本旗具呈。然而当佐领张炌得知此事后，认为周绳武既是正黄旗人仍应办理，立即行文陕甘总督请求协助。十月间正黄旗收到陕甘总督的咨文，说明周绳武欲将乾隆三十六年以后的春季俸银、

① 清高宗收到此奏后谕曰：“今若借支官项，令其扣清办理，则挑补新甲，既按月出利，而旧甲之家，又得有现给整银，自属两便。但弓、刀等项，所值无几，若借给银五十两，未免过多。今为量酌调剂，即予以四十两，已足敷用。该抚可即遵照办理，将此传谕知之。”参见《清高宗纯皇帝实录》，卷 808，页 922，乾隆三十三年四月己巳条。

米和秋季俸银存于旗库，秋季俸米则交由周氏供祭扫之用。[①]

不过可能在同一时间点，远在雅尔地方的周绳武有了新想法，他希望领回原本存于柏嵩年家的银两，并请姊姊至甘肃黑城营衙门接回母亲。周绳武先写了禀帖托侍卫德赫布带回京师，此外亦写信给舅舅柏之操告知此事。塔永阿接到该禀帖后，认为先前陕甘总督的来文，并未言及乾隆三十五年前的银两，决定不再处理此事，仅将该禀帖转交本旗印房收贮存案。另一方面，周氏透过柏之操得知周绳武意思后，遂持信要求柏之熏交出其父代管的剩余银两。柏之熏听闻此事后大感诧异，因为他完全没有接获官方或周绳武的通知，为慎重起见未将银两交给周氏。周氏向柏之熏追讨银两不成，认定柏之熏心怀不轨。由于她先前曾有在正黄旗汉军处呈文被拒的经验，决定改赴西城御史处，控诉柏之熏意图侵占他人财产，甚至利用这些银两买房、放账与聚赌。

西城御史接到周氏的诉状后，马上传齐双方进行讯问。柏之熏到案后强调未收到任何正式通知，周氏又拿不出凭证，所以才未交付银两，全数银两分文未动，愿意立即呈缴，至于放账聚赌一事则为无稽之谈。西城御史认为副都统塔永阿等人压案不办，佐领赵锳亦曾为柏之熏说情，柏之熏很有可能勾结这些旗员侵吞银两。为求进一步厘清真相，西城御史奏请将此案转至刑部，皇帝进而下令交由军机大臣查办。经刘统勋一番调查，才厘清周氏与柏之熏间的争执，完全是塔永阿等人未尽速处理周绳武的禀帖

---

① 八旗官员与八旗兵丁不同，分春、秋两季领取俸饷、俸米，参见《钦定户部则例（乾隆朝）》，卷 96，《廪禄·核放旗俸》，页 1a：“一、八旗俸禄册档，由旗查造，春俸册限上年月十二月十五日以前到部，秋俸册限六月十五日前到部。户部查核截俸，各以十五日为断，不得过十六日。……一、凡开放旗俸，二月、八月各以初一日为始，俸银限初三日放竣，俸米限两个月放竣。”

所致。柏之熏并未勾结旗员与侵吞银两，所谓放账聚赌诸多恶行，更只是周氏未厘清实情的妄告之词。[①]

上述这起旗人钱债纠纷案件，一般来说鲜少出现于中央档案。这类民间细故若惊动中央，通常已跳脱单纯民事案件范畴。周氏兴讼时强调柏之熏霸占财物与放账聚赌，明显属于一种诉讼策略，一般人为避免细故案件未受重视，多会夸大其词吸引官方注意力。[②] 周氏在官员追问下，坦承她仅在柏之熏家中“见有人送利银，又常有人坐着，想是赌钱”，“至借与何人及何等赌具，不能寔在指出”。周氏可能受到前次赴旗呈控失败的影响，才出

① 关于此案详可参见《军机处档·月折包》，文献编号016153，署西城事御史讷清额等·奏为奏闻镶蓝旗汉军已故门千总雀濂之妻周氏呈控马兵柏之熏瞒昧霸占不认收存俸银米石由，乾隆三十七年月日不详、《军机处档·月折包》，文献编号016158，大学士刘统勋·为遵旨查奏镶蓝旗汉军已故千总崔濂之妻周氏呈控马兵柏之熏图赖收存伊弟甘肃都司周绳武在京俸银米石由，乾隆年月日不详、《军机处档·月折包》，文献编号016196，柏之熏供单，乾隆三十七年正月二十八日、《军机处档·月折包》，文献编号016204，张炌佐领下三等轻车都尉兼佐领三等侍卫周绳武自据呈词，乾隆年月日不详、《官中档奏折·杂档》，文献编号409000266，奏查周氏呈控周绳武俸饷案，乾隆年月日不详、《宫中档奏折·杂档》，文献编号409000450，奏报应将周绳武呈旗之原禀详查确实等事，乾隆三十七年正月二十七日。上述档案中016153、016158、409000266与409000450均残缺，不过016158与409000266，以及016153与409000450就内容来看，似乎分别为同一件奏折的前后文，值得一并参看。

② 徐忠明曾指出明清时期的百姓诉讼时，多采取下列手段：一、先下手为强；二、强调自己的“冤屈”；三、采取“小事闹大”的诉讼策略，其中又可分为“谎状”与“聚众”两方面；四、借助“讼师”之力。百姓利用这些手段的原因，不外乎为了吸引官员注意，并且希望赢得官司。详可参见徐忠明，《小事闹大与大事化小：解读一份清代民事调解的法庭记录》，收录于氏著，《案例、故事与明清时期的司法文化》（北京：法律出版社，2006），页32－46。另夫马进亦强调清朝的诉讼规定相当矛盾，国家要求告诉内容不可虚假，但原告若仅根据事实书写如实又质朴的讼状，却通常不被官府受理。原告在这种背景下，为求胜诉不得不依赖讼师代写呈词，其内容自然比较夸张。详可参见夫马进著，范愉等译，《明清时代的讼师与诉讼制度》，收录于滋贺秀三等著，王亚新等编，《明清时期的民事审判与民间契约》（北京：法律出版社，1998），页405－406。

此下策再次争讼。此案受到重视的另一原因，为旗员处理周绳武禀帖时发生行政疏失，甚至被怀疑与嫌犯勾结。此案由于牵涉刑法与行政法，已非单纯民事纠纷，出现在中央档案中亦不足为奇。

透过这起少见的旗人钱债案件，大致可得到两项值得留意的重点。其一为旗人稳定的钱粮与岁米收入，是他们还债的重要凭借，周绳武便将在京钱粮交由柏嵩年抵还债务。值得注意的是，钱粮的收领权不可私相授受。周绳武必须在旗提出申请，由佐领发给柏嵩年图记和执照才算完成移交手续，从此不难看出旗人钱粮的管理相当严谨。其二为旗人钱债纠纷主要是在八旗内部自行调处，此案若非该旗不愿受理，周氏应不会上控至西城御史处，此外即使最终转交军机大臣审理，一些调查仍是旗员负责，例如清查八旗账目之事。承审官员为厘清柏之熏是否侵吞周绳武银两，下令点验柏之熏存留的代管银两，该任务主要交由正黄旗印务参领祖尚德，以及副参领、佐领等旗员执行。[1] 此案不仅反映旗员在八旗民事纠纷中的角色，也呈现官方处理旗人钱债纠纷的相关流程。

旗人急需用钱时除可能向旗人借钱外，有时也会求助于民人。许多民人着眼于旗人拥有稳定收入，非常乐意借钱给旗人，有些民人甚至将此视为生财途径。刘小萌在北京碓房的研究中，指出不少民人看准旗人的岁米存有拉运与去糠需求，积极在北京开设碓房提供这类服务。部分生意好的碓房甚至走向多角化经

① 《军机处档·月折包》，文献编号016201，正黄旗印务参领祖尚德·为柏之熏所存周绳武俸银俸米具结书，乾隆三十六年九月三十日。

营，同时经营米业与放债业务。[①] 总之旗人的固定钱粮对民人而言确实颇有吸引力，导致许多民人常向旗人放高利贷牟取暴利。

乾隆年间有一大兴县监生名为杜华宗，平日即以放债营生，“每八两作十两，六个月打完，共收本利银十二两”，“每典甲米一分，用银二十八两，一年清还，共得银五十余两”。此外杜华宗还于每季旗人尚未领取岁米时，先给制钱五百文，“俟关出米来，给我老米一石，每季约买旗人米四、五十石不等”。乾隆四年（1739）二月间，正黄旗护军马进泰因积欠杜华宗银两，竟被杜华宗私自拘禁两日，多亏领催丰盛阿亲自到杜华宗家中求情，允诺承担这笔债务，马进泰最终才得以返家。[②] 乾隆四十年十月间，已故马甲巴扬阿之妻于张氏，向民人李老儿借银三十两，讲定从其子马甲三达子、养育兵萨冲阿的钱粮扣还，每月还银一两五钱，每季还老米两石，“三年为满”。于张氏与李老儿日后却因新债务发生纠纷，萨冲阿得知此事后在街上辱骂李老儿，隔日一早李老儿即率领众人至于张氏家中，砸坏窗户与摔碎茶碗砂锅，行径非常嚣张。[③]

上述两起案件的债权人均为民人，其催讨债务的方式并非依

① 刘小萌，《清代北京旗人社会中的民人》，收录于故宫博物院国家清史编纂委员会编，《故宫博物院八十华诞暨国际清史学术研讨会论文集》（北京：紫禁城出版社，2006），页 93－107、刘小萌，《清代北京旗人社会》，页 276－330。

②《明清内阁大库档案》，登录号 147717－001，刑部尚书兼内务府总管来保・刑部为已革监生重利放债事，乾隆七年二月二十七日。

③《军机处档・月折包》，文献编号 020682，英廉・奏报审办镶黄旗满洲已故马甲巴杨阿之妻于张氏控告民人李老儿重利放债又霸占朱氏为妾一案谨将办理情形请旨训示，乾隆四十三年八月初八日。于张氏家中被砸后，乃前往步军统领衙门提告。于张氏除描述李老儿放债与砸毁物品的恶行外，还特别强调“李老儿平素为人霸道，他家中现有一个小女人朱氏，闻得是他霸来的”。此举应是于张氏的诉讼策略，借由凸显李老儿的卑劣增加胜诉机会。

循一般司法管道，而是采取暴力行为私下解决。有些旗人虽然会如同于张氏般赴官控告，但更多旗人似乎自知理亏，不敢与民人债主正面交锋。乾隆三十年十二月间，健锐营前锋校德顺发觉辖下不少兵丁，同时缺席初三、初四日的例行性射箭练习，经调查发现原来健锐营内，竟多达七十几人都积欠民人贾三银两未还，由于这两天恰是发放钱粮日子，大家担心被贾三追债才不敢前来。此案除反映旗人畏惧债主之情形外，更令人惊讶的是举债人数相当可观，贾三获取暴利的程度不可小觑。①

当旗人无法偿还债务时可能会选择逃避，然此举不但解决不了问题，甚至会产生更严重的后果。乾隆二十五年（1760）二月间，正红旗蒙古必里克图佐领下防御五十八，自初一日领取俸银后就不知去向，“显系脱逃”的五十八故被官方下令严查捉拿。五十八直到二月十三日时才现身投案，供称自己“度日艰难，欠债甚多”，二月刚领取的俸银“不敷偿债”，情急之下决定出逃躲债。② 嘉庆九年（1804）八月间，正蓝旗汉军世袭二等轻车都尉兼世管佐领庆存，由于债务过多“日夜焦急无策”，最终只能先到京城外的祖坟处暂避风头。没想到庆存刚到祖坟附近便感染风寒，卧病于看坟老寡妇杨高氏家中，无法回京当差。③ 债务缠身的五十八与庆存，即使身为八旗职官，为躲债务也不得不逃离京

---

① 《明清内阁大库档案》，登录号217309-001，刑部为贾三重利放债由移会稽察房，乾隆三十年十二月十二日。贾三描述其放债模式如下：“本年三月起，陆续供给健锐营厢黄旗前锋四十八等七十余人，自五分至加一利钱不等，共放出二百余千钱；又买兵丁每石米，给价一千三、四、五百文钱不等；又给钱六千文，买兵丁所关库银五两。”

② 《明清内阁大库档案》，登录号076396-001，协办大学士刑部尚书鄂弥达·为报明官员脱逃事，乾隆二十五年七月初九日。

③ 《明清内阁大库档案》，登录号217705-001，刑部为世管佐领庆存逃走投回交部办理由，嘉庆九年九月十九日。

城，他们却为此付出更高的代价。五十八因“身为职官，因债累逃躲，甚属卑贱，有玷官箴”，被革职销除另户册籍，发往黑龙江充当苦差；庆存则是被革去印务章京、二等轻车都尉、世管佐领等职，送交刑部议处。[①] 旗人平时主要倚赖钱粮维生，被革职后生活顿失所靠，对已颇困窘者而言无疑是雪上加霜，想要清偿债务更是难如登天。

站在官方的立场，钱债行为是经济活动中的必然产物，国家无法也没有必要多加干涉；然而若完全放纵百姓放债的利率与方式，许多人势必会借由放高利贷牟利，进一步衍生许多社会问题。职此之故，官方多会借由法律约束民间钱债事务，明律“钱债”中即有下列条文：

> 凡私放钱债，及典当财物，每月取利，并不得过三分。年月虽多，不过一本一利，违者笞四十；以余利计赃，重者坐赃论，罪止杖一百。若监临官吏，于所部内举放钱债，典当财物者，杖八十；违禁取利，以余利计赃，重者依不枉法论。[②]

此律明定放债者每月取利不可超过三分，清朝入关后亦继受该规范。官方处理旗人钱债纠纷时，即着重放债者是否每月取利超过三分，有违者往往遭受处罚。

旗人生计自康熙年间开始恶化，债台高筑的旗人越来越多。

---

① 《清仁宗睿皇帝实录》，卷 133，页 807－808，嘉庆九年八月戊辰条。此案最终因皇帝认为庆存“实非有心潜逃”，“庆存着加恩开复原职，不必交部察议”，参见《清仁宗睿皇帝实录》，卷 134，页 824，嘉庆九年九月丁酉条。

② 黄彰健主编，《明代律例汇编·下册》，卷 9，《户律六·钱债·违禁取利》，页 571。

清政府逐渐认清若想要彻底解决问题，除了改变旗人生活方式与提供更多补助外，还须积极查缉向旗人放高利贷的不良分子，使其无法继续鲸吞蚕食国家发给旗人的钱粮。清政府这方面的作为，通过相关条例的修订可见一斑，相关演变可参见表3-2-2。

表3-2-2　《户律·钱债·违禁取利》中与旗人相关条例之演变

年　份	条例修订内容	备　注
雍正五年（1727）	佐领、骁骑校、领催等，有在本佐领或弟兄佐领下，指扣兵丁钱粮，放印子银者，旗人照边卫充军例，枷号三个月鞭一百。伙同放印子银者，照为从杖一百徒三年例，枷号四十日鞭一百。所得利银，勒追入官，若违限不完者，枷号两个月鞭一百，入辛者库。该参领失于觉察者，交部议处。佐领、骁骑校，虽未出本放银，不能禁止他人，反与属下兵丁保借者，革职，该参领交部议处。至佐领骁骑校参领等，平时失于觉察，以致该管兵丁，将官钱粮扣还印子银者，俱交部，分别议处。	《大清律例通考校注》记载此例修订于雍正三年，但《钦定大清会典事例（光绪朝）》与《读例存疑》均言此例修订于雍正五年。
乾隆五年（1740）	a. 佐领、骁骑校、领催等，有在本佐领，或弟兄佐领下，指扣兵丁钱粮，放印子银者，系佐领、骁骑校，照流三千里之例，枷号六十日；系领催，照边卫充军例，枷号七十五日，俱鞭一百。伙同放印子银者，照为从杖一百徒三年例，枷号四十日鞭一百。所得利银，勒追入官。佐领、骁骑校、领催等，与属下兵丁保借者，革去职役，该参领交部议处。至佐领、骁骑校、参领等，平时失于觉察，以致该管兵丁，将官钱粮扣还印子银者，俱交部，分别议处。	此例为雍正五年例修改而成。

续 表

年 份	条例修订内容	备 注
乾隆五年（1740）	b. 凡有民人，违禁向八旗官兵放转子、印子、长短钱者，拿送该地方官，亦照旗人例，枷责治罪。其失察之该管文武各官，俱交部，分别议处。八旗佐领，每月将有无重利放债、借债之人，出具印结，呈报该参领。参领按季加结，呈报都统查核。	此例应自雍正十三年出现的某事例修改而成，但其完整内容目前不详。
乾隆二十一年（1756）	八旗领催代属下兵丁，指扣钱粮保借者，照伙同放债人，枷号四十日鞭一百例发落。其指米借债之人，照违制律，鞭一百，仍将失察之该管各官，交部分别议处。	《读例存疑》记载此例修订于乾隆十七年应有误，推测二十一年才正式入律。
乾隆三十二年（1767）	民人违禁向八旗兵丁，放转子、印子、长短钱，扣取钱粮，及旗人举放重债，勒取兵丁钱粮，并非在本佐领下放债者，或经告发，或被兵丁首出，除所欠债目，不准给还外，将放债之人照讹诈例，从重治罪，欠债之人，毋庸治罪。失察之该管文武官，俱交部议处。八旗佐领每月，仍将有无重利放债之人，出具印结，呈报该参领，按季加结，呈报都统查核。	此例部分内容来自乾隆五年 b. 例。
嘉庆十四年（1809）	佐领、骁骑校、领催等，有在本佐领，或弟兄佐领下，指扣兵丁钱粮，放印子银者，系佐领、骁骑校，照流三千里之例，枷号六十日；系领催，照近边充军例，枷号七十五日，俱鞭一百。伙同放印子银者，照为从杖一百徒三年例，枷号四十日鞭一百。如非在本佐领下举放重债，勒取兵丁钱粮，及民人违禁，向八旗兵丁放转子、印子、长短钱，扣取	此例为乾隆五年、乾隆二十一年、乾隆三十二年三例合并而成。

续表

年份	条例修订内容	备注
	钱粮者，照诈欺官私取财律，计所得余利，准窃盗论，利银均追入官。佐领、骁骑校、领催等，代属下兵丁，指扣钱粮保借者，佐领、骁骑校，革职；领催，鞭一百。其指米借债之人，照违制律，鞭一百，自行首出者，免其治罪。所欠账目，并免着追。失察之该管文武各官，俱交部，分别议处。八旗佐领，每月仍将有无放债之人，出具印结，呈报该参领，按季加结，呈报都统查核。	

数据源：

《大清律例按语》《读例存疑重刊本》《钦定大清会典事例（光绪朝）》《大清律例通考校注》

《户律·钱债·违禁取利》中与旗人钱债相关条例之修订，主要聚焦于两方面，其一为强化八旗内部管理，其二为对民人的约束。清政府早在雍正朝初期，已制定条例处置扣克旗人钱粮或对旗人放高利贷的基层旗员，其刑责比原律重得多。该例于乾隆五年（1740）再次修订的原因，一来是为求解决律例间的矛盾，① 二来考虑到品级不同的旗员刑责亦应有别，最后则是删改冗赘语汇与补充疏漏处。② 乾隆二十一年（1756）间，又新增一

① 例如“犯罪免发遣”律规定充军边卫者，枷号七十五日，与该例“照边卫充军例，枷号三个月”有别，参见〔清〕黄恩彤编，《大清律例按语》，卷43，《户律·钱债·违禁取利》，页7a-8b。

② 〔清〕吴坛著，马建石等编，《大清律例通考校注》，卷14，《户律·钱债·违禁取利第三条例文》，页524：“又佐领、骁骑校，与领催品级不同，枷号亦宜分别。……再保借者革职，但言佐领、骁骑校，而遗漏领催，应增。又‘该参领失察、议处’等语，重复，及‘虽未出本放银，不能禁止他人’等语，亦赘，俱应删。”

条约束八旗领催之条例，相关规范显得更为完整。[①]

清政府不仅加强对于旗员的管理，亦有留心民人常向旗人放高利贷之举。官方似乎已于雍正十三年（1735），下令民人违禁放高利贷给旗人者，“亦照旗人之例治罪”。[②] 其意义究竟为何？在前述民人杜华宗放债旗人一案中，杜宗华最终“依领催放印子银者，照边卫充军例，枷号七十五日杖一百，折责四十板”，[③] 由此可知民人与旗人的处罚完全相同，民人亦受折枷之刑。[④] 该规定推测于乾隆五年正式入律，但根据乾隆七年（1742）的臣工上奏，或能得知其中仍有问题尚待调整，：

> （大学士等）又会同刑部议覆：“再律例馆纂定新书内开，凡有民人违禁，向八旗官兵放转子、印子、长短钱者，亦照旗人例枷责治罪等语，未经注明，恐滋含混。应请将此例，添注交通领催、兵丁，扣取钱粮等字样。其治罪之处，应照领催枷号七十五日之例，减等枷号四十日。如旗人有举

---

① 值得注意的是，《钦定八旗则例》中亦禁止旗员在旗下放债，惟规范内容比较简单。参见《钦定八旗则例》，卷 10，《禁令·佐领等借放印子银两》，页 4a：“八旗佐领、骁骑校等，有于该佐领下借放印子银两，每月坐扣兵丁钱粮者，该管参领查出，送部议处。如该管官失于觉察，一并议处。”

② 〔清〕黄恩彤编，《大清律例按语》，卷 43，《户律·钱债·违禁取利》，页 9b。该规定应属事例，直到乾隆五年才被修订入律。相关内容亦可参见〔清〕吴坛著，马建石等编，《大清律例通考校注》，卷 14，《户律·钱债·违禁取利第四条例文》，页 524。

③《明清内阁大库档案》，登录号 147717－001，刑部尚书兼内务府总管来保·刑部为已革监生重利放债事，乾隆七年二月二十七日。

④〔清〕薛允升著，黄静嘉编校，《读例存疑重刊本》，卷 16，《户律·钱债·违禁取利》，页 399：“原例民人违禁，向八旗官兵放转子、印子、长短钱者，亦照旗人例治罪，谓治以军、流、徒罪也”。该见解似乎略有误解，因为民人所受的处罚为折枷刑而非军、流、徒刑。

放重债，勒取兵粮，并不在本佐领下者，亦照民人减等枷责例。”从之。①

引文中提及的问题，主要为“亦照旗人例枷责治罪”这句话的文意不够清楚，臣工们建议将其修订促使刑度的区隔更为妥切，此举也得到皇帝认可。不过这则新修之例随后并未修入清律，② 仅以一般部院则例形式保留下来。③

乾隆二十七年（1762）六月间，副都统富德条奏旗务各款时，其中一项亦与旗人债务有关：

旗人私债，急宜清厘，方可渐裕生计。请交八旗都统，彻底清查，应如何归偿之处，酌动官项完结，于伊等俸饷内，陆续归款。清查之后，再有不知撙节，仍行赊欠者，严加惩治。④

清高宗对富德所奏各款均表示同意，并在军机大臣议奏下，规定曾正式声明未借放私债的旗人，“此后如有控告债负”，“不准归还，并将放债之人，照讹诈例从重治罪”，⑤ 该新规定随后亦促

---

①《清高宗纯皇帝实录》，卷 164，页 75－76，乾隆七年四月壬寅条。

②〔清〕薛允升著，黄静嘉编校，《读例存疑重刊本》，卷 16，《户律·钱债·违禁取利》，页 399：“乾隆七年虽经议准，交通领催兵丁扣取钱粮等字样，应照领催例减等，枷号四十日，并未纂入例内。”

③《钦定大清会典事例（光绪朝）》，卷 764，《刑部·户律钱债·违禁取利》，页 9a－9b：“乾隆七年议准。……又民人违禁向八旗官兵放转子、印子、长短钱，并交通领催兵丁扣取钱粮者，照领催枷号七十五日之例，减等枷号四十日。如旗人有举放重债，勒取兵粮，并不在本佐领下者，亦照民人减等枷责例。”

④《清高宗纯皇帝实录》，卷 664，页 428，乾隆二十七年六月丙申条。

⑤《清高宗纯皇帝实录》，卷 665，页 439，乾隆二十七年六月甲寅条。

成乾隆三十二年（1767）例的出现。

嘉庆十四年（1809）间，清政府将上述条例进行最终整理，多则条例修并为一。由于“讹诈例”未有专条，刑部遭遇此类案件，均“以讹诈即属诈欺取财，向俱引诈欺官私取财律，计所得余利，准窃盗论”，既然惯例上如此比附，不如直接将“照讹诈例”改为“准窃盗论”。[①] 另一方面，当此三例合并后，原例刑度彼此不一的情形势必得处理，“八旗领催代属下兵丁，指扣钱粮保借者”，从原本的枷号四十日鞭一百改为鞭一百，佐领与骁骑校若涉及相同案情亦比照办理。[②] 嘉庆十四例修订完成后，与旗人钱债相关之条例修订暂告一个段落。

清政府多次大费周章修订条例，主要是为了防患于未然。与其等到旗人陷入钱债纠纷后再来调解与补助，不如先以严刑峻法恫吓众人不得放债于旗人。然旗人生计若无根本改善，举债度日在所难免，相关纠纷只会层出不穷。此外如同薛允升所示，“定

---

① 何谓“准窃盗论”？其理解关键在于“准”字意涵，王明德曾曰：“准者，用此准彼也。所犯情与事不同，而迹实相涉，算为前项所犯，惟合其罪，而不概如其实，故曰准。如以米柴准算布帛，惟取价值相当，实不可以米柴代布帛之用。其罪异于真犯，故赃虽满贯，亦罪止杖一百流三千里。”参见〔清〕王明德著，何勤华等点校，《读律佩觿》，卷1，《八字广义·准》，页5。换句话说，“准窃盗论”主要参考窃盗罪办理，但刑度最高仅到杖一百流三千里而非死刑。关于“准窃盗论”的实际运作，详可参见《明清内阁大库档案》，登录号114086－001，刑部议覆江苏民人陈三等跟帮放债重利盘剥移会稽察房，嘉庆十七年十一月十一日：“陈三、庞六，应比照民人违禁向八旗兵丁放转子、印子、长短钱扣取钱粮者，准窃盗论，窃盗赃一百二十两，绞，至死减一等，各杖一百流三千里。”由此可知“准窃盗论”和窃盗罪一般，刑度乃计赃而论。“窃盗罪”规定不法所得若有一百二十两，将处以绞监候，陈三、庞六两人赚取的暴利虽已超过一百二十两，但碍于“准窃盗论”只能减等为杖一百流三千里。

② 这段分析嘉庆十四年例的史料引文，详可参见〔清〕黄恩彤编，《大清律例按语》，卷77，《户律·钱债·违禁取利》，页50b－53b。

例非不严密，而认真办理者最难”，[1] 即使国家定有严密规范，仍难保不会产生类似弊病。

道光元年（1821）八月间，监察御史佟济称京城内外地方，存有诸多当铺专做旗人生意，“该旗人等只图一时乏用，并不思堕入术中”，有人甚至“直有数年间，银米均不能到手”；除不法民人外，“竟有家道殷实之领催，亦在从中盘剥渔利”，“较之奸商，尤属违例”。佟济建议查看“所有旗人旧欠各铺户账目”，若利已过本即“概行勾除”，避免旗人难逃重利之累。面对佟济洋洋洒洒之奏，清宣宗的朱批相当值得玩味：

> 八旗生齿日繁，钱粮有限，其中贫富不一，且善于度日与否，又复不一。若云借贷受累，乃朕洞悉之事，即愿补救积弊，祇可缓筹良策，务使旗、民两得其平。若如该御史所奏办理，不但日久不能实力奉行，言下亦难措手，是弊未除，而旗人之生计益蹙矣。[2]

清宣宗的立场并未罔顾旗人生计，更非不愿严缉违法放债者，但究竟该如何彻底解决问题，确实令皇帝颇为两难。佟济的建议看似有理，却完全站在旗人角度思考，如果确实执行其建议，民人依规定在三分息内放债的当铺，亦会受到波及损失惨重。上述朱批不仅透露皇帝对旗人生计问题的无奈，更表明钱债律例的约束效果不甚理想。

---

① 〔清〕薛允升著，黄静嘉编校，《读例存疑重刊本》，卷16，《户律·钱债·违禁取利》，页400。

② 《宫中档道光朝奏折》，文献编号405000085，掌江南道监察御史佟济·奏请调济旗人生计事，道光元年八月十六日。

第三节　八旗户婚制度与旗人的家庭纠纷

一、八旗户籍制度的演变与内涵

明代东北女真社会在八旗制度创建前，血缘组织扮演了重要的角色。当时同一男性祖先的子孙常聚居为一个哈拉（hala，姓），其成员严禁彼此通婚。随着人口大量繁衍，哈拉陆续分裂并迁徙于不同地方，这些子哈拉又被称为穆昆（mukūn，氏）。[①]清太祖起兵之初即以穆昆长自居，并积极并吞其他穆昆，此举虽使其穆昆迅速扩大，却也导致穆昆原有职能逐渐无法符合现实需要。在清太祖积极扩张势力的过程中，感到最棘手者应为如何收编大量归附人口为己所用。清太祖有鉴于穆昆制度已不敷使用，以及重新统合自身势力之必要，在万历四十三年（1615）创建军政合一的八旗制度，女真传统社会模式顿时为之一变。[②]

八旗制度打破过往女真以血缘为基础的社会结构，逐渐由氏族性部落社会转化为集权式国家。[③] 对于清太祖而言，八旗制度

---

① 关于哈拉、穆昆的关系与意义，参见《八旗满洲世族通谱》（沈阳：辽海出版社，2002），《御制序》，页 2b－3a：“左氏内、外传言：‘天子建德，因生赐姓，胙土命氏’。”满文版的说明更为清楚，参见《八旗满洲世族通谱（满文本）》（台北：台北故宫博物院藏）：“banjin be dahame hala buhe（因生给与哈拉）ba be salibufi mukūn obuha.（封于地方后成为穆昆）”

② 许多研究者指出在八旗制度创立前已先有四旗，王景泽却认为当时仅有四穆昆而非四旗，两者不可相混。四穆昆的出现，象征穆昆制度的发展到达极致，随着女真势力日益茁壮，穆昆制度被八旗制度取代亦是理所当然。然而穆昆被取代后并未完全消失，而是改以“家族”“族”等意涵继续存在。详可参见王景泽，《关于穆昆与满洲“前四旗”问题——兼析八固山的建立》，《佳木斯大学社会科学学报》，1998：4（佳木斯，1998. 08），页 43－47。

③ 李典蓉，《由氏族到八旗——满族民族认同中的矛盾现象》，《黑龙江民族丛刊（双月刊）》，2007：6（哈尔滨，2007. 12），页 111－119。李典蓉指出八旗制度虽于氏族社会的“化家为国”有所帮助，却也导致满洲原有的血缘关系被分裂；八旗制度造成氏族组织与政府关系紧密，氏族本身单纯以血缘为纽带的精神反而遭到破坏。

确实有助于团结部众，[①] 清太祖借此有效指挥与控制部属，八旗制度可说为其来年称汗的重要准备。[②] 当满洲政权蜕变为国家后，精准掌握户口成为首要大事。关外时期的清朝虽未仿效汉制建立地方行政体系清查户口，却利用八旗制度达到相同效果。[③] 即使当时并非全体部众皆置于旗下，[④] 但满洲政权“以旗领人”的特征已趋于明显。

清朝入关后面对大量新增土地与人口，不宜将“以旗领人”惯例完全施行于汉地。为了在避免扰民与保留本民族特征间取得平衡，清政府如同其他“征服王朝”般采取“二元统治”策略。在旗、民分治政策下，八旗管理户籍的意义更甚以往。由于旗人被皇帝视为巩固政权的关键，八旗制度的一项重任，乃严密掌控这群“国家根本”，不许发生旗籍紊乱之事。掌管户籍始终是八旗制度的主要职能，但此举入关后俨然存有将“征服者”与“被征服者”集团相区分的新意涵。

不过旗籍与民籍间纵然泾渭分明，未必表示这两集团的成员永远无法改变身份。若从现实状况来看，旗籍仍具有一定开放性。清政府刚入关之际，许多归顺的汉人军队被编入八旗中，成

---

① 张佳生，《八旗制度对满洲的整合三论》，收录于氏著，《八旗十论》（沈阳：辽宁民族出版社，2008），页 126 - 229。

② 姚念慈，《清初政治史探微》，页 61 - 62。

③ 清朝关外时期透过八旗进行人口调查的例子，详可参见《清太宗文皇帝实录》，卷 7，页 106，天聪四年十月辛酉条。

④ 天命年间并未将汉人完全纳入八旗中，而是另设都堂管理之，不过该情形并未持续太久，详可参见姚念慈，《清初政治史探微》，页 97 - 110。另一明显的例子，为清太宗朝归附的“三王一公”及其部属，起初并未入旗。“三王一公”本人之后于崇德七年被编为汉军，其部属则至三藩之乱平定后才入旗。详可参见谢景芳、赵洪刚，《“三王”、续顺公及所部“隶旗”考办》，收录于氏著，《明清兴替史事论考》（长春：吉林人民出版社，2007），页 180 - 190。

为八旗汉军的一员。[①] 除此之外，清世祖于顺治六年（1649）正月间，亦让早年入关的辽人自由选择出路，“有愿入满洲旗内者，即入旗内，欲依亲戚居处者，听归亲戚”。[②] 康熙年间清政府为对抗俄国的侵略，将世居于东北边疆地区的赫哲、索伦和锡伯等部，编为“新满洲”以强化当地军备；[③] 所谓“新”“旧”满洲之别，即根据入旗时间加以区分。[④] 除了上述例子外，各族群分子于不同时间进入八旗的例子更是不胜枚举。[⑤]

---

① 清政府入关初期，曾吸收部分明朝降军入旗，类似情形日后却不常见。例如顺治十六年间，翰林院掌院学士折库讷曾有鉴于汉军人数不足，奏请增加汉军人数，然该建议并未被皇帝采纳。参见《清世祖章皇帝实录》，卷127，页986，顺治十六年八月壬辰条：“翰林院掌院学士折库讷密陈四事。……一曰增汉军兵力。今各省驻防出征，多用汉军，计在京各旗披甲马兵，不过百人，而固山额真、梅勒章京、甲喇章京、牛录章京，亦在其内。兵少若此，征战安所赖乎。……臣愚以为，凡直隶、山西、陕西、山东、河南各省人民，有精壮善骑射者，请敕督抚提镇，凡司道副参以上，每年定限选拔送京，编入汉军牛录披甲。训练二、三年，皆同旧人，或令驻防，或令出征，事必有济矣。”、《清世祖章皇帝实录》，卷129，页1001，顺治十六年十月癸丑条：“先是部覆翰林院学士折库纳条议，均旗丁田、增汉军兵、收人心三款，不准行。……汉军牛录内，尽可增添披甲，各省如有强壮之人，听入绿旗披甲，不便编入汉军牛录下。”

②《清世祖章皇帝实录》，卷42，页338，顺治六年正月己卯条。

③ 居住于东北地区的少数民族，大部分入关后才入旗。“新满洲”群体的入旗时间相当复杂，难以概一而论。相关讨论详可参见麻秀荣、那晓波《清初八旗索伦编旗设佐考述》，《中国边疆史地研究》，17：4（北京，2007. 12），页8－17。

④〔清〕长顺纂修，《吉林通志》，收录于《中国边疆丛书·第一辑》（台北：文海出版社，1965），卷28，《食货志·户口》，页14b－15b：“吉林本满洲故里，蒙古、汉军错屯而居，皆有佛、伊彻之分（国语旧曰佛［fe］，新曰伊彻［ice］），国朝定鼎以前编入旗者，为佛满洲。”

⑤ 八旗组织除了满洲、蒙古与汉人外，还存有一些少数民族，他们大多在清朝入关后才入旗。例如俄罗斯人是因战败被俘而入旗，参见刘小萌，《关于清代北京的俄罗斯人——八旗满洲俄罗斯佐领历史寻踪》，《清史论丛》，2007年号（北京，2006. 12），页365－377。另藏人也同因战败被编入八旗，参见李洵等点校，《钦定八旗通志》，卷5，《旗分志·八旗佐领五·正黄旗满洲佐领下》，页81：“新增佐领，系乾隆四十一年平定两金川投顺人丁，合十三年旧驻京之番子，共为一佐领。初隶内务府属，后于乾隆四十二年五月，奉旨改隶本旗第四参领属。”

在旗籍并非完全封闭的例证中，尤其不可忽略旗下家奴的特殊性。清政府考虑旗人入关后非常缺乏生产力，为保障旗人生计与希望他们专心为国效力，于顺治二年三月间颁布“投充令”，准许穷困汉人进入八旗充当奴仆供养旗人。① “投充令”原本立意甚佳，既能照顾旗人生计又提供穷困汉人归处，实为一两全其美之策。然许多旗人竟借此逼迫汉人为奴，② 有些汉人奸民亦藉投充狐假虎威。③ 由于这类为害乡里之事层出不穷，官方只能断然下令停止汉人投充入旗。④ 不过“投充令”即使宣告结束，旗人仍有许多获得奴仆的管道，旗人可在民间契买奴仆，⑤ 有些罪犯也会发配给旗人为奴。⑥ 值得注意的是，旗下家奴虽与一般旗

---

① 《清世祖章皇帝实录》，卷 15，页 133，顺治二年三月戊申条：“又闻贫民无衣无食，饥寒切身者甚众，如因不能资生，欲投入满洲家为奴者，本主禀明该部。果系不能资生，即准投充，其各谋生理，力能自给者，不准。”

② 《清世祖章皇帝实录》，卷 15，页 135，顺治二年四月癸亥条：“谕户部：‘前许民人投旗，原非逼勒为奴，念其困苦饥寒，多致失所，至有盗窃为乱，故听其投充资生。近闻或被满洲恐吓逼投者有之，……此后有实不聊生，愿投者听，不愿投者，毋得逼勒。’”

③ 《清世祖章皇帝实录》，卷 25，页 215 - 216，顺治三年四月辛卯条：“江南道监察御史苏京奏言：‘投充名色不一，率皆无赖游手之人，身一入旗，夺人之田，攘人之稼。’”

④ 《清世祖章皇帝实录》，卷 31，页 257，顺治四年三月己巳条：“近闻汉人，不论贫富，相率投充，甚至投充满洲之后，横行乡里，抗拒官府，大非轸恤穷民初意。自今以后，投充一事，着永行停止，尔部即行传谕。”

⑤ 在中国历史上，人口买卖为一源远流长的制度，尤其在天灾发生时，许多人为了生活被迫将自己或亲人卖为奴隶。清朝的相关例子或可参见〔清〕李颙，《二曲集》，收录于续修四库全书编纂委员会编，《续修四库全书·第 1410 册》（上海：上海古籍出版社，2002），卷 18，《书三·与布抚台》，页 24b：“方今西安民流诸关东诸省者，不下百万，窜诸西北府三边及川蜀者，亦不下百余万，卖入本省外省富商、满洲者，亦不下十余万。”

⑥ 在传统中国法律制度的五刑中，死刑之下最重者为流刑。然自明朝开始，逐渐出现较流刑更重的充军刑，清朝又发展出较充军更重的发遣刑。所谓发遣又有“为奴”、“当差”、“种地”、“安置”等几种不同类型，其中“为奴”者多发配给八旗披甲人。详可参见魏道明，《始于兵而终于礼——中国古代族刑研究》，页 226 - 232。

人地位有别，但民人成为旗下家奴者，须从原有民籍转入旗主户下，[①] 可见透过户籍管理的视野，将旗下家奴视为旗籍的一分子应无疑虑。[②]

每当论及清朝的“二元统治”时，多会以旗、民分治政策为中心，却鲜少有人留意旗籍的复杂性。从外在的角度来看，旗籍实存有一些弹性，各族群成员都有机会进入其中；若从内部角度来看，旗籍所有成员间又有族群与阶级之别，并非铁板一块的整体。旗籍内、外两种复杂性特征，自康熙朝以降逐渐呈现下列趋势。首先，自三藩旧部入旗后，汉民除充当旗下家奴外，大规模入旗的情形已不多见。其次，为解决旗人生计问题，旗人内部阶级区分开始被强化。清政府于雍正年间，对八旗户籍的编审施予新规定，从此旗籍丁册上注有正户、另户、开户、户下和另记档案等项目。[③] 此举无非是严格划分旗人间的阶级，并在此基础上缩减旗下家奴的权利。[④] 总之在皇权控制下，民人想成为正身旗人越来越不容易，正身旗人也随着旗内阶级的强化，日益占有较

---

① 《清世祖章皇帝实录》，卷 70，页 554，顺治九年十二月辛亥条：“户部左侍郎王永吉疏言：‘投充流弊，大害有五，而意外之隐忧不与焉。……旗下多一投充，则皇上少一土地民人，减户口而亏赋税，三也。’”、《清世祖章皇帝实录》，卷 24，页 204，顺治三年二月甲申条：“嗣后投充满洲者，听随本主居住，未经投充，不得留居旗下。”

② 需要特别说明的是，包衣（booi，家里的）与旗下家奴，实为两种不同群体。前者隶属于八旗满洲，拥有专属的旗籍；后者则没有独立户籍，多依附于主人户籍下。包衣与旗下家奴均与其主维持主仆名分，但两者的社会地位却截然不同。详可参见杜家骥，《八旗与清朝政治论稿》，《第十三章 · 清入关后的八旗奴仆及其与清朝统治》，页 436 – 456。

③ 刘小萌，《八旗户籍中的旗下人诸名称考释》，页 152 – 162。雍正年间首先规定丁册上必须注明另户、开档等字样，乾隆年间进而新增在各自名下开写三代履历之规定。

④ 详可参见傅克东，《八旗户籍制度初探》，页 38 – 39。

多国家提供八旗的各种优待。旗下家奴这类较为低下者，不但无法与正身旗人相比拟，在一些法律待遇上更逐渐无异于一般民人。[①]

旗人因为地位特殊，清政府除不许民人随意进入旗籍外，对旗人的脱籍行为更是严加禁止。这部分相当具有讨论价值，不过因其主要涉及行政法范畴，暂且留到下一章再详述。值得注意的是，旗下家奴这群旗籍中最低下者借赎身出旗为民时，常引发旗、民间的民事纠纷，笔者接下来将先分析该问题的成因与意义。

清初民人若充当旗人奴仆即可进入旗籍，不过他们一旦成为旗下家奴想重回民籍并不容易。清政府基于保障旗人权益立场，不准旗下家奴随意离开旗籍，[②] 许多旗下家奴被迫只能私自脱逃。清政府为杜绝这股歪风，乃制定严厉“逃人法”约束旗下家奴。[③] 然而“逃人”问题在“逃人法”的雷厉风行下并未平息，反而让整个社会人心惶惶。清政府目睹“逃人法”扰民甚深，自康熙朝着手修订“逃人法”，不仅加重处分诬告恶徒，亦适度减轻逃人与窝主刑责。[④]

---

① 如同本书第二章第一节所述，旗下家奴自乾隆十六年开始，已不再适用于“犯罪免发遣”律，此即旗下家奴与正身旗人待遇有别之例证。

②《清世祖章皇帝实录》，卷 90，页 705－706，顺治十二年三月壬辰条：“近见诸臣条奏，于逃人一事，各执偏见，未悉朕心。但知汉人之累，不知满洲之苦。在昔太祖、太宗时，满洲将士，征战勤劳，多所俘获，兼之土沃岁稔，日用充饶。兹数年来，迭遭饥馑，又用武遐方，征调四出，月饷甚薄，困苦多端。向来血战所得人口，以供种地牧马诸役，乃逃亡日众，十不获一。究厥所由，奸民窝隐，是以立法不得不严。若谓法严则汉人苦，然法不严，则窝者无忌，逃者愈多，驱使何人，养生何赖，满洲人独不苦乎?”

③ 关于“逃人法”亦可参见本书第四章第三节。

④ 详可参见吴志铿，《清代的逃人法与满洲本位政策》，《台湾师大历史学报》，24（台北，1996. 06），页 111－118。

清政府放宽“逃人法”虽有助于减少其负面影响，但终究是治标不治本。旗下家奴由于常被其主欺压，苦不堪言的生活令他们不得不脱逃。清圣祖欲彻底解决问题，除多次告诫旗人不得欺压家奴外，[①] 还允许旗下家奴借由赎身摆脱低贱身份。康熙十七年（1678）官方宣布：

> 满洲、蒙古家人，其主准令赎身，在本佐领及本旗下者，听。若违禁放出为汉军、民人者，照买卖例治罪。[②]

该例规定满洲、蒙古的旗下家奴，在其主允许下可在本旗“开户”。所谓“开户”是指旗下家奴脱离奴仆身份，从原旗主户口下迁出，其地位虽未等同于正身旗人，已较旗下家奴提升不少。[③] 旗下家奴纵然可借由该例提升地位，仍无法脱离旗籍为民，“开户”后还须留在本旗内。该情形直到康熙二十一年（1682）才稍稍改观，是年清政府再度宣布：

---

① 康熙二十二年四月间，清圣祖与明珠的一段对话即颇有代表性。清圣祖处理一起主奴互殴案件时，曾感叹曰：“大凡贪生恶死，人之常情。朕见旗下仆婢，往往轻生，投河自缢，必因家主责打过严，难以度日，情极势迫使然。朕心深为悯恻，应如何教诫，可禁绝此风?”明珠则回答道：“此等事往日极多，蒙皇上轸念，立法禁止，迩来此风较前差息。”参见《清代起居注册·康熙朝（北京版）·第14册》，页6769，康熙二十二年四月十八日条。

②《清朝文献通考》，卷20，《户口考·奴婢》，页5041，康熙十七年。

③ 旗人中地位比较模糊不清者，即介于正身旗人与旗下家奴间的开户人。八旗奴仆通过军功或赎身等方法从家主户下开出，并于旗下另立一户者被称为开户人。关于开户人的讨论，详可参见刘小萌，《关于清代八旗中“开户人”的身份问题》，页176-181。另旗下家奴出征打仗与军功开户之事，详可参见杜家骥，《清入关后的八旗奴仆兵与军事职能》，收录于故宫博物院国家清史编纂委员会编，《故宫博物院八十华诞暨国际清史学术研讨会论文集》，页47-55。

> 旗下印券所买之人及旧仆内，有年老疾病，其主准赎者，呈明本旗，令赎为民。若将年壮旧人借名赎出者，照买卖例治罪。①

印券所买或旧有旗下家奴年老有疾者，若其主同意即可赎身为民。此例虽然设限重重，但对旗下家奴而言已是一大突破，从此他们有机会循正式管道脱离旗籍。康熙五十三年后，相关法令再度放宽，白契旗下家奴亦可赎身为民，而且似乎不再限于年老有疾者才可申请。②

关于旗下家奴的赎身相关规定，大致呈现逐步开放的趋势。不过就实际案例来看，旗下家奴的赎身未必完全墨守成规，一些例外状况有可能存在。亳州民人李殿机于康熙二十三年（1684）间，卖身给镶红旗护军厄尔库为奴，厄尔库则将婢女萧氏许配给李殿机为妻。然而李殿机幼时曾“聘妻王氏”，惟在其入旗前仍未迎娶。王氏三十四岁时，被叔父兄长逼迫嫁人，王氏坚持不从，一日当她得知李殿机尚在人世，立即动身“千里寻夫”，“誓图完聚”。厄尔库得知此事后，可能是被王氏的忠贞感动，“愿将李殿机并萧氏，放出为民，给与完聚”。礼部办理此案时，却发现“旗人无断出为民之例”，幸好最终皇帝愿意开恩，厄尔库的一番美意才得以成真。③ 持平而论，官员声称的“旗人无断出为民之例”似乎有点夸张，因为旗下家奴康熙二十一年后已可出旗

---

① 《清朝文献通考》，卷 20，《户口考·奴婢》，页 5041，康熙二十一年。

② 《钦定大清会典事例（光绪朝）》，卷 1116，《八旗都统·户口·旗人买卖奴仆》，页 6a：“五十三年议准。四十三年以前白契所买之人，俱断与买主，其四十三年以后者，照原价赎出为民。”

③ 《清圣祖仁皇帝实录》，卷 140，页 543－544，康熙二十八年四月乙未条。

为民；但换个角度来说，李殿机在当时确实不符合旗下家奴的出旗条件，该陈述亦有些道理。透过这起案例或能理解，旗下家奴出旗与否并非绝对，皇帝有时会考虑现况灵活调整。

自康熙五十年官方开放白契旗下家奴赎身后，一些弊病却也逐渐浮现。署理镶黄旗蒙古副都统事务的查思哈，即奏称旗下家奴通过贿赂赎身者甚多，他们又因未确实申报得以身处旗籍与民籍间危害乡里，查思哈最后建议皇帝应详查八旗户籍来清除此弊。① 清世宗接到此奏后，下令交由九卿议奏。受限于史料记载不全，目前仅能略知九卿强调："满洲家奴，并无开出为民之例，但奉行年久，狡恶家人，恃有钱财，背主赎身，冒于旗、民之间者，不无其人。"② 这种与现实不尽相符的见解，推测应来自康熙十七年例。九卿原本可能打算借由重申该例化解问题，但令人意想不到的是此举反而造成更多纷扰。

雍正二年（1724）四月间，正白旗满洲的吏部员外郎纳尔布，呈称恶仆袁黑达子在其父关毋布尚存时"钻谋出旗"，今袁黑达子之子袁国栋又"恃财欺主"，请以上述九卿新议之例处置。此案转送至户部后，传唤相关人等到案说明。袁国栋供称关毋布乃"情愿将我父袁黑达子听取赎身"，相关手续流程"有案可查"。户部经调查发现档册中存有袁黑达子于康熙十七年获准赎身，改入大兴县赤社村为民之纪录，证明袁国栋所言属实。承审该案的怡亲王允祥，认为此案的发生应与前述九卿见解语意不清有关：

---

①《雍正朝满文朱批奏折全译・上册》，页 515，《署理镶黄蒙古旗副都统事务查斯哈・奏请查明满洲家奴为民折》，雍正元年十一月十九日。查斯哈应写为查思哈。

②《谕行旗务奏议》（台北：台湾学生书局，1976），未分卷，《雍正三年》，页 2a。

> 以致凡有先经伊等祖父，情愿放出赎身为民之人，无论年岁久远，皆援九卿所议，纷纷讦讼。臣部若照九卿“八旗奴仆，并无放出为民”之议，则袁国栋应审断归旗，但从前赎身为民者，援何例具呈该旗，该旗援何例咨送户部，其赎身税档，各州县收入民籍申详，又奉何例遵行。若据九卿“相沿日久，不无奸恶奴仆，赎出在旗、民之间”之议，今袁国栋之父黑达子，系纳尔布之父关毋布，情愿放赎为民，入大兴县民籍，至今已伍拾年，非在旗、民两可之间者所比，自应断归民籍。但九卿议内，并未将本主情愿放赎为民，历年已久，仍归民籍之处议及，臣部甚难定案。①

允祥认为九卿前述议覆太过草率，许多地方交代不清，“一议之内前后自相矛盾，使人何所适从”。允祥建议重新厘清该议，“庶讦讼之端可息，而审断者亦有定例可遵”。清世宗了解此事原委后对允祥赞誉有加，完全同意他的请求，旗下家奴赎身出旗的相关规定，从此也变得更为完善。②

旗下家奴自雍正朝以后，基本上已能透过赎身出旗为民，不

---

① 《雍正朝汉文朱批奏折汇编·第4册》，页513－515，《总理户部事务的怡亲王允祥·奏请定条例以治旗下奴仆赎罪折》，雍正三年二月二十四日。

② 此后清政府颁行下列规定：“旗下奴仆或借别旗名色买赎，或自行赎身，旗、民两处俱无姓氏者，察出即令归旗。其有跟随家主出差外任，私有蓄积，钻营势力，欺压本主赎身者，自康熙五十二年恩诏以后，虽在民籍，查明强压情实，亦令归旗。若果系数辈出力之人，伊主念其勤劳，情愿听其赎身为民，本旗户部有档案可稽，州县地方有册籍可据为民者，仍归民籍，旧主子孙不得借端控告。其有投充之人，私自为民，后经发觉，将同族之人，诬扳为同祖，或本主因家奴之同族少有产业，诬告投充之子孙者，审明将诬扳诬告之人，从重治罪。”不过此例直到乾隆五年时，才正式修入清律，详可参见〔清〕吴坛著，马建石等编，《大清律例通考校注》，卷8，《户律·户役·人户以籍为定第三条例文》，页400。

过相关规范的日后发展却是时弛时严，[①] 多少表明皇帝对旗下家奴赎身一事仍有些保守。由于旗下家奴为旗籍中流动性最高的一群人，他们的进出又与正身旗人利益密切相关，在这种纠结关系下，正身旗人与旗下家奴间的户籍纠纷时有所闻。这类案件的双方常各执一词，大幅增加官员厘清案情的难度，下述案例即可说明其棘手情形。

乾隆五十五年（1790）间，镶黄旗满洲原任织造海保之子候补笔帖式福太，以已故看坟家人张四的卖身白契，以及族长图尔宾曾替张四之子张进才求情字据为证，呈控张四之孙张大柱兄弟“不认本主”。张大柱被拘提到案后，供称他本名张建业，祖父张自富始终为民人而非海保家奴。承审此案的通州理事通判福祟，为求真相“咨旗确切行查”，该旗回报福太侄儿永安名下，有乾隆十年（1805）印契置买的苏州民人张进才与其子张大柱，永安曾于乾隆三十九年（1774）间将他们报入丁册。张建业对此却表示祖父的籍贯、名字皆与该旗档册记载不符，“年份亦均岐舛”，恳请“自行赴京投审”，此案因而移交顺天府继续审理。

张建业供称祖父张自富为苏州船户，乾隆初年曾护送海保及其家眷返京，并先帮海保代垫盘费。到京后因海保无法清偿欠款，先将张自富一家四口留住坟园，允诺补官后让张自富随任办事。不料海保旋即身故，他们只好留住坟园十余年。张自富与妻子先后去世，只剩一子张文标于乾隆三十年间迁至通州城内开店经商，并于乾隆四十八年过世。张建业强调他们一家始终不是海

① 关于旗下家奴赎身规范的演变，主要呈现于清律的《户律·户役·人户以籍为定》附律条例中。详可参见陈文石，《清初的奴仆买卖》，收录于氏著，《明清政治社会史论·下册》（台北：学生书局，1991），页 590－594、经君健，《清代社会的贱民等级》，页 130－156。

保家人，而且他现年三十七岁，乾隆十年时尚未出生，旗档中的印契却有其名，足见福太蓄意假造。

福太则坚称其父海保，确实于乾隆九年（1744）契买看坟家奴张四一户，张四之子张进才甚至于乾隆三十九年偷砍坟树，最后因亲族人等求情才以赔补坟树方式和解，“仍留在坟当差”。永安于此事过后，随将张进才一户报入旗档。乾隆五十四年（1789）十二月间，西仓监督哈达纳告知张氏兄弟正在通州开设车店，福太乃令其侄永祥到通州传唤他们来京，张氏兄弟却出言不逊否认身属旗下家奴。在张氏兄弟被理事厅捉拿羁押期间，乾隆五十五年正月间曾有笔帖式定柱前来说合，允诺福太若肯“销除张姓册档”，张大柱愿给银一千两；六月间又有革职知县雷樽来游说，这次甚至加码到银二千两。

此案双方各执一词，彼此说法各有疑点，[①] 在更多证据被发现以前，[②] 其中的是非曲直实难评断，不过从中仍可理解与旗下家奴相关之纠纷为何发生。清政府虽然严格控管旗下家奴，也制定出缜密的赎身规定，但在许多人利用各种方法规避制度下，这类纠纷实在难以平息。镶白旗汉军副都统匡名世，即指出一些汉

---

① 该案内容详可参见《军机处档·月折包》，文献编号045344，蒋赐棨、吴省钦·奏请将镶黄旗满洲候补笔帖式福太呈控恶奴背主一案，乾隆五十五年九月初八日。该折文末注有双方供词的一些疑点：福太的供词疑点为张四若是海保于乾隆九年契买的家奴，为何直到乾隆三十九年才载入旗档？又何以张家人迁往通州却久不过问？且旗文件记载当时留有印契，福太却只能拿出白契，档内所载之张进才为苏州人，福太契内的张四则为淮安人。张建业的供词疑点为张自富若与福太无主仆名分，直接听由官方审断即可，何必嘱托他人多次向福太行贿说合？

② 关于此案的后续情形，目前仅在乾隆朝的上谕档中寻获一则相关史料，其内容为军机处要求通永道陈昌图，三日内查明上报张建业所有产业与家口。详可参见《乾隆朝上谕档·第15册》，页923，乾隆五十五年九月十六日。

军旗人常隐匿家奴“不肯全报”，或令家奴居于别处躲避清查。[1]除此之外，旗下家奴为求赎身为民，即使资格不符也试图以贿赂手段达成目的。[2] 这些举措均造成官方相关规范的效果大打折扣，成为这类问题无法根治的主要症结。此外清政府受到保护八旗心态的局限，旗下家奴赎身政策多处于变动状态，在制度反复无常莫衷一是下，更为已很容易发生纠纷的旗下家奴事件增添纷扰。旗下家奴的赎身纠纷，可说是有清一代的特殊户籍现象，相较于社会中其他贱民的“豁贱为良”显得独树一格。

二、 八旗婚俗的转变与实践

国家户籍的人口变化除生老病死外，最常见者当属婚姻关系。清朝于清太宗朝已建立部分与婚姻相关之规范，主要涉及结婚年龄、结婚批准权限、婚姻礼俗以及离婚等方面。[3] 这些规范最初是以上谕形式颁布，部分内容日后则被编入“崇德会典”，[4]在当时确实具有一定效力。目前学界讨论“征服王朝”的立法时，常强调他们在婚姻制度上的多元性。如同绪论所述，金、元

---

① 《雍正朝汉文朱批奏折汇编·第31册》，页803－804，《镶白旗汉军副都统匡名世·奏陈严格八旗汉军各佐领下家人开户管见折》，雍正年月日不详。

② 《雍正朝汉文朱批奏折汇编·第22册》，页426－428，《庄亲王允禄·奏报正红旗满洲常明家人胡五等贿改民籍一案并请交刑部会审折》，雍正十年闰五月初七日。

③ 张晋藩、郭成康，《清入关前国家法律制度史》，页487－489。

④ “崇德会典”的存在与否，至今仍是清史学界的一大争议，笔者为求慎重暂且不用书名号。相关论争详可参见田涛，《虚假的材料与结论的虚假——从〈崇德会典〉到〈户部则例〉》，收录于倪正茂主编，《批判与重建：中国法律史研究反拨》（北京：法律出版社，2002），页203－234、张晋藩，《再论崇德会典》，收录于朱勇主编，《〈崇德会典〉、〈户部则例〉及其他——张晋藩先生近期研究论著一瞥》，页3－18、李典蓉，《试论清太宗朝的“崇德会典”》，《法制史研究》，4（台北，2003. 12），页281－303。

两朝入主中原后均积极推动法典一元化政策，但在婚姻制度方面却是“因俗而治”。金朝进入汉地之初，已决定让各民族保留其婚俗，[①] 元朝虽曾试图以蒙古婚俗一统全国，最终仍以失败作收。[②] 非汉民族婚姻制度的保留，无疑为“征服王朝”法律的一大特色，其中最受瞩目者当属收继婚制与一夫多妻制。

所谓收继婚制是指丈夫死后，寡妇由族中子侄或兄弟收继为妻的习俗。收继婚制盛行于人类早期社会中，汉人虽然始终将其视为蛮夷陋俗，但收继婚制其实在其早期社会中也曾普遍存在。基于保存种姓、避免家产外流、维持部落关系等因素，中国北方非汉民族长期保留收继婚制。除了收继婚制外，一夫多妻制也属北方非汉民族的特殊婚俗。一夫多妻制的诸妻纵然有正、次之别，仍不同于汉人宗法社会的一夫一妻多妾制；前者即使身为次妻还是妻，后者则严格规定妻仅有一名，其余都是地位与其相差甚远的妾。不过被北方非汉民族接受的一夫多妻制，也非社会中的普遍现象，通常只见于上层阶级。[③]

满洲身为中国北方非汉民族的一支，在婚俗上同样保有收继婚制与一夫多妻制，然而这两者的发展却不尽相同，以下将先讨论收继婚制。清朝不同于其他非汉民族，在尚未入主中原前已放弃收继婚制。清太宗自天聪五年（1631）以来多次严禁收继婚制，其不仅认为“妄娶叔父、兄、弟之妻，非理也”，[④] 甚至强

---

① 金朝女真的婚姻制度，其实仍受到部分汉文化影响，例如禁止同姓为婚、冒丧嫁娶与抢婚习俗。不过女真婚俗大多继续实行，例如行收继婚制、不禁良贱通婚和听任中表为婚等事。详可参见曾代伟，《金律研究》，页 138－149。

② 柏清韵著，柳立言译，《元代的收继婚与贞节观的复兴》，页 399－426。

③ 这方面内容主要参见定宜庄，《满族的妇女生活与婚姻制度研究》（北京：北京大学出版社，1999），页 4－23、47－55。

④《清初内国史院满文档案译编·上》，页 214，天聪九年十二月初五日条。

调“凡人既生为人，若娶族中妇女，与禽兽何异”。[①] 清政府关外时期由于已杜绝收继婚制，入关后自然有别于其他“征服王朝”，不再面临汉人婚姻制度继受与否的抉择。清政府基本上完全吸收明律中的婚姻规范，旗人若娶同亲族之妇为妻，将依五服施予不同等级的刑罚。[②]

在法律的严格管制下，传统收继婚理应销声匿迹，但透过一些既有研究成果可知，旗人入关一段时间后似乎仍行收继婚。不过当时即使尚存旗人收继婚案例，其背后因素应已产生变化。汉人社会在儒家文化熏陶下，收继婚往往被视为有违礼法的“乱伦”恶行，但一些穷困男子若没钱下聘娶妻，收继兄嫂弟媳则视为符合经济效益的取巧方式。由此可知汉人在万不得已下也会从事“收继婚”，惟此举当然不能与非汉民族制度化的收继婚俗相提并论。[③] 观察旗人入关后的收继婚案例，推测有些旗人行收继婚并非沿袭旧俗，而是迫于现实的无奈选择。[④] 以下这起发生于东北奉天的案件，或可说明当时旗人收继婚之梗概。

旗人李五之女李长姐十三岁时，被其父李五送给旗人朱由作为童养媳，预计三年后嫁给朱由次子朱二为妻。朱二于乾隆三十

① 辽宁大学历史系编，《清初史料丛刊第三种·清太宗实录稿本》（辽宁：辽宁大学历史系，1978），卷14，页7，崇德元年四月十二日条。

② 详可参见定宜庄，《满族的妇女生活与婚姻制度研究》，页23－32。

③ 关于清朝汉人社会收继婚制的讨论，详可参见王志强，《清代的丧娶、收继及其法律实践》，收录于氏著，《法律多元视角下的清代国家法》（北京：北京大学出版社，2003），页124－148。

④ 赖惠敏与定宜庄均在档案中找到几则旗人收继婚案例，两人的解释却不尽相同。赖惠敏认为旗人仍保有收继婚风俗，定宜庄则主张旗人即使行收继婚也与满洲旧俗关系不大，而是出于生活压力的无奈选择。详可参见赖惠敏，《但问旗民：清代的法律与社会》，页112－113、定宜庄，《满族的妇女生活与婚姻制度研究》，页37－42。

年二月间去世后，朱由本欲将李长姐改嫁给长子朱大，但在李长姐伯父李德运反对下未成真。李长姐随后产下一子，朱由担心李长姐若被其娘家改嫁，自己的孙子将无人抚养，再度起意将李长姐嫁给朱大；李长姐因不忍与儿子分离，亦答应朱由的请求。朱由既担心村人得知此事，更惧怕李德运从中作梗，是故暗中安排朱大与李长姐低调完婚，不料李五与李德运仍于来年正月间得知此事，遂至官府呈控朱大婚娶弟妇。[①] 朱由大费周章地安排收继婚，可能充满现实考虑而非受到满洲旧俗影响。另一方面，李五与李德运对此完全抱持反对态度，或许在当时部分旗人心中，已将收继婚视为违法犯纪甚至是伤风败俗。朱由、李五等人对收继婚的态度与作为，多少表明不能仅从当时尚有收继婚，就简单认定旗人还保有该满洲婚姻旧俗。

此案更值得讨论处为官员的态度。盛京刑部侍郎朝铨处理此案时，首先举出清律中的相关条文，分别是《娶亲属妻妾》的"若兄亡收嫂，弟亡收弟妇者，各绞"[②] 与"若娶小功以上之妻，各以奸论"[③]、《亲属相奸》的"若奸兄弟妻、兄弟子妻者，奸夫、奸妇各绞"[④]，以及《嫁娶违律主婚媒人罪》的"凡嫁娶违

---

① 《明清内阁大库档案》，登录号 199423－001，刑部为李五呈控旗人朱大案由移会稽察房，乾隆三十一年五月日不详。此案为满文档案，案件中的人名多为笔者音译。

② 为求讨论方便律文稍有变动，完整律文可以参见小注。田涛等点校，《大清律例》，卷 10，《户律・婚姻・娶亲属妻妾》，页 209－210："若收父祖妾及伯叔母者（不问被出、改嫁），各斩。若兄亡收嫂，弟亡收弟妇者（不问被出、改嫁，俱坐），各绞。"

③ 田涛等点校，《大清律例》，卷 10，《户律・婚姻・娶亲属妻妾》，页 209："凡娶同宗无服（姑侄姊妹）之亲，及无服亲之妻者，（男、女）各杖一百。若娶（同宗）缌麻亲之妻，及舅甥妻，各杖六十，徒一年。小功以上（之妻），各以奸论（自徒三年至绞、斩）。"

④ 田涛等点校，《大清律例》，卷 10，《刑律・犯奸・亲属相奸》，页 524："若奸从祖祖母、（祖）姑、从祖伯叔母、（从祖伯叔）姑、从父姊妹、母之姊妹，及兄弟妻、兄弟子妻者，（奸夫、奸妇）各（决）绞（惟出嫁祖姑、从祖伯叔姑，监候绞），强者，（奸夫决）斩，（惟强奸小功再从姊妹、堂侄女、侄孙女、出嫁降服者，监候斩）。"

律，若由男、女之父母主婚者，独坐主婚，男、女不坐”[①]。上述看似有些紊乱的律文间，其实互有关连并无矛盾。简单来说，兄趁弟亡收弟妇为妻者，男、女依律皆处以绞罪；不过如果这起违法婚姻是由父母主导，那仅将主婚人绞决，结婚男女反而不必受罚。相关规定虽然很明确，但朝铨认为该案的刑度拿捏相当困难。朝铨强调即使这场收继婚是朱由主导，朱大与李氏似乎亦难辞其咎，仅依律处分朱由不合情理；然而如果将朱大与李氏一并处分，刑度稍嫌太重又与律例相违背。在左右为难的情况下，朝铨请求皇帝将此案送交刑部议定。曾有论者指出清政府处理旗人收继婚案件时，通常抱持较为宽松的态度，[②] 然而根据此案所述，可知对旗人行收继婚严肃以待的官员大有人在。朝铨遍查律例仍犹豫不决的关键，乃希望主婚人与结婚男女均受到一定程度的惩罚，此举应可证明朝铨未将收继婚等闲视之，也意味着满洲传统收继婚制的不复存在。[③]

---

① 田涛等点校，《大清律例》，卷10，《户律·婚姻·嫁娶违律主婚媒人罪》，页214：“凡嫁娶违律，若由（男、女之）祖父母、父母、伯叔父母、姑、兄，姊，及外祖父母主婚者，（违律之罪）独坐主婚（男女不坐）。”

② 定宜庄，《满族的妇女生活与婚姻制度研究》，页41。

③ 这段内容因较为复杂，兹将相关满文转写翻译如下：baicaci fafun i bithede，deo akūfi uhen be gaire oci，yaya be tatame wa.（查律载若弟亡后娶弟妇为妻，各绞）geli fafun i bithede，emu mukūn i sunja biya sinahi eture ci wesihun niyaman i sargan de latuci yaya be latuha songkoi gisure.（又律载奸同族小功以上亲人妻子者，各以奸论）geli fafun i bithede ahūn deo i sargan be latuci latuha haha latuha hehe yaya be uthai tatame wa，（又律载若奸兄、弟之妻，奸夫、奸妇各绞立决）geli fafun i bithede jui bure urun gaijara de fafun be jurceci haha jui sargan jui i ama eme alifi buhengge oci，（又律载儿子娶媳违律，若由男、女的父、母主婚者）alifi buhe niyalma de teile tuhebu，haha jui sargan jui de tuheburakū sehebi.（仅定拟主婚人之罪，男、女不坐）ju da uhen be gaifi udu ini ama i alifi yebuhangge [yabuhangge] bicibe，（朱大娶弟妇虽是其父主张）ju da lii halangga hehe inu giyan i ciktan giyan be jafafi temšeme gisureci acambihe（朱大与李氏也应持以伦理相争） （转下页）

有别于收继婚制，同属满洲旧有婚俗的一夫多妻制，在关外时期未被禁绝，入关继受明律后才逐渐消失。根据定宜庄的考察，清初虽然还有一夫多妻制的残留，但只要被官方发现即依律严惩，①可见当时清政府未将一夫多妻制合法化。换个角度来说，旗人在汉文化影响下纳妾情形日益普遍，旗人的婚姻模式渐从一夫多妻制转变为一夫一妻多妾制。② 以下这起案例不仅说明上述趋势，还呈现当时旗人婚姻问题的调解过程。

已故领催双海之女和氏，自幼聘给奉恩将军兼佐领宗室崇龄为妻，两人育有一子一女，数十年来感情和睦。道光二十四年（1844）八月间，崇龄被旗人张得禄请去家中喝酒，竟“与其女苟合”，崇龄事后亦决定纳张氏为妾。和氏得知此事后出言拦劝，双方发生激烈口角，崇龄气愤之余对和氏泼洒热水，使其脸部与脖子皆被烫伤。是年十二月十六日，崇龄将张氏迎娶过门，崇龄与和氏间更是有如水火。来年正月二十五日，崇龄又与和氏争

（接上页）cihanggai ciktan wen be efulere baita be yabuhangge yargiyan i gemu fafun hergin be necihebi，（情愿做此败坏教化之事，确实干犯法纪）aika alifi buhe toktobuha fafun i bithei songkoi lii halangga hehe i amaka ju ioi be tatame wara weile tuhebure（若只论主婚则李氏的家翁朱由依律拟以绞罪）ju da，lii halangga hehe be gemu gisurere ba akū obure oci turgun giyan acanarakū gese.（朱大、李氏皆无可议之处，似于情理不符）aika alifi buhe babe bodorakū haha jui sargan jui be suwaliyame tatame wara weile tuhebuci（若不论主婚，则男、女将一并处以绞罪）toktobuha fafun i bithede acanarakū bime geli jaci ujen ohobi.（既不符于定例又嫌太重）fafun i bithe kooli be akūname baicaci lak seme acanara tondo necin jingkini hacin akū（遍查律例并无恰当公允之条）bairengge enduringge ejen harangga jurgan de afabufi acara be tuwame toktobume gisurefi amasi bithe benjihe erinde dahame icihiyaki seme.（恳请圣主将此交部酌为定议，覆文来时随即遵办）

① 参见王宏治等点校，《大清律集解附例》，卷6，《户律·婚姻·妻妾失序》，页200：“凡以妻为妾者，杖一百。妻在，以妾为妻者，杖九十，并改正。若有妻更娶妻者，亦杖九十，(后娶之妻）离异（归宗）。”

② 相关讨论详可参见定宜庄，《满族的妇女生活与婚姻制度研究》，页67－69、82－101。

吵，崇龄手持木棒殴打和氏，张氏则在一旁观看并未劝架。和氏随后携带子女逃至叔父和凯家中躲藏，谎称被崇龄与张氏连手打伤，此时崇龄亦追至和凯家，声称要将和氏休弃。和凯本欲与崇龄理性沟通，但两人一言不合发生冲突，直到崇龄家中雇工赶到和凯家中劝和，这场纷争才暂时结束。

和凯之后带着和氏前往左翼总族长处，申诉崇龄纵妾殴妻等恶行。经族长一番调处，裁定崇龄带着张氏在城度日，和氏则与子女在屯居住，屯中房地、牲畜等物，均交由和氏管理作为赡养费。不过崇龄并未就此善罢甘休，他先“赴和凯该管前捏词具控”，又回屯取物与抢夺房地文契，甚至将和氏再次殴打。和氏之母和马氏不得不再赴盛京将军衙门呈控，崇龄亦同时递交休妻呈词，双方冲突正式白热化。

盛京将军禧恩接获此案时，尝试对崇龄说之以理，告诫他既与和氏育有子女便不可任意离异。崇龄起初态度高傲，但在官员劝导下逐渐回心转意。和氏则表示若未被崇龄休弃，“亦即输服”，并承认当初控诉张氏连手崇龄将其殴打，只是子虚乌有的气话。此案至此可说是正式落幕，崇龄因任意殴打和氏、私娶旗女为妾等事，应“交兵部会同宗人府，照例议处”。张得禄身属正身旗人，甘愿将女儿张氏“聘与崇龄作为婢妾，亦属不合”，“应照不应轻律，拟笞四十，鞭责发落”；张氏本应依律马上与崇龄离异，但碍于张氏即将临盆，待其产后再行决议。[①]

张得禄将其女嫁给崇龄为妾遭受处罚一事，当可说明旗人间

① 此案内容详可参见《宫中档道光朝奏折》，文献编号405008027，禧恩・为宗室职官无故休妻私娶旗女为妾请旨解任事，道光二十五年八月初八日、《宫中档道光朝奏折》，文献编号405008539，禧恩・为会同审明定拟宗室崇龄休妻私娶旗女为妾一案缘由奏祈圣鉴，道光二十五年十一月二十一日。

的婚姻制度已非一夫多妻制。若当时一般旗人还可拥有多妻，身为正身旗人的张氏，可能不会以妾的身份委屈下嫁。除此之外，清政府因担心旗人随意脱籍，不许旗人卖身为婢妾、家奴，[①] 在此政策的限制下，崇龄纳张氏为妾亦非正途。由于和氏始终未被休弃，张氏于法毫无与崇龄结为连理的余地，最后只能被官方判离。总而言之，清朝入关后认可的婚姻制度为一夫一妻多妾制，即使对于旗人也不例外。[②]

此案另一项值得讨论的重点，为旗人婚姻纠纷的处理过程。当崇龄夫妻发生冲突时，双方先在左翼总族长吉明处协议。吉明处理该案时未要求张氏离开崇龄家，亦努力维护和氏与其子女的生计所需，足见其秉持以和为贵的精神，尽量让双方皆能接受调解结束纷争。然吉明的一片好意终究事与愿违，此案在崇龄迅速毁约下转交盛京将军审理。一般民间婚姻细故的处理，多先交由地方宗族组织调处，[③] 若情节重大才上呈官府。崇龄案虽然亦有总族长出面裁断，但其因带有些许宗人府官员色彩，[④] 与一般民间非官方组织的调处不大相同。不过若仅从协调婚姻纠纷的内容

---

① 相关讨论详可参见本书第四章第三节。

② 有个特殊情形值得注意，即皇族成员的“侧福晋”。不过该制度与一般旗人较无关系，故此处暂不赘述。相关讨论详可参见定宜庄，《满族的妇女生活与婚姻制度研究》，页 65 - 67。

③ 关于民间宗族组织调解纠纷的讨论，详可参见朱勇，《清朝宗族法考》，收录于杨一凡主编，《中国法制史考证 · 乙编 · 第 1 卷》（北京：中国社会科学出版社，2003），页 598 - 680。

④ 宗人府设有总族长、族长、学长等职，协助官员管理宗室。总族长等职因为没有固定俸饷，严格来说并非正式官员，但其一有出缺，仍须按任官程序拣选。详可参见赖惠敏，《天潢贵胄——清皇族的阶层结构与经济生活》（台北：中央研究院近代史研究所，2009），页 25 - 26。东北盛京地区设立总族长，则是乾隆三十三年之事，参见《钦定大清会典事例（光绪朝）》，卷 5，《宗人府 · 授官 · 补放族长教长》，页 24a：“三十三年奏，准盛京添设宗室总族长一人，管束宗室觉罗，由将军于承祀盛京陵寝宗室章京内拣选，送府带领引见。”

来看，上述两者间的差异似乎没有想象中的大。此外该案由于涉及宗室，相关调解先在总族长处进行，一般旗人婚姻纠纷的初步协议，则可能透过设置于一般基层八旗组织中的族长负责处理。①

清朝入关后的旗人婚姻制度直接继受汉制，未如同金、元两朝般出现规范二元化情形，收继婚制与一夫多妻制均宣告结束。不过清政府虽然放弃满洲旧有婚俗，部分关外婚姻制度却有沿袭，最明显者即八旗始终掌控旗人的婚配权。八旗女子的婚姻于清朝关外时期，多掌握于皇帝、八旗贝勒等人手中，清政府入关后仍继续为之，此即有清一代奉行不变的“选秀女”制度。此外同样基于控制八旗人口的考虑，清政府入关后严禁旗、民通婚，极力避免旗籍发生混乱。由于这些内容已有丰富讨论，再加上相关案件与民事纠纷较无关连，笔者于此暂不赘述。②

三、 八旗别籍异财纠纷的发生与处理

随着男女联姻与新生命的诞生，户籍人口在正常状态下多呈

① 除宗人府设有族长一职外，基层八旗组织中亦有类似制度。清初族长本由族人推举，大多由休致官员或德高望重的长老出任。雍正三年规定族长由都统、副都统，从各族中拥有男爵、轻军都尉、云骑尉等世职者，或举人、生员、领催等人中选取，每三年都统会对族长考察一次。此后族长虽不属于正式职官，却由官方指定任命，完全不必顾及族人意见。反观汉人宗族不仅与地方行政组织较无关联，诸多事务均为族长与族人共同参与。八旗族长制度与汉人宗族组织中的“族”，名同而实不同。详可参见定宜庄，《辽东旗人社会的基层组织：族与宗族》，收录于中国社会科学院历史研究所学刊编委会编，《中国社会科学院历史研究所学刊·第2册》（北京：社会科学文献出版社，2004），页461－478。

② 清代“选秀女”制度与旗、民禁婚制度，自清朝入关后开始成形，之后则随现实状况略有变动，详可参见定宜庄，《满族的妇女生活与婚姻制度研究》，页221－248、324－348。

现成长趋势。不过家庭规模并非无限制扩张，以汉人社会为例，家庭常在父家长过世后面临重组，开启日后一连串复杂的继承问题。所谓继承主要分为身份、财产两种类别，身份继承又包括宗祧继承与封爵继承。身份继承由于无法也不容许被分割，仅能交由一位男性继承；财产继承则不然，家中大部分男性成员皆拥有继承资格。① 继承虽属民间私领域行为，却攸关社会秩序的稳定，国家对此不可能坐视不管。根据传统中国法律存有许多相关规范，可知国家对继承一事始终相当重视。

关外时期的清朝，已制定部分与汉制不大相同的继承规范，呈现出非汉民族的特殊性。在身份继承方面，清朝当时规定继承爵位者只论功德不分嫡长，与汉人独重嫡长子不同。在财产继承方面，有别于汉人常在父家长过世后才分产，满洲政权却规定孩子年过十八，先向领旗贝勒与固山额真报备后即可分产。另与汉制不同的是，分产数额不强调诸子均分，其多寡完全由家长决定，幼子往往是诸子中得到较多财产者。②

满洲继承方面的特殊规范，类似前文讨论的婚俗，其实是北方非汉民族的共同特征。金、元两朝入主中原时，继承规范多采取“因俗而治”。③ 清朝则再次与金、元两朝分道扬镳，入关初期的旗人继承规范与婚俗如出一辙，大多直接继受汉法，满洲旧

① 关于清朝的家庭、家族继承问题，详可参见张晋藩，《清代民法综论》，页 222－237、吕宽庆，《清代立嗣继承制度研究》（郑州：河南人民出版社，2008），页 27－46。

② 详可参见张晋藩、郭成康，《清入关前国家法律制度史》，页 489－496。

③ 柏清韵著，蔡京玉译，《辽金元法律及其对中国法律传统的影响》，页 155－157、182－185。不过金、元的继承旧俗并未全数保留，其主要被保留者，又以诸子不必等到父母去世才可分产最为突出。

俗未被保留于国家正式颁布的法典中。[①] 在各种继承当中，财产继承因参与者众又涉及钱财产业故常有纠纷。[②] 旗人社会亦有类似现象，其分产纠纷如何发生与解决，为本节最后的讨论重点。

在旗人分产过产中，家庭成员常因未达成共识发生冲突。乾隆三十七年（1772）间，步军统领衙门收到一件自奉天远道而来的京控，内容为奉天镶黄旗包衣得保佐领下监生永安，呈控胞兄永祥纵意非为、分家不公等事。永安供称他现年二十五岁，父亲武正格曾任奉天副都统，从前祖父曾获御赐金牌两面。武正格于乾隆三十四年（1769）病故后，永安仍与哥哥永祥、弟弟永庆三人同居。近日永祥忽然行为不检，不仅父丧未及半载就宿娼，还将祖遗金牌交给妓女佩戴。永祥又于今年九月间，在未通知族人的情况下，“自写分单三张，硬将家私分了”，大半家财均被永祥拿走。情急无奈的永安，不得不赴京呈控。福隆安了解此事后，认为永祥虽罪行重大，却也怀疑永安可能夸大其词。为求厘清事情真相，福隆安奏请将此案发回盛京刑部审理。

经过盛京官员调查，发现永祥确实在居丧期间宿娼，并将祖遗金牌交给妓女佩戴，但未有独霸家产之事。永祥纵然罪有应得，永安却因分产纠纷擅自赴京越诉，“实非安分之徒”。承审官员不仅将永祥、永安两人均治罪，还特别裁定：“至所控家产，

① 值得注意的是，清政府于雍正三年间稍微调整了分产规范，允许百姓在家长尚存时分家。然该例直到此时才出现，可能是为因应社会现实，并非受到满洲旧俗影响。雍正三年例详可参见田涛等点校，《大清律例》，卷8，《户律·户役·别籍异财》，页187：“祖父母、父母在者，子孙不许分财异居（此谓分财异居，尚未别立户籍者，有犯亦坐满杖）。其父母许令分析者，听。”

② 〔清〕薛允升著，黄静嘉编校，《读例存疑重刊本》，卷9，《户律·户口·立嫡子违法》，页247：“律不言家产，而例特为补出，以图产争继者多，故于财产一层，反复言之也。立子本为承祀，原不重在家产，是以律内并不言及，例则屡次言之矣。……无条不及财产，可知争继涉讼，无不由财产起见，科条安得不烦耶。”

应照旗存房、地册档，及家内现有一切什物人口，交该管之城守尉、佐领等，秉公查明，作三股均分，以资伊等家口养赡”。[①]从官方最后的分产指示来看，诸子均分已为旗人分产的重要标准。

永安京控看似是为揭发兄长恶行，然其真正原因却是意图分家未果，才打算利用京控对付永祥。下列这起案件同属京控，亦如实反映旗人分产时的矛盾。道光二十五年（1845）五月间，镶黄旗汉军的韩郭氏，前往都察院呈控遭人谋财害命。韩郭氏平时与丈夫韩天玉、叔翁韩贵林同住，道光二十二年（1842）间，年十六岁的韩贵林迎娶同村何学古之女为妻。何学古因觊觎韩家财产教唆女儿分家，韩天玉则以韩贵林年幼无法持家为由拒绝。道光二十四年七月二十八日，何氏与韩天玉为分家一事再度口角，何氏愤而返回娘家。二十九日清晨，何学古与其胞弟何学礼，率领多人手持器械前往韩宅，不仅将韩天玉殴打身亡，家中钱财、衣物、文契与租约亦全数被夺，韩郭氏因在娘家省亲逃过一劫。[②] 此案中的何学礼“身充地保”，推测何家人应为民人，他们当初将何氏嫁给韩贵林时，可能已有夺产企图。若韩郭氏所控完全属实，则此案纵然有民人居中挑拨，仍展现旗人争论分产与否时有可能大动干戈。

---

① 此案内容详可参见《军机处档·月折包》，文献编号 018719，福隆安·奏为奉天镶黄旗包衣得保佐领下监生永安呈控伊胞兄永祥纵意非为分家不公等情请旨将永安解交盛京刑部提审，乾隆年月日不详、《军机处档·月折包》，文献编号 019067，裘曰修等·奏报遵旨查审奉天旗人永安控告胞兄永祥纵意非为一案情形，乾隆三十七年十二月二十一日。

②《军机处档·月折包》，文献编号 073899，都察院左都御史宗室成刚等·奏为顺天府武清县居住旗妇韩郭氏以图谋家产率众害命等词具控案请旨，道光二十五年五月初四日。

一般而言当家族有计划分产时，以户绝立嗣的状况最为棘手。所谓户绝是指家族中的某房未有男性继承人，通常只能以立继解决问题，然而该继承人应由谁出任，往往也令家族成员争论不休。在清朝的相关规定中，宗族的地位与作用较以往更为提高，寡妇的立继权逐渐被紧缩与限制；① 不过清政府亦非完全罔顾寡妇权益，自乾隆四十年后"应继"与"爱继"间出现一种平衡，寡妇重新拥有部分立继自主权。② 旗人的户绝立嗣规范无异于汉民，③ 纠纷发生的情形也颇为相似，以下两起案件即为很好的例子。

道光十六年（1836）间，镶蓝旗已故世管佐领常兴之妻宗室氏，呈称常兴并无子嗣，愿将其夫族兄领催德通阿之次子，现年六岁的养育兵忠禄过继为嗣。镶蓝旗官员得知此事后，认为忠禄昭穆伦次相当与例相符，只要全族人等画押同意即可送交户部核办。族人大多表示赞同，惟马甲台明阿、护军班金泰等五人不服。旗员面对该僵局无计可施，乃将此案移送户部审理。户部查阅族谱后，发觉台明阿并无子嗣可以出继，班金泰等人虽与忠禄支派远近相同，却非宗室氏属意之人。户部基于忠禄为最适合立

---

① 张小也认为该情形可能与明朝赋役制度的变化有关，相关讨论详可参见张小也，《官、民与法：明清国家与基层社会》（北京：中华书局，2007），页 69－74。

② 详可参见白凯（Kathryn Bernhardt）著，刘昶译，《中国的妇女与财产：960—1949 年》（上海：上海书店出版社，2007），页 51－58。所谓"应继"是指符合昭穆规定的继承人，"爱继"则是寡妇心仪的人选。清政府起初确立"应继"在立继上的独霸地位，不过由于当时发生许多寡妇与宗族的立继纠纷，官方有必要重新审视该问题。乾隆四十年规定若"应继"与寡妇素有嫌隙，寡妇可在昭穆相当者中，另择一位"顺寡妇之心"者充当继承人，这可说是一种巧妙的折衷办法。

③《户部则例（乾隆朝）》，卷 2，《户口・八旗户口下・继嗣》，页 3a："旗人无嗣，许立同宗昭穆相当之侄承继，先尽同父周亲，次及五服之内，如俱无，方准择立远房及同姓为嗣。若继子不得于所后之亲，听其告官别立，其或择立贤能及所亲爱者，于昭穆伦叙不失，不许宗族指以次序告争。"

继者的考虑，令台明阿等人尽速画押咨部核办，这场纷争才告一段落。[①]

道光二十五年间，镶红旗世袭三等子爵兼佐领双和病故无嗣，双和之妻那徐氏呈请过继第四房夫弟文祥之子闲散永恰布为嗣，由于昭穆相当，“阖族俱已画押具结”，惟第二房已故马甲札克丹、已故养育兵额林泰之子养育兵双瑞等四人，始终以“房分不明”为由拒绝画押。此案送交户部后，户部表示该孀妇爱继与例相符，要求双瑞等人尽速画押具结。不料双瑞等人仍坚持己见，甚至连双瑞之母那苏氏，亦呈称将永恰布过继为嗣“房分不明”。那徐氏的立继虽遭受诸多阻挠，却得到官方的最终支持。户部指出那苏氏“系妇人不谙定例”，“未便因其拦阻致令孀妇绝嗣”，永恰布遂被允许过继给双和为嗣。[②]

即使国家努力在寡妇与宗族间的立继权寻求平衡，但利益当前众人很难不出手相争。此外看似兼容并蓄的规定实则模棱两可，更让这类纠纷难以完全消失。乾隆四十年颁布的条例为“无子立嗣，若应继之人，平日先有嫌隙，则于昭穆相当亲族内，择贤择爱，听从其便”[③]，“应继”与“爱继”间实存有一定顺序关系；然“平日先有嫌隙”乃自由心证，该条件的设计反而可能助

---

① 《明清内阁大库档案》，登录号178989－001，兵部为已故世管佐领常兴乏嗣过继事移会稽察房，道光十六年九月日不详。镶蓝旗官员曾将户部裁示告知台明阿等人，并透过说明相关规范再三开导，他们仍一味狡诈不愿接受，导致最终均被送交刑部处置。

② 《军机处档·月折包》，文献编号072728，镶红旗满洲都统宗室敬征·奏请将奴才等所管旗分佐领双和之妻那徐氏交刑部审办由，道光二十五年正月二十九日。那苏氏等人最终仍不服，“以出缺在先，过继在后，呈请彻底究办”。承审官员认为双瑞等人与双和同辈，昭穆伦次并不相当，此外那苏氏屡次兴讼，“非彻底究办，不足以折服其心”，奏请将其送交刑部以平纷争。

③ 〔清〕黄恩彤编，《大清律例按语》，卷37，《户律·户役·立嫡子违法》，页38a－38b。

长纠纷发生。

如同前述旗人户绝立嗣案件所示，孀妇立继还需全族成员画押同意才可成立，在官方规范存有模糊空间的情况下，双方都有机会在法律条文中巧妙游走。不过从结果来看，孀妇的选择似乎较容易得到官方支持。值得注意的是，官员在上述两案的处理过程中，均提及乾隆四十年的一则上谕，其中特别强调这类纠纷须以孀妇意见为依归，[①] 可见官员支持孀妇应是遵循皇帝旨意，未必完全是个人意志的展现。旗人户绝立继纠纷一般来说均先在旗内协调，若无法解决才送至户部。[②] 本书第三章第一节曾指出旗人的土地纠纷，是由户部的八旗司（后改为现审处）处理，旗人关于立继、分产之类的纠纷亦是交付该单位。相关人等若始终不服官方裁定，多会被视为顽劣分子，难逃遣送刑部处置的命运。

旗人户绝立嗣方面的规范虽与民人极为相似，但受到旗人特殊户籍制度影响，国家对旗人的立继行为仍设有专属规范，最明显者当属严禁旗人抱养民人或家奴之子为嗣。为了避免造成宗族

① 《清高宗纯皇帝实录》，卷995，页301－302，乾隆四十年闰十月己巳条："但立继一事，专为承祧奉养，固当按昭穆之序，亦宜顺孀妇之心，所以例载嗣子不得于所后之亲，准其另立，实准乎情理之宜也。……嗣后遇有孀妇应行立继之事，除照例按依昭穆伦次相当外，应听孀妇择其属意之人，并问之本房，是否愿继，取有合族甘结，即独子亦准出继。庶穷嫠得以母子相安，而立嗣亦不致以成例阻格。"该上谕明确指出若有立继纠纷，当以孀妇的意见为依归，不过此精神并未完全展现于乾隆四十年的新修条例。有些论者仅留意乾隆四十年例，忽略同年上谕的价值，故认为官方立场仍将"应继"置于优先地位。详可参见阿风，《明清时代妇女的地位与权利——以明清契约文书、诉讼档案为中心》（北京：社会科学文献出版社，2009），页20－21。

② 八旗分产案件交由户部审理，似乎自清初以来即是如此，参见《明清内阁大库档案》，登录号117511－001，大学士刑部尚书图海・刑部为卮益兔告争家财事，顺治十二年八月初十日："争家财，例该户部应听，户部审理，缘系争家财事理，未敢擅便，谨题请旨。"

失序，清律一向不允人们立异姓义子为继承人，[①] 惟清政府在现实中常从宽处理。[②] 不过该态度是针对一般民人而言，旗人完全无法相提并论。[③] 皇帝不愿旗人立异姓为嗣的最大考虑，乃担心此举将造成大量民人或家奴紊乱旗籍。

镶红旗满洲修善佐领下披甲德善，原有一子福森太但不幸病故。乾隆二十六年十二月间，德善被派往绥远城驻防，“因无子欲承继一子”，“又因无人送去”，向姊夫法保商讨对策。法保随即和熟识民人柱儿说明此事，请求柱儿护送德善前往绥远城，并将其子八岁的三儿过继给德善，直接顶替福森太之名。德善担心柱儿无法随他走出口外，建议柱儿暂时充当其白契家人，“一并造入册内”，柱儿则因惧怕日后弄假成真被德善使唤不愿答应，德善见状只好随手立个简单的契约作为证明。当他们抵达绥远城后，德善竟罔顾协议视柱儿为旗下家奴，难以忍受的柱儿向将军衙门告发此事，他们一干人等遂被解送刑部受审。[④]

---

① 田涛等点校，《大清律例》，卷 10，《户律·户役·立嫡子违法》，页 178：“其乞养异姓义子以乱宗族者，杖六十。若以子与异姓人为嗣者，罪同，其子归宗。”

② 相关讨论详可参见吕宽庆，《清代立嗣继承制度研究》，页 213－247。吕宽庆指出民间穷苦之人，基于“养儿防老”的现实考虑多不顾禁令立异姓为嗣，而官方处理这类案件时，亦会根据情理法审慎裁断。

③〔清〕薛允升著，黄静嘉编校，《读例存疑重刊本》，卷 9，《户律·户口·立嫡子违法》，页 250：“《户部则例》八旗与民人继嗣，分别两门，可知办理自有区别也。即以民人而论，如有孤单零户，本宗及远房无人可以承继者，取外姓亲属之人承继，似亦可行。古来名人以异姓承继者，不知凡几，亦王道本乎人情之意也。”

④ 此案内容详可参见《明清内阁大库档案》，登录号 078116－001，兵部移会稽察房，乾隆二十七年七月日不详、《明清内阁大库档案》，登录号 152978－001，刑部为披甲过继民人之子为嗣由移会稽察房，乾隆二十七年十月日不详、《明清内阁大库档案》，登录号 094020－001，兵部移会稽察房，乾隆二十七年十一月日不详。德善最终依律被问拟“杖六十加枷号一个月”，“系旗人满日鞭六十，递交绥远城将军衙门管束”。

上述这起案件反映清政府对旗人过继民人之事极为慎重，完全没有手下留情的空间。德善深知自己行为违法，才让三儿直接顶替福森太之名，不敢明目张胆将其过继。如同前文所述，皇帝对保持旗籍的稳定始终念兹在兹，民人因过继成为正身旗人之举，自然有必要严加禁止。[①] 乾隆五十三年（1788）间，清政府更是透过编修条例，提高相关刑度以达到恫吓之效。[②]

旗下家奴既然属于八旗成员，为何也被排除于旗人承继资格外？其中关键应该仍与维护旗籍有关。旗下家奴因地位低下，过继给正身旗人等于是提高身份，与旗籍内部的阶层严密性不合。此外民人充当旗下家奴并不困难，一旦开放旗下家奴的入继资格，民人即可使用类似柱儿虚晃一招的策略，先假装入旗为奴再将其子过继给旗人。皇帝对此取巧方式或许已了然于胸，才未雨绸缪地禁止旗下家奴入继，彻底杜绝民人任意紊乱旗籍之歪风。

---

① 不过清政府在这方面仍保留一些弹性，参见〔清〕吴坛著，马建石等编，《大清律例通考校注》，卷8，《户律·户役·立嫡子违法第五条例文》，页410："旗人义子必该佐领具保，实系自襁褓抚养成丁以继其后者，准其另记档案。不许将民间成丁子弟，改随本姓。"此例的入律时间为乾隆五年。

② 乾隆五十三年间刑部曾指出："臣部遇有此等案件，虽皆从严办理，但与其辗转比附，莫若明立专条，以资引用。查律载，世职将异姓人乞养为子，诈冒承袭者，杖一百发边远充军等语。是旗人抱养民间子弟、户下家奴，查系有世职之家，诈冒承袭世职者，自应照例拟军；若无世职之家，立令为嗣者，应酌议于军罪上，量减一等，杖一百徒三年，分别旗、民发落。若有冒食钱粮情弊，毋论所继者，系异姓旗人、民间子弟、户下家奴，亦应比照管军官吏冒支军粮，计所冒支之赃，准窃盗律，从重科罪，其名下先后所得银米，照数着追，倘本犯力不能完，于历任参、佐领名下赔补，以昭平允。"详可参见〔清〕黄恩彤编，《大清律例按语》，卷37，《户律·户役·立嫡子违法》，页41a-41b。不过该新例的出现，却与前述乾隆五年例，即民人"实系自襁褓抚养成丁以继其后者，准其另记档案"的规定相抵触，故乾隆五年例最终在嘉庆六年被删除，详可参见〔清〕黄恩彤编，《大清律例按语》，卷76，《户律·户役·立嫡子违法》，页21a-21b。

第四章
旗人的行政规范与行政制裁

现代法学中的行政法顾名思义，是指关于行政权组织与作用之法。在国家各项公权力中，行政权占有主要地位，其涵盖范围与适用对象之复杂，远非其他权力可相匹敌。[①] 不过在“依法行政”准则下，与行政组织、作用相关的法律非常繁杂，导致行政法除了救济程序方面外，其余实体事项始终缺乏统一的法典，具有多样性、高变动性与体系庞大等特点。[②]

传统中国在特殊时空背景下，专制集权政府起源甚早，随着国家规模的日益扩张，一个庞大健全的官僚机构逐渐成熟，与其相辅相成的行政法亦有长足发展。传统中国早期的行政法部分融入刑法典中，有些则以单行法令的形式问世。唐朝是传统中国行政法发展的重要阶段，《唐六典》的出现象征已局部打破诸法合

① 王海南等著，《法学入门》，页 214。

② 详可参见苏嘉宏等著，《行政法概要——行政法的基本概念、行政作用法、行政组织法》（台北：永然文化出版公司，1999），页 55－56。现代法学中的行政法，一般又可归类为三大范畴：行政组织法、行政作用法与行政争讼法。相关介绍详可参见苏嘉宏等著，《行政法概要——行政法的基本概念、行政作用法、行政组织法》，页 140－142、248－250。郑玉波，《法学绪论》，页 156－159。

体的混合编纂法典模式。[①] 日本著名学者织田万曾表示“支那刑法、行政二大法典之由来已久矣”，[②] 足见传统中国行政法确实源远流长。不过现代行政法为“三权分立”“主权在民”原则的产物，其意义为调整法律与行政间的关系以实现“依法行政”，传统中国行政法则单纯为协助国家机器运转而生，并未存有该现代精神。[③] 若以行政法概念展开历史研究，是为讨论方便起见，绝非贸然以今论古或直接将其划上等号。[④]

本书于前两章已分别讨论旗人的刑事与民事规范，本章将继续分析与旗人相关的行政法内涵。由于相关内容十分庞杂，几乎所有典章制度皆可纳入讨论，受限于篇幅与避免拾人牙慧，本章将仅聚焦于八旗官员规范、八旗兵丁规范与八旗人身自由限制规范三面向上。这些虽然仅属旗人行政规范的冰山一隅，但都格外能展现旗人特殊的法律地位，对该议题而言具有一定代表性。值得注意的是，讨论行政规范时难以忽略“行政制裁”，即违反行政法规或行政处分所加之责罚，[⑤] 故本章各节亦将一并探究相关

---

① 张晋藩，《中国古代的行政管理与行政法》，收录于氏著，《张晋藩文选》，页 152-178。张晋藩认为传统中国的行政法发展，可分为三大阶段：奠基阶段——秦、汉；发展阶段——唐；完备阶段——明、清。此外传统中国的行政法具有下列特色：一、规范详密、自成体系；二、以职官为纲目制定行政法典；三、引礼入法，礼法结合；四、体现专制主义精神；五、通过监察机关对国家行政管理，进行广泛监督；六、行政处分与刑罚制裁交互为用。

② 织田万，《清国行政法泛论》（台北：华世出版社，1979），页 84。

③ 这方面的讨论详可参见余英时，《君尊臣卑下的君权与相权——“反智论与中国政治传统”余论》，收录于氏著，《历史与思想》（台北：联经出版社，1976），页 47-75。余英时强调传统中国的官僚制度，虽具有一定符合现代性的理性发展，但控制官僚体系的君权，却未有相同的理性基础。在这种背景下，传统中国的行政法即便再发达，也迥异于现代社会中的行政法。

④ 相关讨论详可参见陈国平，《明代行政法研究》（北京：法律出版社，1998），页 1-3。

⑤ 相关介绍详可参见郑玉波，《法学绪论》，页 85-96。

行政制裁的内涵与意义。

第一节 旗人的政治参与和官员处分制度

一、清朝国家官制的出现与转变

清太祖创建八旗制度后，许多部落首领被收编进入八旗中，一改传统女真社会部落林立的状态。这些强族豪酋尽管仍有部分特权，但他们进入八旗等于是被清太祖纳入麾下。当时虽然尚未出现完整的国家机构，清太祖却借由自女真传统组织改造而来的八旗制度管理部众。八旗制度在满洲政权由部落通往国家的过渡阶段，确实扮演了重要的角色。

然肩负着组织部众重任的八旗制度，本身却具有强烈局限性，不利于满洲政权向正式国家之途迈进。清太祖曾为配合现实社会发展的需要，试图建立一个跳脱八旗制度综理全国行政、财经和司法的官僚机构，但在八旗制度的制约下，这种颇有前瞻性之举终究只是昙花一现。① 清太祖握有绝对大权，基本上只要清太祖有心为之，满洲政权很有机会蜕变为正式国家。不过清太祖最终在决定继承人一事上，仍根据传统实行"八王议政"，促使满洲政权重返昔日"多头政治"，丧失摆脱部落共议特质的重要契机。②

清太宗即位以后，很快对自己权力处处受限感到不耐，采取

---

① 相关讨论详可参见姚念慈，《清初政治史探微》，页 97－110。

② 有些学者认为清太祖选择"八王共治"，可能是清太祖立储屡受挫折被迫采取的权宜之计，刘小萌则指出该构想其实未脱女真政治传统轨迹。详可参见刘小萌，《满族从部落到国家的发展》，页 186。

许多打击其他领旗贝勒之政策。其中相当重要者即仿照汉制实施部院制度。清太宗在天聪三年（1628）成立书房，天聪五年（1631）设置六部，崇德元年（1636）与崇德三年（1638）分别设置都察院与理藩院，满洲政权的中央官制逐渐完备。[①] 清太宗利用部院制度限制八旗的用意非常明显，由于部院职官直接向其负责，清太宗可在不被八旗掣肘下插手部分公共事务。中央部院制度出现后，象征着满洲政权距离正式国家模式更为接近，过去完全“以旗统人”的局面开始改观。

以八旗立国的满洲政权，自从实施部院制度后呈现一种新气象。国家事务原本多在八旗中运作，部院设立后则逐渐从八旗过渡到国家机构，此举无疑有利于清太宗掌握大权。由于国家新设立的机构亟需官员才能运作，是故满洲政权再度出现国家官僚组织，而且渐成定制未如天命朝般稍纵即逝。不过清朝关外时期的部院制度，与八旗制度的关系实为并存，两者可说是矛盾的统一体，国内所有成员几乎皆拥有双重身份，既辖于中央政府又身属于各旗分。[②] 这种情形亦反映于部院职官的任命上，当时部院内部组织架构为一名贝勒主政，下设承政（aliha amban）、参政（ashan i amban）、启心郎（mujilen bahabukū）等职官，除启心

---

① 张晋藩、郭成康，《清入关前国家法律制度史》，页 54－56、79－99。文馆在关外时期其实应称为“书房”（bithei boo），文馆是乾隆朝重修太宗实录时所取的雅称。文馆在清太祖时代已略有雏形，但直到天聪三年才有较正式的名称。文馆在天聪十年改名为内三院，其性质虽与汉制的内阁颇为相似，掌有的权力却相当微小，两者难以相提并论。理藩院则于崇德三年由蒙古衙门更名而来，蒙古衙门的成立时间并不确定，仅知最晚在天聪八年已有相关记载。

② 相关讨论详可参见王景泽，《清朝开国时期八旗研究（1583—1661）》（长春：吉林文史出版社，2002），页 153－163。

郎外多由八旗的贝勒与官员兼任。[①] 此举完全是配合时势的折衷办法，因为清太宗不可能完全不顾八旗传统任命部院官员。重要任务仍交由八旗官员兼理，一方面有助于减轻八旗固有势力的反弹，另一方面则可尽量减少八旗与部院不同制度间的冲突。

八旗、部院官制互相重叠导致后者无法独立发展的情形，直到清朝入关后才宣告解决。八旗势力入关后已经大不如前，大幅增加统治者强化中央集权的空间；此外面对广大的新征服领土，八旗制度明显左支右绌，惟有建立新制度才能有效管理汉地。在关外时期已模仿汉制建立部院制度的清政府，入关后很快选择继受明制，在既有国家架构下局部调整与推动政令。此举不但让清朝成为中国的新王朝，也让八旗逐渐转变为管理旗人的特殊组织，基本上不再与皇权或是国家公权力相抵触。

当清政府建立一套崭新的国家机构后，过去仅由八旗官员兼任部院职官的状况势必要有所改变，毕竟在避免汉人反感以及借重汉人能力的考虑下，必须让汉人拥有机会参与政治，不能将所有职官垄断于八旗官员。对于清政府而言，职官任命如何既能满、汉共治，另一方面又可以维持政权稳定，是个有别过往的重大考验。这个问题主要涉及官缺设计和入仕途径两方面，以下将分别讨论之。

---

① 详可参见张晋藩、郭成康，《清入关前国家法律制度史》，页 54 - 71。启心郎的来源主要有二：其一为清太宗身边的满洲文臣，其二则是透过选才考试脱颖而出的汉官。启心郎职务主要为纠举、劝谏、监督部院官员，详可参见《清太宗文皇帝实录》，卷 16，页 213 - 214，天聪七年十月己巳条："启心郎不得干预部事，但坐于各贝勒之后，傥有差谬，则启其心。……至尔等既任启心郎之职，遇本部贝勒有过，言之不从，遂默而不言，可乎？当再三言之，终不见从，方可奏朕。"另六部贝勒多领有旗分，辖下职官亦多由八旗官员兼任，六部承政平时在部理事，战时则有带兵之责，详可参见刘小萌，《满族从部落到国家的发展》，页 257。

清政府为在政治上维持本民族优势，于官缺设计上格外保障旗人，该情形又可分为下列两种。其一为中央重要部院缺，通常一个位置为满、汉复职，借此形塑满、汉平等之象征；其二则将官缺细分为六类，不同身份者在任官上各有所分：

> 凡内、外官之缺，有宗室缺、有满洲缺、有蒙古缺、有汉军缺、有内务府包衣缺、有汉缺。凡宗室京堂而上，得用满洲缺，蒙古亦如之，内务府包衣亦如之。汉军司官而上，得用汉缺，京堂而上，兼得用满洲缺。凡外官，蒙古得用满洲缺，满洲、蒙古、汉军、包衣，皆得用汉缺。满洲、蒙古无微员，宗室无外任。[①]

这些官缺虽然分为六类，但仔细检视即可发现前五类广义来说都是旗人缺。旗、民的官缺分配看似公平，但旗人在某些状况下可以担任汉缺，在选官机会上仍有优势。陈文石曾将清朝中央官员分为四级，第一级为各机关长官，第二级为拟订和负责推动计划的官员，第三级属于日常事务与书办工作官员，第四级则是使役性质工作者，然后再根据官书统计各级官员中满缺、蒙古缺、汉军缺与汉缺的比例。如果单纯从旗、民角度来看，旗、民在第一级上差距不大，但旗人在第二级和第三级都拥有人数优势。陈文石分析统计数据时表示，旗人在第三级人数众多乃因笔帖式缺额缘故，[②] 在第二级员缺

---

① 《钦定大清会典（光绪朝）》，卷7，《吏部·文选司》，页8a－9a。所谓“满洲、蒙古无微员”，是指“从六品首领、佐贰以下官，不授满洲、蒙古”；所谓“宗室无外任”，则为“外任道以下官不授宗室，其督、抚、藩、臬，由特旨简放者，不在此例。”

② 关于笔帖式（bithesi）的介绍，详可参见陈文石，《清代的笔帖式》，收录于氏著，《明清政治社会史论·下册》，页599－621。

甚多则反映清政府统治策略之高明。在中国官僚体系中，第二级官员即使地位不如第一级官员，但在事务的推动与拟议上，反而比第一级官员重要许多。清政府在第一级官员上令旗、民缺额几乎相同，有助于宣传其“不分满、汉”的一面；在第二级官员上令旗人拥有优势，则有效掌握机构运作的最为关键处。① 总之人口于全国位居少数的旗人，任官机会似乎较民人来得多。②

上述主要为中央官缺情形，地方官缺的编制则没有如此明确，基本上“外省官员，不分满汉，惟择贤而任”，③ 上至总督巡抚、下至知州知县均“不拘满汉”，“以重慎宪保厘之任”。④ 然旗人外任官员时仍拥有较多机会，在一些边疆地区或是盐政、关税等差使多交由旗人充当，⑤ 即使号称“不分满汉”的地方督抚大员，也可能因该地事务紧要专设满缺。⑥ 清政府对地方官的

---

① 详可参见陈文石，《清代满人的政治参与》，收录于氏著《明清政治社会史论·下册》，页 679－718。陈文石文中统计的机构为内阁、军机处、六部、都察院、理藩院、通政司、大理寺、翰林院、詹事府、太常寺、光禄寺、太仆寺、鸿胪寺、国子监。宗人府、内务府、太常寺与太仆寺等机构，因与国家事务关系较少，故不纳入统计范围。

② 该现象主要是指中央文官层面。此外八旗因具有浓厚军事特质，于中央武官自成系统，例如前锋营、护军营、火器营、健锐营、三旗虎枪营和步军统领衙门等，相关员缺自然全由旗人出任。上述机构的官缺数量，详可参见李洵等点校，《钦定八旗通志》，卷 47，《职官志六》，页 875－886。

③〔清〕福格著，汪北平点校，《听雨丛谈》，卷 3，《八旗直省督抚大臣考》，页 57。

④ 李洵等点校，《钦定八旗通志》，卷 48，《职官志七》，页 906。

⑤ 相关讨论详可参见杜家骥，《八旗与清朝政治论稿》，页 420。

⑥〔清〕福格著，汪北平点校，《听雨丛谈》，卷 2，《外省文职旗缺》，页 51：“嗣又定山西、陕西、甘肃之督抚藩臬，及霸昌道、口北道、归绥道、镇迪道、各省理事同知通判，均用旗人”、〔清〕福格著，汪北平点校，《听雨丛谈》，卷 3，《直省满缺巡抚考》，页 76：“谨按康熙七年，钦定川陕、甘肃、山西督抚为满缺。至乾隆年间，仍遵其制。今各满缺已多用汉员，未详从何年所改，有无明降谕旨，应俟考订增入。查《通志》所载，满缺各员皆无旗分，而年羹尧、石文焯、范时[捷]、卢询皆汉军人，似是专用旗人，即为满缺，不必泥于专用满洲也。”上述史料反映以下重要现象：一、康熙年间已规定部分官员为满缺，但清中叶以降未必完全遵行；二、有时汉军亦能担任满缺，与会典的规定并不一致。

设置充满了弹性，基本上对外宣示“满汉一家”，但为维持政权的稳定，重要职官仍多交由旗人出任，导致旗人在外任官的机会较民人来得多。[①] 不过清政府这方面的作为并未无限上纲，地方官员专限满缺尚有节制。乾隆三十年（1765）七月间，贵州布政使恒光认为黔省需要熟稔清文之员，请求皇帝“将贵阳府通判一员嗣后定为满缺”，如此则“一切俸工养廉与论俸升调悉如旧制，庶于地方机务有裨而官制并无增改”。清高宗接到此奏后不置可否，没有同意恒光的请求，可见清政府在地方专设满缺官员并非随性所致。[②]

二、 旗人入仕与科举制度

旗人不但担任国家职官机会较多，入仕、升转之途更远比汉

① 此处讨论主要也是针对地方文官。在武官方面，部分地区设有驻防八旗，官缺均由旗人担任，相关员缺详可参见李洵等点校，《钦定八旗通志》，卷 48，《职官志七》，页 892－905。另绿营地方武官提都、总兵、副将等职，旗人亦有机会担任，详可参见李洵等点校，《钦定八旗通志》，卷 48，《职官志七》，页 906－907。不过旗人挑补绿营武官者，在清初似乎数量较少，参见《清代起居注册・康熙朝（台北版）・第 11 册》，页 5812－5813，康熙三十六年七月初四日条：“黄岩总兵官徐九如陛辞，恭请训旨，上曰：‘前任总兵官赵弘灿，居官甚善，尔凡事如其所行，可无失错。南北形势、人情不同，操演兵丁，各随地土之宜，不可拘泥以北方操演之法为善。且旗下人为总兵官者甚少，尔赴任须尽心效力，不可贻羞于旗人也。’”当八旗生计问题出现后，旗人挑补绿营武官的情形才逐渐增多，详可参见定宜庄，《清代绿营中的八旗官兵》，收录于王钟翰主编，《满族历史与文化》（北京：中央民族大学出版社，1996），页 83－101。

②《宫中档乾隆朝奏折・第 25 辑》，页 575－576，《贵州布政使恒光・奏为请定满缺通判并司翻译以昭慎重事》，乾隆三十年七月二十日。透过该奏亦可得知早在乾隆十五年间，贵州巡抚爱必达已题请将贵阳通判定为满缺，但当时遭到部驳，主因为“理事同知、通判，专设满员，其余通判，从无专用满员之例，议驳在案”。清高宗在恒光奏折上的朱批为“既经议驳，况从来亦未误事，何必?”，推测恒光建议未被皇帝接受的理由应与此事相关。

人来得广泛。清政府入关后于顺治二年（1745）宣布恢复科举考试，延续过往汉人王朝选才取仕的主要方法。旗人除了参加科举外，还可透过世职世爵荫官、官学生选官、挑选侍卫和拜唐阿等方式入仕，当官途径明显较汉人来得丰富。① 此外旗人的升转过程，既不受"出身正途"限制，又可"文武互转"，② 升迁的速度与机会完全令汉人望尘莫及。旗人的官缺额数与入仕途径原本已颇有优势，再配合升转便捷之助，难怪时人会大叹"十年窗下读，不及一声嚎"。③

满洲统治者将旗人视为国家根本，在入仕、升转之途提供保障确实合于情理，然清政府对此始终抱持相当谨慎的态度，这从旗人参加科举一事即可看出端倪。清朝关外时期曾举办过三次科举，不过从当时考试时间不定期、过程不分阶段以及偏向语文测验来看，只能算是考试选才而非传统汉制科举。④ 清朝真正推行科举是在入关后，但旗人起初在"八旗以骑射为本，右武左文"的考虑下，⑤ 被限制不准参加科举考试，直到顺治八年（1651）

---

① 杜家骥，《八旗与清朝政治论稿》，页 413－418。另官学生的选官情形，详可参见同书，页 372－412。

② 清朝入仕途径共有科甲、贡生、监生、荫生、议叙、杂流、捐纳、官学生和俊秀等方式，其中以科甲和恩、拔、副、岁、优贡生，以及荫生与非俊秀之例贡生为正途，其余皆为异途。出身于异途者的官职授与局限较多，不过旗人则非如此。详可参见艾永明，《清朝文官制度》（北京：商务印书馆，2003），页 15－17。另明清时期基本规定文、武官升转异途，明朝国祚两百六十余年，仅十二人文武互转。然而旗人在升转上，完全不受此限制。详可参见陈文石，《清代满人的政治参与》，收录于氏著，《明清政治社会史论・下册》，页 725－731。

③〔清〕福格著，汪北平点校，《听雨丛谈》，卷 11，《赞礼郎》，页 232。

④ 叶高树，《清朝前期的文化政策》，页 31－32。关外时期的科举，曾于天聪八年、崇德三年与崇德六年举行。另天聪三年时清太宗其实已透过考试甄别人才，不过这次并未授官，仅分赏布帛和免除差役。

⑤ 清史稿校注编纂小组，《清史稿校注》，卷 115，《志 90・选举三》，页 3181。

才解禁。[①] 自从顺治八年六月以来，八旗参与科举的中试额数与考试方式逐渐确立，整体而言旗人并未完全与汉民一起竞争，而是呈现“八旗乡试、会试、殿试，均以满洲、蒙古共为一榜，汉军与汉人共为一榜”的现象。[②] 在“满汉分榜”规定下，旗人正式拥有参与科举的机会，但皇帝在实行两科后，认为“八旗人民崇尚文学”，将导致旗人“怠于武事，以披甲为畏途”，下令停止八旗科举。[③] 限制旗人参与科举的禁令，至康熙朝出现转机。清政府首先在康熙二年（1663）间，“以八旗生员无上进之阶，特准乡试一次”，“未取中之生员悉除之，次年八旗亦无会试”。[④] 康熙六年（1667）九月间，官方允许旗人重返科举，但改与汉人同场一例考试，[⑤] “中试之额亦大减矣”。[⑥] 八旗科举虽于康熙十五年（1676）十月间再次停止，不过随后又于康熙二十六年

---

① 《清世祖章皇帝实录》，卷 55，页 441，顺治八年三月丙午条：“吏部奏言：‘各旗子弟，率多英才，可备循良之选，但学校未兴，制科未行耳。先帝在盛京，爱养人才，开科已有成例，今日正当举行。臣等酌议满洲、蒙古、汉军各旗子弟，有通文义者，提学御史考试取入顺天府学，乡试作文一篇，会试作文二篇。优者，准其中式，照甲第除授官职。则人知向学，进取有阶矣。’报可。”

② 相关内容详可参见李洵等点校，《钦定八旗通志》，卷 102，《选举志一》，页 1615－1616。在录取人数方面，顺治八年六月规定乡试满洲取五十名、蒙古取二十名、汉军取五十名；会试满洲取二十五名、蒙古十名、汉军二十五名。是年八月，“恩诏广满洲、蒙古、汉军会试中额二十五名”。在考试内容方面，顺治八年六月间规定乡试为满洲、蒙古通汉文者，翻译汉文一篇，仅懂满文者作满文一篇，汉军文字、篇数则如同汉人例；会试则为满洲、蒙古通汉文者，翻译汉文一篇、作汉文一篇，仅懂满文者作满文两篇，汉军文字、篇数亦如同汉人例。是年八月间，汉军乡、会试内容决定改采渐进方式，至顺治十四年乡试与十五年会试时，才令汉军科考三场的文字、篇数与汉人一致。

③ 《清世祖章皇帝实录》，卷 106，页 831－832，顺治十四年正月甲子条。

④ 〔清〕福格著，汪北平点校，《听雨丛谈》，卷 4，《科目》，页 79。

⑤ 《清圣祖仁皇帝实录》，卷 24，页 328，康熙六年九月丁未条。

⑥ 〔清〕福格著，汪北平点校，《听雨丛谈》，卷 7，《八旗科目》，页 151。

(1687) 恢复，其内容仍是"同汉人一体考试"。[①] 八旗科举从此不再自成系统，完全融合于定期举办的国家科举中。

科举是传统中国重要的选才制度，自隋朝初创以来历经各种变化，至明清时期已发展成熟。非汉民族统治中国期间，恢复科举往往被视为接受汉制的重要象征，但在维持本民族特色与利益的考虑下，科举制度即使重新举行通常也与汉人王朝有所差异。[②] 例如元朝入主中原后迟至延佑二年（1315）才举办科举，而且主要采取民族分额分试的方法来进行，即蒙古与色目人合为右榜，汉人与南人合为左榜，两榜录取人数相同，但考试内容左榜较右榜来得困难。[③] 元政府关于科举的设计，具有保障蒙古、色目人的用意，他们虽在全国总人口中位居少数，科举中额却与汉人、南人相同，考试的题目也较为简单，造成蒙古、色目人不至于在科举竞争中处于劣势。对于元政府而言，此举确实发挥维护蒙古政治参与的作用，但同时也容易因诸多不公平，引发汉

① 李洵等点校，《钦定八旗通志》，卷102，《选举志一》，页1616。

② 辽、金、元三朝科举的考试内容和科目，都与宋代有很大不同，相关讨论详可参见王炳照、徐勇主编，《中国科举制度研究》（石家庄：河北人民出版社，2002），页142－145。

③ 元朝科举三年举行一次，分为乡试、会试与御试三层级。乡试在全国十七处举行，每处各族皆有一定的录取配额，全国共录取三百人，其中蒙古、色目、汉人与南人各七十五人。会试与御试皆在大都举办，四族类各录取进士二十五人，合计一百人。然就实际情形来看，元朝前后十六科录取的进士少则五十人多则九十余人，蒙古、色目、汉人与南人所取之数亦不尽相同，惟元统元年取足百人。是科登科百人中，四族群确实各录取二十五人。在考试内容方面，蒙古、色目人第一场考经问五条，从四书出题并以朱熹的章句集注为标准答案，第二场则考实务策一道。汉人、南人第一场考明经经疑二问，同样是从四书内出题，并用朱熹章句集注加上已意回答，限三百字以上，另外还加经义一道；第二场是古赋、诏、诰、章、表内科一道；第三场是实务策一道。相关讨论详可参见萧启庆，《元代科举与菁英流动：以元统元年进士为中心》，收录于氏著，《内北国而外中国：蒙元史研究·上册》，页189－190、王炳照、徐勇主编，《中国科举制度研究》，页144。

人、南人的不满情绪。

同样身为统一中国的非汉民族，清朝对本民族参与科举的设计与元朝不尽相同，反映清朝在这敏感议题上别出心裁的一面。清政府最初于顺治八年开放旗人参与科举时，也采取类似元朝左、右榜之法，特别维护八旗中满洲与蒙古的权利，但在相关细节上较元政府更为谨慎。首先旗人于顺治八年参与科举时，无论乡试还是会试的中额数量都远不如汉人，透过下列表 4-1-1 和 4-1-2 即可略知一二。

表 4-1-1 顺治二年、十七年各地乡试录取额数

地区名称	顺治二年		顺治十七年	
	额数	百分比	额数	百分比
顺天	168	11.76%	105	14.27%
江南	163	11.41%	63	8.56%
浙江	107	7.49%	54	7.34%
江西	113	7.91%	57	7.74%
湖广	106	7.42%	53	7.20%
福建	105	7.35%	53	7.20%
河南	94	6.58%	47	6.39%
山东	90	6.30%	46	6.25%
广东	86	6.02%	32	4.35%
四川	84	5.88%	42	5.71%
山西	79	5.53%	40	5.43%
陕西	79	5.53%	40	5.43%
广西	60	4.20%	30	4.08%

续 表

地区名称	顺治二年		顺治十七年	
	额数	百分比	额数	百分比
云南	54	3.78%	54	7.34%
贵州	40	2.80%	20	2.72%

数据源：《钦定大清会典事例（光绪朝）》

附注：

1. 顺治二年顺天录取的168名中，分别为直隶生员贝字号115名、北监生皿字号48名、宣镇旦字号3名、奉天府学夹字号2名。江南录取的163名中，还包括了南监生皿字号38名。

2. 顺治十七年由于规定"乡试照旧额减半"，导致各省录取人数都减少，而原本江南额内的南皿字号并入顺天额内。顺天录取的105名中，分别为贝字号58名、南北皿字号43名、旦字号2名、夹字号2名。

表4-1-2　顺治九年会试北、中、南三卷额数

	涵盖地区	额数	百分比
北卷	山东、山西、河南、陕西四省；顺天、永平、保定、河闲、真定、顺德、广平、大名八府；延庆、保安二州；奉天、辽东、大宁、万全诸处。	153	38.54%
中卷	四川、广西、云南、贵州四省；安庆、庐州、凤阳三府；滁、徐、和三州。	14	3.53%
南卷	浙江、江西、福建、湖广、广东五省；江宁、苏州、松江、常州、镇江、徽州、宁国、池州、太平、淮安、扬州十一府；广德一州。	230	57.93%

数据源：《钦定大清会典事例（光绪朝）》

旗人在顺治八年、顺治十一年（1654）的乡试录取人数均为满洲五十名、蒙古二十名以及汉军五十名，会试则是满洲三十五名、蒙古十五名以及汉军三十五名。相对于汉人而言，旗人在乡、会试的录取人数并不多。虽然顺治十七年（1660）各省额数大多减半，但八旗科举亦已于顺治十四年（1657）宣告结束。除在额数上无法与汉人相提并论，更重要的是旗人乃汉人定额外的加缺，未过度侵害汉人权益：

> 又题准，满洲、蒙古、汉军生员乡试，于顺天举人定额外，取中满洲五十名、蒙古二十名、汉军五十名。①

> 又定，满、汉分榜，于汉榜进士外，取中满洲进士二十五名、蒙古进士十名、汉军进士二十五名。又遵诏议定：加中满洲进士十名、蒙古进士五名、汉军进士十名。②

根据上述两段史料，旗人录取者均是原有定额外特别加开的名额，即使与汉人归为一榜的汉军亦是如此，并未压缩汉人原本的中额空间。清初的满、汉两榜制度，不能说没有为旗人提供保障名额的意图，但由于配套措施设计妥当，优待旗人之举对汉人而言冲击较小，与元朝的左、右榜制度可说是天壤之别。

清朝科举的满、汉两榜制度并未存在很久，实施两次即走入历史，康熙六年八旗科举重新举行时，旗人直接被纳入一般科举中，不再自成系统独自运作。旗人此后在科举中虽有专属名额，仍不会太过突兀或完全损及汉人权益。旗人参与的是顺天场乡试，满洲、蒙古编为满字号共取十名，汉军独自编为合字号亦取

---

①《钦定大清会典事例（光绪朝）》，卷 348，《礼部·贡举·乡试中额》，页 3b。
②《钦定大清会典事例（光绪朝）》，卷 350，《礼部·贡举·会试中额》，页 1b－2a。

十名；会试则是满字号取四名，合字号取三名。[①] 清朝各省乡试皆在省城举行，仅江南乡试是江苏与安徽两省合闱，依例乡试非本省人不能应考，否则会被视为冒籍。[②] 乡试中最特别者为顺天乡试，顺天乡试因为在京师举行，参与者除直隶省籍生员外，还包括国子监贡监生与邻近少数生员，分编字号保有名额参加顺天乡试。[③] 顺天乡试应考人数多为全国之最，[④] 复杂程度远非其他考场可以比拟，旗人被编为满、合字号参与其中，特殊性已大为降低。

综观顺天乡试的各种字号，满、合字号在会试中存有保障录取名额。旗人看似拥有一定优势，不过由于人数没有很多，已属较不损及汉人利益的折衷办法。此外在康熙五十一年（1712）间，清圣祖鉴于“直隶各省，考取进士额数，或一省偏多，一省偏少”，“皆因南、北卷中，未经分别省分，故取中人数甚属不均”，下令取消会试的北、中、南三卷制度，改采分省设额的方

① 该中额定于康熙八年七月间，参见李洵等点校，《钦定八旗通志》，卷102，《选举志一》，页1616。不过根据《八旗通志》中的历科进士名单，可知康熙五十一年前的旗人录取名额，似乎未必均是满字号取四名、合字号取三名，其原因尚待日后继续探索。

② 刘兆璸，《清代科举》（台北：三民书局，1979），页27。

③《钦定科场条例》，收录于续修四库全书编纂委员会编，《续修四库全书·第829—830册》（上海：上海古籍出版社，2002），卷19，《乡会试中额·各省乡试定额》，页1a-1b：“顺天乡试，分编满、合、夹、承、贝、南皿、北皿、中皿字号。满字号（满洲、蒙古）取中二十七名，合字号（汉军）取中十二名，共加五经遗额二名。夹字号（奉天）取中四名，承字号（承德）取中三名。贝字号（直隶生员）取中一百一名，加五经遗额五名，共一百六名。南皿（江南、浙江、江西、福建、湖北、湖南贡监生）取中三十六名，北皿（奉天、直隶、山东、山西、河南、陕西、甘肃贡监生）取中三十六名，共加五经遗额四名。中皿（四川、广东、广西、云南、贵州贡监生）无定额，每二十名取中一名，如零数过半，准其加中一名。”上述中额为清中叶的情形，但字号内涵应与清初制度相仿。

④ 根据统计显示，雍正十年壬子科以前的顺天乡试人数，共约七千至八千人，雍正十三年后逐渐激增至一万一千余人。详可参见庄吉发，《清高宗乾隆时代的乡试》，收录于氏著，《清史论集·3》（台北：文史哲出版社，1998），页204。

式。新制另一重点在于“额数不必豫定”，每当会试完毕时，皇帝会考虑“各省应试到部举人实数，及八旗满洲、蒙古、汉军应考人数”以及“省之大小，人之多寡”后，钦定该科各省与八旗的录取人数。① 此后除了顺天乡试较为复杂外，基本上各省乡试、会试中额都以省为单位，科举打破区域惟才选用的本意已不复见。在官方重视保障每个地区中额的用意下，② 八旗俨然可视为一种特殊“籍贯”，旗人拥有的加额不再属于体制外产物，巧妙成为科举各类中额的一部分。

科举对汉人而言是进入庙堂的重要途径，为避免汉人感受到旗人侵害自身权利，清政府虽允许旗人参加科举，但在其中额分配上却相当谨慎，无论满、汉分榜还是与汉人一体应试，均尽量不损害汉人的既有利益。除此之外，自雍正元年（1723）推动的翻译科举也是种策略。翻译科举可说是专为旗人而设，起初仅有清文翻译科，雍正九年（1731）又增加一门蒙文翻译科。翻译科举不仅能吸收清、蒙文翻译人才与鼓励旗人学习国语，亦为旗人增加一条晋升之路。③

---

①《钦定大清会典事例（光绪朝）》，卷 350，《礼部·贡举·会试中额》，页 4b - 5a。

② 科举制度最初目的为甄选人才，但在稳定政局的考虑下，中国历朝都必须小心处理地区中额问题。明洪武朝爆发“南、北榜”案后，明政府开始依地区划分中额，相关讨论详可参见林丽月，《科场竞争与天下之“公”：明代科举区域配额问题的一些考察》，收录于邢义田、林丽月主编，《台湾学者中国史研究论丛·社会变迁》（北京：中国大百科全书出版社，2005），页 319 - 348。清朝在科举方面多承袭明制，亦常藉由保障名额奖励学风，台湾即为一个例子。参见《钦定科场条例》，卷 22，《乡会试中额·会试中额》，页 3a：“乾隆三年议准，将来台湾士子，来京会试，果至十名以上之多，礼部再行奏请钦定中额，以示鼓励。”

③ 关于清朝翻译科举的演变与意义，详可参见屈六生，《论清代的翻译科考试》，收录于庆祝王钟翰先生八十寿辰学术论文集编辑委员会编，《庆祝王钟翰先生八十寿辰学术论文集》，页 229 - 238、叶高树，《清朝前期的文化政策》，页 375 - 380、叶高树，《清朝的翻译科考制度》，《台湾师大历史学报》，49（台北，2013. 06），页 47 - 136、叶高树，《翻译考试与清朝旗人的入仕选择》，《台湾师大历史学报》，52（台北，2014. 12），页 95 - 132。

清政府利用翻译名目开设新科，不但为旗人提供更多参与科举的机会，同时能尽量避免汉人因中额被占而心生不满。

清政府对旗人参与科举没有给与太多保障，一方面是基于安抚汉人的考虑，不愿意见到旗人太过沉溺科举进而丧失尚武精神，应为另一项重要因素。清政府为求化解问题，于康熙二十八年（1689）规定旗人参与乡试、会试前，均先检验马、步射箭，通过者才准入场考试；[①] 除了乡、会两试外，八旗童生基本的岁考也是如此。[②] 曾有官员认为此举对旗人较不公平，“数年苦读不得入场，才莫能展似属可惜”，请求皇帝将旗、民一视同仁，“凡满洲、蒙古、汉军应文试人员，俱停其考试弓马”，“与汉人一体即令入场考试文艺”。[③] 但此建议并未得到清世宗首肯，可知皇帝始终认为参加科举的旗人绝不能忘记骑射根本。该规定直到乾隆四十年（1775）才稍有转圜空间，此后凡是近视或手有残疾者，佐领出具保结后即可免试骑射。[④] 不过这种网开一面的新

---

① 李洵等点校，《钦定八旗通志》，卷102，《选举志一》，页1616：“二十八年覆准：满洲、蒙古、汉军应乡试之监生、生员，均由兵部验射马步箭。能射者，准其移送顺天府入场乡试。”、《清圣祖仁皇帝实录》，卷140，页533，康熙二十八年三月丁亥条：“兵部议覆，兵科给事中能泰疏言：‘考取满洲生员，宜试骑射’，应如所请，上命如议。又谕曰：‘满洲以骑射为本，学习骑射，原不妨碍读书。考试举人、进士，亦令骑射，倘将不堪者取中，监箭官及中式人，一并从重治罪。’”

②《钦定八旗则例》，卷6，《孝部·学政·考试童生》，页4b-5a：“考试八旗童生，礼部行文到日，各该旗行文翰詹衙门，咨取科甲出身满官一员，先期拟定考试日期，在该旗公所，会同参领、佐领考试。……移送礼部，转咨兵部考试骑射。”至于此例何时出现笔者尚未查出，但根据档案推测此例确有执行，参见《明清内阁大库档案》，登录号177364-001，兵部为考试马步箭事，乾隆二十二年七月二十四日。

③《雍正朝汉文朱批奏折汇编·第33册》，页11-12，《通政使司左参议张国栋·奏陈满洲蒙古汉军文试人员应一体免试弓马折》，雍正年月日不详。

④《钦定八旗则例》，卷6，《孝部·学政·免考骑射》，页5a：“凡应试人等，先考马步箭，有实在眼近视并手拐者，该佐领出具保结申明，免考马步箭，准其应试。其十五岁以下，及五十五岁以上者，止考步箭，免考马箭，准其应试，愿考马箭者听。”会典中亦有类似记载，并明载是乾隆四十年议定之事，参见《钦定大清会典事例（光绪朝）》，卷720，《兵部·武科·八旗考试骑射》，页20b-21a。

制亦未实行太久，一日清高宗对“今考试者一百二十余人，内报近视眼者，竟有七十余人之多”深感痛恨，认为“此辈因不能骑射，遂借口以图侥幸，甚属不堪”，下令“嗣后考试人内，若有似此不能骑射者，俱着停其考试，着为例”。[①] 新制修正为患有手疾者才可免试骑射，其余近视或残疾者均不准参与科举。[②] 新例将无法骑射之人完全排除于科举外，呈现清政府维护旗人骑射能力，以及避免旗人忘记根本的坚定立场。

旗人参与科举须兼备骑射能力的规定并未如同具文，以下这起案件就是很好的佐证。道光十六年（1836）五月间，奉命监试朝考的宗室永桐，发现在三名身有残疾的新科进士中，竟有一位为正白旗满洲进士庆廉。宗室永桐对此深感疑惑，故向皇帝报告曰：

> 其一名系正白旗满洲进士庆廉，例应于会试前期，考试马、步箭，方准入场。今该进士既系身带残疾，其考试骑射时，恐有不尽不实之处，应请旨敕下兵部、正白旗满洲都统，查明该进士庆廉考试骑射时，有无别项情弊，并请嗣后八旗士子，如有应文乡、会试，及翻译乡、会试各场者，均应遵照定例，先行认真考试骑射，合式者方准入

---

① 《清高宗纯皇帝实录》，卷977，页48，乾隆四十年二月丁酉条。

② 详可参见《钦定武场条例》，收录于四库未收书辑刊编纂委员会编，《四库未收书辑刊·第9辑第9册》（北京：北京出版社，2000），卷16，《八旗考试骑射·免考骑射》，页10a：“一、八旗考试骑射，考生年十五岁以下，及五十五岁以上者，止考步箭，免考马箭。其有手疾者，该佐领出具保结，免考马步箭。”《钦定武场条例》，卷16，《八旗考试骑射·残疾近视不准送考》，页11a：“一、八旗士子应试，其有残疾及近视眼不能骑射者，不准送考。”

场，以符体制。[①]

清宣宗接到此奏后，亦对“形同残废、步履甚艰”的庆廉，能通过马、步箭测验一事感到匪夷所思，下令相关人等严加彻查。[②]兵部及该旗都统、监射王大臣很快回奏，表示此案完全依“患有手疾者得以免试马步箭”之例办理，然皇帝认为庆廉身体状况“形同残废，尚不止于手疾”，该旗都统与监射王大臣的处理显有瑕疵，“俱着交各该衙门严加议处”。[③] 透过此案或能理解清政府相当重视旗人须先检验马、步箭才可应考，而且设有清楚的免试条件，不许出现法律漏洞让人有机可乘。[④]

皇帝惟恐埋首书堆的旗人丧失尚武精神，不仅增加赴考旗人的骑射测验，迟迟不肯开放驻防旗人在地应试，可能也是基于同样原因。旗人参与乡试时如前所述，均归入顺天乡试一体办理，这对于驻防外地的旗人考生而言非常不便。早在康熙年间，广州驻防将军管源忠已表示该省欲参加科举的八旗兵丁，常因“粤东赴京考试，路远柒千余里，往返盘费繁多，无从措办”导致“上

① 《军机处档·月折包》，文献编号 070961，掌浙江道监察御史宗室永桐·奏为八旗士子应文乡会试及翻译乡会试各场均应照例先行认真考试骑射而昭核实由，道光十六年五月初六日。

② 《清宣宗成皇帝实录》，卷 283，页 359，道光十六年五月戊子条。

③ 《清宣宗成皇帝实录》，卷 283，页 362，道光十六年五月辛卯条。

④ 此案后续情形有些曲折。庆廉先前在道光十一年应试时，“曾经监射大臣核驳扣除”，皇帝或许受到此案影响，认为当年的监射大臣奕绘、那清安“秉公持正”，“自应酌量加恩，以示平允”。此案最后甚至查出“本科进士庆廉，系兵部员外郎容恩胞侄，容恩以该部掌印司员，于胞侄应试，辄与伊龄安会同办理通行，伊龄安以向无通行之例，辄因检查庆廉图片，改换例文，通行八旗，实属有心舞弊。”此案要角庆廉最终被革去进士，“以为朦混幸进者戒”。详可参见《清宣宗成皇帝实录》，卷 283，页 377，道光十六年五月壬子条、《清宣宗成皇帝实录》，卷 284，页 383－384，道光十六年六月庚申条。

进无阶”，恳求皇帝让他们“就近在广应考”，[①] 这类建议直到雍正朝仍时有所闻。[②] 除了乡试以外，童生的一般岁、科两试，[③] 驻防旗人也须返京应试。镶蓝旗汉军掌左司关防参领朱炯曾指出：

> 向例驻防各省八旗生童岁、科两试，俱自驻防地方赴京，与在京之生童一体考试。奴才備员左司，每逢报考之时，查阅生童名次，自驻防来京者甚少。伏思驻防外省，生齿日繁，岂乏读书可造之材，盖因在直隶者，尚属附近，其余各省驻防，或二、三千里，以致六、七千里不等，道途遥远，资用费繁，不无畏难自阻，以隳其平日诵读之志者。[④]

由此可知驻防生员的岁、科两试在京举行已属定例，但因路途遥远导致参与情形并不踊跃。官员面对该情况提出的对策，大多仍建议皇帝允许八旗生员就近应试。[⑤]

---

① 《宫中档康熙朝奏折·第4辑》，页19－25，《广州将军管源忠·奏报驻防广州八旗官兵监生等陈情明年万寿恩科在广州应试》，康熙五十一年十月十二日。

② 例如《雍正朝满文朱批奏折全译·上册》，页432，《正蓝满洲旗副都统和珅·奏准旗人各在本省考试折》，雍正元年十月十三日、《雍正朝汉文朱批奏折汇编·第32册》，页515－516，《在内阁学士列行走徐元梦·奏请定就近考试之例以鼓舞旗下人才折》，雍正年月日不详。

③ 岁考是生员的例行性考试，所有生员皆须应考。科考则是生员的乡试资格考，惟有通过科考者才能参加乡试。详可参见刘兆璸，《清代科举》，页15－16。

④ 《宫中档雍正朝奏折·第23辑》，页726－727，《镶蓝旗汉军掌左司关防参领朱炯·奏请将驻防各省八旗生童岁科两试请均敕令送往就近驻防地知府衙门考试不必赴京与在京生童一体考试以免道途跋涉之劳便鼓读书上进之志由》，雍正十二年十一月初九日。

⑤ 例如《雍正朝满文朱批奏折全译·上册》，页410，《河南道监察御史希禄·奏请八旗生员在省考试折》，雍正元年十月初六日。

持平而论，驻防旗人前往京师考试确实相当辛苦，旗人应考意愿不高在所难免。姑且不论自由参加的乡试，该制对例行性童生岁试势必冲击甚巨。[①] 然皇帝对于臣工的建议，不仅未表支持甚至严词驳回。清世宗特别强调“国家设立驻防弁兵，原令其持戈荷戟，备干城之选”，“非令其攻习文墨，与文人学士，争名场屋也”；“若悉准其在外考试，则伊等各从其便，竞尚虚名而轻视武事”，“必至骑射生疏，操演怠忽，将来更有何人充驻防之用乎”。[②] 清高宗亦持相同立场，坚定否决臣工这方面的提议。[③] 皇帝的态度相当明确，驻防八旗既有捍卫地方之责，就不该为他们在科举上提供太多方便。此外旗人若在地方应试，无论同额还是加额竞争，都有可能增加汉人的压力或不满，该隐忧推测亦是皇帝不愿轻易调整制度的重要考虑。[④]

---

① 《雍正朝汉文朱批奏折汇编·第25册》，页847－848，《顺天学政吴应棻·奏陈八旗岁考不到生员应核实除名以除锢弊折》，雍正十二年二月初四日：“复查雍正伍年、捌年两次岁考，八旗生员与考者，仍不及其半，不到者亦并不申明缘由，学臣无从稽查。积习相沿，因循如故。今又届岁试之期，如概行执法除名，则学校将去其大半；若任其规避，则学政几等为具文。……满学生员，除现在京师外，或驻防，或随任远隔他省，文移往来，势有不及，所当格外体恤，不能与在京一例。似应令各本旗查明，行文知照学臣，抑或该旗饬发教官，令其造具清册，某生驻防某省，某生随任某处，申明学臣，一目了然，则在京者不得借端规避，在外者亦可按册稽查。……”该奏折的皇帝朱批为“此奏甚属可嘉，该部详议具奏。”

② 《清世宗宪皇帝实录》，卷121，页592－593，雍正十年七月乙酉条。

③ 乾隆三年七月间，参领金珩建议八旗驻防生员的科、岁两试，先令将军测验马、步箭，再送附近府院考试，不必前往京师应试。清高宗接获此奏后，却认为该建议“背谬已极”。详可参见《清高宗纯皇帝实录》，卷72，页156－157，乾隆三年七月壬戌条。

④ 驻防八旗直到嘉庆朝才得以在地方应试，从童生岁、科试逐渐开放至乡试。此例一开后，驻防旗人亦逐渐从“客民”走向“土著”。详可参见潘洪钢，《由客居到土著——清代驻防八旗的民族关系问题研究》，《黑龙江民族丛刊（双月刊）》，2006：1（哈尔滨，2006. 02），页74－80。

清朝入关后为赡养旗人与巩固政权，令大量旗人参与政治势在必行，但如何达成目的又不引起汉人激烈反弹，则是清政府必须面对的另一重要课题。清政府采取的策略为不鼓励旗人参与科举，以及大量运用科举以外的方式让旗人任官与升转，尽量不改变汉人最重视的科举制度，避免汉人深感自身权益受损。在这些因素交错下，旗人参与科举拥有的优待并没有想象中来得多。①

三、 八旗官员的行政制裁

所谓八旗官员简单来说可分为两种：其一为旗人担任国家官员者，其二则为旗人担任八旗官员者。这两者虽然都能简称为旗员，却存在着不同意义。在清朝关外时期，这两种身份并非截然划分，同时拥有者大有人在；但随着清政府入关继受明制建立起完整的国家官僚制度后，国家官员与八旗官员间的区分日益扩大。该现象恰巧表明当清朝取代明朝统一中国时，八旗制度与国家的密切结合已经发生变化。

清太祖创立八旗制度后，一套与之相关的管理制度很快应运而生，由于八旗制度具有强烈的军事集团色彩，其最初大多以军事规范为主。② 在这种背景之下，八旗官员的管理制度显得较为简单，官员等级主要以爵位形式呈现，官员升迁也主要以军功为

① 本书这部分主要讨论科举文科情形，对旗人的武官挑选没有着墨。旗人在武官方面自成体系，与文官状况大不相同，本书受限于篇幅加上前人已有相关研究，于此暂不赘述。详可参见雷炳炎，《康熙时期八旗武官选任探论》，《学习与探索》，2008：5（哈尔滨，2008. 10），页 214 - 218。

② 详可参见张晋藩、郭成康，《清入关前国家法律制度史》，页 223 - 263。

基准。[①] 当清太宗于天聪年间设立六部时，汉式国家职官管理制度也逐渐成形。天聪八年（1634）即六部成立后的第三年，清政府首次进行官员考核，此后每逢三年举行一次，与明制中的“考满”与“考察”制度极为相似。[②] 官员考核制度在实践中不断完备，从部院到八旗官员都一并纳入考核范围中。[③] 除了以例行性考核决定官职升降外，官员平时若有行政疏失，还会面临罚没财产入官或是解任、革职削爵等处罚。[④]

清朝入关后为迅速稳定国家局势，继受明制建立完整官僚体系显得较为妥当。然而关外旧制已行之有年，又与八旗制度密切相关，直接将其转化为汉制似乎也不甚理想。清政府面临该严峻局势，只好暂时采取汉制与关外旧制并存运作的折衷方案。此举虽然发挥了一定功效，但终究是权宜之计，清政府日后不得不着手调整两者间的差异来化解危机。

在特殊时空背景的考虑下，清朝关外旧制入关后未被立即抛弃，经历一段演变过程才逐渐消失，该情形尤以行政疏失官员所受的行政制裁最为明显。关外的行政制裁除了解任、革职削爵外，主要以财产刑为大宗，罪情较严重者多会籍没其家或“尽夺

---

① 爵位在西周时期与官职具有一定关系，后续发展却逐渐分离，可简单分为皇族封爵、异姓封爵两种形式。清太祖于天命五年，模仿明制创设满洲世职制，此为清朝推行异姓封爵之始。不过当时职、爵尚未清楚区别，官员职任名称与显示其身份之爵等完全一致。清朝官、爵分途自天聪八年开始，至顺治四年正式确立。详可参见王彦章，《清代奖赏制度研究》（合肥：安徽人民出版社，2006），页 13－20。

② 关于“考满”与“考察”的内容，详可参见陈国平，《明代行政法研究》，页 143－150。

③ 详可参见张晋藩、郭成康，《清入关前国家法律制度史》，页 456－458。

④ 详可参见张晋藩、郭成康，《清入关前国家法律制度史》，页 531－548。

俘获”,[①] 罪情轻微者则罚以一定钱财作为处罚。轻罪施以的罚银处罚又名“土黑勒威勒”(tuhere weile),是清朝关外时期特殊的处罚形式之一。“土黑勒威勒”是由满文音译而来,字面意义是指“定拟之罪”或是“规定之罪”,其初创于天命朝中期,至清太宗时代更为规范化。“土黑勒威勒”最特别处乃依世职世爵等级罚以固定银两,等级越高者罚银数量越多,未具备世职世爵者若为牛录章京以下的微官则改罚鞭。由于“土黑勒威勒”行之已久,官员在判语中大多不会言及罚银的数量,而是直接以“土黑勒威勒”称之。[②] 除了上述各种财产刑模式的行政制裁外,具有浓厚刑罚色彩的身体刑与死刑也占有一席之地,但官员因身份特殊通常得以纳银赎罪,当时分别称为折赎与赎身。[③] 清朝关外时期由于国家官

---

① 详可参见张晋藩、郭成康,《清入关前国家法律制度史》,页 531 – 534。籍没又可细分为籍没全部、籍没一半与籍没三分之一不等。

② 关于“土黑勒威勒”的意义,较早期的分析详可参见郑天挺,《清史语解·土黑勒威勒》,收录于氏著,《探微集》(北京:中华书局,1980),页 137 – 140。张晋藩与郭成康两人则利用《盛京刑部原档》,解决很多“土黑勒威勒”悬宕已久的问题,详可参见张晋藩、郭成康,《由崇德三、四年刑部满文原档看清初的刑法》,收录于杨一凡主编,《中国法制史考证·乙编·第 1 卷》,页 569 – 574。“土黑勒威勒”的定例大致如下,皇族封爵者:和硕亲王、多罗郡王罚银二百两;多罗贝勒罚银一百五十两;固山贝子、镇国公、辅国公罚银一百两;镇国将军、辅国将军、奉国将军不详。异姓封爵者:超品公罚银九十两;公罚银七十五两;昂邦章京罚银六十两;梅勒章京罚银四十五两;甲喇章京罚银三十两;牛录章京罚银十五两。无世职世爵者:虚衔牛录章京罚银十两;拨什库、小拨什库罚鞭三十;村拨什库罚鞭三十或二十七。天聪年间投降的孔有德等人于崇德元年受封为王,他们适用“土黑勒威勒”时,比照和硕亲王、多罗郡王处理。此外“土黑勒威勒”在现存官书中,多改写为“应得之罪”。

③ 张晋藩、郭成康,《由崇德三、四年刑部满文原档看清初的刑法》,页 588 – 592。折赎是指以罚银赎身体刑,原则上银一两折赎三鞭,贯耳折银六两,贯耳鼻折银九两。赎身又称为罚赎,与折赎意义不同,专指纳银以赎死罪。不过根据一些案例,可知赎身日后逐渐成为另一种刑罚模式,惟罚银数量并不固定,该现象目前受限于资料不足,暂且无法准确解读。

制尚未成熟，行政制裁多以世职世爵作为处置依据，其性质与明制大不相同；① 但就实际意义来看，"土黑勒威勒"也是世职世爵等级越高者处罚越重，实与明制罚俸有异曲同工之妙。②

相较于清朝关外时期的行政制裁，明朝相关制度则显得更为复杂。明制规定官员的行政制裁须先区分公、私罪，公罪是指官员因过失而非追求个人私利的行政疏失，私罪则指官员在执行公务中为谋求私利，或与职务无关违反道德的违法行为，一般来说公罪刑度较私罪来得轻。③ 值得注意的是，无论公罪还是私罪本质上均施以传统的五刑，但因官员身份特殊，犯有公罪和轻微私罪，常可纳银再加上一些行政处分来换刑。④ 除此之外，明制中

---

① 关外时期的官制较为混乱，天命朝主要为世职世爵的武爵系统与八旗官制系统，天聪朝则又增加部院官员系统。不过这三者间未必完全冲突或矛盾，天命朝武爵高者实际官职也高，清太宗则利用武爵重整各职官的地位高低，甚至连一些文官亦被授与武爵以提高地位。武爵在关外时期确实具有举足轻重之作用，可说是当时官制的一大特色。详可参见雷炳炎，《清代八旗世爵世职研究》（长沙：中南大学出版社，2006），页 1－21、108－113。

② 关于明代罚俸制度的介绍，详可参见王兴亚，《明代罚俸制度述论》，《中州学刊》，1993：2（郑州，1993．03），页 100－104。

③ 传统中国官员处分制度中，自汉朝已有区分公、私罪之规定，相关讨论详可参见柏桦、葛荃，《公罪与私罪——中国古代刑罚政治观》，《政治与法律》，2005：4（上海，2005．04），页 149－155。

④ 明律相关条文参见黄彰健主编，《明代律例汇编・上册》，卷 1，《名例律・文武官犯公罪》，页 284："凡内外大小军民衙门官吏，犯公罪该笞者，官收赎，吏每季类决，不必附过。杖罪以上，明立文案，每年一考，纪录罪名；九年一次，通考所犯次数重轻，以凭黜陟。"黄彰健主编，《明代律例汇编・上册》，卷 1，《名例律・文武官犯私罪》，页 285－286："凡文官犯私罪，笞四十以下，附过还职。五十，解见任别叙。杖六十，降一等。七十，降二等。八十，降三等。九十，降四等。俱解见任。流官于杂职内叙用，杂职于边远叙用。杖一百者，罢职不叙。若军官有犯私罪，该笞者附过收赎；杖罪，解见任，降等叙用。该罢职不叙者，降充总旗。该徒流者，照依地里远近，发各卫充军。若建立事功，不次擢用。若未入流品官，及吏典，有犯私罪，笞四十者，附过，各还职役；五十，罢见役，别叙。杖罪，并罢职役不叙。"

另一种常见的行政制裁为罚俸，不仅形式多样施予对象亦相当广泛。清朝入关后继受明朝官僚体系的同时，也一并沿用过往明朝的行政制裁规范，但明朝旧制的适用对象似乎多为投降汉官，旗人官员并不受此约束。

清初行政制裁的二元化情形，常表现于臣工多次上奏中。顺治十二年（1655）二月间，工科副理事官祁通格曾建议道：

> 国家设官，定为九品之制，非独以辨等级之尊卑，实用以衡量功罪，而使赏罚确当也。臣谓满、汉世官，及无世职流官，同为办事之员，当立一体之法。今汉官有罪，或革、或降、或罚，其法甚备。满官与汉官，其法不一。满官之中，有世职而兼流官者，有无世职而止有流官者，宜斟酌画一，以昭皇上赏罚大典。①

除了祁通格外，吏科副理事官彭长庚亦言：

> 凡八旗世胄之臣，在各衙门供职者，偶有过失，止应革其衙门职衔，在旗下犯事者，止应革其旗下职掌。近或因衙门小过，并革其世职，是以微瑕而累全瑜，似属可惜。请今后凡阵前疏虞者，议革世职，其他一眚，止就职掌处分，庶赏罚克当。②

上述两件奏疏皇帝都下令所属部院讨论，最后结果可惜无从得

① 《清世祖章皇帝实录》，卷72，页569，顺治十年二月己亥条。
② 《清世祖章皇帝实录》，卷79，页626，顺治十年十二月甲戌条。

知。根据其中内容可知满、汉官员的行政制裁并不一致，两者差异主要表现于处置依据上，前者大多还是以世职世爵而非国家官员品级为标准。清政府入关后虽然迅速将世职世爵与八旗官制相区隔，[①] 但这项改革似乎未在旗员行政制裁上发挥作用，导致八旗官员若有行政疏失，仍以世职世爵降革等惩处为主。

根据现存资料可知，八旗官员被革去或降等世职世爵者，大多属于作战方面的疏失，一般行政疏失比较少见；[②] 不过从上述臣工建言来看，八旗官员因单纯的行政疏失损及世职世爵者亦不乏其人。顺治十一年正月间，祁通格再度为此上奏，更能证明这类事件确实存在：

> 汉官轻罪，皆议罚俸，满官则有纳赎之例，请自今满官有缘事，应纳赎者，照汉官例，改为罚俸。至满官品职，皆由战功而得，今或以一时一事之过，遂行褫革，血战勤劳，

① 相关内容详可参见《清世祖章皇帝实录》，卷35，页287，顺治四年十二月甲申条："礼部遵谕，议定固山额真、昂邦章京、护军统领、梅勒章京、甲喇章京、牛录章京、前锋统领、前锋参领，皆系管兵职衔，不论世职大小有无，授此官者，即照此衔称之。凡箭号等项，亦书此衔于上。其世职昂邦章京改为精奇尼哈番，梅勒章京改为阿思哈尼哈番，甲喇章京改为阿达哈哈番，牛录章京改为拜他喇布勒哈番，半个前程改为拖沙喇哈番。其在部院官员，及各直省驻防章京官衔，俱仍旧。"此举似有助于强化爵与官间的区别。

② 根据目前所见资料，旗员作战时若有过失，多遭受世职世爵被革除或降级之处分。由于武爵主要透过军功取得，该惩处似乎不足为奇。相关案例参见《清世祖章皇帝实录》，卷22，页196，顺治二年十二月乙巳条："初甲喇章京格尔泰，从多罗英郡王阿济格剿贼，弃兵败走，至是部议，格尔泰应论死。平西王吴三桂下护军统领巴克勇，以随众私逃，应革职。议上，得旨：'格尔泰非系大阵败走，着削一世职，罚银三百两。巴克勇着免罪。'"《清世祖章皇帝实录》，卷48，页382，顺治七年三月壬戌条："二等阿达哈哈番诺穆齐，坐违王令分兵，降为三等阿达哈哈番，罚银一百两；章京巴赛，坐徇庇阿喇善，隐其轻藐王令之言，革一世职，罚银一百两。"另内国史院档中，也有因作战不力被革去前程的例子，详可参见《清初内国史院满文档案译编·中》，页63，顺治六年十月二十四日条。

顿归乌有。请自今公侯以下大小臣工，除大贪大弊不赦外，其余酌量处治，恳勿遽行革职。又汉官处分，悉归吏部，而满官小事，辄送刑部，亦非所以崇国体而励臣节。请自今未经革职者，悉听吏部议处，则体统全而名节励矣。①

综观引文内容，主要有三大重点：其一重申不可随意革除八旗官员的世职世爵；其二为汉官的轻微行政制裁皆议罚俸，与八旗官员通行的纳赎有别；其三是八旗官员不论罪情轻重均移送刑部，有违国家礼遇官员的政策。这三点建议中的第一点，与前一年祁通格与彭长庚两人的建议可说是完全相同，反映该现象在当时仍时有所闻。由于第一点建议在前文已多有着墨，以下将着重分析后两点建议的内容与意义。

祁通格在第二点建议中特别指出“汉官轻罪，皆议罚俸，满官则有纳赎之例”，罚俸与纳赎间究竟分别代表何种意涵？若仅就字面意思来看，所强调者为汉官与旗员在行政制裁上的差异，然明制中对官员犯罪的规定，简单来说亦包含罚俸与纳赎两方面。莫非这两者时至清初，已分别成为汉官、旗员的行政制裁方式？根据实际案例该解读方式似乎有误，② 此问题的费解应与官书记载不清有关。现存档案中的祁通格用语，其实为“满洲则有

① 《清世祖章皇帝实录》，卷80，页629，顺治十一年正月己亥条。

② 清初八旗官员其实亦有被罚俸的纪录。顺治六年六月间，紫禁城内有人在红衣炮绳堆上“吃烟遗火”，竟导致“焚绳三万三千八百余觔，延烧炮车二百余辆，仓房一百二十余间”。这场火灾促使许多官员因疏失遭受处分，其中工部侍郎佟国允、启心郎吴达礼与理事官星鼐等旗员，均被罚俸六个月。详可参见《清世祖章皇帝实录》，卷44，页354－355，顺治六年六月乙未条。此外清初汉官亦可折赎免除身体刑，参见《清世祖章皇帝实录》，卷41，页330，顺治五年十一月辛未条：“内外问刑衙门，凡满、汉官员，犯各项罪名，应鞭责、应板责者，以后俱依律折赎，免责。”

赎身之例”，仅有一字之差却造成意义截然不同。如前所述，所谓“赎身”最初是指以钱换赎死罪，之后则转变为一种特定的财产刑罚，祁通格主要是为突显“赎身与罚俸其实一也”，建议将这两者相统合而非各立名目。[①] 祁通格的第三点建议，涉及行政制裁审判程序问题。传统中国法律受到“刑不上大夫”观念影响，官员犯法大多会受到一定礼遇。明制对违法官员先依文、武分送吏部与兵部，惟罪行重大者才送交刑部问拟。清朝入关后在汉官建议下，立即宣布继受该制一体办理，[②] 但根据祁通格所言八旗官员似乎未在其适用范围内。

透过祁通格上述奏疏，即可发现旗员除以世职世爵为降革基准外，在行政制裁其他层面上亦与汉官不尽相同。为解决臣工均不乐见之情形，清政府最终提出了对应之策：

> 刑部奏言：“各旗满洲、蒙古、汉军武职官员犯罪，旧例交刑部审理，今议将罪犯重大者，先送兵部，议革后，方下臣部究拟。至缘事应赎身者，免其赎身名色，照汉官例，改为罚俸一年，以全体统，励名节。”报可。[③]

---

① 笔者幸运找到刑部议覆祁通格奏疏之档案，其内容虽然颇为残破，但关键文句尚可阅读。参见《明清内阁大库档案》，登录号 106089 - 001，刑部左侍郎吴喇插·题覆满洲蒙古乌金超哈武职犯罪先经兵部查议如罪不至革职竟行题结情罪重大者题请革职再下臣部拟罪等项，顺治十一年四月十九日。

②《清世祖章皇帝实录》，卷 7，页 74 - 75，顺治元年八月丙辰条：“刑科给事中孙襄，条陈刑法四事。……一曰存国体：刑不上大夫，乃古者贵贵之义。请自今文官犯罪，先下吏部核议，如所坐重大，必请旨革职后，方送刑部问拟，武官隶兵部亦如之。……启内各款，悉如议通行严饬。”

③《清世祖章皇帝实录》，卷 83，页 652，顺治十一年四月戊寅条。该史料似乎只论及八旗武官不直接送交刑部，但明清内阁大库档 106089 - 001 号中，却提到文官亦如此办理，值得一并参看。

祁通格顺治十一年的建议，看来确实发挥一定作用，不过许多官员念兹在兹旗员易被降革世职世爵的问题，仍未得到清政府的关注与响应。

顺治十二年正月间，户部尚书陈之遴也对汉官与旗员行政制裁有别的议题发表己见：

> 满洲官员有罪，多有籍家产、革世职者，实为太过。夫世职皆由死难捐躯而得，世职既削，无禄何以养生？祈敕会议，查照律条成例，以定籍没之法，分别流衔、世职，以垂降革之规，则感恩益深，而根本益固矣。①

陈之遴强调旗员的行政制裁，相较汉官明显太过苛刻，除世职世爵易被降革外，还指出前人较少留意的籍没家产问题。

旗员仅因小罪被降革世职世爵，在清初颇受臣工关注却始终未彻底解决，下列这起夏玉案即清楚反映问题所在。夏玉本是明朝的游击，崇德七年随叔父夏成德投降清朝并被编入旗下，② 顺治元年（1644）被授与世职三等甲喇章京，③ 之后陆续担任兵部左侍郎、都察院右副都御史和巡抚天津提督军务等职。顺治六年（1649）夏玉奉命巡抚山东，④ 顺治十年（1653）则因胶州总兵

---

①《清世祖章皇帝实录》，卷 88，页 696，顺治十二年正月辛亥条。

② 夏玉投降后被编入正白旗汉军，参见李洵等点校，《钦定八旗通志》，卷 340，《八旗大臣题名二·各省巡抚》，页 8294。同时投降的夏姓人士如夏成德、夏国柱和夏景梅等人，亦隶属正白旗汉军，详可参见叶高树，《降清明将研究（1618—1683）》，页 47－48。

③《清世祖章皇帝实录》，卷 3，页 47，顺治元年二月丁卯条。

④《清世祖章皇帝实录》，卷 46，页 366，顺治六年九月丙寅条。

海时反叛被罚降一级但"照旧管事"。① 顺治十一年夏玉在中央甄别各省督抚时，被"降二级调外用"。② 夏玉得知此事后，声称因"跌伤胁条，恐补官误事"，奏请给假宽裕时日赴任，但经过其他官员验看后，却发现夏玉根本没有受伤。夏玉虽连忙澄清毫无规避之心，承审官员仍认为夏玉意图规避，根据律例"凡见任官员改除，不问远近，托故不行者，杖一百，罢职不叙"之规定，判处夏玉"鞭壹百折赎，并世职俱革去，永不叙用"。③ 夏玉最后得到的惩罚，则是"革一拜他喇布勒哈番，仍照参议降二级"。④

刑部官员审理此案时，引用《吏律·职制·大臣专擅选官》进行裁断。该律文乃继受明律而来，其中"罢职不叙"当指国家官职而非世职世爵。⑤ 虽然夏玉在此案中最终未被完全革去世职与失去官职，但从刑部最初的判决来看，承审官员似乎未理解该规范的真正意义。世职世爵与国家官职毕竟无法混为一谈，八旗官员的行政制裁若都以降革世职世爵来处理，容易导致刑度与汉官不一的不良后果。

旗员较容易被判处籍没，则为陈之遴注意到的另一重要问题。籍没为关外旧俗中的常见刑罚，施用对象并未限于官员，清

---

① 《清世祖章皇帝实录》，卷 79，页 622，顺治十年十一月乙巳条。

② 《清世祖章皇帝实录》，卷 81，页 635，顺治十一年二月庚午条。

③ 《明清内阁大库档案》，登录号 121020 - 001，刑部尚书刘昌·刑部为夏玉规避补官，顺治十二年三月二十五日。

④ 《清世祖章皇帝实录》，卷 90，页 712，顺治十二年三月庚戌条。

⑤ 田涛等点校，《大清律例》，卷 6，《吏律·职制·大臣专擅选官》，页 143："其见任在朝官员，面谕差遣，及改除（外职），不问远近，托故不行者，并杖一百，罢职不叙。"此律乃继受明律而来，参见〔清〕薛允升著，黄静嘉编校，《读例存疑重刊本》，卷 7，《吏律·职制·大臣专擅选官》，页 188："此仍明律，其小注系顺治三年添入。"

朝随后亦把籍没刑带入关内，成为一般正刑外的附加刑。然而明律中并无籍没相关条文，通常仅在谋反重案中附带使用。臣工对清初籍没刑的实施多有异议，例如刑部尚书刘余谟曾表示“查律无籍没字样，且身甘为盗，安有厚家，常见籍来不过破缸、破碗数件”，[①] 都察院左都御史金之俊亦指出“大清律开载，强盗无籍没之条，近者刑部审拟，概行籍没，以致地方签解盗属，株累无辜，自今以后，仍依律处斩，免其籍没，以省苦累”。[②] 根据这些奏议可知入关初期的籍没，大多为强盗罪的附加刑，在运用上未必完全杂乱无章。皇帝面对这些建议都表示“下所司议”，其后续情形虽然无从得知，但从实录别处记载可知籍没确实不再用于强盗罪。[③] 不过籍没即使已限定为叛逆大罪的处罚方式，这项改革的适用范围似乎仅限于汉民与汉官，故陈之遴才会提出“满洲官员有罪多有籍家产”之观察。

清世祖接到陈之遴奏议后，如同往常一般交由相关部院讨论，刑部先于是年三月响应籍没一事。礼科给事中刘余谟在顺治十年二月间，也曾提出类似建议，刑部在皇帝交办商议下，指出“官、民犯法，应籍没与不应籍没者，俱载在律典，满、汉一体，俱照律例问罪”，该建议随即得到皇帝认可。在这个背景下，“今臣等议得，今后满官犯事，俱照前旨，如律遵行可也”，[④] 可见

① 《明清档案》，卷册 A014－094，《刑部尚书刘余佑·刑部为条陈处决斩绞罪犯等六款》，顺治九年四月二十六日。刘余佑来年再次具题重申己见，参见《清世祖章皇帝实录》，卷 72，页 570，顺治十年二月丁未条：“至满洲籍没之法，查大清律，唯谋反重犯家产入官，其余不在此例，并应一概除去，以昭恤下同仁之谊。”

② 《清世祖章皇帝实录》，卷 75，页 590，顺治十年五月壬申条。

③ 《清世祖章皇帝实录》，卷 80，页 633，顺治十一年正月丁巳条：“兵部督捕右侍郎魏管奏言：‘籍没止以处叛逆，强盗已无籍没之条。’”

④ 《明清档案》，卷册 A022－117，《刑部尚书刘昌·刑部为满官犯事一体如律遵行事》，顺治十二年三月二十六日。

从此籍没刑应皆依律裁断，不再随意加诸八旗官员身上。[①] 兵部亦于十月间响应八旗官员世职世爵降革之事，强调旗人以血汗换来的世职世爵，不该仅因小事即行降革，“今后世袭官员，如在军前犯事，应照律例，议及世袭等官”，“其余犯罪，应照流衔，酌议降革，无流衔者，亦照应降职衔住俸，若犯罪重大，另行题请”。皇帝对兵部的建议基本上表示同意，旗员的世职世爵不再轻易被降革，旗员与汉官行政制裁上的一大差异终于宣告弭平。[②]

八旗官员行政制裁的特殊性，于顺治十二年后逐渐消退，制度二元化的情形已不多见。然而即使如此，部分关外行政制裁模式仍被执行，“土黑勒威勒”即为很好的例子。清朝入关后对官员施以“土黑勒威勒”可说是不胜枚举，反映“土黑勒威勒”在当时仍很常见。“土黑勒威勒”一般而言主要用于旗员，汉官较少受到“土黑勒威勒”惩处。顺治九年（1652）十月间，通政司官员布哈等人因“查时不到”，“布哈等应各罚壹个土黑勒威勒，张若麒等各罚俸壹月”；[③] 另顺治十七年四月间，工部诸官因难辞祭典迟延之咎，“汉官应各罚俸三月，满官各罚以应得之

---

① 不过值得注意的是，籍没刑并未从此完全消失。籍没其实就是人们耳熟能详的“抄家”，常被当作一种政治性（例如惩处谋叛、排除异己、打击政敌等），或是行政纪律性（例如惩处贪污、渎职等）罪名的附带刑。抄家的一大特点，是以家庭、家族而非犯罪者个人为单位，执行抄家的决定权，则主要掌握于皇帝手中。详可参见韦庆远，《清代的抄家档案和抄家案件》，收录于杨一凡主编，《中国法制史考证・甲编・第7卷》，页377-389。

②《清世祖章皇帝实录》，卷94，页740，顺治十二年十月丁卯条。清世祖对于兵部的议奏表示：“满洲大小官员，所得世袭职官，果系登城克敌、捐躯尽忠者，俱依议行。如系恩诏考满，所得职衔，仍照旧例行。”

③《明清内阁大库档案》，登录号120794-001，刑部尚书蓝拜・题报通政司布哈等人查时不到应分别罚土黑勒威勒或罚俸一个月，顺治九年十月十四日。

罪”。[①] 上述两例清楚呈现旗员与汉官即使犯行相同，所受行政制裁却有差别，不过由于这两种行政制裁都是罚以钱财，仍具有一定雷同性。

清朝入关后实施好一段时间的“土黑勒威勒”，[②] 之所以较少受到臣工非议，可能是因为“土黑勒威勒”与罚俸差异不大，对整体的官僚体制冲击较少所致。然“土黑勒威勒”始终存有一个棘手处，即，其以世职世爵等级为处罚标准，与根据官品而来的罚俸终究有别。随着世职世爵逐渐与旗员一般行政制裁无关，“土黑勒威勒”最终也在顺治十八年（1661）进行调整：

> 吏部尚书伊图等题：“为本年三月，奉旨：‘部院官员，罚土黑勒威勒者，不论有前程与白身，应照职任处罚。或任大罚少，或任小照前程罚多，似属不均，尔部照依职任大小，分别议奏，钦此。’臣等谨遵旨议得，凡部院尚书有一品、二品者，侍郎有二品、三品者，郎中有三品、四品、五品者，员外郎有四品、五品者，主事有四品、五品、六品者。其品级先后所定之例虽异，俱因除授部院之职支俸，为部院事务罚土黑勒威勒，俱各照职俸，每十两罚一两。若此内除部院职任之外，有大任大前程者，除大任大前程之俸，亦照依部院职任，按俸罚处可也。”奉旨依议。[③]

---

①《清世祖章皇帝实录》，卷134，页1041，顺治十七年四月甲寅条。

②〔清〕王士祯著，勒斯仁点校，《池北偶谈》（北京：中华书局，1997），卷1，《谈故一·土黑勒威勒》，页20：“顺治中，百官罚俸者有土黑勒威勒之名。康熙初尚沿旧制，未久停止。”

③〔清〕蒋良骐著，鲍思陶等点校，《东华录》（济南：齐鲁书社，2005），卷8，页123，顺治十八年四月条。

引文所谓“前程”当指世职世爵，清圣祖即位之初已发现旗员任职部院，仍依世职世爵处分的不合理处。不过“土黑勒威勒”在这次改革中并未彻底消失，仅将原本根据世职世爵划分不同等级的罚银，改为罚取职官俸禄的十分之一。从此“土黑勒威勒”完全脱胎换骨，甚至汉官亦会被罚以“土黑勒威勒”，[①] 该现象多少象征“土黑勒威勒”不再与国家官僚体系格格不入。

不过“土黑勒威勒”即使经历这次改革，清圣祖仍未忽视相关制度叠床架屋的问题：

> 谕宗人府、吏部、兵部：嗣后王以下，及文、武各官处分罚银，及问以应得之罪，应否酌量其情罪，改为罚俸，着确议以闻。[②]

清圣祖希望利用罚俸整合“土黑勒威勒”等处罚形式，将官员的行政制裁规范一致化。上述机构接到皇帝命令后，自然不敢表示异议，行之已久的“土黑勒威勒”自康熙十年（1671）后步入历史，改以罚俸“自一月递增至一年”取而代之。[③]

纵观八旗官员行政制裁制度从关外到顺治朝的一系列变化，可以发现清朝入关后虽立即继受明制，但对八旗官员仍施予部分

---

① 《明清档案》，卷册 A037－060，《礼部右侍郎黄机·礼部为自陈不职请旨罢斥事》，顺治十八年七月二十九日：“拾捌年参月，知贡举事，肆月为工部锁钥壹案，蒙恩免罚，陆月为未请皇上升殿，复蒙宽典，罚土黑勒威勒。”关于黄机的生平，参见清史稿校注编纂小组，《清史稿校注》，卷 257，《列传 37·黄机》，页 8376：“黄机，字次辰，浙江钱塘人。顺治四年进士，选庶吉士，授弘文院编修。”由此可知，黄机确实是汉官而非八旗官员。

② 《清圣祖仁皇帝实录》，卷 36，页 482，康熙十年五月丙子条。

③ 《清圣祖仁皇帝实录》，卷 36，页 484，康熙十年六月丁亥条。

关外旧制。该政策不易评断是否存有特别优惠旗人的考虑，毕竟透过一些官员的言论，可知旗员动辄因行政疏失丢掉世职世爵甚至籍没家产，较汉官的降革官职或是罚俸严重得多。旗员特殊的行政制裁，自顺治十年逐渐取消或是调整，“土黑勒威勒”的结束更正式宣告旗员与汉官在行政制裁制度上更为一致化。此后除了少数特例，八旗官员的行政制裁不再显得独树一格。①

第二节　旗人的披甲当差与兵丁相关约束

一、八旗兵制的奠定与演变

八旗制度在关外时期，明显具有“以旗统兵”“军民合一”等特点。当时散乱不堪的女真诸部，在八旗制度有效统合下逐渐凝聚，形成一股相当强悍的势力。满洲统治者在当时横扫千军的重要凭借，就是这些号称“其兵满万无敌”的八旗劲旅。②

八旗制度具有强烈军事色彩，旗人基本上为兵民合一，遇有

① 八旗官员的特殊处罚方式，顺治朝以降常被提及者即所谓入“辛者库”（sin jeku）。“辛者库”本意为“斗粮”、“斗米”，其实就是“浑拖和”（hontoho）（管领）的同义词，属于八旗中地位最低下的组织，其成员地位仅高于旗下家奴。“辛者库”并非一专门刑罚机构，当旗员犯有贪污或重大案件时，皇帝多将其本人与家属罚入“辛者库”，成为八旗内部低下的服役人员。清高宗在乾隆二年认为罚入“辛者库”之刑太过严厉，此外亦造成旗员与汉官处罚“轻重不同”，故下令取消该处罚方式。关于“辛者库”的讨论相当丰富，本书兹不赘述，相关内容详可参见杜家骥，《八旗与清朝政治论稿》，页 493－511。

② 〔清〕张之洞，《张文襄公奏议》，收录于续修四库全书编纂委员会编，《续修四库全书・第 510—511 册》（上海：上海古籍出版社，2002），卷 53，《奏议》，页 4a：“金太祖开国之初，地坐而谋，上马而战，以故其兵满万无敌，遂成大业。”类似说法还有：“女真满万，则不可敌。”参见〔明〕茅瑞征，《东夷考略》，收录于四库禁毁书丛刊编纂委员会编，《四库禁毁书丛刊补编・第 17 册》（北京：北京出版社，2005），未分卷，《女直通考》，页 3b。

战事便从八旗各佐领中抽调壮丁出征，人数随着战争规模大小而不同。[①] 清太祖起兵初期八旗兵制尚属简单，作战人员仅有无甲、有甲与无马、有马之别，或是自由人与奴隶的不同。[②] 然八旗兵制至天命时期已出现兵种细部划分，最初仅有“摆牙喇”（bayara，精兵、护军）与“营兵”两大部分，时至天聪朝又进化为“摆牙喇”“噶不什先超哈”（gabsihiyan cooha，前锋）、“阿力哈超哈”（aliha cooha，骑兵）与“白七超哈”（beki cooha，步兵）四大兵种。这些兵种只有“阿力哈超哈”由各旗固山额真带领，其余兵种则另有专人管理，有时甚至会考虑战局临时调派。[③] 兵种增加反映受到战争经验持续累积的影响，八旗的军事分工已日益明确，对于兵力的提升颇有帮助。除了军事意义外，兵种细致化亦蕴含些许政治意涵。虽然八旗兵丁名义上仍归各领旗贝勒与固山额真管辖，但“摆牙喇”等特殊兵种却被抽离交由他人带领，此举有助于统治者直接掌握这些精兵，避免各旗势力坐大。[④]

八旗各兵种间的区分与归属，入关后配合当时皇权积极削弱诸贝勒势力之政策变得更制度化。清政府于顺治元年定鼎北京时，除将八旗分置于京城各处外，亦立即宣布八旗兵制的相关规定：

---

① 张晋藩、郭成康，《清入关前国家法律制度史》，页 215－216。当时主要是依“三丁抽一”之比例，从本牛录三百名壮丁中，确定一百名精壮者为固定兵员。小战役每个佐领不过抽丁一到两名，一般则抽丁数十名，若有特殊情况也会抽丁超过一百多名。

② 王景泽，《清朝开国时期八旗研究（1583—1661）》，页 211。

③ 张晋藩、郭成康，《清入关前国家法律制度史》，页 224－231。另根据《钦定八旗通志》的记载，“摆牙喇”又写作“巴雅喇”，“噶不什先超哈”又写作“噶布什贤超哈”，“阿力哈超哈”又写作“阿礼哈超哈”。详可参见李洵等点校，《钦定八旗通志》，卷 32，《兵制志一・八旗兵制》，页 561。

④ 王景泽，《清朝开国时期八旗研究（1583—1661）》，页 215－219。

又定八旗都统所辖甲兵。满洲、蒙古旗，每佐领下设亲军，上三旗隶领侍卫府，下五旗隶宗室王公。设前锋，隶前锋统领。设护军，隶护军统领。设步军领催及步军，隶步军统领。其本营领催、骁骑及弓匠、铁匠、鞍匠等，各隶本旗都统。汉军旗，每佐领下设步军领催及步军，隶步军统领。其本营领催、骁骑，各隶本旗都统。①

清朝入关后的八旗兵制，基本上继承过往兵种分类，仅多增加亲军一种特殊军种，还有弓匠、铁匠和鞍匠等特殊技艺者。在各兵种归属上，“各旗之官员、兵丁其户口属籍”虽然“无不隶于都统”，但“简用充补自骁骑营而外”，“则各该管大臣分领焉”，② 可见各旗都统所掌兵丁如同昔日，局限于骁骑营“马甲”和各种匠役人员。③ 其余各兵种最迟在顺治朝初期，分别明确设立各级专管人员，④ 此外每佐领挑选担任骁骑等营的兵丁额数亦渐趋制度化。⑤

自从清太祖创建八旗以来，八旗兵制经历一段漫长的演变过程，

---

① 李洵等点校，《钦定八旗通志》，卷 32，《兵制志一・八旗兵制》，页 563。

②《清朝文献通考》，卷 179，《兵考・兵制》，页 6392，顺治元年。

③ 八旗骁骑营之兵常称为“马甲”，即一般骑兵。不过部分汉军马甲额数，则被拨为藤牌兵，此外步军营所辖守城门兵，“亦有额设马甲”。参见《钦定大清会典（光绪朝）》，卷 52，《兵部・武库清吏司》，页 1a。

④ 例如《钦定大清会典事例（嘉庆朝）》，卷 871，《前锋统领・建制・设官》，页 1a：“顺治元年定，噶布什贤超哈，满洲、蒙古八旗分左右两翼，每翼各设噶布什贤噶喇依昂邦一人，率章京、侍卫、壮达等及所辖兵，备警跸宿卫。”、《钦定大清会典事例（嘉庆朝）》，卷 875，《步军统领・官制・设官》，页 1a：“国初设步军统领一人，总尉（后改名翼尉），左右翼各一人。步军校，八旗满洲、蒙古每参领下各四人，汉军每参领下各二人。笔帖式四人，以统辖满洲、蒙古、汉军八旗步军。”

⑤ 详可参见李洵等点校，《钦定八旗通志》，卷 33，《兵制志二・禁卫一》，页 570-585、《钦定大清会典（光绪朝）》，卷 87，页 1a-21a。基本上骁骑八旗满洲、蒙古、汉军每佐领二十名；前锋八旗满洲、蒙古每佐领两名；护军八旗满洲、蒙古每佐领十七名；步军八旗满洲、蒙古每佐领十八名，汉军每佐领十二名。值得注意的是，上述各军种额数的演变历程，史料中并未明言，尚待进一步查证。

顺治元年相关规范的确立应为水到渠成，未必是当时偶然的创新举措。综观清初政治氛围，统治者与八旗领主间的权势角力不断开展，清太宗虽在即位之初一度权力受限，但他很快利用各种方法巩固自身权威，进一步提高统治者地位。随着满洲政权日益走向中央集权，与八旗相关之军事组织亦被重新调整，如此既有利于战时调度，亦能将八旗军队逐渐从私人领有转为国家化。然投鼠忌器的清太宗，不敢贸然从领旗贝勒手中夺取军权，只能采取温和渐进方式进行改革。清太宗这方面的持续努力，终于在入关局势丕变下开花结果。清朝入关后因皇帝握有大部分国家资源，八旗势力很快无法与之抗衡，必须接受国家的豢养才能生存。在此情势下各领旗贝勒的权力大幅缩减，并陆续消失于历史舞台。[①] 伴随着领旗贝勒的失势，八旗军事职能自然转交国家掌控，其中护军营的变迁就是很好的例子。

护军营是八旗兵制中较早出现的特殊兵种，不过即使护军营很早从各旗抽调出来，战时仍掌握在各领旗贝勒手中。[②] 会典中

---

① 许多论者认为清朝入关后，领旗贝勒不再明确存在，显示过往八旗共治的传统已经式微。孟森的观点可说是颇有见地："太祖于八固山，本以八家为言，指其所爱或所重，为八固山之主，而其余子弟，固皆待八固山收恤之。特由各固山自优其所亲，非其所亲，则属旗下为属人而已。太祖之制，本不得为通法，太宗以来，刻刻改革，至睿王而固山之畛域，又加强固。英王内讧，仇敌得间，乃一举而奉之朝廷，此八固山制之一大变革也。今检嘉庆初所成之《重修八旗通志》，于其下五旗设立之包衣佐领，可见各旗之入而为主之王公，皆时君随意指封，略无太祖八固山之遗意矣。"详可参见孟森，《八旗制度考实》，页 64。相关讨论亦可参见姚念慈，《清初政治史探微》，页 313－315。

② 若以天聪五年的大凌河之役为例，当时战场上的部署为："镶黄旗固山额真额驸达尔哈，率本旗兵围北面之东，贝勒阿巴泰，率护军在后策应；正蓝旗固山额真觉罗色勒，率本旗兵围正南面，莽古尔泰、德格类两贝勒，率护军在后策应……"以上虽仅举两旗为例，但当时八旗皆采这种阵形，即固山额真率领本旗兵（推测为骁骑营），各旗贝勒则率领护军殿后策应。参见《清太宗文皇帝实录》，卷 9，页 127－128，天聪五年八月戊申条。类似情形亦可参见《清太宗文皇帝实录》，卷 43，页 569，崇德三年八月癸丑条："野战时，本旗大臣，率本旗军，下马立；王贝勒、贝子等，率护军，乘马立于后。"

关于护军的描述，虽有“国初设巴雅喇营，统以巴雅喇纛额真，佐以巴雅喇甲喇额真”的记载，看似颇为自成体系，但当时每一旗均设有护军营，[①] 巴雅喇纛额真（护军统领）应该还是如同各旗固山额真（都统）般，实际上仍屈从于各领旗贝勒。在当时八旗体制下，护军或许在战时才有机会独立运作，平时一切事务仍归各领旗贝勒管理。[②] 然而随着领旗贝勒入关后逐渐消失，这种特殊二元从属关系也宣告终结。少了领旗贝勒的约束，再加上各旗都统仅有掌管骁骑营之权，护军营有机会成为国家直接管理的独立军事机构。

不过曾身为各领旗贝勒直接掌控的护军营，想立即完全摆脱过往王公势力的羁绊并不容易，论者常以下五旗护军的职务为看守下五旗王公府邸，证明清初八旗王公仍有一定势力。[③] 这种说法除反映护军的独立性并非一蹴可几外，其背后深意还有待进一步厘清。从护军营的发展来看，护军区分为上三旗镇守禁门、下五旗各守王公府门，最初应是顺治朝初期领旗贝勒尚存下的规

---

① 根据史料推测护军在关外时期已是一旗一营，参见《清太宗文皇帝实录》，卷 16，页 212，天聪七年十月丙寅条：“大阅，时满洲行营兵未出，八旗护军、旧汉人马步军、满洲步军俱集。分八旗护军为左右翼，旧汉人马步军为一营，满洲步军为一营。”

② 这种状况在八旗中相当常见，八旗汉军的演化过程亦是如此。学界对汉军何时独立为单独旗分争论不休，但透过更多史料可知，汉军自天聪五年的独立为一旗仅属战时组织，并非已完全脱离领旗贝勒管辖。相关讨论详可参见鹿智钧，《近二十年来（1989—2009）八旗制度研究的回顾与讨论》，页 151 - 153。

③ 例如杜家骥，《八旗与清朝政治论稿》，页 257 - 258。清人昭梿亦有类似观察，参见〔清〕昭梿著，何英芳点校，《啸亭杂录》，卷 1，《禁抑宗藩》，页 12：“国初入关时，诸王多着劳绩，故酬庸锡类之典，甚为优厚，下五旗人员皆为王等僚属，任其差遣。承平日久，诸王皆习尚骄慢，往往御下残暴，任意贪纵。……上习知其弊，即位后禁抑宗藩，不许交通外吏，除岁时朝见外，不许私谒邸第。又将所属值宿护军，撤归营伍，以杀其势。”

定，之后即使各旗王公权势大不如前仍持续实施。[1] 不过值得注意的是，此举可能渐从领旗贝勒掌控护军为其守门，转变为国家交付下五旗护军的特殊职务，两者本质上不尽相同。[2] 清世宗即位后，有鉴于上述状况已不合时宜，再加上他始终希望终结下五旗王公与旗人的关连，[3] 于是在雍正七年（1729）宣布八旗护军“均司禁卫”，彻底斩断下五旗护军与王公间的藕断丝连。[4]

根据上述护军性质的变化过程，可知八旗制度在清朝入关后，当初旗内“军政合一”的特征不再明显，军事职能与日常庶务逐渐被划分开来。随着领旗贝勒的消逝，各旗分大权转由八旗都统接手，不过他们除了日常庶务外，对护军等营的兵政大多难

---

① 关于下五旗王公的势力下滑，孟森的说明相当贴切：“盖旗主之武力，已减削无余，各旗自有固山额真，为天子任命之旗主，非宗藩世及之旗主。宗藩受封于旗，乃养尊处优之地，旗之行政，天子之吏掌之，则不啻有庳之封也。”参见孟森，《八旗制度考实》，页 90。

②《清朝文献通考》，卷 180，《兵考二·禁卫兵一·八旗护军营》，页 6407：“顺治初，详定营制，初以上三旗护军参领、护军校、护军等，守卫禁门，下五旗各守王公府门；遇行围出征，则八旗一律分拨。雍正七年，始定八旗护军，均司禁卫。”根据该规定推测清政府似乎主导护军任务的分配。

③ 冯尔康，《雍正传》，页 347－352。

④ 清世宗于雍正朝初年，已着手为八旗王公配置一定额数的披甲，其中又可细分为红甲、白甲与蓝甲以供护卫与差遣。相关讨论详可参见杜家骥，《清皇族与国政关系研究》（台北：五南图书出版公司，1998），页 216－219。上述改革符合现实所需，清世宗可能是在此基础上，于雍正七年将下五旗护军营的守卫区域，自下五旗王公府宅改为紫禁城。此外值得注意的是，下五旗王公所领兵丁，根据目前所见史料主要有护军、亲军之别。所谓的亲军又称为郭什哈巴雅拉（gocika bayara），清人奕赓曾指出：“惟上三旗有之，每佐领下二人，满、蒙共一千七百七十八，汉军不预也。领侍卫内大臣领之，以司禁门宿卫。其下五旗之亲军，惟王公之包衣佐领下有之，以之守卫府第者也。”参见〔清〕奕赓，《管见所及》，收录于续修四库全书编纂委员会编，《续修四库全书·第 1181 册》（上海：上海古籍出版社，2002），未分卷，页 16a。下五旗王公领有的佐领，亦有一般佐领和包衣佐领两类，他们与护军、亲军间的关系为何？亲军又与护军有何关系？这些问题笔者目前尚未厘清，详情还待日后继续努力探索。

以过问。护军等营的操练、考核均由该营长官负责，[①] 表现不佳者的惩处更是透过长官上报中央。乾隆二十七年（1762）九月间，正黄旗护军统领奏称辖下护军都楞，“平素不肖而又懒惰”，该管参领本打算将其革退，但都楞得知此事竟避不见面，甚至“同匪类人等，入曲馆饮酒听曲”。护军统领认为若仅将都楞“仍照寻常治罪，不足儆众”，奏请革退其护军身份并解送刑部审理。[②] 护军统领身为护军营最高长官，自然有责督促与约束营中人员，由此或能理解护军等营，在兵政上独立于八旗的一面。

然而从另一方面来看，八旗都统并非完全无权管理旗下部众。八旗都统除直接管理骁骑营外，还具有“掌满洲、蒙古、汉军八旗之政令，稽其户口，经其教养，序其官爵，简其军赋，以赞上理旗务”之责；[③] 护军等营的旗人即使另外成营，旗籍始终归八旗都统掌管，他们的日常庶务也多由其负责。最明显例证即护军等人平时非关军务的不法行为，八旗都统有权将其移送法办。乾隆二十八年（1763）六月间，镶黄旗满洲护军倭赫与庆福等人，因细故在营房斗殴闹事，镶黄旗满洲都统查拿一干人等后，认为他们“不吐实供，狡赖希图脱罪，甚属可恶”，直接移送刑部审讯。[④] 乾隆三十二年（1767）十一月间，镶黄旗蒙古护军六十一向同旗满洲护军海成借钱四百五十文，海成事后多次催

---

① 相关内容详可参见《钦定大清会典事例（嘉庆朝）》，卷 872，《护军统领·建制·考察》，页 8b－9b、《钦定大清会典事例（嘉庆朝）》，卷 872，《护军统领·建制·训练》，页 9b－12b。

②《明清内阁大库档案》，登录号 177817－001，刑部为审讯护军都楞由，乾隆二十七年九月日不详。该都统完整建议如下：“请将都楞革退护军，解送刑部，审出为匪情事，发往伊犁，以为护军之儆戒。”

③《钦定大清会典（光绪朝）》，卷 84，《八旗都统》，1a。

④《明清内阁大库档案》，登录号 079846－001，刑部为奏送乌鎗护军庆福等共殴布库护军倭赫事，乾隆二十八年七月日不详。

讨，六十一都无力还清。乾隆三十三年（1768）三月间，双方在营房东栅栏外遇见，终因债务问题发生冲突，海成被六十一打倒在地，满洲护军得楞额见状前来劝架，竟一并被六十一打昏。镶黄旗满洲都统得知此案后，随即奏请“将此案之人，均交刑部严审，从重治罪”。① 上述两案均因护军斗殴而被解送刑部，护军虽然身属护军营，但平时若有违法犯纪，八旗都统亦有将其呈报移送之权。透过分析护军的犯罪行为，推测每旗只设有一人的护军统领，主要职责为纠举护军营内违反军纪者，而八旗都统则多出面处理护军非关军务的不法行为。由此当能理解护军等营与八旗间，呈现一种既结合又分立的微妙关系。②

如果说护军等营军事独立性的加强，导致八旗制度过往“军政合一”的特征发生变化，那驻防八旗制度的蓬勃发展对此更是冲击甚大。清政府早在清太祖时期，已有利用八旗军队筑城屯兵的习惯，清太宗随着国势日益增强亦将驻防范围扩大。当时的驻防兵丁均由各旗佐领平均抽调，此举既符合“八分”传统，亦能避免伤亡过度集中于某一佐领。清朝入关后为稳定国家情势，八旗的驻防常随战事转移，此时驻防虽以临时性质居多，但清政府在一些军事要地仍有永久驻防的打算。清政府在顺治二年份别于江宁与西安设置驻防，首开八旗固定驻防之先河，随后在康熙、

① 《明清内阁大库档案》，登录号 152143-001，刑部为奏送护军六十一打伤海成等事，乾隆三十三年六月日不详。

② 乾隆八年七月间，镶黄旗汉军副都统王进泰巡夜时，发现两更时有一人仍在外行走，此人供称为镶黄旗满洲下护军喜奇，“因传事夜行”。王进泰随即查看喜奇的夜行执照，发现“纸片破旧，虽用有图记，但字迹模糊，且系注写本年正月至六月传事夜行执照事样”。王进泰惟恐此人假冒护军，故令步军校赵祚昌将其带往护军统领衙门查问。根据此案或可理解护军统领衙门的独立性，详可参见《明清内阁大库档案》，登录号 097018-001，兵部为厢黄旗汉军副都统王进泰奏夜间传事移会典籍厅，乾隆八年七月二十日。

乾隆两朝，又分别确立直省与边疆驻防的设置。入关后的驻防八旗主要功能为镇压和预防各地反抗活动，[①] 与关外时期抵抗外敌的任务有别。[②] 驻防八旗制度入关后仍循关外旧制，驻防兵丁皆由各旗佐领抽调而来。不过较为不同的是，驻防制度一旦从临时走向固定设置，这些来自不同旗分佐领之旗人，齐聚驻防地后将组成新的协领与佐领。这些驻防兵丁的数量也远较关外时期来得多，几乎超过全体旗人的半数，遍及大江南北的他们时间一久，自然与原属都统关系疏离。因此，大量旗人脱离了八旗都统约束，无论兵政还是日常庶务皆转交国家任命的驻防官员管理，八旗原有的军事力量大半被皇帝收归国有。[③]

由于八旗都统仅有管理骁骑营之权，一旦领旗贝勒宣告式微，八旗武力中最精锐的前锋、护军等营，即转交国家直接控制。此外驻防八旗制度的固定化，亦剥夺各旗都统之兵力。[④] 孟森对此曾指出："所谓八旗，皆朝廷之所运用，天子特于六卿兵部之外，自为一积世之军阀，而亲贵则皆不得分焉，此清代特殊之养威居重之地也"[⑤]，一语道破八旗兵制入关后的巨大变化。

---

① 〔清〕昭梿著，何英芳点校，《啸亭杂录》，卷10，《驻防》，页338："故国家驻防之兵，最为良制。尽选虎贲劲旅，屯戍四方，督其操练，严其律令，使四方稍有不靖，自可驱除，不须远方调拨以误时日。"

② 关于驻防八旗的关外情形与关内建制，详可参见定宜庄，《清代八旗驻防研究》（沈阳：辽宁出版社，2002），《第一章·八旗驻防制度的形成》，页8－116。此外，林承志的硕士论文《分镇岩疆·驻卫内里——清朝驻防八旗问题研究》（台中：东海大学历史学研究所硕士论文，2007），亦值得一并参看。

③ 关于驻防八旗制度强化皇权控制八旗兵力的讨论，详可参见定宜庄，《清代八旗驻防研究》，页124－125、徐凯，《清代八旗制度的变革与皇权集中》，页89－99、任桂淳，《清朝八旗驻防兴衰史》（北京：三联书店，1994），页61－63。

④ 这是因为驻防八旗兵丁，多由各旗都统专管的骁骑营抽调，详可参见任桂淳，《清朝八旗驻防兴衰史》，页56－57。

⑤ 孟森，《八旗制度考实》，页90。

清世祖在顺治十一年时，曾考虑仿效明制设立五军都督府，最后碍于经费艰困没有实现。[①] 不过群臣仍多次提醒皇帝应设立五军都督府，如此既能“为武臣内转之地”，又有助于将八旗制度纳入国家官僚体系中，但这些建议最终似乎都未获皇帝首肯。[②] 清世祖的考虑其实不难理解，他既没有让八旗制度被取代的打算，更不希望汉人有机会掌控过多军权。此外若从当时局势来看，国家兵政已有兵部负责，京师一带的治安则有八旗各营护卫在侧，五军都督府确实没有存在的必要。更为重要的是，清世祖好不容易掌控部分八旗兵权，设置可能令自己掣肘的五军都督府并无意义。八旗的军事职能入关后，渐被分化为各自独立运作之营伍，许多兵丁甚至驻防在外，关外时期一旗一势力的景象已不复见。八旗武力被国家逐步转化之现象，可说是清朝兵制的一大特色。

---

① 《清世祖章皇帝实录》，卷86，页679，顺治十一年九月壬子条：“谕吏、兵二部：‘朕见往代有五军都督府衙门，我朝未曾设立。尔二部传知议政王、贝勒、大臣，会同九卿、詹事、科道等官，详究往代设立之意，确议应否踵行具奏。’寻议：‘往代设立五军都督府衙门，盖欲文、武官员相对，理应设立。但近岁粮饷缺乏，修造衙署，及各官禄俸，所需实繁，应暂停止，从容议设。’报可。”

② 《清世祖章皇帝实录》，卷104，页811，顺治十三年十月癸卯条：“吏科左给事中王益朋奏言：‘我朝兵制，统以固山额真，分隶牛录，有事抽调，无事归旗，即唐府兵制也。考明初，在内设有五军都督府，在外都司卫所，皆莅以勋旧；各镇总兵，俱带府衔，征剿有功者，则内升五府。又设十二团营，以侯伯及戎政尚书领之，居重驭轻，内外维系，几三百年，无尾大不掉之患。今日八旗，即当日十二团营也，固山梅勒，即团营之提督、协理等官也。制与前代，不谋而合，独五府之设，尚未议立，恐各镇总兵，勤劳于外，将来无内升之地。……’下所司议。”《清世祖章皇帝实录》，卷104，页812－813，顺治十三年十一月壬子条：“吏科右给事中严沆奏言：‘汉人武职，立功投诚者，曾无在京职衔可以内转，栉风沐雨，勠力行间，不得一日宁息。仰睹天颜，非所以奖忠勤也。且闽海一带，投顺伪官，便授公侯之爵，倘日后立功，何以加之？目今五军都督府之制，未便尽复，宜将銮仪卫，崇其体貌，遇缺升补；中后两府，已经设官，或量增数员，以为武臣内转之地。庶立功者知所劝，投诚者有所容。’……下所司议。”

二、 旗人披甲的挑选及其考核与约束

八旗因肩负保卫国家与巩固政权之重任，成为统治者心中的“国家根本”。清朝皇帝普遍来说多有居安思危之感，[①] 积极避免旗人武力消失殆尽。[②] 有清一代旗人的主要任务即披甲当差，这对他们而言既是权利亦是义务。清政府提供许多机会让旗人当兵，除希望充实国家军力外，还蕴含照顾旗人生计的用意。旗人一旦当兵可领取固定钱粮，生活不致于陷入困顿。[③] 不过另一方面，皇帝担心旗人好逸恶劳不愿当兵，进而导致国家武备匮乏，严禁旗人从事披甲以外的职业。旗人得以当兵报效国家整体来说似乎利弊参半，难以断言为好处还是约束。

旗人的披甲机会主要有前锋、护军、骁骑（马甲）、养育兵、步甲等类别，基本上顺序越前面者越精锐，在挑选上自然有等级之分。透过以下关于前锋、护军拣选制度的简单分析，有助于理解旗人披甲当差的一些细节。首先，前锋的挑补规定如下：

---

① 例如清太宗改元称帝不久，已表达很深的危机意识，详可参见《清太宗文皇帝实录》，卷32，页404，崇德元年十一月癸丑条。叶高树认为清太宗当时尚处关外，汉化倾向亦不明显，却能以史为鉴，可见清太宗对文化危机的警觉性，确实较前人更胜一筹。详可参见叶高树，《清朝前期的文化政策》，页353。

② 清圣祖的一席话即是明证，参见《清代起居注册·康熙朝（台北版）·第20册》，页11202－11204，康熙五十一年正月二十八日条：“今天下承平日久，人多重文轻武，此乃一恶习。天下虽太平，武备断不可废。故朕补授武官，必视曾经效力，弓马娴熟者补授，以此人皆互相劝勉学习弓马，不惮劳苦，黾勉效力。如满洲身历行间，随围行猎，素习勤苦，故能徒步服劳，若汉人即不能矣。虽由风土之不同，亦在人平日劳逸何如耳。朕幸宁夏，时三十日，即至幸西安，时二十七日，即至视扈从满洲官兵，毫无难色，汉人即不能支矣。幸江南时亦如是，可见人于平日，不可安逸，太平之时，武备岂可废耶？”

③《清高宗纯皇帝实录》，卷1358，页201，乾隆五十五年七月乙酉条：“更念旗人，俱赖钱粮度日。”

康熙年间定，前锋缺由该统领会同护军统领，于亲军、护军，及正身马甲、执事人，闲散正身壮丁内遴选充补。雍正二年定，养育兵亦准选拔前锋。①

护军的挑补规定则是：

又定护军缺，该统领会同本旗都统，于本佐领下马甲、执事人、步军、闲散壮丁内，均以正身选补，户下人不准预选。……（雍正二年）又定，养育兵亦准选拔护军。②

八旗兵丁的员缺主要集中于骁骑、前锋、护军等营，各营都会从每个佐领中抽调一定额数的旗人披甲当差。从上述引文来看旗人只要能力足够，即有机会被拣选为更高阶层之兵种。③ 在兵丁挑补流程中，前锋营是由前锋统领与护军统领负责，护军营则是由护军统领与八旗都统负责，表示前锋、护军两营兵丁的挑选，乃该营与下一等级营伍的长官共同商议而来。此外在旗人身份方面，惟有正身旗人才得以挑补前锋和护军。骁骑营、养育兵和步军等营的拣选规定则比较简单，相关流程直接由八旗都统负责，

① 《钦定大清会典事例（嘉庆朝）》，卷 871，《前锋统领·建制·兵制》，页 4b。日后还有些微变化，有兴趣者可自行参看。

② 《钦定大清会典事例（嘉庆朝）》，卷 872，《护军统领·建制·挑补护军》，页 8a－8b。会典中并未说明该例源自何时，但从后文来看应是康熙朝以前之定例。

③ 清政府很重视前锋、护军等营兵丁的挑补，旗员若将“骑射优娴之人，隐匿不送拣选”，也会受到一定惩处。详可参见《钦定兵部处分则例（道光朝）》，收录于《清代兵事典籍档册汇览·38 册》（北京：学苑出版社，2005），卷 25，《八旗·营伍·各旗营挑补兵丁》，页 1b－2a。

亦未限定正身旗人才可出任。①

对于清朝皇帝而言，国语骑射因是旗人不可遗忘之根本，亦是旗人被拣选为各营兵丁的首要条件。② 兵丁挑补乃国家大事，相关规范制定得非常严谨，然而纵使如此仍常发生所选非人之事。其中最常见的状况当属官员营私舞弊，正蓝旗汉军副都统朱之琏曾表示：

> 如兵丁之中，或病故，或年老告退，自必于壮丁内挑补。每遇有空缺，则不法之徒，百计钻谋，多方请托，而该管佐领，只知瞻徇情面，罔顾法纪。将弓马娴熟，汉仗健壮者，并不保送，其保送者，尽系钻谋请托之辈。得甲之后，计一年所领之钱粮，尚不足偿还酬谢之利债，往往将应领之米石，贱价粜卖，以补不敷之数。此乃相沿积弊，所当亟为剔除，以肃法纪者也。③

镶白旗汉军都统杨宗义亦指出类似情形：

---

① 相关内容详可参见《钦定八旗则例》，卷8，《廉部·兵制·挑补马甲》，页1a、《钦定八旗则例》，卷8，《廉部·兵制·挑补养育兵》，页4a-4b、《钦定八旗则例》，卷8，《廉部·兵制·挑补步甲》，页4b-5a。

② 相关规定最晚至雍正朝成为定制，参见《钦定大清会典事例（光绪朝）》，卷713，《兵部·兵籍·八旗拔补兵缺》，页3a："雍正元年议准，八旗选补马甲，于满洲壮丁内，视其能骑射者选补。如不敷选补，于开户满洲、户下满洲、家下旧人内选补。其得与充补之人，务选善于国语骑射者，方准披甲。如满洲闲散人不能国语者，给限三年学习，三年后不能习熟者，不准选取。"值得一提的是，八旗步军营中的步甲（步军），是各兵种中少数未有骑射技能要求者。原因可能为步甲多由旗下家奴出任，职差较为低贱兵饷亦少。详可参见杜家骥，《八旗与清朝政治论稿》，页482-484。

③《雍正朝汉文朱批奏折汇编·第31册》，页688，《正蓝旗汉军副都统朱之琏·奏陈严格八旗兵丁补放以杜请托钻谋之弊折》，雍正年月日不详。

即如臣革退之甲，选择养育兵顶补；养育兵缺，选择壮丁顶补。其带来验看者，俱系老幼，不能射箭放鎗之人。查壮丁内，岂无穷苦壮健，可学鎗箭者，皆因该管官员，不带伊等来验看，而本人又不敢自行举报。[①]

综合上述朱之琏与杨宗义两人所言，八旗兵丁挑补之弊主要发生于最基层处。佐领是管理旗人的第一线官员，旗人若想获得挑补机会，得先经过佐领核可再向上呈报。许多不法佐领会借机勒索旗人，导致八旗各营无法选到真正优秀的兵丁，行贿者亦深受高额贿款之累。

除了基层旗员营私舞弊这类事件较常见外，[②] 兵丁拣选未尽理想尚存其他因素。镶红旗汉军副都统张致指出汉军兵丁中主要有另户甲兵、户下甲兵和官下甲兵三种类别，前两项“汉仗好者、弓马娴熟者”甚多，官下甲兵却呈现不同状况：

至于官下甲兵，凡有职官员，向蒙皇恩，准其家人披甲，领受钱粮，以助养马当差之用。但其家人，内有汉仗好者，行事好者，家长或留别项使用，所派披甲者，不过将汉仗平常，以及行止不堪之人。况所领银米，俱系家长食用，其顶甲之人，所得不过些许，竟有全然不得者。彼实无心当差，懒学弓马，既经革退，而本家仍将此类之人顶补，实为

① 《雍正朝汉文朱批奏折汇编·第33册》，页367，《镶白旗汉军都统杨宗义·奏陈本旗旗务管见折》，雍正年月日不详。

② 官方针对此弊亦有所回应，相关罚则详可参见《钦定兵部处分则例（道光朝）》，卷25，《八旗·营伍·各旗营挑补兵丁》，页1a－1b，

虚费钱粮。[1]

官下甲兵由于属于官员的津贴补助，导致被挑补者往往表现不佳。此举如实反映旗人披甲当差不完全是国家武力考虑，兵丁钱粮也有照顾旗人生计的重要意义。伴随旗人生计问题的日益恶化，类似状况可说是层出不穷。道光二年（1822）十月间，陕西道监察御史杨九畹奏称“近来每逢挑补，多有拘泥兵丁支领钱粮，赖以养家之见”，“专论户口多寡，以定挑补”，导致贪得钱粮者，即使家中已有一人挑中兵丁，亦“只身自行分户”以“希图再挑”。[2] 当八旗各营的兵丁拣选已偏离初衷，八旗战斗力的下滑可想而知，其背后常存有人为舞弊营私与官方以照料旗人为先的双重因素。

八旗兵丁的武备能力，除在挑补丁缺时极为关键，当选兵丁后骑射能力的维持与增进，更令皇帝念兹在兹。清初诸帝多次强调不可因天下底定就松懈武备，[3] 即使至道光年间皇帝仍强调：

---

① 《雍正朝汉文朱批奏折汇编·第31册》，页688，《镶红旗汉军副都统张致·奏陈甲兵情弊折》，雍正年月日不详。清世宗对张致的意见表示赞同，其朱批为：“此奏是，不但朕凡八旗人员皆悉知之事，此在尔等寔心任怨、相机料理之事，尔且协同尔本旗大人，将你一旗料理得当整齐后，他旗自然效法也，用心料理看。”

② 《宫中档道光朝奏折》，文献编号405000185，陕西道监察御史杨九畹·奏为八旗挑补马步甲及官学教习事宜请饬实心办理以敦教养而重根本事，道光二年十月十二日。

③ 例如《清世祖章皇帝实录》，卷48，页385，顺治七年三月戊寅条：“我朝原以武功开国，历年征讨不臣，所至克捷，皆资骑射。今仰荷天休，得成大业，虽天下一统，勿以太平而忘武备，尚其益习弓马，务造精良。嗣后满洲官民，不得沉湎嬉戏，耽娱丝竹，违者即拿送法司治罪。”、《清圣祖仁皇帝实录》，卷127，页352，康熙二十五年七月辛卯条：“驻防兵丁，关系紧要，岁月既久，恐致疏懈，必选娴于骑射，膂力骁勇者，方准披甲。见在兵丁内，有庸弱不娴骑射之人，应革退另补，不得虚充数目。着严饬该管将军等知之。”

> 阅今百有余年，承平日久，恐该兵丁等于骑射操演，渐涉因循，废弛疏失。分防驻守，讲求武备之意，夫兵可百年不用，不可一日无备。所有此项驻防兵丁，该将军、副都统等，务当督饬所属，随时认真训练，如有技艺生疏者，必应革退另补，并拣选年力精壮，娴习骑射，膂力骁勇者，方准披甲，毋得以老弱充数，以期一兵得一兵之用。将来倘有征调，未能得力，惟该将军、副都统等是问，勿谓诰诫之不早也。[①]

皇帝对维持八旗武力的戒慎恐惧，由此可见一斑。皇帝为让旗人永保武力，常耳提面命各营旗员应严加训练与稽查，表现不佳者立即撤换绝不宽贷。[②] 旗员既受此重任，势必得定期回报校阅结果。例如河南巡抚清安泰于嘉庆十三年（1808）四月间，奏报巡视开封驻防之状况。清安泰不仅观看阵形与检查兵器、马匹，亦检视旗人的骑射成果。未达标准者“分别降补责革”，并“饬令

---

① 《宫中档道光朝奏折》，文献编号405011393，内阁奉上谕驻防兵丁关系紧要须拣选年力精壮娴习骑射骁勇者方准披甲钦此，道光十一年七月二十四日。

② 皇帝对八旗官员的提醒例证如下：《清代起居注册·康熙朝（北京版）·第15册》，页7261，康熙二十二年九月初十日条：“又谕杭州副都统洪尼喀曰：‘杭州驻防满兵，渐染陋俗，日打马吊为戏，不整容束带，而靸履行者，甚多。既为满洲，则当讲习满洲职业，勤于骑射。尔至之日，可勉力遵行。仍将此旨，传谕该将军。’”、《清代起居注册·康熙朝（台北版）·第13册》，页7302－7304，康熙三十八年闰七月十六日条：“又杭州副都统鄂齐尔、江宁副都统阿尔纳等赴任，恭请训旨。上曰：‘满洲兵丁，驻防各省，以备不虞也。若平时怠惰，不加训练，突有不虞，兵岂堪用？朕此番巡幸南省，见浙江兵丁训练颇佳，骑射亦优。江南之兵，甚庸劣不堪，且不肖厮役甚多。今以尔等，皆优授以副都统之职，尔等到任，亲身率领兵丁，不时训练，逐日习射。如有不肖厮役，及懦弱兵丁，即行革退，其善射者录用。如此则兵丁练习，而亦各相鼓励。每见各省驻扎将军、副都统等，以为身系大臣，妄自尊大，习于安逸，不肯亲身训练军士者甚多。尔等到任，须亲率士卒，善为训练。’”

各营官弁，勒限训练，另行考验，以期一律精纯”，表现优异者则“当场奖赏，以示激励”。[①] 根据该奏可知官方对旗人的骑射表现，多采赏罚分明之策略。[②]

清政府积极强化旗人骑射能力之余，并未忽略维护兵器的重要性。八旗兵丁入关后的军事装备多由官方提供，[③] 旗员平时不仅定期稽查兵丁的军事技能，亦会检阅兵器是否完善。[④] 不过随着八旗生计问题的日益严重，许多旗人为筹措生活费竟将兵器典当换钱。雍正元年九月间，镶蓝旗满洲副都统达尔玛与正白旗汉军都统观音保，不约而同奏报旗人私典兵器之情形。达尔玛首先指出有些兵丁因急需用钱典当兵器，沉重的利息却让他们难以短时间赎回，若不巧遭遇例行性兵器检阅，只能再借高利贷补充装

---

① 《宫中档道光朝奏折》，文献编号 404010471，河南巡抚清安泰·敬陈校阅省城驻防暨标营官兵情形，嘉庆十三年四月十二日。

② 值得注意的是，这类观看营伍状况的奏折很多，有些或许为隐恶扬善的官样文章，但皇帝对此多少已有留意。清宣宗曾告诫臣工：“尽心训练，不可徒壮观瞻，务期用之得力，勉之。”参见《宫中档道光朝奏折》，文献编号 405008298，岳兴阿·奏报查阅江宁京口驻防满洲蒙古官兵及水师营操演各情形，道光二十五年十月初三日。此外皇帝亦会透过其他官员的观察，得知八旗各营的确实状况，藉此平衡官员们的自我陈述。例如护军统领讷亲奉命率领江宁、杭州与荆州满兵入藏征战时，因发现部分兵丁骑射不佳，推论其管官平时训练不力。参见《雍正朝满文朱批奏折全译·上册》，页 284，《护军统领讷亲·奏报满洲兵丁骑射生疏折》，雍正元年八月十三日。笔者并未忽视档案中的“虚构”，在此仅想强调官方常根据八旗兵丁的骑射技能，施予奖励或惩处。

③ 《钦定大清会典事例（光绪朝）》，卷 710，《兵部·军器·发给军器》，页 12a：“顺治五年题准，马兵每名各给甲一、胄一、撒袋一、弓一、箭四十、腰刀一；步兵每名各给甲一、胄一、腰刀一。其步兵、弓箭兵，各给弓一、箭三十，长枪兵各给长枪一，鸟枪兵各给鸟枪一。直省兵丁器械，照此例给发。”、《钦定大清会典事例（光绪朝）》，卷 1122，《八旗都统·兵制·军器》，页 2b：“顺治五年覆准，八旗甲兵需用盔甲军器，均移文工部造给，或给银令其自制，务须整齐，每年秋季点验军器。”

④ 例如《雍正朝满文朱批奏折全译·上册》，页 624，《镶红满洲旗副都统齐穆布等·奏报旗属二十四佐领兵器情形折》，雍正二年正月二十二日。

备，成为一种难以逃脱的恶性循环。[①] 观音保在检查兵器时，亦赫然发现“不肖兵丁稍遇窘乏，即将军器质当，实属不合”，恳请“嗣后将质当盔甲、撒袋、腰刀、鸟枪等物之处，严行严止”，“倘有仍行质当者，将本人及开当铺之人，一并严加治罪”，其直属长官也必须送部议处。皇帝在观音保奏折上批示“此奏甚是，着严行禁止”，可见清世宗查缉旗人典当兵器的决心。[②] 此后“八旗以军器质当者”，“官革职，兵鞭一百革退，军器追缴”，而且不仅当事人受罚，该管官亦因失察罚俸一年。[③]

如同本书先前所述，旗人受制于生计问题常被迫向民人举债度日。典当军器虽然属于其中一环，但官方发给的兵器毕竟为国有财产，八旗兵丁将其擅自典当已非单纯的民事案件。因此，旗人将兵器私下典当者，都会遭受革退、鞭一百与缴还兵器之行政制裁。不过官方虽已制定相关罚则，仍无法完全遏止这股歪风，兵丁除以“互相借用应点”之法躲避稽查外，[④] 官方法律对收受典当兵器的当铺没有吓阻力，更是问题的重要关键。纵然清世宗曾公开宣示这类违法当铺将“一并严加治罪”，但法律似乎未明文规定相应之罚则。

---

① 《雍正朝满文朱批奏折全译·上册》，页 379，《镶蓝满洲旗副都统达尔玛·奏陈严禁兵丁典当兵器折》，雍正元年九月二十四日。

② 此奏原件应为满文奏折，参见《雍正朝满文朱批奏折全译·上册》，页 395，《正白旗汉军都统观音保·奏请严禁典当兵器折》，雍正元年九月二十九日。汉文抄件参见《明清内阁大库档案》，登录号 185003－001，都统观音保·都统奏为质当军器事，年月日不详。

③ 《钦定大清会典事例（光绪朝）》，卷 1122，《八旗都统·兵制·军器》，页 3a。

④ 《雍正朝汉文朱批奏折汇编·第 17 册》，页 778－779，《镶白旗汉军副都统匡名世·奏陈八旗兵丁盔甲应压用佐领图记以防互借等弊折》，雍正八年正月二十六日。

乾隆十七年（1752）十二月间，巡视东城户科给事中特吞岱等人，查获回民李二胡子引诱旗人典当兵器牟取重利。特吞岱等人主张应严惩当铺负责人李二胡子以端正风气。不料该案移交刑部后，竟只将李二胡子照违制律杖一百，特吞岱等人对该判决深感不满，请求皇帝命刑部覆审此案。[①] 刑部接到重审之令后，表示原始判决完全合乎律例：

> 查律内私放钱债，及典当财物违禁取利者，罪止满杖；其私买军器律内，亦系拟笞折责发落。该犯近在辇毂之下，将军器私行留押，虽本利无多，取利未曾到手，仅予笞责，不足示儆，将李二胡子加等，照违制律拟杖一百。……此案经该巡城给事中特吞岱等送部之时，意在将李二胡子重处示儆，不准留住京师。其原文引王大臣议发拉林之条，与民人无涉。臣部司员，将该犯违禁取利及押当军器之罪，加至满杖，于法不为轻纵。但此等利徒，究非善良，即不准其留住京师，亦不为屈抑。该给事中等，既奏请定地发遣，应将李二胡子，杖一百流三千里，交与顺天府定地发遣，以为违禁网利者戒。[②]

借由刑部回复可知，问题关键在于清世宗“严加治罪”之令，并

① 《明清内阁大库档案》，登录号 100503－001，巡视东城户科给事中特吞岱等奏回民李二胡子私开典押擅当军器盘算旗人移会稽察房，乾隆十八年三月十三日。

② 《明清内阁大库档案》，登录号 100502－001，刑部奏回民李二胡子私开典押擅当军器盘算旗人应将其杖流交顺天府定地发遣移会稽察房，乾隆十八年三月二十八日。该案另一争议为原呈“盘算旗人”字样，后来被刑部删去“旗人”二字，刑部则表示“典当财务、私买军器律内，并不分别旗、民，是以未将该城原文全载，稿内仍将原文及坊详供词粘连稿尾，呈堂有卷可查。”

未明文表现于法律中，导致适用此案的法条仍不脱《违禁取利》与《私买军器》律。[①] 李二胡子虽“将军器私行留押”，但因“本利无多，取利未曾到手”，依法不至于受到太严重处罚。承审官员有鉴于此举“不足示儆”，已转引《违制律》改判杖一百以加重其刑。刑部并未轻纵李二胡子，杖一百的判决完全依法办理，特吞岱等人提出的建议反而于法无据。

清政府虽然早已留意兵器典当的问题，也提出相关惩处办法，但对民间经营兵器典当者的处罚，却显得雷声大雨点小。此外八旗兵丁私自典当兵器仅被革退与鞭一百，似乎也稍嫌宽松故成效不彰。清政府为加强管制军事装备，自乾隆二十六年（1761）开始增修相关条例，[②] 其演变过程可参见表 4 - 2 - 1。

表 4 - 2 - 1　《军律·军政·私卖军器》条例之演变

年　份	条例修订内容	备　注
乾隆二十六年（1761）	军人军官，私当关给衣甲、旗帜、应禁军器，照私卖律减一等，杖一百徒三年。至收当之人，照私有军器律减一等，杖七十，每一件加一等，罪止杖一百徒三年。	此例来自乾隆二十六年刑部议覆福州将军社图肯之奏。

① 田涛等点校，《大清律例》，卷 14，《户律·钱债·违禁取利》，页 263：“凡私放钱债及典当财物，每月取利，并不得过三分，年月虽多，不过一本一利。违者，笞四十，以余利计赃，重（于笞四十）者，坐赃论，罪止杖一百。”、田涛等点校，《大清律例》，卷 14，《军律·军政·私卖军器》，页 318：“凡军人（将自己）关给衣甲、刀鎗、旗帜，一应军器，私下货卖（与常人）者，杖一百，发边远充军；军官（私）卖者，罪同，罢职，（附近）充军。买者，笞四十。”

② 关于乾隆二十六年新增条例的过程，详可参见《明清内阁大库档案》，登录号 230442 - 001，刑部为收当军器治罪事，乾隆二十六年十二月日不详。此外清末北京地区的当铺中，多有写着“军器不当”之招幌，可见这些当铺了解相关法令内容。详可参见韦庆远，《论八旗生计》，页 88。

续 表

年 份	条例修订内容	备 注
乾隆三十七年（1772）	军人军官，私当关给衣甲、旗帜、应禁军器，照私卖律减一等，杖一百徒三年。至收当之人，照私有军器律减一等，杖七十，每一件加一等，罪止杖一百徒三年。如有结伙盘踞，加倍重利，收当军器者，枷号三个月，发黑龙江等处为奴，军器当本，照例入官，其非应禁者，不在此限。失察之地方将领、各官，交部议处。	此例与乾隆三十七年刑部审拟之杨成儿等一案有关。
嘉庆十七年（1812）	军人军官，私当关给衣甲、旗帜应禁军器，照私卖律减一等，杖一百徒三年。至收当之人，照私有军器律减一等，杖七十，每一件加一等，罪止杖一百徒三年。如有结伙盘踞，加倍重利，收当军器者，枷号三个月，发极边足四千里充军，军器当本，照例入官，其非应禁者，不在此限。失察之地方将领、各官，交部议处。	此例来自嘉庆十七年刑部议覆给事中西琅阿之奏。

数据源：

《大清律例按语》《读例存疑重刊本》《钦定大清会典事例（光绪朝）》《大清律例通考校注》

综上所论，旗人一旦成为国家兵丁，就必须参与定期举行的武备稽查，其中大致可以分为两类：其一是兵丁骑射等战斗力的校阅，其二为军事装备的检核。八旗兵丁若在武备稽查中出现差错，轻则惩戒重则鞭责革退，若有公器私用诸如典当兵器等严重不法行为，将直接移送刑部。除了武备方面的要求外，官方为维持八旗各营的行伍纪律，八旗兵丁的平时举止亦多有约束，例如严禁赌博、涉足声色场所与过度奢靡等事。部分行为虽看似无伤大雅，但八旗兵丁碍于身份特殊，若违反禁令将承受一定处置。[1]

三、八旗兵丁的行政制裁

清朝皇帝为求巩固政权，大量起用他最信赖的旗人子弟担任军职。在京八旗细分为各种营伍，除遭逢战事奉命集结出征外，平时分别拥有不同工作内容。[2] 驻防八旗则与在京八旗相当类似，承平时期镇守于地方，一旦发生战事即听候中央调派支持前线。简单来说，八旗兵丁的职务包含作战与日常守卫两种形式，他们行使职务时若有疏失或是不法，势必难逃刑度大小不一的行政制裁，以下将从八旗兵丁出征在外的情形开始谈起。

满洲政权以军事组织起家，对于军律与军令格外重视。自从清太祖朝开始，凡军队出征前都会先申明军律，违反相关规定者将施以处分。这些规范主要涉及行军与宿营时的秩序，例如严禁喧哗、擅自离营、偷窃兵器、临阵脱逃，此外还有善待战俘、分配战利品等规定。[3] 在刑罚形式方面，有论者主张由于关外时期兵员有限，军事方面的行政制裁以财产刑为主；[4] 然从现实案例

---

① 关于这方面的讨论，详可参见叶高树，《深维根本之重：雍正皇帝整饬旗务初探》，页 110－117、叶高树，《清雍干时期的旗务问题：以雍正十三年满、汉文“条陈奏折”为中心》，页 128－139。

② 在京八旗的各种营伍，除前文论及较基本的骁骑、前锋、护军、步军等营外，自三旗虎枪营于康熙二十三年成立后，又陆续成立诸如火器、圆明园八旗护军等营，这些营伍通常人数不多。关于在京八旗各营伍的成立时间与任务内容，详可参见李洵等点校，《钦定八旗通志》，卷 32，《兵制志一·八旗兵制》，页 565－566、李洵等点校，《钦定八旗通志》，卷 33，《兵制志二·禁卫一》，页 567－586、李洵等点校，《钦定八旗通志》，《兵制志三·禁卫二》，页 587－605。

③ 张晋藩、郭成康，《清入关前国家法律制度史》，页 248－263。

④ 马社香，《试论满洲军事赏罚制》，《江汉论坛》，1982：11（武汉，1982. 11），页 64。

来看，这主要是针对领兵将领而言，兵丁的相关处分仍以身体刑甚至是死刑为主。清政府入关后的军律大多继受明律，其内容与关外旧制差异不大，惟在形式上更制度化。

兵丁在外行军布阵，相当忌讳不听从长官号令恣意而为，其中又以抗命私逃者最为严重。清初这方面的行政制裁，为清律中的《从征守御官军逃》条，从字面意思来看八旗与绿营均在该律适用范围内。[①] 不过八旗兵丁因身份特殊，清政府对其约束也较强，顺治十三年（1656）规定："随征前锋、护军、领催、马甲、跟役等私自逃回，初次鞭一百，递发军前，二次正法"，[②] 相较于律文规定的"初犯杖一百，仍发出征，再犯者绞监候"，旗人逃兵的处罚明显较严厉。除了抗令私逃者外，兵丁若不遵守指挥胡作非为亦属不法，然清初并未存有相关罚则，可能与当时习惯交由带兵将领"便宜从事"有关。[③] 直到康熙十一年（1672）间，官方才针对八旗兵丁不服从调度者，特别规定"出兵之处，不遵号令妄行者，为首人正法，余各枷三月鞭一百，该管官罚俸一年"。[④] 借由上述两个例子可知官方相当重视八旗兵丁的纪律，

---

① 清律之《从征守御官军逃》条乃继受明律而来，惟在其中加上批注。明律内容详可参见黄彰健主编，《明代律例汇编・下册》，卷 14，《兵律二・军政・从征守御官军逃》，页 666。沈之奇对此曾言："军官、军人，随从大军征讨，正为国报效之时，而私行逃遁，或还家，或往他所，初犯杖一百，仍发出征，宽之以望其奋也；再犯则绞，严之以警其余也。"参见〔清〕沈之奇著，怀效锋等点校，《大清律辑注》，卷 14，《兵律・军政・从征守御官军逃》，页 477。此外因"此律内军官、军人，及各卫军人等语，皆系明时卫官之例，又在京各卫，见今俱以奉裁，应行删改"，该律雍正三年时曾被修订，详可参见〔清〕黄恩彤编，《大清律例按语》，卷 14，《兵律・军政・从征守御官军逃》，页 48a－51b。

②《钦定大清会典事例（光绪朝）》，卷 581，《兵部・出征・军令》，页 8b。

③ 这类用语常出现于皇帝告诫出征大军的场合，授予将领便宜行事之权。详可参见《清世祖章皇帝实录》，卷 44，页 352，顺治六年五月丁丑条、《清世祖章皇帝实录》，卷 60，页 475，顺治八年九月壬午条。

④《钦定大清会典事例（光绪朝）》，卷 581，《兵部・出征・军令》，页 8b－9a。

常以特别立法的方式强化管理。①

不过即使国家针对八旗兵丁，制定严格的军事行政制裁，现实案例的处理仍存有一些弹性。例如三藩之乱期间，不听将领号令之护军札木，“于别路散去”，被判处绞立决。清圣祖问曰：“此人应免死否”？明珠回答：“前有此等罪犯，概行宽免”，清圣祖于是裁定“札木素从宽免死，着给与本主为奴”。② 此外兵部亦题报：“自东湖地方分散，前锋桑保拟绞，骁骑乌萨纳等三人，俱枷号三个月鞭一百。自保宁分散，苦独勒回子四人，亦枷号三个月鞭一百”。清圣祖对此则表示：“桑保着免死，减等发落，余依议”。③ 上述两例均属兵丁抗令案件，为首者原本都应当论死，最后却获得宽免。皇帝可能基于爱惜人才的考虑，不忍对旗人子弟施予重刑，但这并非表示军律的重要性全被忽略。清圣祖于康熙二十二年（1683）八月间，曾言“我朝军法，从来严明，虽承平时，不少宽假，然尚有未尽处”，④ 随后又于康熙三十七年

① 康熙十一年例起初专门针对旗人而设，但雍正三年修入清律后，从刑罚内容来看，无论八旗还是绿营均一体适用。参见〔清〕吴坛著，马建石等编，《大清律例通考校注》，卷19，《兵律·军政·从征违期例文》，页585－586：“凡官兵从征，无故起程违期者，官革职，兵杖一百，仍发出征。在外违期者，官革职拿问，兵杖一百，将所俘获人口入官。出征处所，兵丁藐视该管官，干犯号令，违法乱行者，将为首之人正法；为从者，俱枷号三个月，杖一百。该管官，仍交该部议处。谨按：此条系雍正三年，律例馆查照康熙年间《兵部现行则例》纂入，至今仍之。”

②《清代起居注册·康熙朝（北京版）·第10册》，页4835－4836，康熙二十年五月十五日条。

③《清代起居注册·康熙朝（北京版）·第10册》，页4851，康熙二十年五月二十日条。

④《清代起居注册·康熙朝（北京版）·第15册》，页7178，康熙二十二年八月二十二日条。清圣祖接着指出战场上常见的一些问题：“因定例内，击败贼寇，凡受伤回营之人，俱准论功。又我军退却，凡受伤退回者，亦得免罪。于是不肖之徒，怯于战斗，故将伊身，自作伤痕，希图规避者，不无其人。更有甚者，因一人受伤，即数十人扶拥送回，规避不前。”该问题促使另一新规定的出现，参（接下页）

（1698）十一月间，处理狗色出兵规避案时强调："凡用兵赏罚，须极严明，若此等不正法，何以用众。朕三次出师，愈知军纪不可不肃，狗色罪当死"。①在清圣祖看待军律刚柔并济的态度下，八旗军律的发展日益完整，相关制度越来越明确。②

八旗兵丁除遭逢战事奉命出征外，平时工作主要为镇守重要据点。在京的骁骑、护军等营负责守卫宫禁与京师内外大小城门，驻防八旗则是守卫驻地的满城、满营与重要关口。八旗兵丁若在执行守卫职务中有所疏失，亦依情节施予轻重不等的行政制裁。顺治十年十一月间，镶黄旗步兵甲喇达克勒等人，率领兵丁黑子、敦大巴等人看守皇城后门，夜间忽有多名贼人抢劫当铺，达克勒等人"俱在百步之内"，却声称不知情以致未能擒贼，克勒等官与黑子等兵丁最终均受严惩以示惩戒。③康熙十九年（1680）六月间，民人三儿擅入神武门直趋景运门，被景运门护军执送刑部，失职的守卫护军被求处鞭七十，清圣祖表示"守门护军，职司紧要，理应责惩"。④康熙二十二年六月间，兵部议奏三等侍卫哈喇扣，"寅夜擅出入皇城禁门"应行革职。清圣祖

（接上页）见《钦定大清会典事例（光绪朝）》，卷581，《兵部·出征·军令》，页11a："（康熙）二十三年议准，官兵被伤退回者，若系一、二等伤痕免议，三等以下伤痕，仍与失利者同罪。如未经被伤，冒作伤痕退回者，照规避例治罪。若系官员重伤，止许亲随人等送出，无亲随人，令兵丁一、二名护送。兵丁重伤，亦止令兵丁一、二名护送，多差者将差拨各官治罪。"

①《清代起居注册·康熙朝（台北版）·第12册》，页6670－6671，康熙三十七年十一月十四日条。

② 相关内容详可参见《钦定大清会典事例（光绪朝）》，卷581，《兵部·出征·军令》，页530－537，康熙二十九年、雍正元年、乾隆十四年诸条。清政府自康熙中期以来，军律的制定多同时针对八旗与绿营，较少仅适用八旗的专门规范。

③《明清内阁大库档案》，登录号117483－001，刑部左侍郎吴喇插·刑部为处分看守皇门疏防官兵事，顺治十一年四月十日。

④《清代起居注册·康熙朝（北京版）·第8册》，页3955，康熙十九年六月二十日条。

了解此事后，裁示“哈喇扣非守分之人，旷误班直，寅夜唤开皇城禁门，私自出入，情属可恶。着革职，交刑部严加议处。”①通过上述几案可知八旗兵丁若有职务疏失，皆会遭受行政制裁，罪情重大者甚至先革职再送交刑部加重处分。

有别于一般行政疏失，八旗兵丁若假借职务之便营私牟利，相关惩处将更为严厉。嘉庆十九年（1814）六月十九日，安集延之苏勒坦拜等人，正自哈萨克斯坦行经伊兰瓦斯卡伦外约四里处，他们决定先扎营过夜，明日再过卡伦。巡卡满兵关凌见状，告知另一名卡兵隆祥此事，隆祥“一时起意诈取钱文”，偷带回人翻译沙木西特前往勒索。隆祥命沙木西向苏勒坦拜等人说明目前卡伦规定妇女不得入内，若想顺利过卡必须送交一串普尔钱，苏勒坦拜等人央求能否只给五百文，双方最终以七百文成交。隆祥先带一些人入卡，要求其余之人明日赴卡交钱领人。苏勒坦拜等人隔天依约向隆祥要人，不料隆祥改口说这些妇女是哈萨克斯坦人必须扣留。隆祥随即向章京福通阿通报日前发现苏勒坦拜等人，“用给钱保送之语”，诱骗两名哈萨克斯坦妇女入卡。此事上呈至喀什噶尔参赞大臣恩长处时，被认为不合常理故展开调查，当地兵丁普遍利用职权违法犯纪之恶行就此揭发。

恩长很快着手审理隆祥一案，他指出安集延之苏勒坦拜等人，并未违例更无偷渡之心，隆祥的作为实属违法：

> 隆祥身充卡兵，胆敢越界诈索，用言诱骗，私带进卡。虽赃未入手，教诱索诈已实。应照守把之人知情故纵律，杖

---

①《清代起居注册·康熙朝（北京版）·第14册》，页6946，康熙二十二年六月二十三日条。

一百徒三年，系旗人照例枷责。副护军参领福通阿，系专管卡伦之员，于所属兵丁越界诈索，虽未允准，但隆祥既将索诈实情告知，仍徇情不据实揭报，希图朦混，实属知情故纵，应请旨革职。

隆祥主要被依“私越冒度关津”律加以处置，[①] 长官福通阿则是连带遭受革职的行政制裁。此案除了隆祥与福通阿外，相关人等也各自受到轻重不一的处分。此外恩长在审理过程中，意外发现更多惊人内幕。隆祥接受讯问时供出一本账册，声称“平日大家舞弊分钱，今日向我一人推卸，心实不甘”。恩长翻阅这本账册，赫然发现当地兵丁常勒索过卡之人，如此不法之事相沿已久，官员不仅未约束兵丁甚至参与其中。恩长根据账册将不法官员与兵丁，依收受银两多寡分别从严定拟。[②] 清仁宗了解此事原委后，基本上同意恩长的判决，并严词告诫兵丁不许再犯。[③] 八旗兵丁

① 田涛等点校，《大清律例》，卷 20，《兵律·关津·私越冒度关津》，页 327：“凡无文引，私度关津者，杖八十。若关不由门、津不由渡，（别从间道），而越度者，杖九十。若越度缘边关塞者，杖一百徒三年，因而（潜）出（交通）外境者，绞（监候）。守把之人，知而故纵者，同罪（至死减一等）。”

② 关于这起案件的来龙去脉，详可参见《宫中档嘉庆朝奏折》，文献编号 404016004，恩长等·奏为审明越界诈钱之满兵扶同捏禀之章京分别定拟恭折奏，嘉庆十九年七月十五日、《宫中档嘉庆朝奏折》，文献编号 404016005，恩长等·奏为卡伦官兵通同舞弊审明分别定拟恭折奏闻，嘉庆十九年七月十五日。恩长查阅账册后的判决为：“该官兵等，藉此索诈，与法虽未枉，与理殊不合，自应照例，从严定拟，以示惩警。查律载，官吏受财者，计赃科断，无禄人各减一等；又律载，不枉法赃，各主者通算折半科罪等语。查副护军参领福通阿任内，索取过普尔钱共二十串五百七十一文，合银九十三两五钱零，照折半银四十六两七钱零科断杖一百律，应杖一百。……隆祥、巴图鲁、吉禄得，在硕凌阿、福通阿两任内，共随同索取过钱二十四串四百六十三文，合银一百一十一两一钱零，照折半科断无禄人减一等杖一百律，杖一百。……”

③《清仁宗睿皇帝实录》，卷 295，页 1045，嘉庆十九年八月丁丑条。

利用职务之便为非作歹，不仅发生于边疆地区，直省驻防处亦是不胜枚举。[①]

综观前述八旗兵丁违反军律与行政疏失案例，清政府多根据案情轻重施予处分。八旗兵丁若罪情严重，甚至无法再披甲当差，相关规定最迟于乾隆初年确立：

> 乾隆五年覆准，兵丁犯罪，由部审拟，除部文内声明革退者，照部文革退外，其未经声明者，如犯窃之案，及一切公、私罪名，在鞭一百以上者，皆革退。罪止鞭一百，及一百以下者，仍准当差。[②]

八旗兵丁惟犯有鞭一百以下的公罪与未满鞭一百的私罪，并且未涉及偷窃、逃走之事者，才有机会被处分后继续当差。旗员若未及时将依法应革退者革退，亦会连带遭受行政制裁。[③] 持平而论，八旗兵丁被施以鞭一百以上之刑，即表示行为曾严重不检，将其革退对国家兵政实有裨益。

因罪革退的八旗兵丁因不再称职，理论上即使服刑期满也不该将其开复，不过值得注意的是，因罪革退的八旗兵丁并不代表

---

① 相关案例详可参见赖惠敏，《从杭州看清代的满汉关系》，页 60 - 61、许富翔，《清代江宁满城的研究》（台北：东吴大学历史学研究所硕士论文，2008），页 107 - 108。

②《钦定大清会典事例（光绪朝）》，卷 1121，《八旗都统·兵制·革退官兵挑补护军马甲》，页 13a - 13b。此外亦可参见《钦定兵部处分则例（道光朝）》，卷 31，《八旗·杂犯·兵丁犯罪》，页 64a：“八旗兵丁犯罪，由部审拟鞭责，送回该旗，除部文内声明革退者，照部咨革退外，其文内未经声明者，查系行窃、逃走之案，无论罪名轻重，概行革退，系一切公罪在鞭一百，并私罪在鞭一百以下者，仍准当差。如所犯系私罪，应鞭一百者，即行革退。”

③《明清内阁大库档案》，登录号 170410 - 001，兵部为佐领将逃走披甲不行革退事，乾隆三十三年五月日不详。

永远告别军旅生涯。镶红旗满洲副都统公元于雍正十三年（1735）十一月间，奏称兵丁钱粮为旗人生计的重要支柱，不少旗人被革退后立即出现严重的生计问题。公元认为未犯重罪的革退八旗兵丁，若有知错能改并且骑射可观者，应再给予一次重新效力的机会。[①] 该建议在获得清高宗的同意后成为定制：

> 又覆准，革退兵丁后除犯十恶，及因军机获罪、杀伤人命、带军器脱逃外，有情愿充补护军、马甲者，验看骑射，亦准选补。如果改过行走勤慎者，有应升之处，准其列名。[②]

从此八旗兵丁因罪革退者，如果诚心悔改又精于骑射，只要往昔罪情未太严重，仍有机会再度披甲当差。该例原本仅适用于在京八旗，乾隆十六年（1751）七月间，福州将军新柱奏称“此例虽

---

① 《宫中档雍正朝奏折·第32辑》，页244-248，《镶红旗满洲副都统公元·奏请将非恶意为过轻罪之人酌量复用事》，乾隆十三年十一月二十四日。该满文奏折的主要内容翻译如下：“hujufi baicaci，nakabuha，weile araha ursei dorgi turgun ujen weihuken adali akū be dahame，（伏查，因革退治罪兵丁内情节轻重不一）baitalara waliyara be inu ilgame faksalaci acambi.（用舍也应有所区别）tere anggala，esei dorgi ememu faššan bisire se asigan，niyalma giltukan urse，（况且这些人内有些是勤奋年少，为人俊秀者）ini beye nakabuha weile arabuha be korsome aliyame，（懊悔其被革退治罪）nenehe endebuku be halafi，（改正先前的过失）beyebe icemleme dasame bayara uksin de dosifi weile be sume faššame yabuki sere（想要洗心革面，再度担任护军、马甲效力赎罪）urse be aika dasame bayara uksin de gaici（若令这些人重新担任护军、马甲）ese bahafi gūnin de acabume faššame yabumbime，（既能合其效力之意）inu enduringge ejen i kesi de bahafi ciyanliyang jeme booi anggala be ujimbi（亦能蒙受圣主之恩食钱粮抚养家口）”汉文翻译亦可参见《雍正朝满文朱批奏折全译·下册》，页2467-2468，《镶红旗满洲副都统龚元·奏请八旗获罪兵丁给以出路折》，乾隆十三年十一月二十四日。

② 《钦定大清会典事例（光绪朝）》，卷713，《兵部·兵籍·八旗拔补兵缺》，页6b-7a。

专指在京官兵而设，臣思在内在外均属旗人，合无仰恳皇上天恩，一视同仁”，[①] 日后遂连驻防八旗也一体均沾。[②]

第三节　旗人的人身与迁徙自由限制规范

一、 正身旗人的自由约束与相关罚则

由于时空背景的不同，传统中国法律当然无法简单与现代法学相提并论。不过古今法律概念也未必全然泾渭分明，基本上仍可将传统中国法律，概略分为刑法、民法与行政法三层面。在官僚制度与中央集权早熟的影响下，传统中国行政法的发展格外突出，时至明清时期更是到达高峰，官方多次编修的会典，或可视为一架构完整的行政法法典。[③] 回到本章主轴，清朝为有效管理旗人，亦专门为其设置一些行政法规，其中最特殊者当属旗人的人身与迁徙自由限制规范。

八旗制度在关外时期的一大特色乃“以旗领人”，旗人普遍被视为领旗贝勒的私属。[④] 当时各旗丁口严禁相混，领旗贝勒除

---

① 《宫中档乾隆朝奏折・第1辑》，页252－253，《福州将军兼管闽海关事新柱・奏为驻防革退官兵请援例准补甲缺折》，乾隆十六年七月二十五日。皇帝朱批为“该部议奏”。

② 《清高宗纯皇帝实录》，卷399，页245，乾隆十六年九月己卯条：“兵部议覆：‘福州将军兼管闽海关事务新柱奏称，闽省驻防官兵内，有缘事革退者，因外省向无复准挑补甲缺之例，终身沦弃，无计资生。请援在京八旗例，无论官、兵，凡罪犯军流以下，其有家计窘迫，愿补披甲缺者，验看年力强壮，弓马娴熟，俱准挑补。应如所请，通行各省驻防处，一体遵照。’从之。”

③ 相关讨论详可参见林干，《五朝〈清会典〉纂修论述》，收录于故宫博物院国家清史编纂委员会编，《故宫博物院八十华诞暨国际清史学术研讨会论文集》，页469－482。

④ 杜家骥，《八旗与清朝政治论稿》，页84－92。

非犯罪受惩，否则其佐领难以被夺。旗人在八旗制度约束下，人身自由被统治者或领旗贝勒牢牢掌控。清朝入关后纵使各领旗贝勒相继失势，但这种人身依附的传统仍被保留，惟渐从领旗贝勒过渡至皇帝手中。八旗制度入关后虽然历经不少变革，但其约束特质仍持续发挥作用。皇帝对旗人始终严格控管，旗人不仅失去自由迁徙的权利，擅自脱离旗籍更不被允许。

旗人在人身自由上，无论官员、兵丁还是一般旗人均深受束缚。若暂且撇开东北旗人不论，“从龙入关”的任何旗人除非得到官方允许，例如前往外地当官、作战或驻防，否则皆不准擅自离京。旗人即使合法前往外地，仍受到国家严密监控，不仅多被要求居于独立的满城或满营，① 任务结束后亦不可随意在外逗留。② 此举应是基于下列考虑：其一旗人是国家赖以维生之根本，不能轻易散失于众多汉民中；其二将旗人与汉民相区隔，有助于避免旗人失去满洲本色或是扰害地方。

旗人若擅自离开北京或是驻地即属私下逃旗，③ 官方对这些

---

① 关于满城的意义与作用，详可参见马协弟，《清代满城考》，《满族研究》，1990：1（沈阳，1990. 03），页 29－34、朱永杰，《“满城”特征探析》，《清史研究》，2005：4（北京，2005. 11），页 78－84、黄平，《满城兴建与规划建设研究》（成都：四川大学历史学研究所硕士论文，2006）。

② “归旗”为清政府管理旗人的重要制度，详可参见孙静，《“满洲”民族共同体形成历程》，页 155－165。

③ 传统中国政府为维持社会安定，多采取限制百姓迁徙自由之政策，该情形至清代却发生变化。清律原本亦有限制人民迁徙自由之规定，其内容为：“若军民出百里之外，不给引者，军以逃军论，民以私度关津论”。该规定应是继受明制，明会典有载：“凡军民人等往来，但出百里者，即验文引”。不过该规定时至雍正三年，即因“今民人各省行走贸易，并无禁止之事；营兵出百里外，亦无给与路引之例”之缘由被删，由此亦可得知该规范早已如同具文，清初百姓的迁徙自由似乎已被放宽。上述内容参见〔清〕黄恩彤编，《大清律例按语》，卷 15，《兵律·关津·诈冒给路引》，页 7b－8a、《大明会典》，卷 139，《兵部·职方清吏司·关津二》，页 39b。清人拥有较多迁徙自由，或与赋役制度的改革有关。自官方推行（接下页）

私逃旗人设置一定罚则，无论旗员还是兵丁均有专属的行政制裁。目前关于清朝“逃人”现象与相关规范的讨论相当丰富，不过这些著作论及的“逃人”，多为旗下家奴而非正身旗人。一般旗人逃旗未受同等瞩目的原因，或与清末律学家薛允升的观察有关：

> 《督捕则例》系专为旗下家人而设，观顺治年间所奉谕旨可知。正身旗人原不在内，盖旗人有犯，原有犯罪免发遣之律，故间有逃者，亦不过十百分之一耳。乾隆十八年续纂之例，则专指正身旗人言之矣，入于此门，殊与原定督捕之意未符。①

薛允升讨论《督捕则例》时，强调该例本是针对旗下家奴而设，日后却“又添入另户旗人逃走各条，大非定例之本意矣”。② 许多论者根据薛允升见解，认为清初逃人问题限于旗下家奴，然从规范的演变来看，一般正身旗人私逃的罚责并非自乾隆朝才出现。③

根据现存史料的记载，清初正身旗人逃走受惩的案例确实不

（接上页）“丁随地起”政策后，丁徭取之于地粮，人口税的征收宣告结束，人身依附于土地的关系随之减轻。当丁额与赋税无关后，编审之法渐成虚文，更不利于官方掌握地方人口额数。相关讨论详可参见庄吉发，《清世宗与赋役制度的改革》（台北：台湾学生书局，1985），页 89－94。透过上述内容，即能理解旗人相较于一般民人，拥有较少人身与迁徙自由。

① 〔清〕薛允升著，黄静嘉编校，《读例存疑重刊本》，卷 53，《督捕则例卷上·另户旗人逃走》，页 1318－1319。

② 〔清〕薛允升著，黄静嘉编校，《读例存疑重刊本》，卷 53，《督捕则例卷上》，页 1317。

③ 〔清〕薛允升著，黄静嘉编校，《读例存疑重刊本》，卷 53，《督捕则例卷上·八旗家人逃走分别次数治罪》，页 1335：“查正身旗人因逃走治罪之例，始于乾隆十八年，即本门第一条之原例是也。”

多，但这并不表示当时绝无此事。清圣祖曾于康熙十二年（1673）谕曰："凡护军兵丁，及另户闲散人逃走者，免刺字，鞭一百，如系奴仆兵丁，照例鞭、刺"，① 皇帝既在规范上将正身旗人与旗下家奴相区别，可知当时已有正身旗人逃旗。若比较正身旗人与旗下家奴的相关罚则，不难发现两者刑度几乎一致，差别仅在于刺字与否。②

雍正年间的一起正身旗人逃旗案例，亦透露出一些线索，该案原委大致如下：

> 刑部议奏："热审案内，旗人沈国良等，久经在逃，今自投回，应照律发遣。"得旨："逃人自行投回，而该旗送部发遣，部内即议以发遣，均属错误。似此投回之逃人，仍拟以发遣，则在逃人等，孰肯自行投回？嗣后将逃人在外，曾否为非，并伊在逃月日、次数之多寡，应如何酌量分别治罪之处，着刑部会同旗下大臣，详议定例，永远遵行。"③

清世宗对刑部将自行投回的逃人依律发遣深感不满，要求刑部会同八旗大臣重新讨论。臣工商议后的内容值得留意：

> 查定例，逃人初次逃走者，左面刺字，鞭一百；二次逃走者，右面刺字，鞭一百。三次逃人，发往宁古塔、乌拉，

---

①《钦定大清会典事例（光绪朝）》，卷855，《刑部·督捕例·另户人不刺字》，页10b。

② 当时旗下家奴逃人的处罚，为初逃者左面刺字鞭一百，二次逃者右面刺字鞭一百，三次逃者绞监候，详可参见吴志铿，《清代的逃人法与满洲本位政策·附录》，页128－130。

③《清世宗宪皇帝实录》，卷70，页1051，雍正六年六月丙戌条。

给披甲人为奴，若另户着当差；内务府所管另户人，发遣打牲乌拉为打牲人。又定例，凡逃人逃走，十日内拿获者，免刺字，鞭一百，不算逃走次数；过十日者，鞭、刺。另户护军兵丁，及闲散人逃走者，免刺字，鞭一百。又逃人自行投回者，免其鞭、刺等语。[①]

上述引文呈现康熙年间的“定例”，已有关于正身人逃旗的处分规定，其内容恰与前述康熙十二年的上谕相仿。[②] 除了前述两例外，薛允升所谓最早的正身旗人逃旗罚则，即乾隆十八年（1753）例中明言：“凡在京旗人逃走，于一月内拏获，及自行投回，仍照旧例治罪，交旗管束。”[③] 在此之前若未有相关规范，何来“旧例”可凭？综观这些例证，或可说明薛允升之看法略有误解。

薛允升认为正身旗人的私逃罚则，始于乾隆年间虽不甚准确，但不可忽略的是，相关条例于乾隆朝的增修明显多于过往，详细情形可参见表 4－3－1。

表 4－3－1　《督捕则例》中《另户旗人逃走》乾隆朝以后条例之演变

年　份	条例修订内容	备　注
乾隆五年（1740）	旗人聘娶民妇为妻，其妇人逃走，免刺鞭一百，逃至三次，正法。窝家地方官功过，照常究议。	

① 《上谕旗务议覆》（台北：台湾学生书局，1976），未分卷，《雍正六年》，页 23a。

② 较不相同处在于“三次逃人，发往宁古塔、乌拉，给披甲人为奴，若另户着当差”。正身旗人逃走三次者被发遣当差，符合旗人因罪发遣的相关规定，详可参见本书第二章第二节。

③ 《钦定大清会典事例（光绪朝）》，卷 855，《刑部・督捕例・另户旗人逃走》，页 2b。

续 表

年 份	条例修订内容	备 注
乾隆八年(1743)	旗人家下妇女，初次逃走者，鞭一百，有犯按次科断，鞭责的决，余罪照例收赎，均免其刺字。窝家照收留逃走妇女例，分别知情、不知情治罪。地方官功过，照常究议。	此例为乾隆五年例修改而成。
乾隆十八年(1753)	凡在京旗人逃走，于一月内拿获，及自行投回，仍照旧例治罪，交旗管束外，其在一月以外，不论投回被获，查系满洲、蒙古，佥妻发黑龙江等处当差，有子女愿随者听，该将军严加约束。岁底将该犯等，曾否改悔之处汇奏，如知儆惧改悔者，即入于本地丁册，一体食粮当差；怙恶不悛者，将该犯及随带子女，改发云、贵、川、广边远地方，听其自行生理，令地方官与民人，一体约束，旗册除名。系汉军，照民人犯流罪例，分别次数，按三流道里，安抚为民。一次流二千里，二次流二千五百里，三次流三千里，同妻一并销除旗档。其在逃匪类，虽在一月内投回，而该旗奏明，送部发遣者，系满洲、蒙古，发往拉林；汉军仍照民人例，分发各省。至汗闭迷路在逃，年在十五岁以下者，仍照旧例办理；若在十六岁以上，亦与逃人同罪。该管参佐领等。均交兵部议处，刑部于岁终，将报逃人数，汇疏以闻。	
乾隆二十四年（1759）	凡各省驻防兵丁、闲散人等，初次逃走，无论被获、自首，俱鞭一百，枷号一月，交与该旗佐领官员等，严加管束，充当苦差。半年后，果能安分，仍准披甲当差。二次逃走，无论被获、自回，即发黑龙江等处，折磨当差。再绥远城，有从热河所拨驻防兵丁，右卫所拨驻防蒙古兵丁内逃走者，亦照此例办理。其逃走兵丁，至三名者，将失察之该管佐领、防御、骁骑校，罚俸一年；至	

续　表

年　份	条例修订内容	备　注
	五名者，该管协领，罚俸六月；至十名者，将军副都统等，罚俸三月。	
乾隆二十八年（1763）	着八旗都统等，将乾隆十八年以后，另户满洲、蒙古逃走，在一月内，投回及拿获者，俱查明，连家属一并派往伊犁，赏给步甲钱粮，当差行走。如赏给钱粮后，仍不悛改，复致逃走，此则匪劣成性，终身不能改悔者，竟不必派人查拿，即拿获，亦不必照军逃例，即行正法。着于满洲、蒙古档册，即将伊等名籍削除，任其所之，毋庸办理。	此例为乾隆十八年例之补充。
乾隆三十二年（1767）	满洲、蒙古逃走一月外，投回被获，应发黑龙江之犯，不必佥妻，其妻妾子女，愿随者听。汉军一月内，投回免罪；拿获者，初次鞭一百，二次枷号一月，鞭一百。如逃至三次，及在一月以外，不论投回被获，即照民人犯流罪例，分别次数治罪。至在逃匪类，一月内投回，除满洲、蒙古，仍照例发伊犁外，如系汉军，亦照民人例，分发各省。	此例为乾隆十八年例之补充。
乾隆三十三年（1768）	另户满洲、蒙古发伊犁，赏给钱粮后，复行逃走者，如自行投回，用重枷枷号六月，痛加责惩，折磨差使。拿获者，即行正法。	此例为乾隆二十八年例之补充。
乾隆四十一年（1776）	另户满洲、蒙古逃走，一月以内，投回及拿获，应发伊犁之犯，如于刑部审结，交旗起程时，复犯逃走，被获者，拟绞监候；投回者，枷号三月，仍发伊犁，交该管官，严行管束。	
乾隆四十二年（1777）	另户满洲、蒙古，派往伊犁，赏给步甲钱粮，当差行走之人，如于脱逃投回，枷号五月，痛加责惩，折磨差使之后，复犯逃走，自行投回，拟斩监候，入于秋审办理。若奉旨免勾，将该犯永远监禁，遇赦不准援免。	

续　表

年　份	条例修订内容	备　注
	又定，失察驻防兵丁逃走之该管各官，不必按名计算，交兵部分别议处。	此例为乾隆二十四年例之补充。
嘉庆六年（1801）	在京另户满洲、蒙古、汉军，初次逃走，被获者鞭一百，一年内，自行投回免罪；一年以外，投回鞭六十。二次逃走，被获者，枷号一月，鞭一百，六个月内，投回免罪；六个月以外，投回鞭八十。三次逃走，被获者，发黑龙江等处当差，三个月内，投回免罪；三个月以外，投回者鞭一百。被获不与投回并算，投回不与被获并算。投回三次后复逃者，虽系自行投回，不计年月，即照初次逃走例，鞭一百，交旗管束，仍俱准其挑补差使。其罪应发遣者，妻妾子女愿随者听，该将军严加约束。岁底将该犯等，曾否改悔之处汇奏，如果安静守法，亦即准其挑补差使。傥在配怙恶不悛，及逃走者，削除旗档，改发云贵两广边远地方，听其自谋生理，令地方官与民人，一体严加约束。刑部于岁终，将报逃人数，汇疏以闻。至盛京等处，并各省驻防，及屯居旗人，有犯逃走，俱照此例，分别次数办理。其各省驻防，失察逃走兵丁之该管各官，交部分别议处。至在京及各处旗下，另户妇女，及旗下家人妇女，有犯逃走，亦照此科断，按律收赎。	以雍正六年例为基础结合上述条例而成。
道光五年（1825）	在京旗下官员逃走，一次者革职，销除旗档。其另户满洲、蒙古、汉军闲散旗人，初次逃走，或实因病迷，一月以内，投回者免罪，被获者鞭一百，俱仍准挑差；如已逾一月，无论投回拿获，及二次逃走者，均销除旗档为民，听其自谋生理。刑部于岁终，将报逃人数，汇疏以闻。若盛京并各省驻防，	

续　表

年　份	条例修订内容	备　注
	及屯居旗人，有犯逃走，俱照此例，分别办理。其各省驻防，失察逃走兵丁之该管各官，交部分别议处。在京及各处旗下，另户妇女，有犯逃走，亦照此科断。	
道光十四年（1834）	至吉林、黑龙江所属旗人，初次逃走，被获者鞭一百，一年以内，自行投回者，免罪；一年以外，投回者鞭六十。二次逃走者，无论投回拿获，俱销除旗档为民。	

数据源：《读例存疑重刊本》、《钦定大清会典事例（光绪朝）》

透过这些条例演变，不难发现清政府对正身旗人私逃者的处罚，自乾隆十八年起日益严格。原本初次逃走者，一年内投回免罪，超过一年投回鞭六十，① 乾隆十八年例则提高刑度："其在一月以外，不论投回、被获，查系满洲、蒙古，佥妻发黑龙江等处当差"，"系汉军，照民人犯流罪例，分别次数，按三流道里安抚为民"。在后续几次罚则调整中，甚至出现"销除旗档"之规定。皇帝对正身旗人逃旗者施予重罚，应是希望借此产生恫吓效果，但从条例屡屡修订的情形来看，成效可能没有想象中得大。本节接下来将分析众多正身旗人，违反人身与迁徙自由限制规范之案例。

二、八旗官员的回旗与告假

居住于京师的众多旗人，除随军出征或是移地驻防外，担任地方官员者也有机会离开北京。② 不过他们远赴外地当官只是一

---

①《上谕旗务议覆》（台北：台湾学生书局，1976），未分卷，《雍正六年》，页 23b。

② 官员离京赴任亦有一定期限，详可参见《钦定吏部处分则例（乾隆朝）》（香港：蝠池书院出版公司，2004），卷 5，《吏·赴任·凭限》，页 1a－12b。

种临时性职务，任期届满或是任务结束后，旗员必须连同家眷举家返回北京。旗员与其家眷的回旗有一定时限，[①] 违反规定或无故逗留者，将根据情节轻重加以处分。[②] 清政府如此严格管制旗员，与旗人特殊的身份密切相关。汉官虽然自康熙二十九年（1690）亦规定“革职离任者，照旗员之例勒限回籍”，[③] 不过“其余解任、休致、丁忧各官，恳免驱逐，听其自便”，相较于旗员仍有些弹性。[④]

旗员回旗常因所费不赀而得到官方一些补助，例如雍正十三

① 目前所见最早的规定出现于康熙二十六年，参见《钦定大清会典事例（光绪朝）》，卷93，《吏部·处分例·旗员归旗》，页1a：“康熙二十六年奉旨，归旗人员，皆令该督抚严行催促，限五月内回旗。”

② 相关罚则参见《钦定大清会典事例（光绪朝）》，卷93，《吏部·处分例·旗员归旗》，页1a－2a：“二十九年题准，凡应归旗人员，无故不速起程，逾限一月以上；或已起程，中途逗遛；或不进京，在他处居住；或本身已来，而家口在他处居住。有官者，革职，已革职者，交该衙门治罪。其该管州县官、同城知府，不速催起程，容留一人者，降一级留任，二人者，降一级，三人者，降二级，四人者，降三级，五人者，降四级，皆调用；六人以上者，革职。道员及不同城知府所属地方，容留一、二人者，罚俸一年，三、四人者，降一级留任，五人以上者，降一级，十人以上者，降二级，皆调用。督抚所属地方，容留一二人者，罚俸三月，四人者，罚俸六月，五人以上者，罚俸一年，十人以上者，降一级留任。傥归旗人员，已经起程，该地方官，不将起程日期申报，或已申报，而督抚不行咨明该部、该旗，以致逗遛生事者，亦照此例议处。如归旗人员，于原任地方，起程逾限，不及一月，或实因患病，及有不得已情由，难以起程；或已起程，中途患病难行，阻滞情实者，取具该地方正印官印结报部，概行免议。如并无事故，妄藉事端，谎取印结，其地方官不将此等情由申报，滥给印结，一经发觉，将谎取印结之员，仍照逗遛逾限例处分，出结之地方官，照容留例处分。”根据规定可知除违限八旗官员本身外，其余未尽职责令其回旗的官员也会一并惩处。

③《钦定大清会典事例（光绪朝）》，卷94，《吏部·处分例·汉员回籍》，页1a。

④ 该制起因于刑科给事中郑昱之奏：“自今以后，革职拿问官员，必限定日期，发回原籍。其余解任、休致、告病、丁忧、告假等官，请停其勒催回籍，听从自便。”上曰：“这本说得是，着九卿詹事科道，会同详议具奏。”参见《清代起居注册·康熙朝（台北版）·第2册》，页633，康熙三十年二月初八日条。该奏商议结果详可参见《清圣祖仁皇帝实录》，卷150，页665，康熙三十年二月丁丑条，皇帝对此的裁示为“奉天、四川，回籍官员，仍照见行例行，余依议。”

年七月间，广州驻防的镶红旗协领于永世，奉命补授正白旗汉军副都统，皇帝乃令广东督、抚协助于永世返京。两广总督鄂弥达随即奏称：

> （臣等）随经咨明广州将军张正兴、副都统安华，查造于永世在广家口清册，拟定启程日期，并行广东粮驿道，拨给驿站船只，送至南雄度岭，所需进京夫船食用等项，约计盘费银一千两，方足敷用。臣与抚臣杨永斌，各资助银五百两，共一千两，发交于永世之子于宗佩、于宗理收领。[①]

从鄂弥达的奏折可知旗员归旗非同小可，往往需要妥善的规划与大量资助。乾隆五十四年（1789）十二月间，清高宗因福建阵亡游击延山之子六十三尚未回旗，担心他可能缺乏盘费或遭逢事故，下令“浙江、江南、山东各督抚，于六十三入境时，即照料催令迅速回旗，毋得再住推迟”。[②] 清政府严密监控旗员尽速回旗，当是基于国家利益的考虑，官方在该政策执行过程中亦不忘积极从旁协助，未让这些旗人身陷困境。

旗员及其眷属在回旗制度的约束下，没有在外逗留的权利，然而有时若遭遇一些特殊状况，可能无法立即动身返京。嘉庆年间镶黄旗汉军之张永宗，在署单县知县任内病故，其随任之子张

---

① 《雍正朝汉文朱批奏折汇编 · 第 28 册》，页 795，《两广总督鄂弥达 · 奏报遵旨料理新授正白旗汉军副都统于永世家口进京及起程日期折》，雍正十三年七月十九日。亦可同时参见《雍正朝汉文朱批奏折汇编 · 第 28 册》，页 924，《广东巡抚杨永斌 · 奏报料理资助正白旗汉军副都统于永世家口起程回京日期折》，雍正十三年八月初六日。

② 《军机处档 · 月折包》，文献编号 042817，山东巡抚长麟 · 覆奏福建阵亡游击延山之子六十三回旗由，乾隆五十四年十二月十一日。

贻谋与张贻福两人屡被催促回旗未果。张氏兄弟并非蓄意在外逗留，实因接任其父的知县马冠三，查出张永宗“有短交银九千余两”。由于这笔款项牵涉甚广，山东省藩司只能先行扣留张氏兄弟，“俟结算交楚，再行给咨回旗，以清库项”。[①] 嘉庆四年（1799）五月间，署云南武定州知州王序端病故，其子贵敏、荣敏也因父亲名下亏空始终无法顺利回旗。清仁宗于嘉庆六年（1801）十月二十四日针对此事谕曰：

> 已故知州王序端，摊赔应赔银两，自应在伊子名下着追，但王序端系四年五月内，在滇病故，其随任家属，例当即行回旗，何以伊子贵敏、荣敏，至今尚在滇省？或系挟有重资，逗留不返，或系赤贫，无力回京，该督抚即应据实查办。若有别情，早应参办，若实在无力回旗，滞留滇省，该督抚亦当设法送京，岂有旗员家属，任其在边远逗留之理？[②] ……一面即令回京，所有王序端名下，应行查追官项，俟伊子贵敏、荣敏到京时，再行核办。

皇帝的态度非常清楚，旗员的亏空纵然应由其子承担，仍不构成他们无法回旗的原因，足见皇帝对掌控旗人一事始终念兹在兹。

在回旗相关规定中，旗员随任子弟的回旗则有些特别。雍正三年（1725）清世宗下令：“外任旗员子弟，至十八岁以上者，

① 《宫中档嘉庆朝奏折》，文献编号 404013958，山东巡抚吉纶·奏为遵旨查明张贻谋等因伊父任内交代未完延未回旗缘由覆奏，嘉庆十四年四月二十二日。

② 《宫中档嘉庆朝奏折》，文献编号 404007266，云南巡抚孙曰秉等·奏为遵旨查明旗员家属因追项未清在滇耽延并无资财隐寄现已设法遣令回旗缘由，嘉庆七年正月二十八日。

不令带赴任所。其未至十八岁者，具呈该都统存案，至十八岁悉令归旗。”[①] 旗员外任一般均会携家带眷，不过其子年过十八就必须回旗，清世宗认为此举一来可避免旗员子弟因久随外任而“安逸游荡，荒废无成”，或是“在署干预地方之事”，二来旗员子弟回旗后“或读书肄业，或披甲食粮”，“使之各有成就，不至废弃”，可谓一两全其美之策。[②] 该制度再次展现皇帝积极控管旗人的意图，每位旗人一旦成年就应准备为国效力。

不过从现实状况来看，旗员随任子弟的回旗制度并非完全没有弹性。旗员若有特殊原因，常会自行或透过长官恳求皇帝让子弟留在身边，而皇帝面对这些请求多是欣然同意。雍正十一年（1733）七月间，署理陕西总督印务之刘于义，为其标下之游击王辅代为上奏。王辅为正红旗汉军人，自雍正七年“发陕署理督标左营游击事务”，全家人均寓居西安。王辅长子王文极现年十八岁理应回旗，但因王辅目前出征在外，屡为其父“制办军装”的王文极，还肩负照顾体弱母亲与幼小弟妹之责，实在无法返回北京。[③] 雍正十二年（1734）六月间，陕西巡抚史贻直奏称身属正黄旗汉军的张毓珂久赴军前，其八十七岁的父亲交由弟弟张毓璋侍奉；年满十八岁的张毓璋如今必须回旗，但他念及父亲老迈多病，盼待张毓珂回任时再行返京。[④] 除了照顾家人缘由外，还

---

①《钦定大清会典事例（光绪朝）》，卷1149，《八旗都统・公式・外任归旗》，页1b。

②《清世宗宪皇帝实录》，卷126，页660，雍正十年十二月丁丑条。

③《雍正朝汉文朱批奏折汇编・第24册》，页795－796，《署陕西总督刘于义・奏代出征军前游击王辅恳请准其长子留居西安暂免归旗折》，雍正十一年七月十二日。皇帝朱批为：“着留西安，咨明该旗知道。”

④《宫中档雍正朝奏折・第23辑》，页240，史贻直、硕色・奏报旗员张毓璋不能归旗折，雍正十二年六月二十五日。皇帝朱批为：“准其留任，可咨明该旗知道。”

有其他特殊因素。例如雍正十一年间，四川省富顺县知县包洪谋禀称其子包懋祥，“自幼病发不能语言行走”，长年随其赴任就近照料，望能奏请圣恩令包懋祥免于回旗。[①] 雍正十三年正月间，江南总督赵弘恩奏称其次子“例应归旗”，但考虑“年轻之人，性情不定”，若无人在旁督责容易误入歧途，“可否仰恳圣恩，敕下管旗大臣，准其随任学习”。[②] 皇帝面对旗员不愿子弟回旗的要求几乎未断然拒绝，大多允许其子弟暂缓回旗。

旗员随任子弟的回旗制度，象征皇帝对每位旗人的掌控均很严密，不过一些问题亦随该制不断实施逐渐浮现。内阁侍读学士祖尚志即指出回旗子弟“年甫十八”，“正介于可成可败之间，全赖父兄时时提撕警策”，许多人回旗后反而无人就近看管，“以致放纵自由，踰闲荡检，贻误于终身”。[③] 正蓝旗汉军都统朱震则强调“数年以来，随任子弟归旗者不少”，“而披甲当差者，仍属无几”，一些回旗者“既无父兄管束，又无产业可赡”，终日“游手闲惰，反至流荡”。[④] 镶蓝旗满洲副都统雅尔图亦表示旗员虽可透过长官，向皇帝提出子弟免于回旗之请求，但“州县佐贰等官”若亦有“不能相离之情”，“督抚未必即照府、道之例，为之代奏”。[⑤] 根据这些奏议可知旗员随任子弟的回旗积弊已多，不

① 《雍正朝汉文朱批奏折汇编·第25册》，页590，《四川总督黄廷桂·奏代富顺县知县包洪谋陈明其子有病不能归旗情由折》，雍正十一年十二月初五日。皇帝朱批为：“着准留任，咨明该旗知道。”

② 《雍正朝汉文朱批奏折汇编·第27册》，页532，《江南总督赵弘恩·奏请敕管旗大人准令次子赵松云随任学习折》，雍正十三年正月十二日。皇帝朱批为：“是。”

③ 《雍正朝汉文朱批奏折汇编·第29册》，页805，《内阁侍读学士祖尚志·奏陈嗣后外省旗员子弟应仍照旧例准予带往任所折》，雍正十三年十一月初九日。

④ 《雍正朝汉文朱批奏折汇编·第30册》，页209，《正蓝旗汉军都统朱震·奏请嗣后外任旗员子弟情愿随任读书学习者无庸勒令归旗折》，雍正十三年十二月初八日。

⑤ 《雍正朝汉文朱批奏折汇编·第30册》，页271－272，《镶蓝旗满洲副都统雅尔图·奏请嗣后独子准随父任等事折》，雍正十三年十二月十五日。

过皇帝似乎仍无动于衷，上述诸奏都未有下文。[①] 毕竟对于皇帝而言，确实掌控旗人至关重要，绝不可顾此失彼或因噎废食。[②]

一般来说，身有公务的旗员通常会被允许离京，不过任务结束后自当尽速回旗。旗员若因私事请求离京，则须经正式程序告假。[③] 道光二十四年（1844）三月间，镶黄旗汉军世袭三等靖海侯施得霖，奏称欲前往福建省晋江县修理祖坟，皇帝随即特别赏假三个月。施得霖抵达福建后，因想再前往台湾祭扫宗祠，奏请圣裁又得假三个月。不过施得霖返台完成祭扫时，受到"冬间风帆不顺，不能渡台"，与"至本年春间，复因海面受风，延医调治"等事影响，耽误了回程时间，这也使得他不断被官方"催令归旗"。[④] 由此可知旗员预计因私事离京，必须先请假才能成行，

---

① 乾隆朝以降，旗员若未依规定将年满十八岁的子弟送回旗下，仍会受到一定惩处，推测该制并未完全停止运作。相关案例可参见《明清内阁大库档案》，登录号205152-001，刑部为张肇祥解京治罪由，乾隆五十六年十一月初九日。

② 值得注意的是，相关规定日后仍有部分放松，参见《清高宗纯皇帝实录》，卷158，页1-2，乾隆七年正月甲子条："向来旗员子弟随任在外，年至十八岁者，例应来京，若有欲留任所协办家务者，准督抚代为题请，听候部议。其新授外任之员，子弟在京长养，年过十八岁以上者，非奉特旨，不得随任，此旧例也。朕思旗员子弟，不许擅随任所者，一则恐在地方滋事，一则留京以备该旗当差。如外任旗员，能严加约束，为督、抚者，又不时稽查，则皆知守分循理，可无虑其多事。至该旗佐领，若本有可以当差之人，而父兄外任者，将子弟带往，则本人既可省两处之食用，该佐领闲散之人，又得当差，支领钱粮，以资养赡，洵为两便之道。嗣后外任旗员子弟，年至十八岁以上者，在外仍令该督抚题请，在内着呈明该都统查奏，俱准其随任，其不愿随任者，亦听之。若随任之后，或出署交游，及干与地方之事，着该督抚即行查参，从重议处。"

③ 具体情形或可参见《宫中档雍正朝奏折·第2辑》，页112-113，《正黄旗汉军副都统李林森·奏请严定告假违限旗员处分以免在外生事》，雍正元年十二月初二日："旗下官员，有为省亲、迁葬、修坟、坐汤等事告假者，移咨兵部，或给假四十日，或两个月，或八十日，或一百日，俱有定例。"

④《军机处档·月折包》，文献编号075644，春山等·奏报催令告假回籍修墓之侯爵施得霖作速归旗缘由，道光二十五年九月二十六日。

并一定要在期限内回旗。

旗员若未请假擅自离开北京，将会遭受一定处分。乾隆五十一年（1786）十一月十二日，镶白旗举人候补助教傅嵩安，前往浙江省归安县知县彦图处投拜。彦图接见傅嵩安时心生疑窦，他与傅嵩安虽属同旗但交情普通，不知傅嵩安为何忽然前来。彦图令典吏到傅嵩安船上盘问，赫然发现傅嵩安乃私自出京，彦图于是拘捕傅嵩安及其家人百授，并立即向上呈报。傅嵩安被浙江巡抚提讯时，声称因家贫困顿，欲向旧识山东聊城县知县王鸿借贷，故偷带家人百授出京拜访。由于王鸿已前往他处当官，未见到王鸿的傅嵩安决定改赴扬州，向其父过往长随马顺文求助，不料最后仍扑了个空。盘缠用尽的傅嵩安无计可施下，想起当年同旗考试认识的彦图正在附近当官，乃动身拜会彦图以期借到路费返京。① 清高宗得知此事后，认为傅嵩安很有可能在外惹是生非，命令相关官员严加彻查。② 此案后续牵连甚广，反映皇帝对这类事件的高度重视。③

---

①《宫中档乾隆朝奏折・第 62 辑》，页 473，《浙江巡抚觉罗琅玕・奏为拿获私自出京之旗员傅嵩安主仆缘由》，乾隆五十一年十二月初四日。

②《清高宗纯皇帝实录》，卷 1271，页 1135，乾隆五十一年十二月戊午条："据琅玕奏，拿获私自出京之旗员傅嵩安，及家人百绶，解送刑部审办一折，所奏是。傅嵩安身系旗人，因家贫，辄敢违例私自出京，希图向伊同年借贷，并找寻伊父旧日长随，望其资助，殊属可恶，恐此外尚有招摇生事情节，着琅玕，派员小心解送。至傅嵩安，先赴山东聊城县知县王鸿任所，因王鸿升任东平州，未及会面，前赴扬州，寻伊父旧日长随。沿途逗留，已非一日，东省地方官，及两淮盐政、扬州府，岂竟毫无闻见？何以并不查拿，均有失察之咎。着传谕李世杰、闵鹗元、明兴，一并查明，据实参奏。"

③ 许多官员因此案被"交部议处"，详可参见《宫中档乾隆朝奏折・第 63 辑》，页 431－432，《征瑞・奏为准咨查明旗员傅嵩安私自出京赴扬州找寻伊父旧日长随事并参奏失职之运司仓圣裔等员事》，乾隆五十二年二月二十三日、《宫中档乾隆朝奏折・第 63 辑》，页 569－570，《李世杰、闵鹗元・奏为旗人傅嵩安违例私自出京沿途失察各职名恒豫孔继榦赵增等请旨交部议处》，乾隆五十二年三月初九日。

旗员在回旗制度下，任务结束后势必得返回北京，但官员若在任内私自返京亦不被允许。康熙三十一年五月间，江宁驻防佐领昂琦未告假擅自京控，导致昂琦被“革职拿送江宁”，“着该将军会同总督，审拟具奏”。[①] 道光七年（1827）正月间，浙江省署横浦场盐大使金世旺，忽然带领家人返京，金世旺之父五达色问说为何来京，以及“有无该省上宪咨文”，金世旺均含糊其词，似乎患有疾病。五达色最终发现金世旺竟是“率行来京”，迅速向上呈报不敢隐瞒。[②] 五达色或许已知其子违反规定，才主动向官方揭发此事。根据上述一系列讨论，可以发现官方对旗员的人身掌控非常严格。

三、 当差、闲散旗人的逃旗与脱籍

除了地位较高的旗员深受人身自由限制外，皇帝对一般当差与身无职务的“闲散”旗人亦持相同态度。[③] 透过雍正年间正黄旗汉军副都统李林森的上奏，即可略知一二：

> 臣窃思广东、福建两省驻防兵丁，俱系三藩旧属，蒙圣主不杀之恩，仍赏给钱粮，在彼处披甲防守。凡有病故，及革退者，除有弟男子侄现披甲外，俱照别省定例，差官护送来京。归旗之后，更着伊佐领安插，令其得所。皇上之弘

---

① 《清代起居注册·康熙朝（台北版）·第3册》，页1454，康熙三十一年五月二十四日条。

② 《军机处档·月折包》，文献编号054539，管理正白旗汉军都统事绵恺·奏为浙江龙头场盐大使金世旺私自回旗请交刑部审办由，道光七年正月二十三日。

③ 闲散旗人即无官职或未披甲者，满文称为“苏拉”(sula)。关于“苏拉”之意，详可参见〔清〕沈启亮，《大清全书》，卷7，页21b。

恩，同于天地，而此辈俱当仰体圣心，安居乐业，乃竟不知弘恩，私自逃回者，十有八九。①

福建、广东的驻防兵丁多属三藩旧部，他们依例回旗后反而远离了故乡。这种与一般旗人有别的特殊状况，导致许多人从北京私自逃回闽、粤两省，李林森之奏即希望解决该问题。根据引文中的“俱照别省定例，差官护送来京”，可知驻防旗人的归旗在当时已属常态。②

除了前述东南省份的特殊情形外，在京与其他八旗驻防亦常发生逃旗事件。乾隆三十六年（1771）十月二十八日，在潮州府附近的东关税口附近，一名有“旗人声音”并“形迹可疑”之人被官府查获。此人为山东青州驻防马甲隆宝，乾隆三十一年（1766）七月间因酒醉不敢进城在外逗留，三十三年（1768）正月间自行投回被枷责革退。三十五年（1770）二月间，隆宝又因积欠某位民人赌债怕被问罪，不得不再度离城，一路从台儿庄、扬州辗转抵达福建，沿途均倚赖卖字为生。乾隆五十四年（1789）十一月间，镶红旗汉军马甲祝致廊因缺钱无法生活，请病假私自出京向亲友求援，当他抵达淮安城守营参将郑敏处时，

---

① 《宫中档雍正朝奏折·第26辑》，页478，《正黄旗汉军副都统李林森·奏请查解归旗仍复逃回之壮丁之重防守折》，雍正年月日不详。

② 驻防兵丁病故后，除非家中有其他成员担任披甲，否则家属必须立刻返京。此外父、兄身故后，其子弟未必能直接补缺，详可参见《清代起居注册·康熙朝（北京版）·第20册》，页10193－10194，康熙二十五年七月初九日条：“又兵部题：‘西安等处，兵丁骸骨回京之时，其子弟有愿留彼处者，令其披甲留驻，愿回京者，令随骸骨进京。’上曰：‘驻防兵丁，关系最为紧要。岁月既久，恐致疏懈，必选娴于骑射骁勇之人，方可披甲。见在兵丁内，有庸弱不娴于骑射者，革退另补，不得虚充兵数。着严饬该管将军等知之。’”由此可见清政府为了维持驻防武力，对于披甲的挑选相当严格。

由于没有路引被郑敏解县审讯。[①] 嘉庆二十年（1815）十月间，正黄旗汉军儆勒布（olbo，汉军中的抬鹿角兵）孟喆斌因未选上马甲，心中愧忿不平，竟于二十一年（1816）二月间擅自离京，最后在徐州沛县处被汛兵盘获。[②] 总之无论在京还是驻防八旗，[③] 逃旗之案可说是时有所闻，相关动机则难以一概而论。

无论旗人基于何种因素选择私逃，终究得面对官方不会等闲视之的共同结果。毕竟这些私自在外的旗人实属脱离官方掌控，此景自然不为清政府所乐见。在稳定旗籍的考虑下，清政府不仅严格掌控何人得以入旗，亦不允许旗人随意脱离旗籍。此举令旗人身份某方面来说成为一种约束，以下列举的几起案例或能提供更多说明。

雍正十三年正月十五日，有一名叫刘献祥之人，声称奉主之命至永绥营副将张鹤处投帖请安。在张鹤的询问下，刘献祥说明其主为原任江西巡抚佟国勷之弟佟国忠，在四川平茶司杨土官家入赘多年。张鹤心想佟国忠既为旗人，理应无法入赘土司，顿时觉得事有蹊跷，遂将刘献祥连同名帖移送永绥同知梁璨审理。经过梁璨的进一步讯问，得知入赘杨家的佟国忠现年六十岁，“身中、面麻、微须，系正蓝旗人”，居于平茶司客寨已二十余载。今年正月初八日，佟国忠因与张鹤之侄素有交情，差遣刘献祥前

① 《军机处档·月折包》，文献编号 042655，漕运总督管干珍·奏闻镶红旗汉军下马甲祝致廊来至淮署查无告假路引等由，乾隆五十四年十一月二十四日。

② 《军机处档·月折包》，文献编号 048069，百龄·奏闻审讯逃旗孟喆斌缘由，嘉庆二十一年闰六月十三日。

③ 关于驻防八旗地区的逃旗事件，亦可参见《军机处档·月折包》，文献编号 028845，直隶总督袁守侗·奏报拏获脱逃之驻防旗人萨哈欢，乾隆四十五年十一月十八日、《军机处档·月折包》，文献编号 030931，署理陕西巡抚毕沅·奏覆遵旨拿获凉州守城逃兵镶白旗马甲七龄缘由，乾隆四十六年闰五月初五日。

往张鹤处向其请安。清世宗接获奏报后，认为此案“必有不法之情”，要求官员“严审定拟”。①

佟国忠随后很快被捉拿到案，供称他身属正蓝旗汉军，从小生长于江南，自十六岁开始经营铜、绸缎、杉板等生意，遍游两江、湖广、云南、四川各地，康熙四十四年（1705）时入赘土司杨昌朗家，并未生育子女。一日在家人刘献祥预计赴永绥营前夕，佟国忠告知他有一位曾在云南当过千总的张姓“拈香弟兄”，目前似乎为该营副将，可写手本向其请安。刘献祥到达该处后，未打听清楚就向张鹤呈递名帖，但佟国忠先前所言的张副将，其实是张鹤之侄而非张鹤。佟国忠脱离旗籍多年，竟在此阴错阳差下被人发觉。② 佟国忠虽然没有严重违法犯纪行为，但其入赘土司等同逃旗，导致此案始终受到高度重视。

嘉庆二十一年（1816）间，河南省宁陵县捕役查获一位形迹可疑的游方僧，经追查后发现这位法号绪山的和尚原先竟是旗人。更令人惊讶的是，绪山承认曾入白莲教，并在嘉庆十八年（1813）随其父在京滋事。③ 由于此事关系重大，绪山随即被押往省城、刑部等处受审，事情真相也逐渐浮现。本名吉顺的绪山，原是正黄旗蒙古崇福佐领下人，自幼父母双亡，吉顺与其胞兄富顺皆随堂兄永柱一起生活。吉顺十四、十五岁时，某天出门

---

①《宫中档雍正朝奏折·第24辑》，页293－294，《湖广总督迈柱·奏报旗人佟国忠脱籍潜藏事》，雍正十三年三月二十四日。

② 本案详可参阅《宫中档雍正朝奏折·第24辑》，页436，《湖广总督迈柱·奏报脱旗潜逃之佟国忠已拿获并已批饬解部》，雍正十三年四月二十四日。皇帝朱批为：“必有缘由，使无故亦甚属可恶，应彻底严究者，不可疎纵。”、《宫中档雍正朝奏折·第24辑》，页730－731，《礼部右侍郎署理湖南巡抚印务钟保·奏为正蓝旗汉军佟国忠违法入赘土司家缘由》，雍正十三年五月二十五日。

③《军机处档·月折包》，文献编号047603，河南巡抚方受畴·奏报盘获游僧即逃旗人犯吉顺请解部审办事，嘉庆二十一年五月二十一日。

玩耍，遇见名叫广文的化缘僧人，吉顺向广文谎称被兄嫂责骂而出走，如今恰有出家之念，请求广文收他为徒。信以为真的广文便帮吉顺剃度与改名绪山，从此这对师徒四处游方化缘，先后前往山东、河南、安徽等地。嘉庆十八年间，广文圆寂于安徽省灵璧县的圣寿寺，绪山改拜圣寿寺僧人明道为师，多在寺内帮忙化缘。二十年正月间，绪山离开圣寿寺至别处化缘，二十一年四月间在宁陵县被捕役查获。面对衙门典吏再三讯问是否曾入教滋事，绪山始终矢口否认，但在典吏的严刑逼供下，绪山只能假意认罪以求自保。伴随诸多证人的传唤与深入调查，刑部最终接受绪山的说词，并提出下列判决："吉顺即绪山，应依另户旗人初次逃走被获者鞭一百例，鞭一百，勒令还俗，交旗领回，严加管束，无许复出滋事。"[①]

旗人除逃旗剃度出家外，亦有成为道士的类似案例。道光十三年（1833）三月初二日，直隶省青县巡役在兴济镇地方，盘获形迹可疑之道士舒义振，讯问后得知这位道士本名舒兴泰，现年三十六岁，为正蓝旗蒙古德东佐领下人。舒兴泰原在健锐营当差，道光六年时被选为骁骑校，六年后因病告退，随即前往陕西华山出家。直隶总督琦善认为曾属旗员的舒义振竟擅自出家改名，种种言行"甚为诡秘"，建议将其移送旗下查办，[②] 之后此案由于受到皇帝重视又转交刑部。舒兴泰在刑部受审时，进一步

① 刑部针对此案的审讯内容，详可参见《军机处档·月折包》，文献编号 047808，董诰·奏为遵旨审讯河南所盘获逃旗吉顺一名缘由先将供词附折奏闻，嘉庆年月日不详、《军机处档·月折包》，文献编号 049759，董诰·奏报审拟逃旗为僧吉顺情形，嘉庆二十一年十一月二十九日。

②《军机处档·月折包》，文献编号 063440，直隶总督琦善·奏为盘获道士舒义振经讯明系正蓝旗蒙古德东佐领下人尚无不法情由经委员解本旗查办由，道光十三年四月二十八日。

供称在十二年二月间患有吐血病症，曾向都统请两次假休养，随后一方面因担心病体虚弱无法骑射被参劾，另一方面亦打算外出就医，决定辞退骁骑校职务。舒兴泰未待兵部覆准就瞒着母、兄擅自离京，舒兴泰在寻访医生途中暗自许愿，“病如就愈即出家，参拜三山五岳，以十年为期”。舒兴泰沿途卖卜测字赚取旅费，遇见江湖医生即请治病。是年七月间，舒兴泰行经陕西华山时病愈，遂隐瞒旗人身份，至附近雷祖庙拜巩仁潮为师，改名舒义振出家还愿。是年十一月间，舒义振回京返家向母拜寿，并将出家之事告知家人，其兄托金泰亦告知舒义振已被销除旗籍，连同母亲极力劝其留下。舒义振则向家人说道：“业已出家，断无还俗之理，况经革职销档，正可任我云游”，婉拒了家人的好意。舒义振离京后继续四处参拜，十三年三月初二日行经青县兴济镇时，在药铺与人发生冲突，故被巡检拿获到案。①

由于刑部难以尽信舒义振之供词，此案再度转交陕西巡抚史谱协助调查。史谱奏称经实地调查与传唤相关人证，应可确认舒义振所言属实，但舒义振曾为旗员不便继续在外为道，建议令其还俗并交家人领回管束；至于巩仁潮虽无不法行为，擅收来历不明者为徒仍有疏失，应照不应为轻律，笞四十可以纳赎。② 刑部大致认可史谱的判决，仅指出舒义振既已销档，应交顺天府转饬宛平县编入民籍而非返家，此案最终在皇帝同意刑部见解下宣告结束。③

---

①《军机处档·月折包》，文献编号 063730，户部尚书管刑部事务·奏闻遵旨审讯已革骁骑校舒兴泰请交陕抚查讯由，道光十三年五月二十二日。

②《军机处档·月折包》，文献编号 064599，陕西巡抚史谱·奏为遵旨查明已革旗员私至华山出家拜师并无不法别情情形，道光十三年七月二十日。此折的朱批为：“刑部议奏。”

③《清宣宗成皇帝实录》，卷 237，页 554，道光十三年五月壬辰条。

综观前述三起案件，佟国忠、吉顺与舒义振三人被惩处的主因均属擅自脱离旗籍。[①] 或许对于皇帝而言，身为“国家根本”的旗人，既拥有优于民人的官方照料，自然不能将此身份任意卸除。职是之故，皇帝不准旗人擅自脱离旗籍，纵然自愿亦不被允许。值得注意的是，清政府并未完全禁止旗人转换身份，自乾隆年间开始实施的出旗政策即为明证，但该政策的设置初衷，应在于解决旗人生计问题，而非提供改籍的自由。[②] 整体而言，旗人的出旗如同民人成为正身旗人一般，决定权掌握于皇帝手中，而非个人的自由意志可以左右。

除了前述这类心甘情愿的逃旗案例外，有些旗人则是迫于生计压力，才被迫掩饰旗人身份。乾隆五十五年（1790）六月间，山东巡抚觉罗长麟命家人赴京购买仆妇数名。长麟因担心其中有来路不明之人，亲自逐一询问，竟发现这批仆妇中有两名旗人。其一为谎称宛平县民籍的赵氏，本属正红旗汉军，其二则是谎称大兴县民籍的佟氏，本属正红旗包衣管领。长麟对此大感诧异，不仅奏请将相关人等解送刑部，还强调自己“误买旗人，实难辞

---

① 值得补充的是，吉顺与舒义振两人可能亦犯非法出家之罪，只是官方对此不甚重视。一般人若想出家，依法须向官府领取度牒，乾隆年间的相关流程为：“其现在受戒僧人、全真道士，素守清规，具有保结者，均应颁给度牒。若经僧道等官之手，易滋需索扰累，应行令顺天府、奉天府、直省督抚，转饬该地方官，将各僧道年貌、籍贯，并焚修所在，缮造清册，取具互结，加具印结，申送该督、抚汇齐报部，照册给发度牒。”参见《钦定大清会典事例（光绪朝）》，卷 501，《礼部・方技・僧道》，页 11b。这些规范某方面来说常如同具文，清中叶以降官方对僧道人数的掌控已大不如前，造成许多未经登记的僧道游走各地，他们也常被视为社会问题之渊薮。相关讨论详可参见孔复礼（Philip Kuhn）著，陈兼等译，《叫魂：乾隆盛世的妖术大恐慌》（台北：时英出版社，2000），页 57－61、152－160。

② 出旗政策主要是为了减少旗人数量，以解决众多旗人无差可当的窘境。然该政策其实仅意图将汉军与阶级较低的旗人排除在外，八旗满洲、蒙古皆不在出旗之列，八旗从此亦成为带有浓厚满洲色彩的新集团。详可参见孙静，《乾隆朝八旗汉军身份变化述论》，页 59－64。

咎”，“应请交部查议”。① 透过长麟对此事的反应，推测旗人逃旗卖身为奴并非小事，故长麟立即上奏自请处分。旗人赵氏与佟氏违禁卖身的原因并不清楚，但根据其他案件可知旗人若被卖为奴仆，其背后或许存有诸多辛酸无奈，以下案件即为很好的例子。

乾隆二十九年（1764）间，镶蓝旗汉军马甲张义去世，其妻林氏则于乾隆三十五年间，改嫁民人屈二之家奴王玉，张义夫妻留下的一子一女从此相依为命。张义之子七十儿抚养妹妹三哥儿不易，遂于来年七月将三哥儿送至王玉处寄养。此时王玉与林氏已改投兵部笔帖式宁太家为奴，王玉担心其主不愿收留三哥儿，故将三哥儿送至熟识之媒人谢氏处，“托其寻觅与人童养为媳”。三哥儿随即被送往赵大家当童养媳，三十七年正月间因其不听管教又被送回。王玉、林氏与七十儿三人商议后，决定将被谎称为民女的三哥儿，卖给镶白旗满洲文举人燕图家为婢，所得身价银二十两，再由王玉、七十儿与代为说合的谢氏分用。

此事至此似乎暂告一个段落，没想到是年七月间，佐领向七十儿询问其妹下落，七十儿立即请母亲将三哥儿告假接出，供佐领验看后再送回燕图家。王玉得知此事后担心东窗事发，令林氏前往燕图家告知三哥儿实为旗人，希望将其赎身带回。燕图认为王玉等人可能使诈，直接将此案报官处理。② 此案要角三哥儿身

---

① 《军机处档·月折包》，文献编号 044683，山东巡抚觉罗长麟·奏为误买旗人恭折检举事，乾隆五十五年六月十八日。皇帝朱批为：“此何过，可宽也。”

② 《军机处档·月折包》，文献编号 018064，英廉·奏为镶白旗满洲讷清额佐领下文举人燕图家契买婢女一案请旨将该婢女之兄及该买卖之媒人等俱交与刑部审明定拟，乾隆三十七年八月三十日。此案爆发后，承审官员英廉认为“王玉明知三哥儿，系汉军正身之女，胆敢图利，卖银分肥，追后向燕图家明言之意，未必不欲白手讹出，另行嫁卖，又可辗转得银，情由深为可恶。”英廉推测王玉应不怀好意，意图利用三哥儿的旗人身份，威胁燕图无偿送回，再故技重施牟取暴利。

世坎坷，逃旗与否全非她能主导，由此或能理解这类案件的复杂性。由于旗人一旦成为奴仆，将隐入他人户口脱离原有旗籍，官方为避免此事发生，多严格要求旗员精准掌控旗下户口。[1]

旗人群体入关后虽然逐渐脱离领旗贝勒掌控，但他们之于国家仍有强烈的人身依附性。在清政府多方面政策的管制下，旗人上至官员下至闲散，均无法自由迁徙或脱离旗籍。有些论者认为驻防兵丁的归旗制度于乾隆二十一年废除后，部分旗人开始离散于中央，甚至有逐渐地方化的趋势。[2] 不过即使联系驻防八旗与京师关系的归旗制度宣告瓦解，国家严密监控旗人的举措并未减少，无论在京还是驻防八旗的逃旗者皆难逃制裁。随着旗人数量逐渐增多，不少旗人为了生计或其他理由擅自脱离八旗管束。嘉庆朝以前这类事件中的旗人受惩后，还会被发回旗下管束。道光朝以后，配合旗人刑罚制度与国家政策的转变，旗人若任意逃旗大多直接销除旗档。此举看似为一种严厉处分，但对于那些已不想在旗者而言，或许也是一种解脱。

---

① 三哥儿案中的八旗佐领，对揭发此案应具有一定效果，不过英廉仍认为“该旗参佐领、骁骑校、领催人等，于三哥儿卖出半载，毫无觉察，殊属不合，应俟刑部，将此案审明定拟后，分别议处办理。”此外关于旗人卖身的讨论，亦可参见赖惠敏，《从法律看清朝的旗籍政策》，页 47。

② 详可参见孙静，《“满洲”民族共同体形成历程》，页 155 - 165。

第五章
皇帝对旗人扰民事件的态度

通过前三章的讨论，应能对旗人在刑事、民事与行政规范上的特殊性有所了解。旗人的法律地位虽未与民人截然不同，但不可否认的是两者还是有别。身为“国家根本”的旗人，因是皇帝极为仰赖的武装力量，他们在法律制度中自然与众不同。不过此举纵然有助于皇帝统治帝国，亦蕴藏一种潜在危机。“旗民分治”政策有如双面刃，一方面能凝聚“征服者集团”为国所用，[①] 另一方面却无法掩盖旗人与民人身份不同的事实。清朝皇帝或许已将元朝视为前车之鉴，[②] 对维持帝国中各成员间的和谐始终不遗余力，不仅入关之初便疾呼“满汉一体”、“旗民一家”等口号，甚至常把握特殊时机强调自身政权的合法性。[③] 然而无论清政府如何积极展现一视同仁的态度，随着“旗民分治”政策的实施，

---

① 根据管东贵的推算，清朝入关前的人口约在七十五万到八十万间，详可参见管东贵，《入关前满族兵数与人口问题的探讨》，页 179－194。

② 萧启庆认为元朝覆亡的众多因素中，族群关系的恶化扮演关键角色。朱元璋起兵之初虽无族群意识，但在至正十八年已竖立“山河奄有中华地，日月重开大宋天”之旗帜，至正二十七年遣军北伐时，更是直接宣示“驱逐鞑虏，恢复中华”之目标。相关内容详可参见萧启庆，《内北国而外中国：元朝的族群政策与族群关系》，页 474－475。

③ 最著名的例子为清世宗借由审理“曾静案”，对外宣传满洲政权统治中国的合法性。详可参见冯尔康，《雍正传》，页 276－277。

旗、民间存有差异仍是不争的事实。[1]

对于清朝皇帝而言，如何在“满汉一体”与“旗民分治”间取得平衡确实颇费思量，他们在这方面亦做出不少努力。除了降低旗人在法律上的特权外，另一策略则是尽量将旗人与民人相隔离，[2] 减少旗、民互动以免发生冲突。然而即使清朝皇帝如此努力规划，现实终究是事与愿违。人数居于劣势的旗人一旦被投入广大汉地，很难不与民人发生互动，[3] 两者若发生冲突很可能触及旗、民法律地位有别的敏感神经。此外更严重的是，身属“征服者集团”的旗人在旗、民冲突中多是欺压者，此举容易助长民人对清政府的不满，进一步影响政权稳定性。总而言之，如何妥善处理旗人扰民冲突，并努力淡化旗、民在法律上的差异，无疑为皇帝的重要课题。

不同于前三章借由现代法学的分类方法，探讨旗人的法律特殊性，本章将具体分析清政府面对旗人扰民案件的态度与策略。“旗民分治”虽有利于政权稳定，但该政策若未妥善运作，不仅

① 欧立德认为所谓“满汉一家”并不存在，应属一种统治者刻意塑造之产物，详可参见 Mark C. Elliott, *The Manchu Way: The Eight Banners and Ethnic Identity in Late Imperial China*. (Stanford: Stanford University Press, 2001), pp. 214-216.

② 清朝定鼎北京之初，在城内强行实施旗、民分居制度。经顺治五年至六年间的大规模整顿，原本于内城居住的汉人，无论官民一律迁居外城，内城则为清朝皇室、八旗王公贵族和官兵聚居之处。详可参见刘小萌，《清代北京旗人社会》，页 54。京师外的驻防地区，亦采取旗、民隔离政策。早期驻防乃旗、民杂处，之后则是修筑满城以区别旗、民。从顺治初年到乾隆朝末叶，清政府依序建立二十个满城：太原、江宁、杭州、德州、广州、荆州、成都、开封、宁夏、青州、潼关、绥远、凉州、庄浪、惠远、惠宁、会宁、巩宁、孚远、广安，福州驻防仅划福州府城一块区域为驻地而未筑城。相关讨论详可参见马协弟，《清代满城考》，页 29-34。

③ 若以北京城为例，刘小萌认为内城与外城虽然隔离，两者却未完全隔绝，旗、民杂居的情形反而越来越明显。详可参见刘小萌，《清代北京旗人社会中的民人》，页 93-107。

可能造成许多汉民的反感，也易导致旗人在国家保护下日益腐化，这些现象势必为清朝皇帝所不乐见。官方对旗人法律地位的规划，已经可说是别出心裁，并非没有留意旗、民矛盾的问题，但现实中的旗、民互动或许才是一大严峻考验。透过大量档案不难发现，旗、民平日时常交流互动，其中虽不乏族群融洽相处之正面情形，却也存在不少冲突事件。本章将以这些旗人扰民案件为中心，一探清政府对这类问题的处理过程及其意义。

第一节　八旗军队扰民事件及其相关处理

一、清初八旗军队扰民事件

顺治元年（1644）清朝甫入关之际，有鉴于整体局势尚未安定，主要采取恩威并重的统治策略。清政府这次入关显然已有长居中原的决心，[①] 不如过往掠夺资源后即返回东北。[②] 多尔衮入京之初为安定民心，曾迅速作出以下宣示：

---

① 满洲政权决定长期居于关内的重要象征，即将根据地从盛京迁往北京。清世祖自顺治元年八月二十日从盛京启程，于九月十九日抵达北京。参见《清世祖章皇帝实录》，卷7，页81，顺治元年八月乙亥条："上自盛京迁都燕京，是日，车驾启行。"、《清世祖章皇帝实录》，卷8，页87，顺治元年九月甲辰条："未刻，上自正阳门入宫。"

② 详可参见李光涛，《清入关前之真象》，《中央研究院历史语言研究所集刊》，12（台北，1947. 04），页129－171。多尔衮的相关言论亦值得注意，例如《清初内国史院满文档案译编・中》，页7，顺治元年四月二十三日条："我等此次进兵，与前三次伐明不同。此次不杀无辜，惟恃天恩图大业，招降民人，以定国家。……勿犯民人财物，勿杀闲人，不拿俘兵，不抢衣物，不毁卢舍，不掠器皿。"、《清初内国史院满文档案译编・中》，页9，顺治元年四月二十五日条："我军此次进兵，非为杀人掠财，而特为肇基立业，拯民救国而来。"

予至此四月以来，无日不与诸臣竭尽心力，以图国治民安。但寇贼倡乱之后，众心惊惧，六月间流言蜂起，随经颁示晓谕，民心乃宁。向传有八月屠民之语，今八月已终，毫未惊扰，则流言之不足信也，明矣。今闻讹传，九月内圣驾至京，东兵俱来，放抢三日，尽杀老壮，止存孩赤等语。民乃国之本，尔等兵民老幼，既已诚心归服，复以何罪而戮之？……且予不忍山陕百姓，受贼残害，既已发兵进剿，犹恨不能速行平定，救民水火之中，岂有不爱京城军民，而反行杀戮之理耶？此皆众所目击之事，余复何言。①

多尔衮强调清军乃救民于水火的正义之师，不可能在京师烧杀掳掠，这些无稽谣言应来自有心人的操弄。清政府为避免屠民传闻造成民心骚动，不但主动声明以正视听，甚至下令捉拿“散布流言之人”。② 然而这些举措似乎难以终结民间的流言蜚语，顺治六年（1649）正月间清政府再度澄清：

孰意迩年以来，多有不轨之徒，捏作洗民讹言，煽惑愚众，以致无知之民，轻信惶惑，逃散作乱者，往往有之。夫君民一体，上下交孚，则治臻上理，若愚民疑心未释，天下何时太平？……自元年以来，洗民谣言，无时不有，今将六年矣，无故而屠戮者为谁？民肯从此回想，疑心必然

① 《清世祖章皇帝实录》，卷 8，页 83－84，顺治元年九月丁亥条。
② 《清世祖章皇帝实录》，卷 8，页 84，顺治元年九月丁亥条：“仍谕各部严缉奸细，及煽惑百姓者，傥有散布流言之人，知即出首，以便从重治罪。若见闻不首者，与散布流言之人，一体治罪。”

冰释。[①]

上述这番言论可见清世祖之无奈，亦反映这类屠民传言的时有所闻。

清政府深知自己无法完全凭借优势武力统一中国，故除了在入关初期延续关外时期的“招降纳叛”政策外，[②] 还努力形塑“救民涂炭”的正面形象，[③] 在此背景下确实难以想象当时官兵会大规模屠民。[④] 然而这类流言在清初为何不断甚嚣尘上，亦相当耐人寻味。官方多将该问题归因于有心人的刻意操纵，但问题似乎不是如此单纯。首先清政府纵使努力宣传自身正义形象，仍无法掩盖其属于非汉民族的事实，由于汉人对“异族入侵”总心怀恐惧，屠民流言想必格外具有渲染力。此外一些八旗兵丁来到汉地后，并未完全听从国家善待百姓之令，骚扰汉民的行为依然时有所闻，导致官方刻意强化的“救民于水火”形象大打折扣，

---

① 《清世祖章皇帝实录》，卷 42，页 336，顺治六年正月戊辰条。

② 孟森，《清史讲义》（北京：中华书局，2008），页 128：“自今以前，武力劲矣，招降纳叛之道得矣，惟要结关内之人心，殊未留意。所留意者在钞掠，自不能恤人疾苦。自今乃以救民水火为言，多尔衮深纳之，此为王业之第一步。”

③ 清世祖在继位诏书中表示：“迨朕嗣服，虽在冲龄，缔念绍庭，永绥厥位。顷缘贼氛洊炽，极祸明朝，是用托重亲贤，救民涂炭，乃方驰金鼓，旋奏澄清，既解倒悬，非富天下，而王公列辟、文武群臣，暨军民耆老，合词劝进，恳切再三，乃于今年十月初一日，祇告天地宗庙社稷，即皇帝位……”其中虽有美化清朝入关之意图，仍可看出皇帝以苍生为念的公开论述。参见《明清档案》，卷册 A002-012，《顺治帝登极诏书》，顺治十年十月初十日。

④ 若以“扬州十日”为例，论者多以清人王秀楚的《扬州十日记》为讨论重点，但除此史料外似乎没有其他旁证。金宝森指出根据扬州并非主战场、扬州府城当时的人口估算、清军投入的兵力、清初江南对满语的辨识与翻译等情况，认为《扬州十日记》不能尽信。此书被后人大量引用，应与这方面史料相对缺乏，以及清末革命分子的宣传有关。详可参见金宝森，《扬州十日记证讹》，《满族研究》，1989：4（沈阳，1989. 10），页 19-30。

进而造成屠民流言的广泛传播。

清朝入关后花了多年时间，才将流寇与南明势力消灭一统天下，这段长期用兵各地的战时岁月，八旗军队常处于行军与待命状态。官方基于稳定民心的考虑，多次强调“用兵以安民为主”，军队渡江必“秋毫无犯”，[①] 严格要求领兵将领妥善约束官兵，[②]“凡系归顺军民，不得肆行抢掠，务体朕以仁义定天下之意”[③]，“民间之物，毋许秋毫侵犯，不时遣官稽察，如有抢夺害民者，实时察出，治以重罪，该管者连坐”。[④] 然清政府的这些努力不可能完全发挥功效，[⑤] 透过现存数据可知八旗兵丁扰害民间的案例仍层出不穷。

清初八旗兵丁的扰民行为，以掠夺百姓财物最为常见。例如顺治三年（1646）十一月间，汉民海色举报自家马匹，被宗室巴金都旗下护军校齐音偷窃隐匿。[⑥] 顺治八年（1651）十二月间，有汉民向正黄旗固山额真与理藩院诉称，家中三堆草被在村落附

---

① 《清世祖章皇帝实录》，卷 17，页 151，顺治二年六月辛酉条。

② 《清世祖章皇帝实录》，卷 19，页 167，顺治二年七月壬子条：“赐招抚南方内院大学士洪承畴敕曰：‘……凡满洲大兵，直省官兵，各有统领，卿宜会同固山额真叶臣，及督抚镇等官，调遣约束，其有不法扰民，在各旗旗下者，即移文咨会，依法处治，毋使困民……’”

③ 《清世祖章皇帝实录》，卷 24，页 208，顺治三年二月丙午条。

④ 《清世祖章皇帝实录》，卷 44，页 350，顺治六年五月壬申条。该令执行细节为：“今后行军，不论多寡，其领兵主将，可严饬将士等，粮豆草束，悉照部定之数支用，不得分外多取。其锅、席、铡刀、马槽等物，须委干员，亲自看验，酌量取用。牧马完日，令各旗章京亲验，照数发还。”

⑤ 透过当时传教士的观察，清政府在这方面确实相当积极，参见帕莱福（Juan de Palafox y Mendoza）等著，何高济等译，《鞑靼征服中国史·鞑靼中国史·鞑靼战纪》，页 173：“可以肯定的是，犯下抢劫杀人罪的士兵都受到严惩，如果各地的盗贼都受到这样的惩罚，那么天下将会很快无贼。”

⑥ 《清初内国史院满文档案译编·中》，页 325－326，顺治三年十一月初二日条。

近扎营的兵丁夺去喂马，经查此事为镶白旗前锋侍卫依玛喇所为。[①] 除了掠夺财物外，旗人亦会捉拿民人收为已有。顺治二年（1645）六月间，陕西总督标下都司张国贤呈诉其妻妾、女儿在战乱中走失，经明查暗访后最终在镶黄旗寻获妻妾，在镶白旗找到女儿。张国贤恳请皇帝议定赎身价，让他们一家人得以团聚。[②] 陕西省高陵县生员乡民陈嘉章等人也遭遇类似事件，他们想赎回落入镶红等旗的妻女时却被索取高价，故亦恳求皇帝确立赎价以“保全骨肉”。[③] 许多民人在战乱中与家人走失并被旗人俘虏，造成许多家庭破碎的悲剧。[④] 上述旗人抢夺民人及其资产的行为已令人难以接受，有些更为恶劣的旗人甚至会伤害民人。顺治元年五月间，正黄旗尼雅翰牛录下三人欲杀民家之犬，该犬之主出面阻止却中箭受伤，[⑤] 当时除这类伤害人身案件外，亦曾发生旗人奸淫民女之恶行。[⑥]

清政府为了笼络民心，屡屡严禁八旗兵丁骚扰民人，信誓旦旦一切以安民为上。面对这些不听管教的旗人兵丁，清政府多会积极处理避免事端扩大。顺治二年九月间，三十名泗州县汉民呈诉村中共有四十头驴子被兵丁抢走，各旗固山额真得知此事后，

---

① 《清初内国史院满文档案译编·下》，页 255－256，顺治八年十二月二十九日条。

② 《明清内阁大库档案》，登录号 185042－040，陕西总督标下都司张国贤·都司奏为臣家误堕军中叩天允赎事，顺治二年六月十一日。

③ 《明清内阁大库档案》，登录号 185042－072，陕西高陵县生员乡民等·奏臣民共迎王师事，顺治二年六月二十七日。

④ 河南道监察御史毛九华的观察亦为明证，参见《清世祖章皇帝实录》，卷 17，页 151，顺治二年六月辛酉条：“乞敕谕江南大兵，所过诸省，专以安民为主。其有前此被人劫掠隐匿者，地方官严查，俾妻还其夫，子归其父；无主者，责令亲戚领养，则仁恩广被，大化翔洽矣。”

⑤ 《清世祖章皇帝实录》，卷 5，页 58，顺治元年五月癸巳条。

⑥ 《清世祖章皇帝实录》，卷 5，页 65，顺治元年六月乙酉条。

派遣诸章京前往军营搜查，最后在马尔楚、明安和安珠鲁三人处查获部分驴子。马尔楚等三人经讯问后坦承犯行，各罚鞭一百与贯耳鼻，梅勒章京明阿图因查禁怠惰，被罚以“土黑勒威勒”，甲喇章京西特库、恩特西巴图鲁，则各被罚鞭五十。[①] 顺治二年十一月间，镶黄旗多铎和牛录下巴尔海，因抢夺涿州三十里外汉民村庄的一头驴子而被求处斩刑，多铎和则因管教不严被问拟鞭八十得以折赎；此案最终结果为巴尔海罚鞭一百与贯耳鼻，多铎和改罚鞭五十得以折赎。[②] 顺治八年十二月间，三泰营附近有一老妇，因其家门及两头小猪被夺，跪请圣上主持公道。皇帝先给予老妇银七两，并令护军营、前锋营章京严加彻查，之后在旗人布达利之跟役孟健等人处找到遗失家门，并在内大臣索尼跟役巴勒哈孙处寻获小猪。这些跟役均被求处鞭一百，跟役之主亦因疏于管教，皆被拟罚“土黑勒威勒”。此案最后除了索尼被赦免外，其余一干人等皆依原拟之罪处罚。[③] 综观上述几起案件，可知清政府对旗人扰民恶行并未视而不见，不仅违法旗人难逃惩处，其长官通常也会连坐处分。

如果仔细观察上述不法旗人所受惩处，会发现刑罚内容相当多元，从死刑、贯耳鼻至各种数目鞭责不等，该情形实与清初的特殊局势有关。清朝入关初期因尚处于兵马倥偬，无法立即颁布完整法典。当时汉民主要仍依明律管理，旗人适用的规范则较丰富，除部分继受关外旧制外，有些则为临时宣布，[④] 例如多尔衮

---

① 《清初内国史院满文档案译编·中》，页 170，顺治二年九月二十二日。
② 《清初内国史院满文档案译编·中》，页 186，顺治二年十一月初四日条。
③ 《清初内国史院满文档案译编·下》，页 248 - 249，顺治八年十二月二十三日条。
④ 这方面的详细探讨，详可参见本书第二章第一节。

曾在顺治元年五月间表示："凡强取民间一切细物者，鞭八十贯耳"。[1] 不过随着顺治三年贯耳鼻刑的取消，以及顺治四年（1647）清律的颁布，旗人扰民的相关罚则逐渐转以清律为依据。顺治十一年（1654）十月间，镶白旗朱马喇固山下苏喇虾（sula hiya，闲散侍卫）郭拜等四名旗人，因欠债甚多无法偿还而"起意做贼"。他们先于本月初八日，在京师外蓟州大路上抢得马一匹，随后又犯下多起劫案。郭拜等人被捕后所受判决如下：

> 郭拜、大虎、胡十八、大汉，虽白昼抢夺而未伤人，合依白昼抢夺人财物律，大虎、胡十八、大汉，应鞭壹百，系满人免徒，其郭拜系状达之职，应交兵部议处，□有银马等物，各给原主。[2]

郭拜等人主要依清律《白昼抢夺》条定罪，[3] 惟当时旗人可以免除徒、流之刑。由此可知官方处理旗人扰民案件，不再完全根据临时性军令，有时亦会参考清律加以定夺。

根据现存盘案资料可知，清初八旗军队的扰民行为具有一定

---

① 《清世祖章皇帝实录》，卷 5，页 58，顺治元年五月癸巳条。

② 《明清内阁大库档案》，登录号 086762－001，刑部尚书任浚·题报镶白旗朱马喇固山交罗何尼牛录下苏喇虾郭拜兵丁火虎等肆人结伙抢马及银两，顺治十一年十月二十日。此案严格来说不算是单纯旗人扰民案件，因为郭拜等人亦掠夺旗人财物，但从中仍能得知不法旗人被依律处置。此外，由于郭拜身属状达（juwan i da，护军校），故须先送兵部议处，导致郭拜与其他人的处分可能不尽相同。

③ 王宏治等点校，《大清律集解附例》，卷 18，《刑律·贼盗·白昼抢夺》，页 308："凡白昼抢夺（人少而无凶器，抢夺也；人多而有凶器，强劫也）人财物者，（不计赃）杖一百、徒三年；计赃（并赃论）重者，加窃盗罪二等（罪止杖一百、流三千里）。伤人者，（首）斩（监候），为从，各减（为首）一等，并于右小臂膊上，刺'抢夺'二字。"

复杂性，这也连带影响清政府的处理方式。上述案例多属兵丁个人行为，官方多透过清律或是特别命令，将这些不法旗人绳之以法。除此之外，不能忽略有些情形实属八旗兵丁集体行为，无法仅以惩治少数旗人来解决，例如山西巡按御史刘嗣美曾上疏表示：

> 窃惟晋省自遭兵荒之后，千疮百孔，积弊丛生，不可胜述。臣每巡历所至，呕心吐血，多方咨询其害民者。……其一为满兵放马之害。太原设有住〔驻〕防满兵，各有应给粮地，每岁秋间，又有放马之例。民有晚田未经收完，被其践踏者；或经收获未及运归，被其食毁者。在百姓受害而不敢言，在有司明知而不能问，已有如陡生蝗，率兽啖肉之谣矣。然小民终岁勤苦，所恃以养家口而办国税者，田也。若纵马食毁，不为严禁，害将何止？臣请自今以后，每年拾月初壹日，方许放马，违者许有司解部治罪。在满兵，只稍迟放马之期，未尝有损；在百姓，得尽耕耨之利，可免其害矣。[①]

刘嗣美在该疏中强调自己到任后，已努力解决许多旗人扰民事件，但有些情形非一己之力可以处理，八旗兵丁放马之事即为一例。此举为官方政策失当而非兵丁个人过失，惟有皇帝颁布禁令才能彻底解决。[②] 由此可知若想彻底避免八旗兵丁扰害民间，从

---

① 《明清内阁大库档案》，登录号 038572－001，山西巡按御史刘嗣美・题为详陈满兵放马之害籴买草豆之累等民困事，顺治年月日不详。

② 清政府确实曾注意这类问题与颁布相关禁令，详可参见《清世祖章皇帝实录》，卷84，页 665，顺治十一年六月庚辰条："一、设兵原以卫民，近来各省兵丁，肆害无穷，或放马伤稼，斫伐桑枣，拆毁庐舍，甚至城市刦掠，公为大盗。各弁毫无约束，故纵分肥，大干法纪。该督抚申饬管兵官，务严纪律，毋得再蹈前辙。如有徇庇容隐，不行纠参，事发，一并究罪。"

中央到基层都有其专属责任。

综观清初八旗军队扰民事件，以掠夺生活资源最为常见，这与关外时期军队的作战习惯密切相关。关外时期的八旗兵丁因无固定粮饷，往往利用战争获得财富与资源，该情形直到他们入关后才为之一变。当清政府开始给予八旗兵丁固定粮饷，一方面既能加强八旗军队的国家化，另一方面亦有助于避免旗人扰民，对整体局势而言可说是影响深远。不过这种以国家全面照顾取代八旗兵丁自行劫掠物资的转变，终究无法一蹴可几，大量旗人反而在入关后的频繁征讨中陷入困顿。许多有识之士目睹此状，建议官方必须正视此问题，例如大理寺卿王尔禄于顺治十二年（1655）正月间表示：

> 窃照国家强盛，全赖满兵之精锐，无坚不摧，无敌不破，其为劳苦，百倍汉兵，更番发遣，往来跋涉，疲困道路，累岁无休。且南方汗湿，器甲易坏，马匹难养，尤可悯恤。平时每兵月银二两、米四斛，尚可支吾。每一出征，器械、衣甲、马匹，一一新购，所费不赀，设法购辨，势必借贷，无可抵偿。……不但不能自办出征之费，并不能自养一家人口，每见旗下仆人，衣弊形癯，无聊之状，不堪目睹。夫足兵必先足食，今虽不能于常支月粮之外，再议加增，但出征时之器械、马匹，俱出之官，或亦可少恤其苦。①

---

①《明清内阁大库档案》，登录号117514－001，大理寺卿王尔禄·大理寺为征兵倍宜加恤满兵不宜频遣由，顺治十二年正月日不详。强调八旗兵丁于南方作战辛苦的奏疏，亦可参见《明清档案》，卷册A021－143，《户科左给事中王廷谏·户科揭为俯抒下悃事》，顺治十二年正月二十四日："且南方湿气最重，久居必坏马匹，损器械，满兵所以苦耳。"

透过引文可知国家给予旗人的补助并不充足，导致旗人征战过程中常入不敷出。王尔禄虽未明言八旗兵丁因生活困顿而扰民，但根据清初许多抢夺汉民物资的相关案件，推测这两者间应具有一定关连。因此，若想全面杜绝旗人的扰民行为，除采取严缉不法旗人之法外，尽量让旗人衣食无缺或许也是一大关键。

如同本书第三章所述，国家为保障旗人生计，无论土地还是俸饷的提供均属完备，然清初部分臣工似乎认为官方应给予旗人更多资助。礼科副理事官陈洪柱曾指出“昔我祖宗，以一隅物力，养八旗而有余，今乃以四海供赋，八旗待养而不足”，相关财政问题实有必要彻底检讨。[①] 亦有官员指出“满洲之家，大半费于养马，盖披甲一名，必须之马多或柒、捌匹，少亦参、肆匹”，为减轻八旗兵丁的生活压力，“宜肆、伍、陆、柒月，攒群设官，拨兵于近边外水草茂盛处所牧养，秋尽回旗加料，马既腾骧，满兵亦可稍宽苦累”。[②] 顺治十二年三月间，钦差巡抚山东等处之耿焞则强调“治国必先庇其根本，今欲固封疆而资战守，绵宗社于万祀，实惟满兵是赖”，旗人如今虽有旗地保障生计，但适逢“连年水涝，颗粒无收”，建议官方应积极采取补救措施，“庶满人无衣食不足之忧，而根本自固矣”。[③] 上述各类建议之目的，不外乎期许国家正视八旗兵丁的生活困境，进一步给予旗人更多照顾。

清朝入关初期面临了崭新局势，如何在短时间内统治整个

---

① 《明清内阁大库档案》，登录号 117515－001，礼科副理事官陈洪柱·为陈言满兵困苦缘由，顺治十二年正月日不详。

② 《明清档案》，卷册 A022－017，《不详·揭陈军政养马等事》，顺治十二年正月日不详。

③ 《明清内阁大库档案》，登录号 006174－001，《户部尚书交（觉）罗郎丘·户部题为遵谕陈言事》，顺治十二年三月十五日。该题本的批红为“依议”。

中国乃当务之急。皇帝除借助八旗兵力扫荡四方外，亦深知争取人心的重要性，故特别严禁旗人扰民。官方不仅采取事先警告与事发严惩等方法，有时还尽量补助旗人的日常所需，避免他们因生计问题扰害民间。这些多管齐下的举措，恰能反映官方对此问题的高度重视。虽然八旗军队行军时的扰民行为不可能完全杜绝，[①] 但清政府针对这类事件防患于未然的努力仍不容小觑。

二、 盛清以降旗人出征、担任扈从的扰民事件

八旗军队入关初期不断南北征战，直到直省地区陆续底定后，旗人才逐渐告别终日戎马的军旅岁月。有别于清初八旗军队常与民人接触，盛清以降这类情形已大幅减少，八旗兵丁多因授命出征、担任扈从与前往驻地等事而有机会在外行军。不过纵然如此，皇帝对这些可能与民互动的八旗兵丁，始终抱持高度戒备态度，严格约束旗人的一举一动。

清朝国势大体而言至康熙年间已趋于稳定，但皇帝也未完全停下征服步伐。自康熙初年三藩之乱后，皇帝渐将目标从直省地

① 顺治十六年十月间，江南苏松巡按马腾升奏称："前因京口失守，特遣固山额真驻防镇江，诚虑之周也，而臣窃以为有不便者三。镇江之民，疮痍未复，传闻大军驻扎，惶惧窜徙，若果兵临，势必侵扰，民何能安处？"根据马腾升所言，百姓对八旗军队即将到来颇为惊恐，此奏或能反映纵然官方努力防范，大军过境仍有可能扰害民间。值得一提的是，马腾升的上述建议却被皇帝强力指责："马腾升身为巡方，远避他府，今乃借口为地方起见，妄行条奏，沽名市恩。且马腾升系何国之人，乃称满兵骄悍成习，是何意见，俱著作速明白回奏。"马腾升遭受皇帝训斥之原因，相当耐人寻味。上述内容详可参见《清世祖章皇帝实录》，卷 129，页 999，顺治十六年十月丁酉条。另关于马腾升被议罪之事，详可参见《清世祖章皇帝实录》，卷 132，页 1020，顺治十七年二月庚子条。

区转到西北边疆地区，这也使得八旗军队仍有机会受命出征。[①]每当大军出征之际，皇帝多再三叮咛八旗兵丁不可扰民。康熙十四年（1675）八月间，清圣祖对即将出征的镇安将军都统噶尔汉谕曰：

> 尔所率蒙古兵丁，马匹虽不甚肥健，今野多青草，师行必不致误。闻前往蒙古兵卒，沿途颇行扰掠，此行尔其加意严禁，毋得侵夺民物。凡行军驻营，俱令与满洲兵马相近，勿得远离。[②]

噶尔汉领旨后奏言："臣敬奉上命，当严行禁戢"，表示自己将不负使命。清圣祖不仅忧虑出征的八旗兵丁侵夺民物，还担心百姓努力耕种的作物，被为数甚多的战马破坏殆尽。[③] 清圣祖深知百姓"粒粒皆辛苦"，故格外约束八旗兵丁放马伤谷之行为。例如康熙三十五年（1696）六月间，清圣祖亲征噶尔丹班师回朝时表示：

> 朕亲率大兵，进剿厄鲁特噶尔丹，克奏肤功而还。进独

---

① 清政府平定三藩之乱后，渐将军事重心从东南向西北地区转移，此举与漠西厄鲁特蒙古势力的崛起有关。由于噶尔丹汗联合俄国多次骚扰，清政府不得不用兵于西北。因此，驻防八旗设置的重心自康熙朝开始，乃从东南沿海移向长城沿线。详可参见定宜庄，《清代八旗驻防研究》，页 36 - 44。

②《清代起居注册·康熙朝（北京版）·第 4 册》，页 1566，康熙十四年八月十四日条。

③ 详可参见《明清内阁大库档案》，登录号 059717 - 001，湖广湖南布政使安世鼎·启请再谕旗丁马匹不许踏苗，康熙十七年四月二十日："且系朝廷战马，谁敢阻挡？日则□心看守，夜则实难防御。……切思最苦者，莫若农夫，蚁等更苦，昼夜沿田看护，焦头烂额，分身难支。"

> 石口，见今岁麦禾，尽皆茂盛，朕心甚悦。现今大兵，陆续凯旋，民赖此田禾，为糊口之计，若行践踏，偷放牲口，则民间生计，何所依赖？自独石口至怀来，交与侍郎多奇，自怀来至京，交侍郎马尔汉，着带领地方官员，及伊等所带部员，并随朕部院衙门等官，沿途巡察，如有践踏田禾，偷放马匹牲口者，务期拿获，即行题参。有践踏田禾，偷放马匹，既经拿获，不行题参者，朕若闻之，必依军法从事，决不姑贷。①

清圣祖因担心八旗兵丁破坏作物影响百姓生计，令随行官员严加控管查缉，避免发生旗人扰民之举。②

领兵将领在皇帝训勉下，多会认真约束麾下的八旗兵丁，担负起严格督导之责。例如雍正七年八月间，都统鄂善率领满兵五百名抵达山西，“因晋省旧有晋寺一所，地宇宽大，加之修理，以为兵丁居住之所”。鄂善平时管理甚严，“除派守城门兵丁之外，每日止许每旗二人，往市采买食物，其余兵丁，俱令在营操演，不许擅出寺口，以致生事”。③ 雍正十一年（1733）间，都统哈达哈等率领八旗兵丁驻扎大同，总兵李如柏与哈达哈因担心发生事端，决议共同派兵于城内巡街维护秩序，并约定“如有营兵与营兵斗殴，则拿赴臣衙门，按法重处；如兵与百姓斗殴，则

---

① 《清代起居注册·康熙朝（台北版）·第 8 册》，页 4316－4318，康熙三十五年六月初五日条。

② 这类禁令亦可参见《清代起居注册·康熙朝（北京版）·第 4 册》，页 1554，康熙十四年八月初二日条：“次召统兵镇守山东副都统额黑纳，谕曰：‘今当收获未完之时，尔等宜严禁官兵，勿令践踏田禾，骚扰百姓。’”

③ 《宫中档雍正朝奏折·第 16 辑》，页 646－647，《翰林院侍读管理山西巡察事务励宗万·奏报派员管束驻晋满兵折》，雍正八年六月十三日。

送有司审理；如营兵与旗兵斗殴，旗兵则送旗员讯究，营兵臣则法治”。① 根据上述例子可知，将领一到驻地即着手安排各项事宜，尽力约束八旗兵丁的行为举止。

八旗兵丁虽被严格管制，但扰民事件仍时有所闻，当这类事件发生后，清政府多会积极处理。康熙三十三年（1694）十月间，兵部将显威将军郎坦下不遵法纪之披甲人议罪具题，清圣祖对此表示：

> 朕意此事，甚宜从严，且颁给将军等敕书内，首言勿得累民，凡行兵若无纪律，断不能成事。观前在南方用兵，若不扰民者，皆克成功，凡扰民之兵，无一能成功者。《易经》曰：“师出以律”，民岂可扰害乎？②

清圣祖将这些不守法纪的八旗兵丁严加处置，多少具有杀鸡儆猴之效。雍正八年（1730）五月间，山西地区原由都统鄂善管理之八旗兵丁，转交山西巡抚觉罗石麟后却“不能照前安静”，“有聚饮酣醉，恃众殴打民人者；有醉后白昼入民家，调戏妇女者；有看守城楼，携带爆竹，向行过妇女身边掷放，以为戏笑者”。是年八月初二日，又有二十余匹旗人之马，在东门外损害民田，隔

---

①《宫中档雍正朝奏折·第21辑》，页199，《暂署山西大同总兵官印务署太原镇事直隶宣化副将充总兵官李如柏·奏报有镶蓝旗旗兵苦独力张狗儿三儿与臣标中营马兵王镇海口角张狗儿用刀扎伤镇海事》，雍正十一年三月初三日。由于该折为李如柏所奏，引文中的“臣”当指李如柏，“营兵”推测为李如柏之镇标。

②《清代起居注册·康熙朝（台北版）·第6册》，页2918－2919，康熙三十三年十月二十一日条。引文中所言“颁给将军等敕书内，首言勿得累民”，相关实例详可参见《明清内阁大库档案》，登录号104988－001，《四川成都副都统永宁坐名敕书》，乾隆九年八月二十二日。

天当地百姓百余人，遂前往觉罗石麟处抗议。管理山西巡察事务的励宗万目睹此情，指出问题症结为平时政务繁忙的巡抚无暇亲巡军营，旗营章京亦未恪守职责，眼下应“特差武职大臣一员，前来晋地，专司弹压”。① 自此事爆发后，皇帝决定派遣护军统领宗室哈尔吉前往太原府，一来主持当地八旗驻军撤退事宜，二来连同山西巡抚觉罗石麟，协力将违法犯纪者“重加惩治”。②

觉罗石麟与宗室哈尔吉二人接到此令后，立即着手展开调查，除再次惩处曾与民人口角、斗殴之关保住等八人外，另向皇帝报告一起案件。正蓝旗满洲傅齐保佐领下的傅海，因在街上被狗追咬，不得不持砖反击，此时忽有一妇出门责骂，双方发生激烈口角。若仔细分析该事原委，可知傅海实属情有可原，但石麟认为“傅海身为兵丁，驻防地方，不思守分，乃与妇人角口相骂，情甚可恶”，故将傅海“重责枷号，于太原府南门内示众”。③ 傅海因此小过遭受严惩，或与当时特殊氛围有关。④ 皇帝为求尽速弭平八旗军队造成的民怨，自然会对扰乱秩序者严刑以待。根据傅海扰民案，亦能理解清政府对八旗兵丁出征在外的表现，常持有高标准要求。

---

①《宫中档雍正朝奏折·第16辑》，页646－647，《翰林院侍读管理山西巡察事务励宗万·奏报派员管束驻晋满兵折》，雍正八年六月十三日。

②《清世宗宪皇帝实录》，卷95，页277，雍正八年六月己未条。皇帝在上谕中曾表示：“将生事不法之兵丁，一一查出，重加惩治，即于太原府通衢，枷号示众。”根据下述傅海一案，该处罚方式确有执行。

③《宫中档雍正朝奏折·第18辑》，页530－531，《山西巡抚觉罗石麟·奏报太原驻札满兵不遵法令肆行游玩骚扰百姓折》，雍正九年七月初七日。傅海被枷号近一年，直到该折才奉旨获释返京。

④ 傅海自山西遣回后，失去了骁骑校资格，转任较为低阶的步甲，参见“起居注册·雍正朝”，雍正九年九月条：“又正蓝旗满洲都统奏，驻札山西太原府骁骑校富海，擅入民人院内，与妇人角口一案，已经枷责，解回来京，请旨定夺一折，奉谕旨：‘富海着惩治，令其当步甲行走。’”

八旗军队是否发生扰民事件，实与将领的管教密切相关，这也使得督导不周的将领几乎都难逃处分。康熙二十九年（1690）十二月间，户部奏称由于已给予被都统宗室苏努等人所领兵丁践踏田禾之主补偿银两，[①] “应将此三路官员，免于察议”，清圣祖对此则有不同看法：

> 苏努、彭春、海兰等出兵时，朕再三面加训谕，将兵丁严禁，勿践踏民田。苏努等亦言，臣等亲身尾后督行，断不至践踏田禾，一力担任。今将田禾践踏，议为无罪，殊属不合，着再严议具奏。[②]

清圣祖认为苏努等人，既曾承诺尽心防范旗人行军时伤害民间作物，就应确实承担责任，故令臣工再行严议具奏。雍正三年（1725）四月间，奉命前往阿尔泰的八旗军队，被直隶总督利瓦伊钧密奏沿途骚扰地方，许多兵丁违禁向民人征收草束未果竟直接强抢，带队将军木克登知情后，毫不约束甚至袒护麾下兵丁。当富伦布等不法兵丁被拿获，木克登竟对知州梁永佑等民官怒言“擅拿伊人”，并胁迫管草老人李国正修改证词，将“抢草参千余斤”改为“买草被拿”，再强令他“甘结而去”。木克登未严格管

---

① 官方对遭旗人扰害者的赔偿实情，或可参见雍正七年的马兵李天植扰民案。李天植被要求“至少给民人价值银钱，夺取牛、羊等项，着照原数，一倍作十倍，速行催追，给还民人”，“倘犯人力不能完，着落领兵官员等，速行赔还”。详可参见《明清档案》，卷册 A093－023，《正蓝旗汉军都统永兴·正蓝旗汉军都统为马兵毋老侄幼请准退差终养由》，乾隆五年三月十七日。

②《清代起居注册·康熙朝（台北版）·第 1 册》，页 556－557，康熙二十九年十二月十三日条。

教八旗兵丁与包庇护短，势必难逃遭受惩处的命运。[①]

为减少民间被八旗军队骚扰之情形，清政府亦试图透过制定新例约束旗人，康熙十八年（1679）颁布的条例即为一例，日后相关演变可参见表5-1-1。

表5-1-1　《兵律·军政·纵军虏掠》中与旗人相关条例之演变

年　份	条例修订内容	备　注
康熙二十七年（1688）	凡领兵诸王、将军，借通贼为名，将良民庐舍烧毁、掳掠子女、抢夺财物者，将领兵将军、参赞大臣、夸兰大等，俱革职；系诸王、贝勒等，交宗人府，从重治罪。如有兵主纵令掳掠良民，应将参领以下官员，免议。若分兵所往之处，私自抢劫良民者，将统领、头目、领两翼官员、领旗官员，亦革职。至官兵私自一二零星，烧毁良民卢舍、带回子女、抢掳财物者，系官，革职；系护军、领催、甲兵，鞭责一百；系苦独力，正法。若苦独力之主知情者，革职，不知者，降二级，系闲散人等，鞭责一百，所管参领、苏喇章京、护军校、骁骑校，各降四级，夸兰大，各降二级，及掳掠男女人口仍追出，还给本家完聚。如有此项之事，该督抚隐匿不行具题，或被害之人控告，或系科官题参者，该督抚俱行革职。	此例最先出现于康熙十八年，但起初仅为则例，并未正式入律。例文中夸兰大（kūwaran i da）为营总、营长，苦独力（kutule）为旗人出征扈从奴仆，苏喇章京（sula janggin）为王府下散骑郎。
雍正三年（1725）	凡领兵王、贝勒、将军，借通贼为名，烧毁良民庐舍、抢掠子女财物者，领兵将军、参赞大臣，及夸兰大等，俱革职；系王、贝勒，交宗人府，从重治罪，参领以下官，免	此例为康熙二十七年例修改而成。

① 《宫中档雍正朝奏折·第4辑》，页375，《直隶总督利瓦伊钧·奏报前往阿尔泰驻防兵丁搔扰路过之地方情形》，雍正三年五月二十二日。该折朱批为“此奏甚属可嘉，该部严察议奏”。

续 表

年 份	条例修订内容	备 注
	议。若分兵征进，有犯前项罪名者，统兵将领，及分管两翼官，并管领旗分官，俱革职。至于官员、兵丁一二人，私自焚掠者，系官，革职；系护军、领催、兵丁，鞭一百；系厮役，正法。若厮役之主知情者，鞭一百，系官革职，不知情，降二级，所管参领以下官员，各降四级，夸兰大，降二级，其抢掠携带男妇人口，仍追出给还完聚。若该督抚隐匿不行题参，别经发觉者，该督抚俱行革职。	
乾隆五年（1740）	凡领兵王、贝勒、将军，借通贼为名，烧毁良民庐舍、抢掠子女财物者，领兵将军、参赞大臣，及营总等，俱交部议处，系王、贝勒，交宗人府，从重治罪，参领以下官，免议。若分兵征进，有犯前项罪名者，统兵将领，及分管两翼官，并管领旗分官，俱交部议处。至于官员、兵丁一二人，私自焚掠者，系官，交部议处；系护军、领催、兵丁，鞭一百；系厮役，正法。若厮役之主知情者，鞭一百；系官交部，分别议处，所管参领以下官员及营总，均交部议处，其抢掠携带男妇人口，仍追出给还完聚。若该督抚隐匿，不行题参，别经发觉者，该督抚一并议处。	例内“革职降调”等内容，因类似《吏部处分则例》，故改为“交部议处”。

数据源：

《清圣祖仁皇帝实录》、《钦定大清会典事例（光绪朝）》、《大清律例按语》、《读例存疑重刊本》

八旗军队除授命出征时会行军在外，另一常见情形则是担任扈从。清朝皇帝平时虽在北京处理政务，离京出巡亦不少见，根据地区可简单分为北巡与南巡。[①] 由于皇帝离京非同小可，这些出巡活动免不了劳师动众。在皇帝身边的各种扈从中，八旗军队主要肩负保安工作，维护皇帝的出巡顺利进行。

皇帝出巡时常向随行八旗兵丁耳提面命不许扰民。例如康熙二十年（1681）八月间，清圣祖命一等侍卫温达传谕："行幸所在扈从人众，夺取民物者甚多。朕出游幸，如此累民，可乎？今若有夺取民物一毫者，得获定行从重治罪，决不饶恕。随从各官人等，遍行传知"。[②] 康熙二十二年（1683）七月间，清圣祖亦向护军统领等谕曰："谷者，生民之命，一岁不登，则一岁乏食。今正秋收之时，田谷未获，向恐擅放马匹蹂践禾苗，屡降明谕传饬。乃今观随从人等，尚有不遵法令，蹂践民田者，尔等其各严缉奏闻，从重治罪。"[③] 是年九月间，清圣祖驻跸刘家中王地方时，再度传谕扈从官员："凡经过地方，不许随从人等，借名市物，扰害小民，尔等宜严加察访，犯者并其本主，题参治罪。"[④]

---

① 清朝皇帝的北巡常到塞外，一来为了避暑，二来借机接见外藩各部领袖，三来举行狩猎与练兵合一的秋狝大典。康熙四十二年间，避暑山庄即热河行宫开始兴建，此处日后亦成为清朝另一个政治中心。详可参见庄吉发，《清初诸帝的北巡及其政治活动》，收录于庄吉发，《清史论集·1》，页 235－275。清朝皇帝的南巡也具有多重目的，除督导黄、淮河道等工程外，在收抚民心、笼络仕绅、整饬吏治与鼓励文学等方面多有贡献。详可参见陈捷先，《略论清帝南巡扬州及其功过》，《故宫学术季刊》，15：4（台北，1998 夏），页 11－32。关于清朝皇帝出巡的系统性研究，详可参见 Michael G. Chang，*A Court on Horseback*：*Imperial Touring and the Construction of Qing Rule*. （Cambridge，Mass.：Harvard University Asia Center：Distributed by Harvard University Press，2007）

②《清代起居注册·康熙朝（北京版）·第 11 册》，页 5161－5162，康熙二十年八月二十八日条。

③《清代起居注册·康熙朝（北京版）·第 15 册》，页 7028，康熙二十二年七月二十二日条。

④《清代起居注册·康熙朝（北京版）·第 15 册》，页 7266，康熙二十二年九月十三日条。

来年六月间，清圣祖巡行途中因目睹田禾茂长有感而发："小民赖谷以生，倘西成无收，必致冻馁，尔等宜严行约束，如人马践踏禾苗，定加重处。"① 除了抢夺民物或放马伤谷等事，清圣祖亦担心旗、民商业交易时发生纠纷：

> 前来时，乃旗、民杂处之地，人俱习熟买卖，自此以往，皆系民地，跟随人等，凡买一切对象，俱要从公市易。恐将民间物件，妄行抢夺，倘有抢夺妄行，事发之日，朕断不宽宥。将此交与管辖各官，书写告示，严加申饬，遍行晓谕。学士来都，率一、二章京尾其后，严行查察，如遇抢夺人等，即行参奏，如隐匿不行参奏，将伊等一并从重治罪。②

当巡行队伍即将深入民地，清圣祖对旗人扰民之担忧表露无遗，不忘事先叮咛并要求官员严加查缉。

皇帝出巡期间不仅严禁八旗兵丁抢夺民物，甚至要求地方官吏不可擅自提供物资。在嘉庆十四年（1809）至十八年（1813）期间，每当清仁宗巡幸热河，密云县工房书办金德清总会让前站披甲人等先行打点，除了"搭造锅台十三个，并预备水桶；每个锅台，拨给烧火夫一名、挑水夫二名"外，还送上米、肉等食物与牲口草料。金德清虽然未有结交内监等犯行，仍因"送给前站

---

① 《清代起居注册·康熙朝（北京版）·第16册》，页8052－8053，康熙二十三年六月初八日条。

② 《清代起居注册·康熙朝（台北版）·第17册》，页9224－9225，康熙四十一年二月十六日条。

披甲米肉麸草等物，殊属不合”遭受处分。[①] 清政府之所以禁止地方上擅自提供八旗兵丁物资，一来可能是担心地方官吏趁机结交内监舞弊营私，二来此事若成惯例，小民将因官吏借端科派苦累不已，这些情形绝非皇帝所乐见。

三、盛清以降旗人移驻的扰民行为

有别于前述授命出征与担任扈从等类型，盛清以降八旗兵丁另一常见的在外行军为移驻他处。这些驻防点并非临时性营区，而是自清初以来逐渐建立的固定驻防据点。关外时期的驻防八旗制度，相当重视军队的调遣。然而清朝入关后，昔日轮调传统的执行出现了难处，下列事件当可略为说明：

> 四川陕西总督葛思泰，请将陕西官兵驻防地方，酌时更调迁移，列款陈奏。上曰：“今并无他故，忽即内怯，将久处官兵，辄行扰动，奏请移驻。各处兵丁，驻防年久，俱置有产业，骤然更调，往返迁移，必致苦累。且暂拨民房居住，又必扰及闾阎，所损实多。兵、民为国家根本，久安长

① 《宫中档嘉庆朝奏折》，文献编号404020035，不详·奏报密云县知县邹濂任听书吏金德清送给披甲人等米肉面草等物未能觉查禁止究应请议处，嘉庆十九年八月初三日。金德清的惩处除了革职外，另“照于汉之例”，“拟杖一百徒三年，至配所折责四十板”。何谓“于汉之例”？目前尚未找到相关资料，有待日后继续深究。此案不仅金德清遭罚，现任密云县知县邹濂，亦因“未能觉查禁止”此事被革职留任，“八年无过，方准开复”；“历任失察之密云县知县，并该管总督、藩、臬，另行查明职名，咨部分别议处”。牵连甚广之处分，或可说明清政府对地方官违禁提供八旗扈从军队物资一事，确实是戒慎恐惧。

治之道，惟在爱兵恤民，培养元气。这所奏无益，不准行。”[①]

清圣祖否决此奏主要着眼于两方面，其一为不愿增加兵丁额外负担，其二则是避免军队移驻过于扰民。入关后的崭新局势，促使驻防八旗的移调制度有必要加以调整。

驻防八旗入关后虽不再适合频繁更换驻地，但为维系驻防八旗制度的整体运作，仍有一些必要性移调。[②] 官方对这些移调任务的细节安排，可说是格外斟酌。康熙二十二年（1683）三月间，清圣祖询问臣工："江宁、西安官兵，互相抽调驻札，道路甚远，恐致驿站扰累，兵民交困。尔等所见何如?”大学士明珠奏曰："此荆州适中之地，应将江宁、西安官兵，各调一千驻札荆州。其现自京城，发往荆州官兵内，应分拨一千名发往江宁，又一千名发往西安。如此则路途适均，兵民不致扰累矣"，清圣祖最终对此方案表示赞同。[③] 清政府为减少八旗兵丁移驻的负面影响，只能尽力完善规划，此举不仅有助于降低行军成本，亦可

---

① 《清代起居注册·康熙朝（台北版）·第2册》，页854－855，康熙三十年闰七月十二日条。

② 所谓必要性移调主要可分为两种，其一为驻防地之间的调遣，其二则为从北京前往驻防地。第一种情形自康熙朝渐以西北地区驻防为多，因为随着西北战区的推进，清政府陆续建立右卫、宁夏、凉州、庄浪与伊犁等驻防点，其驻防兵丁主要从归化城、太原和西安等地移调而来。西北一带虽然军事地位重要，但受限于环境荒凉贫瘠，无法如同南方各直省般，具备供养重兵的能力，所以部署常受限制，调动也较为频繁。第二种情形则很常见，基本上大部分新设驻防点之驻兵皆来自北京。乾隆年间汉军大量出旗时，许多八旗满洲兵丁，亦从北京调往福州、广州补充驻防兵额。相关内容详可参见定宜庄，《清代八旗驻防研究》，页39－44、234－235。

③ 《清代起居注册·康熙朝（北京版）·第14册》，页6654－6655，康熙二十二年三月二十三日条。

减少扰民事件的发生。①

有时驻防八旗的移调距离甚远，路程的安排并不容易，一般说来多以方便八旗兵丁尽速移动，以及避免破坏地方安宁为原则。例如乾隆二十九年（1764）四月间，有八旗满洲兵丁两百七十九名，奉命自北京前往福建驻防。兵部原规划他们分江山、常山两路行走，福州将军却咨称前次满兵赴闽时，因多达五百人才兵分两路，如今既然人数不多，皆由江山、浦城一路进闽即可。暂署闽浙总督事之浙江巡抚熊学鹏为求慎重，亲赴江山、常山一带详加考察。熊学鹏认为兵分两路、一路"均无不可"，不过常山路线"乃系遶道"，又有一段水路适逢"盛夏水发之时"较为危险，建议该次赴闽驻防兵丁皆行走江山路线；此外因山区旅店较少，拟将三起入境人马再各拆成三小队，"分为三日过山"，如此一来"行走既得从容，而地方官亦易于照料"。② 根据该复杂

① 该事的后续发展，亦呈现皇帝避免八旗兵丁移调时可能扰民的苦心。康熙二十二年六月间，兵部题称驻防荆州之满兵，将于七月二十日起程，清圣祖对此表示："此兵若令七月二十日起程，恐房屋尚未能造完，若房屋未完，大兵至彼，无栖止之所，必至暂取民房居住，如此则兵民两困。着俟盖造将完具报到日，再令起程"。日后郎中图尔宸，又题称荆州民房足以供应驻防军队居住，不必再造新房，"其所占民房，着该督、抚，会同酌估，给与价值"，兵部对此意见表示赞同。清圣祖则谕曰："圈占民房，与兵居住，所关重大。着议政王、贝勒大臣、九卿、詹事、科、道，会议具奏。"上述内容详可参见《清代起居注册·康熙朝（北京版）·第14册》，页6920－6921，康熙二十二年六月初八日条、《清代起居注册·康熙朝（北京版）·第15册》，页7024，康熙二十二年七月二十一日条。

②《宫中档乾隆朝奏折·第21辑》，页328－330，《暂署闽浙总督事浙江巡抚熊学鹏·奏报由京派往福建驻防满兵已经抵浙情形折》，乾隆二十九年四月二十八日。该折朱批为"该部知道"。熊学鹏的这番规划，最后应被皇帝接受，执行实况详可参见《宫中档乾隆朝奏折·第21辑》，页463，《福建巡抚定长·奏报头起满兵将次抵境及办理一路过山情形折》，乾隆二十九年五月十三日、《宫中档乾隆朝奏折·第21辑》，页603－604，《浙江巡抚熊学鹏·奏报派闽驻防满兵过浙出境日期及安静行走折》，乾隆二十九年五月二十八日。

的行程规划，可知安排驻防八旗兵丁的行军细节并非易事，既要找出兼顾迅速与安全的路线，还要考虑相关人等的食宿问题。清政府所做的这些努力，应是希望驻防队伍有效率又不扰民地抵达目的地。

驻防八旗的调动因兵丁及其家眷人数甚多，所需费用通常相当可观，如何在照顾旗人与保护民人间取得平衡，确实令官方颇费思量。康熙二十二年八月间，清朝君臣即针对西安驻防八旗的移调进行讨论，其症结主要为提供旗人车辆方便行走与否。明珠奏称："臣等公议，若给价值，令兵丁雇觅，恐穷兵不能足用。若取给于民，则兵丁所需车辆，计四千有余，恐一时不能应付。兵丁携妻子家口同往，不给车辆，必不能成行。臣等之意，似应分队前往，不但兵得车辆之用，所过地方，不致久停，民亦不甚苦累。"清圣祖则表示："因体恤兵丁，而取车辆于民，则民不堪其苦；欲轸惜百姓，而不措给兵丁车辆，则兵丁又不免重困。应责令地方官，务使设法两便，乃为尽善。"① 旗人纵然深受国家妥善照顾，但皇帝在尽心安排驻防旗人移驻之余，仍努力保障民人权益，足见皇帝并未漠视民间疾苦一味袒护旗人。

上述为驻防兵丁筹备车辆之事，皇帝最终令地方官供应车辆，但严禁借端加派苦累小民。② 此举应为旗人移驻时的惯例，

---

①《清代起居注册·康熙朝（北京版）·第15册》，页7160－7161，康熙二十二年八月二十一日条。

② 此事曾有两种应对方案："一议，令沿途地方官员，设法捐助，雇觅车辆，送出本境，不得扰害百姓，苦累兵丁；一议，照部议，仍给车价银两。"明珠随后在皇帝咨询下奏称："前议因兵丁携带妻子，恐路途遥远，车辆难得，以致困累，故议令捐助；后议恐地方官借端科派，小民受害，故议准给价。臣等公议，似应仍敕议政王等，酌量至当，画一具奏。"几日后议政王等会议题称："西安驻防官兵，应令地方官供应车辆。"清圣祖则谕曰："此事着依议政王大臣等议。但恐地方官，借端加派，苦累小民，可将此意票明，通行申饬。"根据此事可知官方想（转下页）

即要求地方官在不扰民前提下，为驻防兵丁妥善做好各种准备。[①]不过除了严禁扰民的原则外，符合现行定制亦是皇帝的关注重点。乾隆二十年（1755）五月间，南河总督富勒赫奏称本批前往福建驻防之八旗兵丁，行经直隶、山东两省俱为陆路，“每兵一名，给车一辆，沿途折给口粮，自行买食，夜则住宿店房，颇为称便”。抵达江苏一带则改水路，“共拨号船二十只，每兵五名，共坐船一只”。除此安排令众人乘船时感到拥挤外，各兵一日只得口粮米八合三勺，其余“柴薪盐菜”与日用品并未准备，导致这些兵丁“甚为拮据”。地方官员因同情过境旗人处境艰难，每名兵丁给钱十文供其使用。富勒赫了解此事后大感诧异，纵然官员是出于善意，捐给钱文“似于体制非宜”。[②] 清高宗接到此奏后，亦怀疑“派往驻防兵丁等，本非安静守分之人，在途日久，伊等以离京已远，妄思借端多索，而地方官辄额外捐给，急

（接上页）在旗、民间取得平衡并不容易，每种提案各有利弊，最后似乎也只能在严禁借端加派的前提下，将此重任转交地方官。相关内容详可参见《清代起居注册·康熙朝（北京版）·第15册》，页7193－7194，康熙二十二年八月二十七日条、《清代起居注册·康熙朝（北京版）·第15册》，页7213－7214，康熙二十二年九月初二日条。

① 例如《宫中档乾隆朝奏折·第33辑》，页845－846，《直隶按察使达尔吉善·奏闻由京派往西安等处驻防官兵全数出境事》，乾隆三十八年十二月十八日：“奴才复督率沿途各地方官，将应需营盘店房，买卖街食物等项，俱令宽为预备，不致缺少贻误。其经过桥梁道路，随时修垫，平坦坚固，并无阻滞耽延。”

②《宫中档乾隆朝奏折·第11辑》，页439－440，《富勒赫·奏为吴嗣爵料理满兵赴闽不宜听地方官捐钱折》，乾隆二十年五月十七日。富勒赫于文末特别说明具奏原因：“今第一起满官兵虽过，而后队尚多，且自江至浙，水路甚长，满洲官兵食用维艰，殊为可悯。臣目击情形，见其办理实有未妥，不敢壅于上闻。”

图了事，亦未可定”，令两江总督尹继善尽速查奏。[①] 清高宗不仅要求尹继善提出报告，还下令直隶、山东地方大员一并据实奏闻。[②]

尹继善等人接到皇帝谕令后，纷纷具奏回复相关情形。尹继善奏称据藩司彭家屏等官员禀报，这些八旗兵丁过境时极为安静，并未借端勒索。他们均依规定领取口粮，但因“船中盐菜柴薪，一无所有”，才酌量每人每站捐给盐菜钱十文，每船每站另给柴钱八十至一百文不等。[③] 直隶总督方观承与山东巡抚郭一裕两人，则强调八旗兵丁过境时俱照定例领取口粮，“此外并未多有需索，地方官亦无额外捐给”。不过方观承进一步指出，这些兵丁自京师至良乡首站，本“应照数换给车辆”，兵丁们却表示彼此多为同旗亲戚，可否多家共乘一车，“所有省出车辆，恳求照数折价，添补盘费”。直隶省司、道等官起初未答应，但考虑此举“于定例尚无违碍”，又可为兵丁“添助食用”，特别通融

---

① 《清高宗纯皇帝实录》，卷489，页142，乾隆二十年五月戊戌条。清高宗的怀疑根据为“派往驻防兵丁，应给口粮，自有定例，何以兵丁等陆路行走，道经两省，口粮并无不敷，独至江省水路，忽致如此拮据之理。”此外在其上谕中，还特别告诫其他官员不可因循苟且：“再现在该兵等，不日即抵浙、闽，且此后起数尚多，着传谕喀尔吉善，务饬派出专办此事之同德等，妥协办理，令兵丁等，共知节制，不得因循江南前辙，故为迁就。”

② 《清高宗纯皇帝实录》，卷489，页142-143，乾隆二十年五月戊戌条：“此等派往驻防兵丁，多属喜事之徒，沿途额外需索，事所不免。或直隶、山东，一路地方官，即已如此捐给，江南承照办理，而前此无人奏出，亦未可定。可传谕询问方观承、郭一裕等，此项兵丁，从前经过该省，是否照例支给，有无借口不敷，额外捐给之处，据实查奏，不得因从前奏报兵丁出境折内，已经声明毫无需索，今复稍存回护掩饰之见。”

③ 《宫中档乾隆朝奏折·第11辑》，页877-878，《太子太保署理两江总督尹继善·奏报应付满兵口粮事宜折》，乾隆二十年六月二十八日。

"每车每站，折银七钱"，日后山东省似乎亦比照办理。[1]

总而言之，这批八旗兵丁前往驻地时，应无需索地方之劣行。他们在直隶、山东两省陆路获得的额外补助，是自多余车辆折价而来，算是分内所应得；他们在江苏省水路所得钱文，则来自地方官员自发性捐给。清高宗曾不解这些兵丁为何至江苏省才忽然陷入拮据，其关键应为八旗兵丁改行水路时，不再拥有车辆可供折价补贴，再加上陆路时的口粮亦换为现钱，较无"盐菜柴薪"之负担。[2] 透过这起事件，不难发现清高宗非常在意八旗兵丁借端需索，以及地方官员的擅自捐助。皇帝之所以对此念兹在兹，当与这些行为最终很有可能连累无辜小民有关。清政府虽希望八旗兵丁在移驻过程中被良好照顾，但地方官员的一些善举仍引起皇帝疑虑，可见避免扰民始终是皇帝心中的重要原则。

其实早在这批赴闽八旗兵丁路过山东省时，皇帝已展现不愿地方过度照料过境旗人军队的态度。山东巡抚郭一裕曾于四月二十四日奏称，当日他与布政使阿尔泰先至山东、直隶两省边境处接应，阿尔泰随后伴随第一起官兵继续前行，同时"查看桥梁道路，并照料尖宿事务"。清高宗接到此奏后，却对"查看桥梁道路"一事颇不以为然：

---

① 《宫中档乾隆朝奏折·第11辑》，页523-524，《直隶总督方观承·奏报福建驻防满兵过境无额外需索扰民之事折》，乾隆二十年五月二十七日、《宫中档乾隆朝奏折·第11辑》，页579，《署理山东巡抚兼提督衔郭一裕·奏覆福建驻防兵丁过境并无额外捐给之事折》，乾隆二十年六月初一日。

② 清高宗接到尹继善之奏后，随即谕曰："水程与陆路，情形不同。兵丁虽给与口粮，而盐菜柴薪，亦在所必需，自应酌量增给。嗣后派往驻防兵丁，行至江、浙等省，着该督抚等，即照所给钱文之数，动用公项给与，不必令地方官捐办，该部即遵谕行。"参见《清高宗纯皇帝实录》，卷492，页190，乾隆二十年七月癸未条。

似此皆为过甚之语。不实固属语诳，果实则派往驻防之兵，有何紧要而为之修治桥路乎？但查管毋令生事足矣，何致过为张扬？[①]

清高宗认为八旗移驻实属平常，地方大员仅需约束兵丁，没必要特别为其铺张准备。[②] 郭一裕等官员的实际作为，或许与清高宗所设想者不同，[③] 但借此仍可理解皇帝基于禁止扰民的立场，提醒地方大员处理八旗军队过境事宜应适可而止，切忌弄巧成拙。

清政府纵然已针对旗人移驻费心安排，但行军过程是否扰民的关键仍在兵丁身上，这也使得皇帝常在大军出发前特别叮咛。例如康熙二十二年八月间，清圣祖向即将带兵前往荆州驻防的将领谕曰：

至尔等乘徃船只，皆系云南、广西回京官兵，所坐之

---

① 《宫中档乾隆朝奏折·第11辑》，页263，《署理山东巡抚兼提督衔郭一裕·奏报接送赴闽满兵过境情形折》，乾隆二十年四月二十四日。

② 清高宗除透过朱批外，甚至颁布上谕表明立场，参见《清高宗纯皇帝实录》，卷487，页108，乾隆二十年四月庚午条："此次派赴闽省满兵，原系寻常驻防，非征调可比，嗣后按起陆续前往者尚多。朕前降旨，派出大员，专司其事，不过令其留心约束，使沿途安静遄行足矣，何必另为修治桥路？况东省德州一带，乃南北行旅大道，岂因过此数百兵丁，一切桥梁，即须另行修治。看来该抚所奏，不过相沿外省地方官陋习，侈口铺张，以见其尽心筹划。及至办理之时，究属有名无实，徒以虚文故套，辗转相蒙，此岂实心任事之道。现在自直隶至山东，经行江、浙，若所过地方，俱先事张皇，重烦民力，必致传闻滋扰，尤非政体。郭一裕着传旨申饬，并将此旨，传谕沿途各该督抚知之。"

③ 郭一裕遭皇帝训诫后，具奏解释德州一带为南北通衢，桥、路等交通建设均属完善；不过由于兖州城外有桥坍塌，另地势较低的两孔、滕峄二县，每逢雨天即泥泞不堪，这些情形均导致"客商往来，每多阻滞"。郭一裕担心地方官未能妥善整顿，才令阿尔泰前往察看。详可参见《宫中档乾隆朝奏折·第11辑》，页318，《署理山东巡抚兼提督衔郭一裕·奏报赴闽驻防兵丁过境及为修治道路原因折》，乾隆二十年五月初五日。

船。在船人夫，劳苦已极，尔等最宜体恤，勿加凌辱。闻船夫受兵丁凌辱不堪，皆弃船逃遁，深为可悯，尔等宜切戒。[①]

透过引文可知清圣祖告诫兵丁应善待船夫，千万不可仗势欺人。然而根据现实案例，可以发现这类事件终究难以杜绝。乾隆二十一年（1756）九月间，赴闽八旗兵丁乘船行经宿迁县骆马湖五花桥地方时，某船因“与芦柴船相遇”导致“柴稍戳入船舱”，船内兵丁喝令水手徐三拦此芦柴船理论，徐三却未听命行事。众兵随即以幼孩受惊为由怒骂徐三，镶红旗下的明德、太平两人甚至“将徐三殴打两下，逾时殒命”。[②] 清高宗得知此事后，立即下令严加查办：

以满洲官兵，如此恃强逞恶，若仅以寻常斗殴杀人之例问拟，不足示惩。可传谕该督，审明首从，除将从犯照例定拟外，其为首之犯，着即行正法，以为兵丁生事不法者戒。至该防御、佐领等，管押兵丁，漫无约束，所司何事，着该部严察议奏。[③]

面对这起八旗兵丁殴毙民人船夫案件，清高宗认为若以清律斗殴

---

①《清代起居注册·康熙朝（北京版）·第15册》，页7156，康熙二十二年八月二十日条。

②《宫中档乾隆朝奏折·第15辑》，页463－464，《太子太保署理两江总督尹继善·奏报发闽驻防满兵过境日期折》，乾隆二十一年闰九月初二日。

③《清高宗纯皇帝实录》，卷523，页588，乾隆二十一年闰九月辛亥条。

杀人条问拟过于轻纵，[①] 下令加重其刑将首犯正法。除兵丁明德与太平被严惩外，其长官亦因管教不力遭受连带处分。[②]

从清高宗严惩殴毙民人之八旗兵丁一事来看，再次证明皇帝确实对移驻旗人的行军纪律相当在意，深知上意的地方各级官员，时常将八旗兵丁过境时的表现密折奏闻。例如乾隆二十年五月间，直隶总督方观承奏称赴闽八旗兵丁“沿途买用民间食物，曾未短给一文，实属安静”；[③] 乾隆二十年七月间，江西布政使王兴吾奏称赴闽八旗兵丁“在江西境内，颇知守法，并无丝毫滋事”；[④] 乾隆二十一年十二月间，江西按察使苏崇阿奏称赴粤八旗兵丁“俱甚安静，毫无滋事”；[⑤] 乾隆三十年（1765）十月间，浙江巡抚熊学鹏奏称赴闽八旗兵丁“咸沐皇恩，行走安静，毫无

---

① 田涛等点校，《大清律例》，卷 26，《刑律·人命·斗殴及故杀人》，页 430：“凡斗殴杀人者，不问手足、他物、金刃，并绞（监候）；故杀者，斩（监候）。若同谋共殴人，因而致死者，以致命伤为重，下手（致命伤重）者，绞（监候）。原谋者（不问共殴与否），杖一百、流三千里，余人（不曾下手致命，又非原谋），各杖一百（各兼人数多寡，及伤之轻重言）。”

②《明清内阁大库档案》，登录号 228455－001，兵部为二次发闽驻防满兵明德将徐三殴毙由，乾隆二十一年十月日不详：“随经臣部行文该督，钦遵谕旨查办，并移咨各该旗，查取防御三达色、佐领定柱加级记录，去后今准各该旗查明，三达色等，并无加级等因前来。查定例，兵丁生事不法，其约束不严之专管官，降一级调用等语。防御三达色、佐领定柱，系派令沿途约束满兵之员，理应沿途加意约束，毋致滋事。今满兵明德、太平，生事不法，该员等漫无约束，甚属不合，若仅照约束不严，专管官降一级调用例查议，未足以示惩。应将厢红旗防御三达色、厢蓝旗佐领定柱，各降二级调用。”由此看来旗员的处分，亦较定例来得严重。

③《宫中档乾隆朝奏折·第 11 辑》，页 523－524，《直隶总督方观承·奏报福建驻防满兵过境无额外需索扰民之事折》，乾隆二十年五月二十七日。

④《宫中档乾隆朝奏折·第 12 辑》，页 48－49，《江西布政使王兴吾·奏报自京至闽驻防官兵过境及途间所历情形折》，乾隆二十年七月初六日。

⑤《宫中档乾隆朝奏折·第 16 辑》，页 396－397，《江西按察使苏崇阿·奏报照料派拨广州驻防官兵全数出境及奴才差竣回署折》，乾隆二十一年十二月二十日。

滋事”。[1]

地方各级官员并非只报喜不报忧，若有特殊状况亦会如实上报。例如乾隆二十一年十一月间，安徽巡抚高晋奏称赴粤八旗兵丁共分五起过境，前三起都很平常，“惟第四起，有满兵丑格落水身死，第五起有失火烧船之事”。[2] 乾隆五十一年（1786）九月间，直隶布政使梁肯堂奏称，移驻庄浪的第四起八旗兵丁抵达正定县时，佐领永禄、防御明保发觉曾在新乐县“下车小便”的正白旗蒙古马甲戴明阿，直到晚上仍未归队，梁肯堂随即派人搜索但毫无所获；由于“新乐至正定，俱系冲途大路，行人往来如织”，若戴明阿迷失方向也很容易寻人问路，“显系乘空潜匿，有意脱逃”。[3] 透过地方各级官员的奏报，皇帝可以实时掌握八旗兵丁的移驻状况，有效监控这些旗人的一举一动，其目的不外乎是避免他们为非作歹扰害民间。

八旗兵丁身为“国家根本”，被皇帝所重视自是无庸置疑，但皇帝照顾旗人的同时，亦很重视地方秩序与民人感受。官方严禁旗人行军时的各种扰民行为，一旦发生通常会严加处分。清政府处理八旗军队的行军事务确实非常用心，此举应有助于减少民间对于旗人的负面印象。

---

① 《宫中档乾隆朝奏折·第 26 辑》，页 388－389，《浙江巡抚熊学鹏·奏闻由京发往福建驻防满兵过浙日期及安静行走缘由》，乾隆三十年十月十九日。

② 《宫中档乾隆朝奏折·第 16 辑》，页 138－139，《安徽巡抚高晋·奏报赴粤驻防满洲官兵全数过境折》，乾隆二十一年十一月二十二日。

③ 《宫中档乾隆朝奏折·第 61 辑》，页 427－428，《直隶布政使梁肯堂·奏报第四起移驻庄浪官兵内有马甲戴明阿在新乐县脱逃缘由》，乾隆五十一年九月初七日。此事直隶总督刘峩亦有奏报，参见《宫中档乾隆朝奏折·第 61 辑》，页 493－494，《直隶总督刘峩·奏为恭报驻防京兵全数出境日期事》，乾隆五十一年九月十二日。

第二节　日常生活的旗民冲突与官方对策

一、 平时旗、民冲突的司法审判程序

当大量旗人随着清政府“从龙入关”，旗人群体不再局限于东北老家的“龙兴之地”，他们起初主要集中于京师地区，之后则在驻防八旗制度的建立下逐渐扩展至中国各地。清政府由于担忧旗人与汉民混居不仅可能丧失纯朴尚武的本色，还会增加旗、民冲突的发生几率，故旗人在日常生活中总是尽量被设计成与民隔绝。[①] 然而这种人为阻绝的硬性规定，终究很难完全发挥作用，旗人不可能完全与汉民没有互动，[②] 这也使得旗、民冲突在所难免。[③] 有别于本章前一节探讨八旗军队的行军扰民事件，本节将着重探究旗人平时与汉民发生冲突的情形。

一般来说八旗军队行军在外时，由于兵丁身份较为特殊，他们若有扰民行为多交由带队官员或就近负责弹压的地方大员处置；相对于此，旗人日常生活中与汉民冲突的后续处理则较为复杂。清朝入关后利用不同的户籍将旗、民相区隔，当旗、民因冲突进入司法程序时，象征两种迥异的体系即将相遇。不过该情形

---

① 该情形主要分为两种，其一为北京城的内、外城之别，其二为驻防八旗地区建立的满城或满营。相关内容本书前几章已有论及，读者可自行参考。

② 详可参见汪利平，《杭州旗人和他们的汉人邻居：一个清代城市中民族关系的个案》，页 188－200、潘洪钢，《由客居到土著——清代驻防八旗的民族关系问题研究》，页 74－80、潘洪钢，《清代驻防八旗与当地文化习俗的互相影响——兼谈驻防旗人的族群认同问题》，《中南民族大学学报》，26：3（武汉，2006. 05），页 59－63、Mark C. Elliot，“Bannerman and Townsman：Ethnic Tension in Nineteenth-century Jiangnan，” *Late Imperial China*，11：1（June，1990），pp. 36－74.

③ 详可参见赖惠敏，《从杭州看清代的满汉关系》，页 37－89、潘洪钢，《清代驻防八旗的民族关系研究——从荆州旗、民的几次斗殴事件入手的探讨》，页 72－76。

对京师地区而言冲击不大，京师大小案件基本上均透过五城御史、步军统领衙门与刑部的两级司法审判程序处理，其中未有明显旗、民之别。[①] 旗、民冲突导致司法审判程序较复杂者，主要发生于驻防八旗地区。

清政府基于巩固政权的考虑，在直省与边疆地区的重要据点，分别设置许多八旗驻防点。这些驻防兵丁均自在京八旗征调而来，“无事则拱卫控制，隐然有虎豹在山之势，有事则敌忾同仇，收干城腹心之用”。[②] 清政府在驻防八旗处，设有将军、都统等职，这些驻防旗员的任务除整饬武备与管教兵丁外，有时亦负责驻防旗人的司法事务。[③]

驻防八旗在国家军事防御体系中，无疑占有重要地位，但这并不代表驻防旗员的权势可以无限上纲。驻防旗员平时被严禁干预地方民事，地方督、抚以下各级官吏，亦无权过问驻防八旗事务，[④] 完全符合旗、民分治政策之精神。此举虽然具有正面意义，但在司法实务上仍产生一些问题，最明显者即旗、民冲突一旦发生，将陷入无人能全权处理之窘境。

为有效解决驻防八旗地区的旗、民交涉案件，一种特殊的理事同知、通判制度焉然而生。同知、通判为知府佐贰官，依照职责分别具有不同名目。理事同知、通判主要负责审理旗、民交涉案件，

---

① 那思陆，《清代中央司法审判制度》，页 150 – 151。这方面的讨论亦可参见本书第二章第三节。

② 〔清〕希元等，《荆州驻防八旗志》（沈阳：辽宁大学出版社，1990），《荆州旗营驻防志序》，页 3。

③ 详可参见定宜庄，《清代八旗驻防研究》，页 118 – 128。

④ 定宜庄，《清代八旗驻防研究》，页 129 – 140。该情形主要专指直省、畿辅驻防地区。边疆地区则因未设总督、巡抚等职官，驻防将军于是成为最高长官，不过即使如此，边疆驻防将军仍难以简单视为集军事、民政于一身之地方大员。

为清朝旗、民分治政策下的特有官职，最初仅设立于直省驻防八旗地区，后来又分设于东北、内蒙一带。理事同知、通判的体制相当特殊，他们虽然仅设于驻防八旗地区，却为地方属员而非旗员；此外其职掌因与旗务密切相关，康熙中叶后理事同知、通判一改原为汉缺之惯例，陆续以旗人选补。[①] 理事同知、通判在分立的旗、民体系间，扮演居中斡旋的重要角色，其重要性不言而喻。[②]

理事同知、通判的特殊性格，确实有助于化解地方上的旗、民冲突，但也不意味着这类事件一旦发生，就仅由理事同知、通判单独出面解决。每当旗、民冲突发生时，常由理事同知、通判与地方官一同会审。该现象其实有迹可循，顺治十五年（1658）二月间，两江总督郎廷佐曾为在江宁新设官员一事题称：

> 江宁地居省会，设有满汉公衙门，凡拿获叛逆，并缉解逃人，及地方一切重大事务，职与满汉提都、章京及司道诸臣，皆于此公同会审，而承接理事者，向无定员，惟择江宁府佐中之练达者摄管。其事今见委该府管粮同知王永茂料理，但官无专任则，责成不便，且府佐各官，皆有本衙门经

① 关于理事同知、通判的讨论，详可参见郑秦，《清代旗人的司法审判制度》，页21-22、定宜庄，《清代理事同知考略》，页263-274。值得一提的是，皇帝在旗、民杂处处，似乎喜欢任用满人来管理。例如直隶巡抚一缺，清圣祖曾询问大臣用何人较佳。大学士李霨、冯溥奏称："但在得人，皇上不拘用何项人，无所不可。"大学士勒德洪则表示："直隶地方，逼近京师，满洲、人民杂处，宜用满州。"最后皇帝谕曰："直隶地方盗贼、逃人，向来甚多，若用满州，事可渐少，着将满洲官员，开列具奏。"显然接受了勒德洪的建议。参见《清代起居注册·康熙朝（北京版）·第12册》，页，康熙二十一年正月二十日条。

② 透过该例即可窥知一二，参见《清代起居注册·康熙朝（台北版）·第3册》，页1652，康熙三十一年十月三十日条："又江宁理事同知石禄员缺，以中书科中书宝善拟正、司库纳林拟陪。上曰：'理事同知，乃审理旗下、民间相关事务，这员缺紧要，尔等会同吏部，选择具奏。'"

管之事，难以兼摄，终非长远之计。……惟照同知王永茂，既管公衙门事，而粮务实难兼管，但江宁原设有督铸同知，今铸务已奉停止，则督铸之缺可裁。合无令同知王永茂专管公衙门事，其粮务即将应裁督铸同知崔鹿鸣改补。①

郎庭佐所言是否被皇帝采纳难以确定，但在其余资料的佐证下，推测理事同知一职在顺治末年已经出现。② 透过上述引文可知满、汉官员会审后的“承接理事”者，原本多从府佐练达之士中选拔兼理，郎廷佐为求满汉公衙门事务有人专管，建议调整江宁府的同知任务。从该题本的内容来看，理事同知创设之初并非仅处理旗、民交涉案件，凡“地方一切重大事务”亦需经手，该职务多元化之情形，康熙朝以后似乎仍时有所闻。③ 不过理事同知

① 《明清档案》，卷册 A032－024，《两江总督郎廷佐·两江总督为江宁公衙门改设专官等事》，顺治十五年二月日不详。

② 在一件康熙元年的档案中，已出现“江宁府理事同知”之官衔，参见《明清内阁大库档案》，登录号 293007－001，《江宁将军哈哈木·江宁将军题为郑大典等讦告刘斌等谋叛俱虚事》，康熙元年六月初二日。此外亦可参见定宜庄，《清代理事同知考略》，页 264－265。定宜庄曾利用康熙朝起居注册与《江宁府志》的相关记载，推测理事同知一职在顺治年间应已设置，详可参见《清代起居注册·康熙朝（北京版）·第 19 册》，页 9314－9315，康熙二十四年十一月初一日条：“吏部题覆浙江巡抚赵士麟，请以通判靳襄改授理事同知，议不准行。上曰：‘杭州满汉错处，此官宜设，况江宁亦有此官，似可允行。’王熙奏曰：‘赵士麟居官颇佳，凡事留心地方。圣谕诚然。’上曰：‘靳襄着照该抚所请，改补。’”

③ 例如《明清内阁大库档案》，登录号 091288－001，江南总督阿席熙·题为江宁府理事同知冯萼舒升任所遗员缺，康熙十四年五月日不详：“江宁府理事同知一官，承审江宁、京口两将军下逃人事宜，及递档、销档、注册纷纭，更有满洲旗下家人与民人争讼一应事件。”《明清档案》，卷册 A069－005，《广东布政使萨哈谅·奏请广州理事同知改以旗员补授》，乾隆元年十一月十五日：“窃照广州府城，驻札八旗官兵，政务繁冗，设立理事同知一员，专司旗、民事件，提点军器，火药□□，□理七县海防捕务，职任甚重。”《宫中档乾隆朝奏折·第 10 辑》，页 97，《闽浙总督喀尔吉善、浙江巡抚周人骥·奏请调补理事同知以收实效折》，乾隆十九年十一月十七日：“但查该同知一缺，管理杭州驻防旗、民事件，兼办满、汉旗营兵粮。”

渐以旗、民交涉案件的审理为主要职掌，应该也是个不争的事实。

尽管理事同知、通判之性质随时间有所转变，但最初的官员“公同会审”精神，在旗、民交涉案件中仍依稀可见，惟逐渐出现两点变化。其一为理事同知、通判亲自参与会审，不再只是承接满、汉大员会审后的理事者；其二为涉及旗、民冲突案件的会审参与者，日益成为理事同知、通判与地方民官，驻防旗员则被排除在外，有别过往地方满、汉官员会审之情形。根据雍正朝以降陆续颁布的相关规范，即可证明上述两点变化，详细内容可参见表5-2-1。

表5-2-1 《刑律·诉讼·军民约会词讼》中与旗人相关条例之演变

年　份	条例修订内容	备　注
雍正三年(1725)	凡旗人谋、故、斗、殴杀等案，仍照例令地方官，会同理事同知审拟外，其自尽人命等案，即令地方官审理。如果情罪已明，供证已确，免其解犯，仍由同知衙门核转。倘有恃旗狡赖，不吐实供，将案内无辜牵连人等，先行摘释，止将要犯，解赴同知衙门审明。如该同知，事外苛驳，借应质名色，滥差提扰，该上司立即题参。	此例来自雍正元年刑部议覆直隶总督利瓦伊钧之奏。
乾隆五年(1740)	a. 凡各省理事厅员，除旗人犯命盗重案，仍照例会同州县审理外，其一切田土、户婚、债负细事，赴本州岛县呈控审理。曲在民人，照常发落，曲在旗人，录供加看，将案内要犯，审解该厅发落。至控告在官人犯，不论原、被，经州县两次拘传，别无他故，抗不到案者，将情虚逃避之犯，严拿治罪。	雍正六年已有相关规定，乾隆五年才正式入律。

续 表

年　份	条例修订内容	备　注
乾隆五年（1740）	b. 各处理事同知，遇有逃人案件，并旗人与民人争角等事，俱行审理，不必与旗员会审。	雍正七年已有相关规定，乾隆五年才正式入律。

数据源：

《钦定大清会典（光绪朝）》、《钦定大清会典事例（光绪朝）》、《大清律例通考校注》、《读例存疑重刊本》

根据表格内容可知，驻防旗员似乎已非旗、民交涉案件的会审成员。这些法律规范并非如同具文，透过现实案例多少能说明相关执行情形。乾隆二年（1737）二月间，西安驻防正白旗汉军兵丁蔡有福，与咸宁县民李凤翔之妻党氏通奸，一日党氏被其夫斥责，蔡有福竟勒毙李凤翔。此案审判程序是先交由西安理事同知鄂尔赛与咸宁县知县陈齐贤会审，再上呈至山西督、抚审核。[①] 嘉庆十五年（1810）十二月间，凉州驻防镶蓝旗满洲马甲乌勒登额，与民人刘忠因借钱事情发生口角，刘忠被乌勒登额持铁片殴毙。此案的审判程序，乃先交由凉州理事通判德庆与署武威县知县王世焯会审，再依序上呈至凉州府知府、甘肃按察使与陕甘总督。[②] 借由上述案件不难发现，每当旗、民冲突案件发生时，都先交由理事同知、通判与基层民官会审，再根据审转制度

---

① 《明清档案》，卷册 A083-047，《陕西巡抚张楷·陕西巡抚为审兵丁蔡有福勒死李凤翔案》，乾隆三年七月初二日。

② 杜家骥主编，《清嘉庆朝刑科题本社会史料辑刊》（天津：天津古籍出版社，2008），第 3 册，页 1623，《甘肃凉州驻防旗兵乌勒登额因借钱起衅致死汉民刘忠案》，嘉庆十五年十二月初二日。

逐级上报，[①] 驻防旗员通常未亲身参与审判。

地方上的旗、民冲突，交由理事同知、通判与地方民官会审确实有其道理。清圣祖曾多次表示“百姓与旗人讦讼，汉官必偏狗”，[②]“近来督抚，汉人则专庇汉官，旗人则专庇旗员”，[③] 足见皇帝对旗员、汉官偏袒自己人的情形了然于胸。为了让旗、民冲突的审理大公无私，采取旗、民官员会审或许比较恰当。康熙五十年（1711）六月间，左都御史赵申乔建议日后的旗、民互讼，直接交与地方民官审理即可，此奏虽得到刑部的同意，清圣祖却是不以为然：

> 旗、民互相争讼事情，照定例遵行，已经年久。从前直隶巡抚，亦曾用满洲人。满洲巡抚，则庇护旗人；汉巡抚，则庇护百姓。今照赵申乔所奏，凡关系旗、民事情，俱交与地方官员审结，不但于事无益，日后又必至于纷更。该部照赵申乔所奏，议准行，殊属不合，着仍照旧例行。[④]

此处所谓“定例”，当指双方官员会审的规定。清圣祖重申若将

---

① 透过这些案件不难发现地方旗、民冲突案件的审转程序不尽相同，相关规定在各省间似乎不一致，详可参见《清高宗纯皇帝实录》，卷 92，页 414－415，乾隆四年五月丙辰条：“刑部议覆，甘肃巡抚元展成疏称，凉州新驻防满兵，遇旗、民互殴命案。或照西安，不由府转；或照宁夏；由府审转等语。查凉州驻防满兵，虽由西安分拨，然地方命案，知府有督催稽查之责，未便越府，径转臬司，应照宁夏办理。从之。”

②《清代起居注册·康熙朝（台北版）·第 17 册》，页 9506，康熙四十一年七月二十五日条。

③《清代起居注册·康熙朝（台北版）·第 18 册》，页 10428，康熙四十二年十二月十九日条。

④《清代起居注册·康熙朝（台北版）·第 19 册》，页 10773，康熙五十年六月初六日条。

旗、民冲突交由单一官员处理，不但于事无益还徒增纷扰。从赵申乔的建议遭否决一事来看，清圣祖的立场可说是非常坚定。除担心官员无法秉公审理的考虑外，清政府于康熙九年（1670）规定地方民官不可将“旗下人擅行夹责”，[①] 可能亦是旗、民冲突必须会审的一大原因。[②]

不过看似合乎情理的会审制度，为何渐渐看不到地方驻防旗员的身影？针对这个问题，或能从司法审判制度的角度来思索。首先值得注意的是，理事同知、通判在驻防八旗地区，并非只处理旗、民冲突案件，双方均为旗人的案件也常见他们着手审理。嘉庆十三年（1808）五月间，庄浪驻防马甲苏琅阿嫁给凉州旗人明存为妻之女西他拉氏，身染霍乱病死，苏琅阿闰五月抵达凉州办理丧事时，发现女儿棺木停放于暗室，苏琅阿想将棺木移至院中看视，却被明存之父阿璞当阿阻止。苏琅阿怀疑女儿的死因不单纯，与阿璞当阿发生口角，阿璞当阿遂将此事呈报凉州副都统

① 《钦定大清会典事例（光绪朝）》，卷 851，《刑部·刑律·断狱·决罚不如法》，页 26b：“凡官员将旗下人，擅行夹责者，降一级调用。”

② 冯尔康曾指出清世宗于雍正六年，处理良乡县知县冉裕棐擅责旗人一案时，下令取消地方民官不得刑讯旗人之成例，参见冯尔康，《雍正传》，页 366。阅读相关史料后，或能发现冯尔康的见解，尚有些许补充空间。当冉裕棐因擅责旗人被题参时，清世宗即令刑部彻查相关规定。当刑部回报确有此例时，清世宗谕曰：“朕不知向来有旗人，不准地方官杖责之例，故令该部，查明奏闻。今据该部查奏，因思当年定例，自有深意，且遵行已久，自应照旧。但例内开载，官员擅责旗人者，降一级调用。昨良乡县知县冉裕棐，擅责乌云珠一案，即按定例，亦不至于解任质审，而宜兆熊、刘师恕，将该县特参前来，并请解任质审，甚属不合。宜兆熊、刘师恕，所参直隶官员，往往过于苛刻，似此类者甚多。封疆大臣，不为国家爱护人材，辄将可用之员，因细故微瑕，而致于摈弃，岂不可惜，着严饬行。”由此可知清世宗尊重过往成例，并未修改地方民官不得刑讯旗人之规定。上述史料参见《世宗宪皇帝上谕内阁》，收录于台湾商务印书馆编审委员会主编，《景印文渊阁四库全书·第 414—415 册》（台北：台湾商务印书馆，1986），卷 67，页 25a－25b，雍正六年三月二十四日。

宗室富色铿额。该案送交富色铿额处后，立即转交理事通判宜宁查讯，并会同协领富珠礼讯问众供。[①] 由于苏琅阿与阿璞当阿两人缠讼不休，富色铿额特别向陕甘总督长龄请求派人协审此案，长龄虽然愿意协助，仍表示“臣查凉州满营命案，由理事通判审详、副都统核定，向不由臣衙门审理”，一语道破驻防旗人案件的审理程序。[②] 道光十七年（1837）六月间，福州驻防之正黄旗满洲协领花连布，禀称该旗马甲广春，与同旗无顶戴领催景庆发生口角，广春用刀将景庆之子步甲富尔当阿戳伤。此案经花连布告发后，随即交由福州理事同知乌什杭阿验讯详办。[③] 透过上述两起案件可知，驻防地区的旗人庶务虽多由旗员全权处理，但在司法程序方面，无论验伤、堂讯还是问拟罪名，则由理事同知、通判主导，旗员仅扮演在旁协助或是复核的角色。

驻防旗员若连单纯的旗人案件都鲜少亲身审理，他们未参与旗、民冲突之会审似乎也不足为奇。驻防旗员在司法案件中屡屡置身事外，或许因为他们带有较重武职色彩，处理刑名之事本非所长。位居京师的步军统领衙门，即因步军统领“或从武职简放”，“于一切刑名律例未及周知”，乃设“协理刑名部臣”一员

① 关于此案详可参见《宫中档嘉庆朝奏折》，文献编号404012280，陕甘总督长龄·奏为审明凉州满营命案尸亲抗延不结滥押平人致死分别定拟事，嘉庆十三年十月二十二日、《宫中档嘉庆朝奏折》，文献编号404013268，护理陕甘总督印务甘肃布政使蔡廷衡·奏闻凉州满营告休佐领阿璞当阿之媳病故案遵驳覆讯定拟缘由，嘉庆十四年二月初六日。

②《宫中档嘉庆朝奏折》，文献编号404011750，陕甘总督长龄·奏闻凉州驻防满营命案准咨委员检验缘由，嘉庆十三年八月初十日。

③《宫中档道光朝奏折》，文献编号405012521，钟祥、张仙保·奏报从严惩办旗兵斗殴伤人案缘由，道光十七年六月初五日。

协助处理司法事务。[1] 雍正元年（1723）九月间，刑部尚书励廷仪亦奏称：

> 见古北口外等处命案，皆由本地武职详解，臣部方派司官，前往相验。口外至京，三、四百里，或五、六百里不等，自彼处拿解犯人到日，即委员速往，已逾旬日，或有迟至经月，始得检视掩埋者。……臣愚似当于古北口外，适中之处，设理事同知或通判一员，或将保定府理事同知、通判移驻一员，专司口外命件。遇旗人命案，验明取供，详解臣部题结；若民人命案，验明取供，详解巡抚题结。自尽命案，审验无伤，即掩埋报部完结。……臣更有请者，查口外地方盗案，系武职缉拿解部，嗣后应先交理事厅，审录确供，再行解部，定拟具题。其词讼细事，亦应令该衙门，自行审断完结。[2]

由于口外仅有武职机关，没有文职衙门可以处理司法事务，各种案件不得不送部审理。为解决口外司法审判时程拖延甚久的问题，励廷仪建议在口外增设理事同知或通判。上述情形虽与驻防八旗没有直接关系，仍反映武职机关处理刑名事务之困境。该情

---

① 《钦定大清会典事例（光绪朝）》，卷22，《吏部·官制·步军统领衙门》，页13b-14a。步军统领衙门的协理刑名部臣，初设于雍正七年。乾隆四十三年后规定，步军统领若由尚书、侍郎简放，不必派遣部臣协理刑名；若由都统、副都统等简放，则仍依此例行。

② 《雍正朝汉文朱批奏折汇编·第2册》，页8-9，《刑部尚书励廷仪·奏请于口外设理厅员以重命案折》，雍正元年九月二十二日。此奏朱批为"此奏是，该部议奏"，是年隔月清政府即设置热河满洲理事同知一员，参见《清世宗宪皇帝实录》，卷12，页220，雍正元年十月乙卯条。

形或许是驻防旗人之司法案件，大多先交由理事同知、通判，而非旗员审理的重要原因。

下列这起发生于道光二十五年（1845）八月间的旗人案件，更清楚说明驻防八旗衙门不易单独处理讼案的状况。是年七月间，山海关驻防旗人倭什肯报称其母杨葛氏死于井内，杨葛氏姊姊吴葛氏与胞弟明春皆认为杨葛氏被污身死，恳请山海关副都统富勒敦泰严查。由于“旗营凡有人命案件，例交地方官会同旗员审办”，富勒敦泰因而“照抄吴葛氏等原呈，饬交临榆县知县孔昭然，并派委左司协领塔清安、防御伊经阿会同审讯”。富勒敦泰未将此案移送理事同知、通判，应与当地未设有专管理事同知、通判有关。山海关驻防属于畿辅驻防的一部分，[①] 畿辅驻防的特色为驻兵四散于直隶各处，每处兵额数目都不多，[②] 不易于每个据点均设置理事同知、通判。[③] 清律规定驻防地区若发生旗人命案，旗员必须会同理事同知、通判一起验尸，“如无理事同

① 关于山海关驻防的设置背景与详情，详可参见定宜庄，《清代八旗驻防制度》，页103－109。

② 畿辅驻防为驻防八旗中设置最早，部署亦最周密，其范围远大于人们一般想象，是官方从顺治朝到康熙朝初期设置驻防之首重地区。详可参见定宜庄，《清代八旗驻防制度》，页15－22。

③ 此举确实产生一些问题，例如《雍正朝满文朱批奏折全译·上册》，页1031，《刑科掌印给事中海寿·奏请保定等五府录用满洲进士等事折》，雍正三年正月十二日：“查得，直隶所属保定、永平、河间、顺天、宣化等府州县，旗人与民杂居。州县官员，因无刑讯旗人之例，故将命案等案件，俱送保定府理事同知衙门会审。其中永平、河间、宣化等府，相距保定府数百里，且五府之案件，仅一理事同知会审，凡提解犯人时，其沿途拖累，或久禁而中风病亡等情事，均难避免。”、《宫中档雍正朝奏折·第11辑》，页174，《直隶总督何世璂、协理直隶总督刘师恕·奏请敕授满员改为永平理事同知仍兼粮捕遇旗民有命盗等案可就近审解以免往回之烦》，雍正六年八月二十四日：“窃照永平一府，旗、民事件，属通州理事通判管理，遇有命盗等案，州县带犯，赴通会审之后，复解回永平，由府审转。永平至通州，计程四百六十里，一往回间，程途九百余里，倘情罪未符，势必驳回复审，审后复解，又多一番往回。不惟人犯拖累，亦且事件迟滞，实为未便。”

知、通判之处，即会同有司官公同检验，详报审拟”。[①] 由于山海关驻防一带未有理事同知、通判，富勒敦泰只能命左司协领塔青安与防御伊经阿二人，会同临榆县知县处理此案。当此案因双方各执一词，地方民官又无权严审旗人而陷入僵局时，富勒敦泰随即陷入两难处境。他若将一干人等全部移送刑部，势必会“殊滋拖累”，然而“奴才衙门既无设有刑讯，又兼不谙刑名”，难以顺利解决此案。富勒敦泰最后建请直隶总督选派道、府官员前往山海关，“就近督同临榆县知县孔昭然研加审讯”。此案完全属于旗人间的冲突，但审讯嫌犯以厘清案清之事，驻防八旗衙门却无法自行料理。由此可见驻防旗员处理刑名时颇有局限，理事同知、通判的重要性更是可见一斑。[②]

身属武职的驻防旗员既然不擅刑名，参与旗、民冲突的会审似乎意义不大。若理事同知、通判的特殊性，足以代替旗员执行司法职能，在司法审判程序有效运作的前提下，不难理解驻防旗员为何不再参与旗、民冲突的会审。基本上大部分旗、民混居处，均实行前述会审司法程序，惟乾隆朝中叶以降，一些地区旗、民交涉案件的审理渐有变化。例如直隶京畿一带因旗、民杂处规模较大，双方冲突屡见不鲜，[③] 清政府自康熙年间已采取各种因应策

① 田涛等点校，《大清律例》，卷37，《刑律·断狱·检验尸伤不以实》，页592。

② 此案情形详可参见《宫中档道光朝奏折》，文献编号405008054，山海关副都统富勒敦泰·为孀妇轻生后牵涉旗员县讯双方供词各执及被牵控佐领防校等官请旨先行一并解任事，道光二十五年八月十六日。

③ 例如《清代起居注册·康熙朝（北京版）·第17册》，页8299－8300，康熙二十三年九月十七日条：“直隶地方，旗下人与民杂处，争讼繁多。尔先正己，俾军、民和辑，此乃尔职分当然之事。至若皇庄，及诸王大臣家人，豪强扰害者甚众，尔之尽力者，在此尔。”

略，可惜效果始终有限。[①] 嘉庆十八年（1813）十月间，官方有鉴于京畿屯居汉军旗人“作奸犯科毫无约束”，决定修改其免受地方民官管辖的规定，从此这些汉军旗人适用的司法审判程序，几乎无异于一般汉民。不过此处之满洲、蒙古旗人，仍保有过往特殊待遇。[②] 除了京畿旗人屯居区域外，驻防八旗与民政体系高度重叠的东北奉天地区亦有类似改革。[③] 为解决旗、民官员矛盾导致司法不公之困境，清高宗于乾隆四十四年（1779）下令“奉天所属十二州县，办理旗、民事件，无分满、汉，俱令自行审理”，[④]

---

① 详可参见华立，《从旗人编查保甲看清王朝“旗民分治”政策的变化》，《民族研究》，1988：5（北京，1988. 09），页 97－106、张建，《从方志看清代直隶地区旗人社会之演进——以顺天、保定二府为中心》，《河北学刊》，29：4（石家庄，2009. 07），页 105－110、张建，《变革时代·近畿地域·特殊群体——清初三朝直隶旗人群体浅探》，载常建华主编，《中国社会历史评论·第 11 卷》（天津：天津古籍出版社，2010），页 84－97。

② 相关条例内容详可参见《钦定大清会典事例（光绪朝）》，卷 752，《刑部·户律·户役·人户以籍为定》，页 12a－13b：“凡八旗汉军人等，愿在外省居住者，报明该旗，并呈明督抚，不拘远近，任其随便散处，即令所隶州县，与民人一体，编查保甲。所在督抚，咨明该旗，每年汇奏一次，以便稽查，务令安静营生，不得强横生事。其有作奸犯科，及一切户婚田土命盗案件，俱归所隶州县审办，遇有失察之案，将该州县，一例参处。各州县与理事同知、通判，同驻一城者，令其会同审理，如驻非同城，即责令该州县，自行审办。罪止枷杖笞责者，详报该管上司批结，照民人一体杖责发落，毋庸仍解理事同知、通判鞭责；犯该徒罪以上者，详解该管上司，分别题咨报部，均移咨该旗都统查照。其住居附京之满洲、蒙古旗人有犯，仍照旗人犯罪，各本律例办理。”该例看似未仅针对京畿地区汉军旗人，不过检视与此相关之奏议后，可知该例适用对象应以“附京屯居汉军旗人”为主，详可参见〔清〕黄恩彤编，《大清律例按语》，卷 76，《户律·户役·人户以籍为定》，页 15a－16b。

③ 相关讨论详可参见任玉雪，《从八旗驻防到地方行政制度——以清代盛京八旗驻防制度的嬗变为中心》，《中国历史地理论丛》，22：3（西安，2007. 07），页 103－112。

④ 该命令之后被修入清律中，详可参见《钦定大清会典事例（光绪朝）》，卷 845，《刑部·刑律·断狱·有司决囚等第》，页 6a。

昔日会审制度从此为之一变。[①]

二、 旗、民平时冲突的类型与审判

清政府入关之初深知稳定民心的重要性，格外留意旗、民间的相处情形，早在顺治元年（1644）七月间，已强调“凡我黎民，无论新旧，同属朝廷赤子”，严格规定日后旗人若有欺侮汉民者，“定置重典，决不轻宥”。[②] 顺治二年（1645）四月间，清政府再度宣示“我国家荷天休命，底定中原，满、汉官民，俱为一家”，面对当时“各处庄头人等辄违法禁”，“擅害乡村，勒价强买，公行抢夺，踰房垣、毁仓廪，攘其衣服赀财，少不遂意，即恃强鞭挞”，要求刑部严格彻查，“如有不遵法纪者，俱行治罪”。[③] 清政府为追求政权稳定，并未放任旗人扰害民间，这些旗人即使身为“国家根本”，一旦违反禁令仍难逃法律制裁。

旗人纵然被严格约束，仍无法保证旗、民间必定相安无事。旗、民在分而治之政策下已被尽量隔绝，但他们日常生活中必定会接触，若有旗人仗势欺人，旗、民冲突自是一触即发。其中一种常见状况，即旗人执行公务时易与民人发生冲突。雍正十二年（1734）十月间，负责看守镇江府东门的镶白旗副骁骑校窦启琮，禀称二十六日三更时分，东门附近忽有数十余人手持火把，要求

① 关于奉天地区的二元行政管理体制，以及旗、民司法审判制度已有完整研究，笔者兹不赘述，详可参见丁海斌，《清代陪都盛京研究》（北京：中国社会科学出版社，2007），页89-103。

②《清世祖章皇帝实录》，卷6，页69，顺治元年七月壬寅条。

③《清世祖章皇帝实录》，卷15，页140，顺治二年四月辛巳条。

速开城门以便赴考，窦启琮表示目前时间太早，需待五更才能前往将军衙门拿取钥匙。这些人听闻此言非常不满，不但将栅栏推倒，甚至殴打守门兵丁。窦启琮立即捉拿几名闹事者，并将此事上报驻防将军。不过部分考生被镇江府知府审讯时，却声称他们于五更打算前往府城应考，没想到竟被守门兵丁勒索，他们因不愿给钱反被绑吊殴打成伤。[①] 受限于档案不全难以得知这起案件的真相，但从中可知旗人不仅易因公务与民人发生冲突，有些旗人亦可能借职任之便违法牟利。

部分旗人由于负责看守城门或是街道，大幅增加他们与民人接触的机会，一些不法者常趁机向民人勒索。皇帝对此可说是深恶痛绝，清圣祖曾下令将这些扰民旗人严厉处置：

> 又刑部等衙门题覆："镇守西安等处地方副都统阿兰泰等，举送讹诈民财兵丁鄂罗诺等，以恶棍吓诈例，将鄂罗诺解部，应斩立决。"上曰："各省驻防兵丁，诈害小民者有之，将军、副都统等，察拿举出者甚少。副都统阿兰泰，将讹诈之鄂罗诺等察出，可嘉，鄂罗诺着即于彼地，处斩示众。"[②]

清圣祖除感叹少有旗员查拿这类"诈讹民财"的不法旗人外，还特别将不法旗人鄂罗诺斩首示众。清圣祖应希望透过此举达到杀

---

① 《雍正朝汉文朱批奏折汇编·第27册》，页305－306，《镇海将军三等伯王釴等·奏报金坛县童生与镇江府东门旗兵互哄始末情形折》，雍正十二年十一月十六日。

② 《清代起居注册·康熙朝（台北版）·第3册》，页1467－1468，康熙三十一年六月初八日条。

鸡儆猴之效，教导旗人不可贸然违法犯纪。[①]

旗人并非只有执行公务时才与民人相会，在旗、民生活圈紧密相邻的情况下，旗、民间亦有诸多日常互动，这也使得双方的冲突时有所闻。在众多旗、民冲突中，尤以斗殴案件最为常见，旗人很容易因为小事，就与民人拳脚相向甚至酿成命案。康熙三十年（1691）五月间，旗人贺二与高阳县民马虎山在酒馆内饮酒，贺二认为马虎山趁醉调戏其妻，愤而殴打马虎山，几天后马虎山因伤身亡。[②] 雍正十三年（1735）九月间，民人石管、石林两兄弟一同赶车前往满城做生意，城门附近有一旗人小孩在他们车上玩耍，石管因担心车子被压坏，手持鞭子加以驱赶。守门旗人佛保住见状骂道"你是什么人，敢把我满城里孩子喝打"，连同另一名旗人陆格出手打人，石管回家后伤重不治。[③] 乾隆十年（1746）四月间，正白旗三保牛录下披甲任瑞，与民人高凤在酒馆中发生争执，两人之后在旁人劝说下各自返家。任瑞隔日想起昨天吵架之事心生不满，携带刀子前往高凤家中理论，两人一见面立即扭打，高凤最后被任瑞持刀戳伤颈部当场殒命。[④]

旗、民冲突除上述暴力事件外，另一常见形态为土地纠纷。乾隆八年（1743）时，旗人德保和吴麟控告密云县民人汪嗣盛等

---

① 透过许富翔的研究，可以发现这类事件至雍正、乾隆朝依然常见，详可参见许富翔，《清代的旗、民关系：以江宁驻防为例》，收录于中国社会科学院近代史研究所政治史研究室编，《清代满汉关系研究》（北京：社会科学文献出版社，2011），页 218－219。

②《明清内阁大库档案》，登录号 091324－001，刑部尚书图纳・刑部为打死人命事，康熙三十年七月十九日。

③《明清内阁大库档案》，登录号 120366－001，不详・题覆正黄旗英岱佐领下披甲佛保住等打死民人石管并勒折车价审实，雍正十三年日月不详。

④《明清档案》，卷册 A142－009，《刑部尚书盛安等・刑部为戳死人命事》，乾隆十一年闰三月十五日。

人霸地抗租。这起案件早已缠讼多年，康熙五十五年（1716）双方即对簿公堂，此案难以完结的关键，在于旗地、民地间界线不明。[①] 旗、民因地界不明引起的土地纠纷，亦发生于下列案件中。康熙四十八年（1709）时滦河发生水灾，西岸李咸阳等人的土地被水淹没，在他们“自愿赔粮守候”的承诺下，土地并未被官府“报坍除粮”。雍正三年（1725）以降，过往被河水淹没的土地开始干涸，李咸阳等人继续在此耕种，不料正蓝旗宗室康宁管理旗地的家人裴君彦，却向其主表示河水退却后的淤地属于旗地，应尽速告官夺回。[②]

旗、民间的土地纠纷不仅常见于耕地，坟地有时也成为双方争讼的焦点。乾隆四十二年（1777）三月间，正白旗汉军都统范时绶派遣家人董国治等，控告民人杜怀成意图占据范家位于怀柔县红螺山的恩赏坟山，双方各执一词互不相让。范时绶虽声称此坟山为恩赏所得，相关档册却毫无记载，反而在民地粮册内，找到杜怀成拥有红螺山部分土地之数据。刑部侍郎胡季堂认为此案缠诉已久，“是否该厅县之袒护民人，抑或范时绶之家奴有心欺占，非臣等亲往查勘办理，此案终难成信谳”，恳请皇帝钦派大

① 《明清档案》，卷册 A120-087，《礼部尚书兼管户部尚书事务徐本·奏报承办旗民争控地亩事》，乾隆八年四月二十六日。此案最后交由户部审理，“德保、吴麟情愿不分界址，租与原佃民人，每年每亩议定租银捌分，在县收领，而承种民人，亦有阖庄情愿在县交租之请”，然户部认为此举无法根本解决问题，要求地方官员须“将旗、民地亩界址，分晰报部查核”，其余则依所请办理，此案才告一段落。

② 《宫中档乾隆朝奏折·第41辑》，页457-459，《直隶总督周元理·奏为遵旨勘议正蓝旗宗室康宁呈控民人霸占圈内淤地一案缘由》，乾隆四十二年十二月十九日。康宁听从家人裴君彦的建议，向宗人府投诉土地被霸占，之后有赖地方官勘查地亩与比对粮册，才厘清民人并无霸占旗地。

臣一名连同自己前往详查。[①] 透过上述案件可知，旗、民双方很容易因地权归属发生冲突，旗地的特殊性也令旗人在旗、民土地纠纷中，往往比较盛气凌人。[②]

当旗、民冲突无可避免地发生时，清政府始终秉持依法审判的明确态度。顺治四年（1647）六月间，官方在审理旗人阿尔代诬杀汉人张可材一案时特别表示：

> 朕出斯民于水火之中，统一天下，满汉一家，同享升平，岂有歧视之理。……嗣后被害汉人，遇彼不法之徒，须记其姓名，控告该地方官，即行申部，该部究其情之轻重，严行定罪，不得丝毫偏袒。至汉人，亦不得因朕此旨，反肆妄诬。着满汉官员，悉体朕意，各将该管人等，严行晓谕。[③]

清政府要求司法机关处理旗人扰民案件时必须格外留心，既不能

---

① 相关案情详可参见《军机处档·月折包》（台北：台北故宫博物院藏），文献编号023210，胡季堂等·奏为正白旗汉军都统范时绶与民人杜怀成呈控祖坟一案伏乞皇上钦派大臣一员会同臣等亲诣该处细加履勘，乾隆四十二年三月二十九日、《军机处档·月折包》，文献编号023510，胡季堂等·咨呈军机处查办正白旗汉军都统范时绶家人呈控怀柔县民杜怀成等砍伐回干数目致连坟地之争讼案，乾隆四十二年四月初四日。

② 下列案件即为很好的例证，原本单纯的民事纠纷，竟演变成刑事斗殴重案。正蓝旗汉军舒试在乾隆十六年间，购买贝勒董常坐落于乐亭县之土地，档册载有十八顷，实际上仅有十二顷。舒试曾向佃户借钱九百余串，因佃户屡催还钱，舒试一怒之下，以各佃户短交地租六顷为由，赴部具控。地方官着手调查时，舒试竟先带人强制收回土地，“各佃一百六十余户，因系多年佃种之地，虑恐失业，男妇聚集恳求，舒试不允，致相争殴”。详可参见《宫中档乾隆朝奏折·第42辑》，页106－109，《直隶总督周元理·奏为讯明正蓝旗包衣汉军武举舒诚呈控佃户朱亮公等隐罢地亩案恭折奏闻事》，乾隆四十三年二月十三日。

③《清世祖章皇帝实录》，卷31，页260，顺治四年四月丁酉条。

特别偏袒旗人，也不可矫枉过正让汉民随意诬告。清政府对旗、民冲突案件的公正态度，下述例子更是表露无遗。乾隆五十六年（1791）十月间，民人李大因马甲威灵阿欠钱不还，前往营房向其索讨，威灵阿之妻见到李大后，告知丈夫并不在家，但李大仍一直吵嚷不愿离去，骁骑校穆克登额和马甲德通等人见状，遂将李大捉拿并在官厅责打，导致李大伤重殒命。刑部审理此案时，将穆克登额问拟绞监候，清高宗对刑部的判决则有以下裁示：

> 刑部将穆克登额，拟以绞候，于罪名尚无错误，但折内称李大，系属有罪之人，依擅杀罪人律定拟，则所引殊未允协。马甲威灵阿赊欠李大钱文，许以十月初八日下晚清还，李大届时往索，其理本直，并非有罪之人。穆克登额庇护马甲，因李大出言顶撞，喝令迭加杖责毙命，自应按律拟抵。而刑部辄称李大究属有罪，是旗人欠负民人钱文，俱不应索讨，势必至益加横恣，遇有钱债事件，民人竟不敢向其清理，何以示平允而昭公当？朕办理庶务，于旗、民从不稍存歧视，如民人有应得之罪，固当按律惩治；若曲在旗人，亦必加以重惩，不少宽贷。惟期情真罪当，用法持平，绝无畸轻畸重于其间。①

清高宗并未完全否定刑部的判决，仅不认同刑部将李大称为

---

①《清高宗纯皇帝实录》，卷1391，页691，乾隆五十六年十一月甲午条、《明清内阁大库档案》，登录号092344－001，移会稽察房奉上谕，乾隆五十六年十一月二十七日。清高宗进而表示："刑部以索欠之李大，指为罪人，是该管官员袒庇于前，而刑部又袒庇于后，皆属非是。刑部堂官着饬行，并将此旨，传谕八旗并各营房，一体刊刻张挂，俾各触目警心，共知惩戒。此案穆克登额，着另拟绞监候秋后处决之罪，余依议。"

"有罪之人"。清高宗强调自己面对各种讼案时，必定抱持公正态度，无论旗、民皆一视同仁。清高宗针对罪名锱铢必较的言论，可见皇帝对旗、民冲突的审理确实大公无私，毫无偏袒旗人之意。

综观清朝的旗、民冲突，官方几乎都如同上述皇帝态度般，依照法律进行审理。① 清政府并不因旗人身份之特殊而网开一面，旗人在旗、民冲突中并未占有太多优势，若旗人涉及严重旗、民冲突，甚至可能被从重处置，康熙三十一年（1692）的一起案件即说明该情形：

> 刑部题，和尚故杀王七，拟斩监候，秋后处决。助殴德尔、白代，及同谋往殴他布代、达尔渣、李三、郑二，俱枷号三个月鞭一百。上曰："和尚着三法司核拟具奏。德尔、白代等，俱系旗下人，不遵法纪，伙结党类，将王七带出城外殴死，殊属可恶凶恶之徒，不可不惩，俱着充往黑龙江。"②

原本助殴的德尔、白代，仅需被枷号三个月鞭一百，但清圣祖认为该判决不足惩凶，决定将原本可以免于发遣的旗人发往黑龙

① 相关案件的处理情形，详可参见《明清内阁大库档案》，登录号120032－001，兵部尚书暂理直隶总督唐执玉·揭报热河旗人蔡黑子强奸徐永德之妻赵氏致赵氏自缢身死，雍正八年十一月初五日、《明清档案》，卷册A69－147，《刑部尚书徐本等·题覆旗人扎死人命情真律绞监候秋决》，乾隆二年二月初三日、《明清档案》，卷册A214－085，《刑部等衙门大学士管理部务刘统勋等·刑部奏提督衙门六达色抢夺钱文殴伤事主赵大由》，乾隆三十七年四月二十一日。

②《清代起居注册·康熙朝（台北版）·第3册》，页1621－1622，康熙三十一年十月二十日条。

江。旗人遭受严惩之情形，乾隆年间亦有类似案例。乾隆二十五年（1760）五月间，旗人化五因为细故，与包衣闲散人任老儿、民人陈四发生口角，隔天化五带着端格等人将两人殴成重伤。承审官员认为“化五、端格身系旗人，亦各立绰号，行同无藉，情尤可恶，若不严加惩治，何以绥靖地方”，建议将为首的化五和端格发往宁古塔充当苦差。清高宗大致认同该判决，仅将发遣地从宁古塔改为伊犁。① 在清朝法律的设计中，不法旗人理论上均适用“犯罪免发遣”律，这些被发遣外地无法折枷换刑者，无疑是被官方从重处置。

上述案件中的旗人之所以遭受严惩，或许是因为清政府想借此恫吓旗人，不许他们随意扰害民间。官方这种积极处理的策略，在旗、民严重斗殴案件中更是明显。乾隆十八年（1753）十一月间，帽铺匠人翁岐周携带缎一丈五尺路过铁线巷大街，巧遇酒醉的旗人七达儿和勒尔金。双方偶然相撞后发生争吵，勒尔金顺手一推，翁岐周手上的灯和绸缎均掉落地上，翁岐周以为碰到匪徒于是高声喊叫，一旁民人王殿臣等闻声来救，双方陷入一阵拉扯扭打。混乱中七达儿拿出小刀吓阻他人，却在黑暗中误伤多人。审理此案的浙江巡抚觉罗雅尔哈善做出以下判决：

> 查刃伤人者，律应杖八十徒二年，系旗人折枷号一个月；又律载手足殴人不成伤者，笞二十，系旗人鞭二十等语。七达儿虽因被众误拿情急，原非有意逞凶，但以小刀划

① 《明清档案》，卷册 A201－096，《大学士兼署步军统领事务傅恒·署步军统领奏报旗人纠众殴人重伤请旨发边当差》，乾隆二十五年六月初五日。

伤三人，不便轻纵，应将七达儿，枷号三个月，游示各门，满日鞭一百。勒尔金不守营规，酗酒、将人推跌争闹，一笞不足蔽辜，应枷号一个月，满日鞭一百以儆。①

比较律文内容和雅尔哈善的判决，即可发现七达儿和勒尔金已被加重处罚，但清高宗仍不满意，特别下旨要求再行加重：

> 各省驻防，旗、民皆同城居住，从未有争忿互殴之事，惟杭州近年，屡经犯案，此风断不可长。……七达儿等一案，该抚仅拟照常办理，不足示惩。着将在场争殴人犯，不论旗、民，按名拘提，研讯确实，俱行发往吉林乌拉当苦差。嗣后该处旗、民互殴之案，无分曲直，俱着照此办理。②

由于杭州已发生多次旗、民斗殴事件，③ 清高宗早就深感不满，故令不分旗、民均施予重惩。不过雅尔哈善则又奏称该事件中的旗、民双方实属无心之过，希望可以"将七达儿、勒尔金、翁岐周、王殿臣，不分旗、民，各枷号三个月，游示城门，满日各重责四十板"，日后若再发生类似案件则依皇帝上谕办理。雅尔哈

---

① 《宫中档乾隆朝奏折·第7辑》，页32－33，《浙江巡抚觉罗雅尔哈善·奏报审明办理旗民争殴案折》，乾隆十八年十二月初四日。

② 《清高宗纯皇帝实录》，卷453，页902－903，乾隆十八年十二月庚子条。

③ 在乾隆十六年九月间，另有一起镶白旗汉军方国瓒和民人翁汉超，因买鞋冲突而起的斗殴案件。详可参见《军机处档·月折包》，文献编号007290，闽浙总督喀尔吉善·奏覆杭城旗兵互殴案，乾隆十六年九月十四日。

善的这番求情，最终得到皇帝同意。[①] 清政府为彻底化解旗、民冲突，试图以严刑峻法防患于未然。在这起杭州斗殴案件中，无论旗、民皆被加重处罚，再次证明皇帝对旗、民双方皆平等对待，旗人并未得到太多特殊庇护。[②]

三、 旗、民冲突中的旗员角色

面对为数众多的旗、民冲突，皇帝深知事后严惩仅亡羊补牢之策。皇帝认为有效减少旗、民冲突的关键，实存于驻防八旗官员身上。旗员平时若能妥善教化与管理旗人，才可根本解决旗、民冲突的层出不穷。每当驻防旗员临行陛辞时，皇帝常不厌其烦叮咛嘱咐，例如清圣祖曾有言：

> 自将领以至兵丁，宜严行禁饬，凡市肆要地，毋得侵占。至秋成之后，尔等可亲率兵丁，不时操练，务期队伍整肃，纪律严明，毋得借端扰害百姓。凡尔等举动，皆为兵丁表率，所行若正，不独官兵有益，即地方亦受其福矣。[③]

清圣祖的类似言论可说是不胜枚举，足见其对驻防旗员稳定地方

---

① 《宫中档乾隆朝奏折·第7辑》，页478－480，《浙江巡抚觉罗雅尔哈善·奏为遵旨覆讯杭州驻防兵丁与民人互殴案折》，乾隆十九年正月二十五日。

② 旗、民斗殴事件一直受到清政府关注，详可参见潘洪钢，《清代驻防八旗的民族关系研究——从荆州旗、民的几次斗殴事件入手的探讨》，页72－76、林承志，《分镇岩疆·驻卫内里——清朝驻防八旗问题研究》，页234－241。

③ 《清代起居注册·康熙朝（北京版）·第15册》，页7155，康熙二十二年八月二十日条。

秩序的期待。[①] 清世宗亦常出言勉励，例如雍正四年（1726）六月间，福州将军宜兆熊接到皇帝下令整顿旗人风俗之旨后，随即奏曰："敬记圣训，夙夜兢兢，时时训诲，务使尽革故习，凛遵法度，以期管教到十分好处"，清世宗则以朱批训勉曰："朕在此竭力整饬训诲，卿等当体朕之勤，加力训练，无负朕之委任，朕非负大臣之主也，勉之再勉。"[②] 雍正六年（1728）四月间，福州将军蔡良上任后，奏称时时刻刻都关心旗人风俗，并常透过明查暗访了解旗人是否违法犯纪，清世宗在此奏折朱批道："嘉悦览之，即照此奏实力行之，不可始勤终怠。凡事必待久长行之，方有实效。目前些微之革，不过暂时畏法之势，不可为凭。移风易俗，非易事也，勉为之。"[③] 针对教化与约束驻防旗人一事，清世宗再三劝勉旗员多加努力，不可辜负皇帝的苦心。

根据上述朱批内容，当能理解皇帝对旗员的寄予厚望，这也使得旗员如果不够称职，多被皇帝不留情面地指责。例如雍正七年（1729）三月间，清世宗曾训斥噶尔泰玩忽职守：

---

① 例如《清代起居注册·康熙朝（北京版）·第13册》，页6009－6010，康熙二十一年八月初六日条："朕闻杭州驻防官兵，将地方民人商贾，甚加刻害。官兵驻防省会，原以镇守地方，使民生有益。今既无益，反行刻害，是何理也？今任尔为副都统，尔须留心此事，以副朕简用，将官兵严加约束。如仍前恣行，决不轻恕。杭州犹可，镇江更甚，尔今往，将朕谕传与彼处将军、副都统等知之。"、《清代起居注册·康熙朝（北京版）·第13册》，页6125－6126，康熙二十一年九月初五日条："国家设立督抚、提镇，原以为民。向来驻防镇江、杭州、福建等处汉军官兵，皆恣意妄为，侵霸廛市，擅放私债，多买人口。如哈喇库、诺迈等，止知营私，罔遵法纪，买人至盈千百，此等匪人，用之何益？昔孟乔芳总督陕西，李率泰总督福建时，能洁己奉公，爱民恤士，秦、闽人至今思之。尔到地方，宜恪遵国宪，安戢兵民，毋负朕委任至意。"

②《宫中档雍正朝奏折·第6辑》，页329－330，《福州将军宜兆熊·奏为叩谢天恩特传圣旨嘉勉》，雍正四年七月二十一日。

③《宫中档雍正朝奏折·第10辑》，页238－239，《福州将军蔡良·奏报整饬地方驻防习气》，雍正六年四月十一日。

汝省城内，正月初间，连日被盗，兼旗兵种种不法，今朕于他处闻之，你又何颜对朕也？如果不闻不见，乃尸位木偶，无耳目之人也；若有闻见而匿不奏朕，负恩无知，有过汝者呼？看此光景，似福尽矣，深为寒心。向后仍然一味欺隐沽誉，朕不用此等好好先生也，戒之，慎之。[①]

如此疾言厉色之言，不仅表现出清世宗对噶尔泰的失望，亦反映皇帝重视旗人在外扰乱秩序的一面。除了言语斥责外，未妥善管教旗人的旗员还有可能遭受惩处。康熙四十一年（1702）八月间，发生一起护军姚保住打死太监赵进朝之案，刑部认为姚保住打死人时，该管官因不在身边，得以豁免管教不严之罪。清圣祖对此判决却持反对立场：

朕立此法之意，专欲令此辈，人人咸知畏惧，平日将赌钱、饮酒、妄为杀人之事，令其训诫警省，庶使人命减少，全非为杀人时，必亲身在傍，始与问罪而设。今该部以该管人员，杀人时不曾在旁，将他事托名开豁，此后虽有定例，与无例同，部议辄以无容议了之，嗣后谁肯于平日勤加训饬？此议殊为不合。[②]

刑部原本不打算议处该旗员，但皇帝认为这种开脱行为，

① 《宫中档雍正朝奏折·第12辑》，页718－719，《噶尔泰·奏报本城内屡次被盗兼旗兵种种不法事件奴才实系未曾听闻今后当事事小心并敬遵圣训》，雍正七年三月二十日。

② 《清代起居注册·康熙朝（台北版）·第17册》，页9528－9529，康熙四十一年八月二十二日条。

将产生日后旗员不愿努力教化旗人之恶果，否决了刑部的判决。

地方旗员接到皇帝谕令与训勉后，亦常回报自己的积极作为。福州将军新柱上任之初，即下令旗人“无事不得辄往民街”，期待借由隔绝减少双方冲突。[①] 广州将军蔡良则奏称，如果旗、民间发生口角争斗，“凡属兵壮人等，随饬发该旗，无论孰是孰非，先即量其事之轻重，分别各加责惩，以儆其喜斗乐争之过恶，然后再定其理之曲直”，而此法确实收到不错成效。[②] 由此或可得知旗员平时若愿花心思管教旗人，多少能减少旗、民冲突的发生。

在皇帝的严格要求与控管下，地位较高的旗员诸如驻防将军、都统者，多会尽心留意旗人的风纪问题，然而这种君臣的上下一心，似乎难以贯彻始终。从一些实际案例来看，部分基层旗员不仅没有担负约束旗人之责，甚至还成为旗人扰害民间的重要因素。乾隆二十七年（1762）闰五月间，镶白旗满洲白福佐领下领催满常巡街时，看到同旗的保明正因买针纠纷，和民人马福廷店内的两个伙计打架。满常想起先前马福廷不给赊账，打算挟怨报复，立即向佐领阿明说起此事，并强调马福廷在旁指使伙计打人。阿明及其上司城守尉图壁赫两人不明就里，擅自拿问马福廷及其伙计高文江，打了他们一百多鞭。此案最后白福和阿明两

---

① 《宫中档乾隆朝奏折·第12辑》，页302－304，《福州将军新柱等·奏报初次满兵全数到闽并分别安顿管束情形折》，乾隆二十年八月初十日。

② 《雍正朝汉文朱批奏折汇编·第16册》，页577，《广州将军蔡良·奏报遵旨整顿驻防兵壮奢靡赌博斗殴积习情形折》，雍正七年九月十一日。

人，因督导不严加上擅责民人，俱被革职处分。[①]

基层旗员除借由职权挟怨报复外，更令人诟病的恶劣行径，就是徇私包庇扰民旗人。乾隆三十年（1765）十一月间，京畿良乡县驻防防御八十六晚间酒醉外出，看见生员刘泰对墙便溺，八十六高声斥责后动手殴打刘泰，甚至令当班兵丁成住德、克精厄一同鞭打，刘泰敌不过这群旗人，被打倒在地失去意识。刘泰未有明确犯行，但八十六的长官防守尉长禄呈报此案时，竟称刘泰当时“信口糊说，似属醉形，且欲与章京八十六殴打”，试图将八十六的行为合理化。[②]防守尉长禄不仅未扮演好管教旗人的角色，事端发生后还为不法旗人掩饰与开脱，如此一来旗人风纪自然每下愈况。

旗员有时为了袒护旗人，在调查报告中多会避重就轻，尽量把过错推到民人身上。乾隆二十六年（1761）六月间，发生一起民人孟兰保与披甲田七保，在镶蓝旗新营房中斗殴的案件，孟兰保供称他与披甲书德、额尔登布、田七保等人，因赌钱发生冲突，副都统宗室弘晌令章京乌灵阿等详查此事。乌灵阿在调查报告中，强调事发经过乃“孟兰保酒醉，进营房混行吵闹，因我等

① 皇帝针对此案特别表示：“凡驻防旗人，内有不安本分，妄生事端者，该管官自应责处示惩。若民人自有地方官管理，即或犯罪，亦当交与地方官审明，按例查办，旗员岂可即将民人拿往擅责？果尔，则旗人设遇斗殴之案，地方官亦可拿往责治矣，成何事体？”由此可知皇帝严格执行旗、民分治之立场。此案诸多不法旗人，最后都被从重处置：“今满常因挟向马福廷赊不允微嫌，辄敢架词诬禀，希图报复，殊属扰害。满常改发黑龙江，交与该将军，定地安插，充当苦差。保明身充披甲，以买针细故，辄与人斗殴，若仅照律拟笞，无以示儆，保明应照不应重律，杖八十，仍交与本处，再加枷号一个月示众，系旗人满日鞭八十，革去披甲。”参见《明清档案》，卷册 A203－099，《刑部尚书舒赫德等·刑部奏覆领催扰害良民照例发黑龙江当差》，乾隆二十七年六月二十六日。

②《官中档乾隆朝奏折·第 27 辑》，页 53－55，《直隶总督方观承·奏为查审良乡县防御八十六酒醉因细故喝令披甲人殴打生员刘泰致成重伤一案按律讯明定拟事》，乾隆三十年十二月十九日。

亲身拿获，乃伊指称赌钱，明系藉以图赖”。然此案送交刑部审理时，发现孟兰保与田七保等人当天实有聚赌行为。弘晌得知此事不禁对乌灵阿等人包庇旗人的行为大为光火：

> 章京乌灵阿等，理宜竭力约束兵丁，遇有赌博不肖之事，即行严拿，何得仅将孟兰保酒醉斗殴之处呈报？至孟兰保擅入营房，与书德、额尔登布、田七保等赌博，竟自隐匿未报，迨至孟兰保供出赌博，谕令复行查讯，而乌灵阿等，仍复希图免罪，故为掩饰，以书德、额尔登布等，并未赌博为词，谎捏呈报，情寔可恶。①

乌灵阿等人不惜将过错全数加诸民人孟兰保身上，借此掩饰书德等人劣行，若非刑部最后查明真相，他们捏造事实蒙蔽上司的计划将得逞，乌灵阿等人最终也为此付出轻重不一的惩处代价。②

旗员由于身隶武职，基本上无权处理刑名之事，然而基层旗员有时为了袒护旗人，亦会尝试运用各种机会介入审判程序，企图扭转局势让旗人占得上风。乾隆三十二年（1767）九月间，直

---

①《明清档案》，卷册 A202－087，《署理督察院左都御史事务傅森·都察院奏报验看革职骁骑校》，乾隆二十六年十一月初六日。

② 乌灵阿等人所受之处分，均属官员查赌不力的行政制裁，相关内容详可参见《钦定大清会典事例（光绪朝）》，卷 612，《兵部·八旗处分例·禁赌》，页 22a：“八旗凡有查拏赌博之责，若明知不即查拏，代为隐讳者，官降三级调用。”、《钦定大清会典事例（光绪朝）》，卷 131，《吏部·处分例·赌博》，页 11b：“派出查拏赌博之员，如有失察者，每次罚俸一年。”、《钦定大清会典事例（光绪朝）》，卷 612，《兵部·八旗处分例·禁赌》，页 25a－25b：“又奏准，兵丁犯赌，将失察之该管佐领、防御、骁骑校，每一次罚俸三月；该参领、副参领、协领、城守尉、总管，有失察三次者，罚俸三月；该管都统、将军、副都统，有失察五次者，罚俸三月。又奏准，兵丁犯赌，该族长系官，每一次罚俸两月，常人鞭二十五，领催每次鞭五十。”

隶霸州的旗人阿林，前往民人王钦德所开当铺典当羊皮马褂，王德钦向其表示过往曾有典当皮衣遭蛀赔钱之事，当铺如今已不接受这类衣物之典当。阿林对此相当不满，不仅与王德钦发生激烈口角，还与王德钦之子王发、店内伙计郝万仁相殴，王德钦见状马上叫另名伙计郝瑾前往防守尉衙门呈告。郝瑾抵达防守尉衙门时，守门兵丁基德转告防守尉五德病重，不宜为此事惊动，他们会尽速将阿林带回。郝瑾返回当铺途中，巧遇阿林、基德等人，他们一见到郝瑾，不由分说就是一阵猛打，昏迷倒地的郝瑾，最后被路过的披甲侉色等人送回当铺。

这起旗、民斗殴事件发生后，旗员防守尉五德、防御西兰泰与骁骑校安泰，并未追究阿林等人刑责，反而策划如何掩饰其犯行。五德向上报称此案时，强调阿林先在当铺被民人殴打，这些民人事后还前往防守尉衙门闹事，五德迫不得已才令披甲用鞭驱逐喧闹之人，过程中不慎将郝瑾殴打成伤。为了让上述说词毫无破绽，西兰泰特别向邻近绿营借了鞭子一根，与防守尉衙门内原有的两根鞭子一起列为证物。基德等人因涉及殴打民人，被解送至霸州知州衙门羁押，西兰泰与安泰当晚便前往知州衙门要求放人，却被知州李汝琬以保辜为由断然拒绝。西兰泰等人深感不满，赴京控告李汝琬擅自锁拿旗人。在旗员各种干预下，此案陷入严重胶着，纵然直隶总督方观承亲自审讯，西兰泰等人仍不愿供出实情。方观承眼见无计可施，奏请皇帝将此案转交刑部完结。[①] 清

① 本案情节详可参见《宫中档乾隆朝奏折·第29辑》，页169－174，《直隶总督方观承·奏为霸州防守处披甲宁保之子阿林因当羊皮马褂与当铺之人互殴一案经臣再三审究屈仰实难定案可否解交刑部审理完结事》，乾隆三十二年十二月二十三日。西兰泰等人在此案中，始终不愿意配合调查，安泰甚至向方观承说："我年已老，要杀就杀了罢"，由此可见旗员之跋扈。

高宗乃将西兰泰等人革职，交给方观承全权审理，[①] 这才使得西兰泰等人俯首认罪，一起旗人恃强殴打民人之案就此水落石出。[②] 旗员在地方旗、民交涉案件中，虽然没有太多司法权，但他们常透过身份特殊性，干预审判甚至设计案情瞒天过海，以达到包庇旗人之目的。[③]

旗员擅自影响司法审判的不法行为，在东北奉天地区格外严重。当地旗、民参半杂处的人口结构，与直省或边疆地区大不相同，八旗管理体制较其他地方更为繁复，旗员权势也随之水涨船高。康熙二十七年（1688）十月间，清圣祖在盛京刑部侍郎吴世巴陛辞时，指出当地长期存有“刑部审事，或别部官员，及旗下官员、闲散之人，与审事之人并坐，干预所审事情，又与堂官同坐，嘱托事体”积弊，希望吴世巴赴任后“务于此项禁约，持正而行”。[④] 由此可见东北奉天地区的旗员甚至是一般旗人，常借机影响司法判决。

东北奉天地区另一常见相关问题，为民人居住旗地、旗人居

---

① 《清高宗纯皇帝实录》，卷 801，页 804，乾隆三十二年十二月乙酉条。

② 《宫中档乾隆朝奏折・第 29 辑》，页 552－555，《直隶总督方观承・奏为遵旨审拟霸州披甲阿林在典铺斗殴滋事该管官员由曲为袒护一案兹将审拟缘由并供单恭呈御览》，乾隆三十三年二月初七日。除了“防守尉五德先经病故，毋庸议外”，方观承对于这些不法旗人，皆提出轻重不一的处分。旗员西兰泰、安泰与常德，均遭革职，其中西兰泰还因“律载推按问事，报上不以实者，杖八十徒二年”，“照例折枷三十日，鞭八十”。

③ 原本理应秉公审理旗、民冲突的理事同知、通判，有时亦会出现类似行为。由于理事同知、通判本有审理旗、民交涉案件之权，导致他们更容易在司法审判中包庇旗人。相关内容详可参见〔清〕张集馨著，杜春和等点校，《道咸宦海见闻录》（北京：中华书局，1993），未分卷，《戊戌三十九岁（道光十八年 1838 年）》，页 38。

④ 《清代起居注册・康熙朝（北京版）・第 24 册》，页 12085－12086，康熙二十七年十月十一日条。

住民地的劫盗案件，或是路旁出现无名尸时，旗、民官员多会推诿卸责。清政府曾规定一旦发生上述事件，旗、民官员必须会同处理。[①] 然而现实中的旗员，大多不愿遵守相关规定，甚至运用自身权势袒护旗人。雍正十二年三月间，奉天府尹吕耀曾奏称雍正十年（1732）十月间，有一山东民人周天兰在旗地身故，当时旗员并未知会民官一同前往验尸，直接"捏称病死"。来年四月间，周天兰之兄周天芳私下特别调查后，惊觉其兄是被旗人景四等殴毙，于是向盖平县重提诉讼，不料旗员仍不愿尽心协助审判。吕耀曾查阅相关案牍后，发现雍正九年（1731）六月间，另有一起义州瓦子营达子脑等人，谋财害死山东民人徐二之案，依规定交由盛京将军衙门办理却至今未结。吕耀曾根据这两起案件，推测这类案件在奉天地方应不胜枚举。[②] 东北奉天地区由于旗人众多，旗员在审判程序中拥有更多运作空间，造成民人遭逢旗、民冲突时常居于劣势。清政府并未漠视该状况，而是透过多次当地司法制度改革，意图彻底解决问题。[③]

---

① 《雍正朝汉文朱批奏折汇编·第22册》，页61－62，《奉天府府尹杨超曾·奏请画一办案定例以便查处疏防旗民官员折》，雍正十年三月二十七日。杨超曾于此奏中，针对旗、民官员互相推诿提出了解决方式，清世宗的朱批则为"是，具题奏"，可见得到皇帝的认同。

② 《宫中档雍正朝奏折·第22辑》，页721－723，《奉天府府尹吕耀曾·奏报奉天地方检验尸伤事情应与旗员会同检验以禁弊端事》，雍正十二年三月十五日。吕耀曾亦针对此事提出改革方案，他建议在奉天地区增设理事通判二员，其一驻奉天府之盖平县，分管海、盖、复、金四州县；其二驻锦州府之锦县，分管锦、宁、广、义四州县。

③ 皇帝首先同意吕耀曾之建议，参见《清世宗宪皇帝实录》，卷144，页805－806，雍正十二年六月壬申条。除增设理事通判外，清政府于乾隆年间还下令"凡遇旗、民词讼事件，悉归州县审理"，企图减少旗员干预司法的机会。然而类似状况在道光年间仍被提及，光绪年间甚至进一步为盛京州县官加上理事衔，并再次强调"一切地方案件，全归州县审理"，足见该问题之根深柢固。相关讨论详可参见丁海斌，《清代陪都盛京研究》，页97－103。

清政府对旗、民平时冲突的处理，可说是经过缜密的思考与安排，无论会审制度的实施、依照法律秉公审判还是要求旗员严格管教旗人，均反映清政府对旗、民冲突的重视。然而清朝皇帝的一片苦心，常被基层旗员的违法包庇毁之殆尽，不仅导致旗、民冲突事件层出不穷，旗人逍遥法外的机会更是大幅增加。皇帝即使不断劝谕旗人安分守己，无奈的是言者谆谆，听者藐藐，皇帝心中旗、民和平共处的景象终究难以完全实现。

第六章 结论

纵观中国历史上非汉民族建立的“征服王朝”，均有“社会、文化二元性”的共同特征。这些“征服王朝”即使入主中原仍维持本民族特色，传统的“夷狄入中国则中国之”概念未必尽符史实。魏复古提出的“征服王朝”理论，时至今日已成为研究辽、金、元与清四朝历史的重要观点。不过思考“征服王朝”的“社会、文化二元性”特征时，有两个面向值得留意。首先，所谓“社会、文化二元性”，或可再细分为社会与文化两大范畴。“征服王朝”为了巩固政权，常给予“征服者集团”一些特殊的权利与义务，并将他们纳入专属管理体系中，这种带有浓厚制度属性的分类方式，乃社会二元性的重要象征。有别于此，文化二元性的主要特点则是“因俗而治”，即不同族群多能保有其生活习惯。另一重要面向为“征服王朝”的“社会、文化二元性”其实富有变化，不仅四个“征服王朝”的状况不尽相同，某一“征服王朝”在不同时空下，其“社会、文化二元性”也难以一概而论。上述两点反思，说明“二元统治”执行时的复杂性，值得继续深入厘清。

本书基于上述脉络，试图探讨清朝的“二元统治”，及其“社会、文化二元性”的特殊处。清朝统治中国长达两百多年，无论关外崛起还是关内统治时期，清朝的“征服者集团”皆为旗人群体，八旗组织可说与清朝相始相终。[①] 关于帝国统治政策的分析，或可从其法律体系着手，因为这些规范是皇帝管理臣民的重要依据，具有一定参考价值。本书于是选择以旗人的法律地位为题，借此一探清朝“二元统治”的特征与意义。

透过本书的综合分析，可以发现清朝相较于其他“征服王朝”实存有一些特点。首先，清太祖建国之初，并未明确推行女真与其他族群相区隔的“二元统治”，此举导致各族群成员很早即进入八旗组织。清朝入关后则实行“旗、民分治”，该策略无疑为一种“二元统治”。不过随着皇权的日益上升，八旗制度亦发生变化，例如八旗原有的司法职能渐被调整，促使八旗与民政两大体系间不再迥然不同。

其次，“征服王朝”入主汉地部分或全数地区时，常会面临法律继受与适应的问题。对此辽朝创建“南、北面官”制度，金、元两朝则试图将游牧民族法与汉法相融合，仅在一些民事习俗上“因俗而治”。清朝采取的策略与辽、金、元三朝不尽相同，其入关后曾短暂“因俗而治”，不过很快即选择继受传统中国法律体系，关外时期规范渐被取消，法典一致化的情形较金、元两朝更为彻底。[②] 不过皇帝为巩固政权，不可能将旗人与帝国其他

① 佟佳江则认为清朝灭亡时八旗制度尚未结束，直到国民革命军北伐成功北洋政府宣告结束后，八旗制度才因清末南北议和商定的优待条件被废止而消失。相关讨论详可参见佟佳江，《清代八旗制度消亡时间新议》，《民族研究》，1994：5（北京，1994. 09），页 101－108。虽然八旗制度在民国时期没有立即消失，但其存在大多是为保障既有旗人之生计，身隶旗籍者不再拥有过往的权利与义务，与昔日情境早已不同。由此观之，或许仍可视八旗制度与清朝相始终。

② 此处主要针对满洲关外旧制与传统汉制而言，若从更广泛的角度来看，清帝国针对边疆少数民族仍多采“因俗而治”。有鉴于南、北边疆环境与文化的不同，相关政策又略有差异。相关讨论详可参见杜文忠，《边疆的法律——对清代治边法制的历史考察》（北京：人民出版社，2004），页 1－14、72－78。

成员完全一视同仁，最明显处为不法旗人拥有换折枷刑的优待。不过此举应是统治者巧妙运用汉法元素，为旗人量身定做的特殊待遇，无法单纯以“因俗而治”角度视之。

清朝早在关外时期已选择放弃一些旧俗，收继婚制的禁止当属很好的例证。清朝入关后的民事规范也几乎继受明律，不同于金、元两朝允许本民族成员仍行旧有婚嫁或继承习俗。皇帝一方面虽对旗人呼吁应保有满洲本色，另一方面却又扬弃蕴含深厚文化色彩的习惯法，足见皇帝在官方文化政策中扮演重要的权衡角色，其中微妙的尺度拿捏，或许为皇帝巩固政权之关键。当此全国通行一致的法律体系日益成熟时，不仅对帝国治理有所帮助，亦能强化八旗内复杂群体的整合，令旗人宛若一种由制度塑造而生的特殊身份。①

在现代社会的法律体系中，“法律之前人人平等”为一基本要素，但十九世纪前的世界各国，根据身份区分法律地位的“身份法”才是主流思想。② 在儒家文化格外以身份为重的影响下，“身份法”在传统中国的实施不仅源远流长，③ 更出现重视家内

---

① 由于皇帝选择放弃许多满洲民事旧俗，大量继受汉式民事规范，促使清朝“征服者集团”内部较无“因俗而治”，此举应有助于强化旗人群体的一致性。另一方面，皇帝规定八旗成员均须拥有国语骑射技能，即使汉军也不例外。如此一来无论社会待遇还是文化象征，旗人间几乎没有差异，八旗组织亦变得更为紧密。关于皇帝对旗人国语骑射的要求，详可参见叶高树，《清朝前期的文化政策》，页351－408。

② 郭建等著，《中国法制史》，页125。

③ “身份法”强调“身份秩序”的等差性。由于传统中国法律的基础为礼教，特别重视社会中的人际关系，即使犯罪行为相同，法律常因加害人与被害人的身份、辈分、性别甚至职业之别，产生相异的处罚。传统中国法律规定的几种重要关系，主要为君臣关系、亲子关系、夫妻关系和良贱等级。相关讨论详可参见黄源盛，《从传统身份等差到近代平权立法》，收录于氏著，《中国传统法制与思想》（台北：五南图书出版公司，1998），页372。

身份及其相关规定严密，这两种异于世界诸国之特色。[1] 为维护儒家文化强调的“纲常名教”，家族主义与阶级概念遂成为传统中国法律的两种基本精神。[2]

古今中外各个社会多根据一些特质将众人分类，这些特质包括性别、年龄、种族、宗教、族群或教育等方面。诸多社会团体因地位不同形成社会不平等（social inequality），其若属定型化或是稳定结构，则可称为社会阶层化（social stratification）。[3] 上述社会学理论谈到的社会团体，即人们的社会性身份，由于界定群体的标准相当多元，多种身份常同时存于一人身上。相较于现代社会，传统中国因特别着重“身份法”，社会阶层化情形甚为突出，此外在制度与身份的交错互动下，身份之别变得更为复杂。部分身份乃因制度长时间实践而稳固，有些身份则随制度改革而消失。[4] 然而身份的定义又非完全依循国家政策，民间也有

---

① 梁治平认为伦常为家庭关系的抽象化，是传统中国身份社会的起点。此外，中国的阶级规范较西方来得严格与广泛，西方国家正因法律中的阶级分野较不强烈，逐渐发展出城市平民社团。相关讨论详可参见梁治平，《身份社会与伦理法律》，《读书》，1986：3（北京，1986. 03），页 36－42。

② 瞿同祖，《中国法律与中国社会》（北京：中华书局，2005），页 353－354。

③ 瞿海源等主编，《社会学与台湾社会（精简本）》（台北：巨流图书公司，2002），页 120。

④ 制度与身份间的互动非常微妙，例如清朝的乐户、堕民、渔户、蜑户和丐户等区域性贱民，自雍正年间的豁贱为良令后陆续转为良民。不过先前其实仅有乐户被正式列为贱籍，其他群体则是在社会上被习惯性歧视。官方的一视同仁，或许存有将他们一起化为良民的美意，但此举反而造成民间自行认定的贱民，从此被国家贴上贱民标签。乾隆三十六年规定贱民转为良民者，必须“下逮四世”方能应试，条文中提到的贱民，即以雍正年间豁贱为良令中，诸多被解放的群体为主。详可参见经君健，《清代社会的贱民等级》（北京：中国人民大学出版社，2009），页 189－191。

与身份相关的共同“感觉”。[1] 清朝入关后大量继受明律，中国法律传统中的“身份法”特质亦随之延续。该背景或有助于皇帝强化旗人的制度性“身份”，借此降低旗人的族群既定印象，令旗、民关系更为和睦。然而汉民们对此“身份”又会如何“感觉”，可能是另一个尚待细究的课题。

综观本书的多方面讨论，可知旗人的法律地位确实特殊。旗人身为皇帝极为仰赖的群体，自然拥有许多特殊权利，但从另一层面来看，他们往往也被八旗制度所束缚。关注旗人“特权”的同时，亦需留意他们身负义务的一面。除此之外，皇帝灵活调整法律的手腕更是不容忽视。旗人的法律地位绝非一成不变，皇帝常敏锐地审慎情势，透过修法进一步保护与约束旗人，其中又以后者较常被忽视。皇帝对旗人风气问题始终念兹在兹，多次增修条例改变旗人刑罚模式，部分行为恶劣之旗人，甚至会被皇帝加重其刑。此举不仅让不法旗人难以逍遥法外，尚有以示惩戒的积极作用。

由于旗人的法律地位一言难尽，本书最终选择借由“根本”与“世仆”两词加以诠释。清朝皇帝提及八旗时，常称其为国家的“根本”与“世仆”，[2] 这两个概念即使未必是八

---

① 无论国家还是社会，均有其对于身份的界定，但这两者间有时无法完全吻合。例如明代法律定义的贱民群体，远比社会上被视为者少得多。详可参见岸本美绪，《明代的应考资格和身份感觉》，收录于黄宽重主编，《基调与变奏：七至二十世纪的中国（1）》（台北：台湾政治大学历史学系等，2008），页 257－281。

② 关于皇帝视八旗或旗人为“国家根本”的言论，本书已多有举证，此处不再赘述。另“世仆”指称详可参见《清高宗纯皇帝实录》，卷 571，页 251，乾隆二十三年九月庚戌条：“伊等皆八旗世仆，沐国家豢养之恩，分当效力。”、《清仁宗睿皇帝实录》，卷 244，页 299，嘉庆十六年六月戊午条：“八旗子弟，国之世仆也。百有余年，英才辈出，不可胜纪。”、《清宣宗成皇帝实录》，卷 390，页 1016，道光二十三年三月庚午条：“其八旗满洲、蒙古、汉军人等，均系世受国恩世仆。”

旗专属，[1] 仍可视为皇帝心中描述旗人身份的贴切用语。“根本”与“世仆”虽然主要意义不同，却都隐含一种既受重视又被束缚之感，[2] 两者并存下的复杂性，或许正是旗人法律地位的最佳写照。

近二十年来清史学界发生一件值得注意的大事，罗友枝（Evelyn S. Rawski）主张过去长期主导清史研究的“汉化”观点有必要重新检讨，[3] 一场关于满人汉化与否的论争就此展开。[4] 当时的热烈讨论最终并未达成共识，[5] 至今依然颇受中外学者关

① 例如《清高宗纯皇帝实录》，卷10，页338，乾隆元年正月丁酉条：“夫民之元气，乃国家之根本也。”、《清高宗纯皇帝实录》，卷1296，页410，乾隆五十三年正月己巳条：“哈密、吐鲁番二部，皆国家世仆。”以上内容属于皇帝言论，此外在民间某些地方，“世仆”乃一特殊群体，参见《清世宗宪皇帝实录》，卷56，页863，雍正五年四月癸丑条：“近闻江南徽州府，则有伴当；宁国府，则有世仆。本地呼为细民，几与乐户惰民相同。”除了宁国府外，广东珠江三角洲及其周边地区，世仆制度亦很兴盛，相关讨论详可参见黄淑娉、龚佩华，《广东世仆制研究》（广州：广东高等教育出版社，2001）。

② 若根据简单的字面理解，“根本”一词具有关键基础的意涵，“世仆”一词则有较强的人身依附感。不过换个角度思考，身为“根本”者因为地位重要，时常也会受到约束，必要时当“忍人所不能忍”；“世仆”看似自由受限，却因为身份特殊，有幸蒙受主子垂青看顾。“根本”与“世仆”各自的双面性，可能值得仔细玩味。

③ Evelyn S. Rawski, “Presidential Address: Reevisioning the Qing: The Significance of the Qing Period in Chinese History,” *The Journal of Asian Studies*, 55: 4 (November, 1996), pp. 829–850.

④ 罗友枝的看法虽受肯定，却也得到一些非议，其中以何炳棣的反击最为激烈，详可参见Ping-Ti Ho, “In Defense of Sinicization: A Rebuttal of Evelyn Rawski's ‘Reevisioning the Qing’,” *The Journal of Asian Studies*, 57: 1 (February, 1998), pp. 123–155.

⑤ 回顾当时的激烈讨论，王成勉认为实属“没有交集的对话”，双方都未对汉化先行定义就互相攻击。华人学者虽强调汉化，但已少有人主张汉化的前提，为满人完全失去自我族群认同。叶高树则指出这两种不同立场的论述看似没有“交集”，双方仍有共同关注焦点，即探究清朝统治中国的特征及其成功原因。上述内容详可参见王成勉，《没有交集的对话——近年来学界对“满族汉化”之争议》，收录于汪荣祖、林冠群主编，《胡人汉化与汉人胡化》（嘉义：台湾中正大学台湾人文研究中心，2006），页57–81、叶高树，《“参汉酌金”：清朝统治中国成功原因的再思考》，页153–192。

注。关于这场“新清史”论争，本书的一些浅见或许不失为一种思考方向。

根据八旗制度与相关法制的演变情形，可知入关后的特殊局势，促使清朝选择继受明律，过往关外旧俗日益流逝不返。然而皇帝在运用汉制的过程中，不忘借由保护“征服者集团”巩固政权，始终努力维持旗人的诸多特殊性；惟皇帝在某些层面上，又尽量将八旗融入帝国体制中，令其特殊性不至于太过孤立与强势，以免危害政权的稳定。若从上述角度来看，所谓“新清史”论争似乎仍有融会贯通的空间。旗人法律地位的重要意涵，不仅陈述旗人在帝国中扮演的角色，亦如实反映清朝皇帝统治中国的成功策略。

后记

时间过得很快，这本书自草稿至正式出版，一转眼已过了好几个年头。每当我回首此书从无到有的过程，内心总是充满着各种感激。

由衷感谢师长们多年来的谆谆教诲，引导我逐步成长进而完成此书。感谢指导教授庄吉发老师不仅在学业上再三提点，每当我遭逢挫折时亦不吝给予鼓励。庄老师常不厌其烦地叮咛学生应尝试查阅各类档案，以及持续精进满文翻译能力，透过这种训练方式打下的扎实基础，至今仍令我受益无穷。感谢叶高树老师与陈登武老师拨冗参与硕士论文口试，提出许多宝贵的修改建议，两位老师平时即常关心我的生活与学业进度，对此我始终铭感于心。此外亦感谢林丽月老师、邱澎生老师、陈国栋老师、赖惠敏老师、陈惠馨老师与同窗好友们，在我撰写硕士论文期间提供诸多重要启发。最后还要感谢台湾师范大学“郭廷以先生奖学金”惠赐出版机会，以及秀威信息科技公司郑编辑等人在出版作业上的大力协助。

本书是以硕士论文为基础改写而成，由于一些特殊缘故，我花费较多时日进行文字数据的校对与调整，整体章节架构则未有太大变动。历经许久光阴才走完这最后一里路，我深知完全是自己的问题，很抱歉让长期关心我的师长朋友们失望，谨于此向您们致歉。

犹记得自从我决定以“八旗”为题撰写论文时，许多人便好奇为何选择这个题目，甚至有人根据我的外貌与较为特别的姓氏，推测我是因为身属旗人后裔才从事该研究。然而在我的印象里，家中长辈从未提及家族曾经入旗之往事，我与“旗人法律地位”的相遇，或许只是基于单纯的缘分吧！这个课题其实远比我想象中来得复杂，我常因无数迎面而来的挑战感到灰心，不过即使如此，我始终很珍惜这段缘分。因为我逐渐发现这个看似专注于昔日故事的研究，某方面来说带给现实的自己很多收获。我仔细体会如何从多元视角观察事物，并从中经历各种反思，这些感受提醒我应抱持更成熟的心态，面对日后的人生课题。

走笔至此，我想向外公、母亲、父亲、妹妹与女友致上最深的谢意。家人无疑是我最坚强的后盾，陪伴我经历许多喜怒哀乐。虽然你们对于我的坚持未必了然于胸，却总是相信我的决定，谢谢你们让我毫无后顾之忧地自由挥洒。谢谢女友接受与包容我的特点，也愿意花时间理解我的内心世界，并常在我身处逆境时伸出援手。非常感谢家人与女友的无私支持，助我一路走到今日。

或许是基于史学研究者的“日常习惯”，我这几年常想起那儿时岁月。小时候因为父母工作忙碌，外公一肩担起照顾我的责任。年幼的我没有安全感很害怕上学，外公花了许多时间陪伴我，耐心等候我慢慢适应学校团体生活，这段相处时光对我而言始终历历在目。个性乐观和善的外公，一直是我心中重要的安定力量，我很想与外公分享出书的喜悦，也希望借此表达诚挚感激之情。

不知不觉，若从就读大学开始算起，至今已有十多年。在这段时而快乐时而困顿的岁月里，我既努力接近每个历史现场，也积极面对眼前各种考验。过去、现在与未来的纠结虽曾令我不知所措，却也在不经意间，向我缓缓道出些许微妙义理。但愿自己能感恩与珍惜身边每段缘分，安于世间颠簸，常保平静地“重返艳阳下”。

鹿智钧

征引书目

一、档案数据

满文老档研究会译注，《满文老档》，东京：东洋文库，1955—1963。
中国人民大学清史研究所、中国第一历史档案馆编译，《盛京刑部原档》，北京：群众出版社，1985。
罗振玉辑，《天聪朝臣工奏议》，收录于潘喆等编，《清入关前史料选编·第2辑》，北京：中国人民大学出版社，1989。
中国第一历史档案馆编，《清初内国史院满文档案译编》，北京：光明日报出版社，1989。
张伟仁主编，《明清档案》，台北："中央研究院"历史语言研究所，1986。
《明清内阁大库档案》，台北："中央研究院"历史语言研究所藏。
《清代起居注册·康熙朝》，台北：联经出版公司，2009。
《清代起居注册·康熙朝》，北京：中华书局，2009。
台北故宫博物院编，《宫中档康熙朝奏折》，台北：台北故宫博物院，1976—1977。
中国第一历史档案馆编，《康熙朝汉文朱批奏折汇编》，北京：档案出版社，1985。
中国第一历史档案馆编译，《康熙朝满文朱批奏折全译》，北京：中国社会科学出版社，1996。
《起居注册·雍正朝》，台北：台北故宫博物院藏。
台北故宫博物院编，《宫中档雍正朝奏折》，台北：台北故宫博物院，1977—1980。
中国第一历史档案馆编，《雍正朝汉文朱批奏折汇编》，南京：江苏古籍出版社，1991。

中国第一历史档案馆编译，《雍正朝满文朱批奏折全译》，合肥：黄山书社，1998。
台北故宫博物院编，《宫中档乾隆朝奏折》，台北：台北故宫博物院，1982—1988。
中国第一历史档案馆编，《乾隆朝上谕档》，北京：档案出版社，1989。
《宫中档嘉庆朝奏折》，台北：台北故宫博物院藏。
杜家骥主编，《清嘉庆朝刑科题本社会史料辑刊》，天津：天津古籍出版社，2008。
《宫中档道光朝奏折》，台北：台北故宫博物院藏。
中国第一历史档案馆编，《嘉庆道光两朝上谕档》，桂林：广西师范大学出版社，2000。
《军机处档·月折包》，台北：台北故宫博物院藏。
故宫博物院明清档案部编，《清末筹备立宪档案史料》，北京：中华书局，1979。
清史稿校注编纂小组编纂，《清史稿校注》，台北：台湾商务印书馆，1999。
黄季陆主编，《民报》，台北：中国国民党中央委员会党史史料编纂委员会，1969。
帕莱福（Juan de Palafox y Mendoza）等著，何高济等译，《鞑靼征服中国史·鞑靼中国史·鞑靼战纪》，北京：中华书局，2008。

二、官书典籍

《大清太祖武皇帝实录》，奈良：天理时报社，1967。
《满洲实录》，北京：中华书局，1986。
《清太祖高皇帝实录》，北京：中华书局，1986。
《清太宗实录稿本》，收录于辽宁大学历史系编，《清初史料丛刊第 3 种》，辽宁：辽宁大学历史系，1978。
《清太宗文皇帝实录》，北京：中华书局，1985。
《清世祖章皇帝实录》，北京：中华书局，1985。
《清圣祖仁皇帝实录》，北京：中华书局，1985。

《清世宗宪皇帝实录》，北京：中华书局，1985。
《清高宗纯皇帝实录》，北京：中华书局，1985。
《清仁宗睿皇帝实录》，北京，中华书局，1986。
《清宣宗成皇帝实录》，北京，中华书局，1986。
《大明会典》，台北：新文丰出版公司，1976。
《大清会典（康熙朝）》，台北：文海出版社，1992—1993。
《大清会典（雍正朝）》，台北：文海出版社，1993。
《钦定大清会典事例（嘉庆朝）》，台北：文海出版社，1991—1992。
《钦定大清会典（光绪朝）》，台北：启文出版社，1963。
《钦定大清会典事例（光绪朝）》，台北：启文出版社，1963。
《钦定吏部处分则例（乾隆朝）》，香港：蝠池书院出版公司，2004。
《钦定户部则例（乾隆朝）》，香港：蝠池书院出版公司，2004。
《钦定户部则例（同治朝）》，香港：蝠池书院出版公司，2004。
《刑部现行则例》，收录于《六部则例全书》，台北：台湾图书馆藏。
《钦定八旗则例》，香港：蝠池书院出版公司，2004。
《钦定武场条例》，收录于四库未收书辑刊编纂委员会编，《四库未收书辑刊·第9辑第9册》，北京：北京出版社，2000。
《钦定兵部处分则例（道光朝）》，北京：学苑出版社，2005。
《钦定科场条例》，收录于续修四库全书编纂委员会编，《续修四库全书·第829—830册》，上海：上海古籍出版社，2002。
《世宗宪皇帝上谕内阁》，收录于台湾商务印书馆编审委员会主编，《景印文渊阁四库全书·第414—415册》，台北：台湾商务印书馆，1986。
《世宗宪皇帝上谕八旗》，收录于台湾商务印书馆编审委员会主编，《景印文渊阁四库全书·第413册》，台北：台湾商务印书馆，1986。
《上谕旗务议覆》，台北：台湾学生书局，1976。
《谕行旗务奏议》，台北：台湾学生书局，1976。
《清朝通志》，台北：台湾商务印书馆，1987。
《清朝文献通考》，台北：新兴书局，1963。
《八旗满洲世族通谱》，沈阳：辽海出版社，2002。
《八旗满洲世族通谱（满文本）》，台北：台北故宫博物院藏。

田涛等点校，《大清律例》，北京：法律出版社，1998。
李洵等点校，《钦定八旗通志》，长春：吉林文史出版社，2002。
〔元〕胡祇遹，《杂著·紫山大全集》，杭州：浙江古籍出版社，1988。
〔元〕徐元端，《吏学指南》，收录于续修四库全书编纂委员会编，《续修四库全书·第973册》，上海：上海古籍出版社，2002。
〔明〕茅瑞征，《东夷考略》，收录于四库禁毁书丛刊编纂委员会编，《四库禁毁书丛刊补编·第17册》，北京：北京出版社，2005。
〔明〕应槚，《大明律释义》，收录于续修四库全书编纂委员会编，《续修四库全书·第863册》，上海：上海古籍出版社，2002。
〔清〕不著撰者，《新例要览》，收录于四库未收书辑刊编纂委员会编，《四库未收书辑刊·第1辑第26册》，北京：北京出版社，2000。
〔清〕不著撰者，《州县须知》，收录于四库未收书辑刊编纂委员会编，《四库未收书辑刊·第4辑第19册》，北京：北京出版社，2000。
〔清〕王士祯著，勒斯仁点校，《池北偶谈》，北京：中华书局，1997。
〔清〕王明德著，何勤华等点校，《读律佩觿》，北京：法律出版社，2000。
〔清〕李颙，《二曲集》，收录于续修四库全书编纂委员会编，《续修四库全书·第1410册》，上海：上海古籍出版社，2002。
〔清〕希元等著，马协弟等点校，《荆州驻防八旗志》，沈阳：辽宁大学出版社，1990。
〔清〕沈家本，《刑法分考》，收录于氏著，邓经元等点校，《历代刑法考附寄簃文存》，北京：中华书局，2006。
〔清〕沈家本，《寄簃文存》，收录于氏著，邓经元等点校，《历代刑法考附寄簃文存》，北京：中华书局，2006。
〔清〕沈家本，《汉律摭遗》，收录于氏著，邓经元等点校，《历代刑法考附寄簃文存》，北京：中华书局，2006。
〔清〕沈家本，《充军考》，收录于氏著，邓经元等点校，《历代刑法考附寄簃文存》，北京：中华书局，2006。
〔清〕沈之奇著，怀效锋等点校，《大清律辑注》，北京：法律出版社，2000。
〔清〕沈启亮，《大清全书》，沈阳：辽宁民族出版社，2008。

〔清〕沈书城，《则例便览》，收录于四库未收书辑刊编纂委员会编，《四库未收书辑刊·第2辑第27册》，北京：北京出版社，2000。
〔清〕那彦成，《那文毅公奏议》，收录于续修四库全书编纂委员会编，《续修四库全书·第495—497册》，上海：上海古籍出版社，2002。
〔清〕长顺纂修，《吉林通志（光绪）》，收录于续修四库全书编纂委员会编，《续修四库全书·第647—648册》，上海：上海古籍出版社，2002。
〔清〕林则徐，《林文忠公政书》，收录于续修四库全书编纂委员会编，《续修四库全书·第500册》，上海：上海古籍出版社，2002。
〔清〕吴坛著，马建石等编，《大清律例通考校注》，北京：中国政法大学出版社，1992。
〔清〕吴振棫著，童正伦点校，《养吉斋丛录》，北京：中华书局，2005。
〔清〕吴暻，《左司笔记》，收录于四库全书存目丛书编纂委员会编，《四库全书存目丛书·史部第276册》，台南：庄严文化，1996。
〔清〕昭梿著，何英芳点校，《啸亭杂录》，北京：中华书局，2006。
〔清〕奕赓，《管见所及》，收录于续修四库全书编纂委员会编，《续修四库全书·第1181册》，上海：上海古籍出版社，2002。
〔清〕祝庆祺等编，史春风等点校，《刑案汇览三编》，北京：北京古籍出版社，2000。
〔清〕姚文燮，《无异堂文集》，收录于四库未收书辑刊编纂委员会编，《四库未收书辑刊·第8辑第23册》，北京：北京出版社，2000。
〔清〕徐珂，《清稗类钞》，北京：中华书局，1984—1986。
〔清〕贺长龄，《皇朝经世文编》，台北：文海出版社，1972。
〔清〕黄恩彤编，《大清律例按语》，台北：台湾大学图书馆藏。
〔清〕张集馨著，杜春和等点校，《道咸宦海见闻录》，北京：中华书局，1993。
〔清〕张之洞，《张文襄公奏议》，收录于续修四库全书编纂委员会编，《续修四库全书·第510—511册》，上海：上海古籍出版社，2002。
〔清〕杨锡绂，《漕运则例纂》，收录于四库未收书辑刊编纂委员会编，《四库未收书辑刊·第1辑第23册》，北京：北京出版社，2000。
〔清〕琴川居士编辑，《皇清奏议》，收录于续修四库全书编纂委员会编，

《续修四库全书·第473册》，上海：上海古籍出版社，2002。
〔清〕蒋超伯，《爽鸠要录》，收录于高柯立等编，《明清法制史料辑刊·第2编·第22册》，北京：国家图书馆出版社，2014。
〔清〕蒋良骐著，鲍思陶等点校，《东华录》，济南：齐鲁书社，2005。
〔清〕福格著，汪北平点校，《听雨丛谈》，北京：中华书局，2007。
〔清〕谈迁著，汪北平点校，《北游录》，北京：中华书局，2006。
〔清〕薛允升著，黄静嘉编校，《读例存疑重刊本》，台北：成文出版社，1970。
〔清〕魏源，《圣武记》，收录于续修四库全书编纂委员会编，《续修四库全书·第402册》，上海：上海古籍出版社，2002。
金毓黻主编，《辽海丛书》，沈阳：辽沈书社，1985。
黄彰健编著，《明代律例汇编》，台北：中央研究院历史语言研究所，1994。
王宏治等点校，《大清律集解附例》，收录于杨一凡等主编，《中国珍稀法律典籍续编·第5册》，哈尔滨：黑龙江人民出版社，2002。

三、专书著作

丁海斌，《清代陪都盛京研究》，北京：中国社会科学出版社，2007。
内蒙古典章法学与社会学研究所编，《〈成吉思汗法典〉及原论》，北京：商务印书馆，2007。
王彦章，《清代奖赏制度研究》，合肥：安徽人民出版社，2006。
王景泽，《清朝开国时期八旗研究（1583—1661）》，长春：吉林文史出版社，2002。
王明珂，《华夏边缘：历史记忆与族群认同》，北京：社会科学文献出版社，2006。
王明珂，《游牧者的抉择：面对汉帝国的北亚游牧部族》，桂林：广西师范大学出版社，2009。
王海南等著，《法学入门》，台北：元照出版公司，1999。
王炳照、徐勇主编，《中国科举制度研究》，石家庄：河北人民出版社，2002。

王戎生主编，《清代全史》，沈阳：辽宁人民出版社，1995。
艾永明，《清朝文官制度》，北京：商务印书馆，2003。
任桂淳，《清朝八旗驻防兴衰史》，北京：三联书店，1994。
李治安，《元代政治制度研究》，北京：人民出版社，2003。
李凤鸣，《清代州县官吏的司法责任》，上海：复旦大学出版社，2007。
杜文忠，《边疆的法律——对清代治边法制的历史考察》，北京：人民出版社，2004。
杜家骥，《清皇族与国政关系研究》，台北：五南图书出版公司，1998。
杜家骥，《八旗与清朝政治论稿》，北京：人民出版社，2008。
那思陆，《明代中央司法审判制度》，北京：北京大学出版社，2004。
那思陆，《清代中央司法审判制度》，北京：北京大学出版社，2004。
沈大明，《〈大清律例〉与清代的社会控制》，上海：上海人民出版社，2007。
吕宽庆，《清代立嗣继承制度研究》，郑州：河南人民出版社，2008。
吴艳红，《明代充军研究》，北京：社会科学文献出版社，2003。
阿风，《明清时代妇女的地位与权利——以明清契约文书、诉讼档案为中心》，北京：社会科学文献出版社，2009。
林干，《中国古代权力与法律》，北京：中国政法大学出版社，2004。
林诠绍编著，《民法概要》，台北：新文京开发出版公司，2005。
祁美琴，《清代内务府》，沈阳：辽宁民族出版社，2008。
胡祥雨，《清代法律的常规化：族群与等级》，北京：社会科学文献出版社，2016。
孟姝芳，《乾隆朝官员处分研究》，呼和浩特：内蒙古大学出版社，2009。
定宜庄，《清代八旗驻防研究》，沈阳：辽宁出版社，2002。
定宜庄，《满族的妇女生活与婚姻制度研究》，北京：北京大学出版社，1999。
定宜庄等著，《辽东移民中的旗人社会：历史文献、人口统计与田野调查》，上海：上海社会科学院出版社，2004。
邱澎生，《当法律遇上经济：明清中国的商业法律》，台北：五南图书出版公司，2008。

袁闾琨等著，《清代前史》，沈阳：沈阳出版社，2004。
姚念慈，《清初政治史探微》，沈阳：辽宁民族出版社，2008。
孙家红，《清代的死刑监候》，北京：社会科学文献出版社，2007。
孙静，《“满洲”民族共同体形成历程》，沈阳：辽宁民族出版社，2008。
乌廷玉等著，《清代满洲土地制度研究》，吉林：吉林文史出版社，1992。
高中华，《清朝旗民法律关系研究》，北京：经济管理出版社，2015。
陶晋生，《女真史论》，台北：稻乡出版社，2003。
郭建等著，《中国法制史》，上海：上海人民出版社，2006。
陈锋，《清代军费研究》，武汉：武汉大学出版社，1992。
陈国平，《明代行政法研究》，北京：法律出版社，1998。
张小也，《官、民与法：明清国家与基层社会》，北京：中华书局，2007。
张晋藩，《中国法律的传统与近代转型》，北京：法律出版社，2005。
张晋藩，《清代民法综论》，北京：中国政法大学出版社，1998。
张晋藩、郭成康，《清入关前国家法律制度史》，沈阳：辽宁人民出版社，1988。
张中秋，《中西法律文化比较研究》，南京：南京大学出版社，1999。
张伟仁，《清代法制研究》，台北：“中央研究院”历史语言研究所，2007。
张德泽，《清代国家机关考略》，北京：学苑出版社，2001。
庄吉发，《清世宗与赋役制度的改革》，台北：台湾学生书局，1985。
黄淑娉、龚佩华，《广东世仆制研究》，广州：广东高等教育出版社，2001。
黄仲夫，《刑法精义》，台北：元照出版公司，2005。
梁治平，《寻求自然秩序中的和谐》，北京：中国政法大学出版社，1997。
冯尔康，《雍正传》，台北：台湾商务印书馆，1992。
叶高树，《降清明将研究（1618—1683）》，台北：台湾师范大学历史学系，1993。
叶高树，《清朝前期的文化政策》，台北：稻乡出版社，2002。
杨若薇，《契丹王朝政治军事制度研究》，台北：文津出版社，1992。
经君健，《清代社会的贱民等级》，北京：中国人民大学出版社，2009。
雷炳炎，《清代八旗世爵世职研究》，长沙：中南大学出版社，2006。
蒙思明，《元代社会阶级制度》，上海：上海人民出版社，2006。

赵令志，《清前期八旗土地制度研究》，北京：民族出版社，2001。
刘小萌，《满族从部落到国家的发展》，北京：中国社会科学出版社，2007。
刘小萌，《清代北京旗人社会》，北京：中国社会科学出版社，2008。
刘小萌，《清代八旗子弟》，沈阳：辽宁民族出版社，2008。
刘景辉，《满洲法律及制度之演变》，台北：嘉新水泥公司文化基金会，1968。
刘兆璸，《清代科举》，台北：三民书局，1979。
郑玉波，《法学绪论》，台北：三民书局，1973。
赖惠敏，《但问旗民：清代的法律与社会》，台北：五南图书出版公司，2007。
赖惠敏，《天潢贵胄——清皇族的阶层结构与经济生活》，台北：中央研究院近代史研究所，2009。
韩忠谟，《法学绪论》，台北：作者发行，1968。
瞿同祖，《中国法律与中国社会》，北京：中华书局，2005。
瞿海源等主编，《社会学与台湾社会（精简本）》，台北：巨流图书公司，2002。
魏道明，《始于兵而终于礼——中国古代族刑研究》，北京：中华书局，2006。
苏亦工，《明清律典与条例》，北京：中国政法大学出版社，1999。
苏嘉宏等著，《行政法概要——行政法的基本概念、行政作用法、行政组织法》，台北：永然文化出版公司，1999。
织田万，《清国行政法泛论》，台北：华世出版社，1979。
艾马克（Mark A. Allee）著，王兴安译，《十九世纪的北部台湾：晚清中国的法律与地方社会》，台北：播种者文化，2003。
白凯（Kathryn Bernhardt）著，刘昶译，《中国的妇女与财产：960—1949年》，上海：上海书店出版社，2007。
孔复礼（Philip A. Kuhn）著，陈兼等译，《叫魂：乾隆盛世的妖术大恐慌》，台北：时英出版社，2000。
拉铁摩尔（Owen Lattimore）著，唐晓峰译，《中国的亚洲内陆边疆》，南京：江苏人民出版社，2005。

路康乐（Edward J. M. Rhoads）著，王琴等译，《满与汉：清末民初的族群关系与政治权力》，北京：中国人民大学出版社，2010。
司徒琳（Lynn A. Struve）著，李荣庆等译，《南明史：1644—1662》，上海：上海书店出版社，2007。
Chang，Michael G. *A Court on Horseback：Imperial Touring and the Construction of Qing Rule*. Cambridge，Mass.：Harvard University Asia Center：Distributed by Harvard University Press，2007.
Elliott，Mark C. *The Manchu Way：The Eight Banners and Ethnic Identity in Late Imperial China*. Stanford：Stanford University Press，2001.

四、期刊与专书论文

刁书仁，《略论清代东北旗界设置与管理》，《吉林师范学院学报》，1991：3·4期（吉林，1991. 07），页84－89。
尤淑君，《从朱昌祚之死看康熙初年的圈地问题》，《政大史粹》，9（台北，2005. 12），页37－87。
王兴亚，《明代罚俸制度述论》，《中州学刊》，1993：2（郑州，1993. 03），页100－104。
王景泽，《关于穆昆与满洲“前四旗”问题——兼析八固山的建立》，《佳木斯大学社会科学学报》，1998：4（佳木斯，1998. 08），页43－47。
王东平，《元代回回人的宗教制度与伊斯兰教法》，《回族研究》，2002：4（银川，2002. 11），页44－50。
王志强，《清代的丧娶、收继及其法律实践》，收录于氏著，《法律多元视角下的清代国家法》，北京：北京大学出版社，2003，页124－148。
王钟翰，《满文老档中计丁授田商榷》，收录于氏著，《王钟翰清史论集·第1册》，北京：中华书局，2004，页588－608。
王钟翰，《关于满族形成中的几个问题》，收录于氏著，《王钟翰清史论集·第1册》，北京：中华书局，2004，页124－140。
王成勉，《没有交集的对话——近年来学界对“满族汉化”之争议》，收录于汪荣祖、林冠群主编，《胡人汉化与汉人胡化》，嘉义：台湾中正大学台湾人文研究中心，2006，页 57 - 81。
田涛，《虚假的材料与结论的虚假——从〈崇德会典〉到〈户部则例〉》，收录于倪正茂主编，《批判与重建：中国法律史研究反拨》，北京：法律出版社，2002，页 203 - 234。
任玉雪，《从八旗驻防到地方行政制度——以清代盛京八旗驻防制度的嬗变为中心》，《中国历史地理论丛》，22：3（西安，2007. 07），页 103 - 112。
朱勇，《清朝宗族法考》，收录于杨一凡主编，《中国法制史考证·乙编·第1卷》，北京：中国社会科学出版社，2003，页 598 - 680。
朱永杰，《"满城"特征探析》，《清史研究》，2005：4（北京，2005. 11），页 78 - 84。
衣保中，《清代八项旗租地的形成、破坏与丈放》，《史学集刊》，1993：4（长春，1993. 11），页 28 - 34。
余英时，《君尊臣卑下的君权与相权——"反智论与中国政治传统"余论》，收录于氏著，《历史与思想》，台北：联经出版公司，1976，页 47 - 75。
吴志铿，《清代前期满洲本位政策的拟定调整》，《台湾师大历史学报》，22（台北，1994. 06），页 85 - 117。
吴志铿，《清代的逃人法与满洲本位政策》，《台湾师大历史学报》，24（台北，1996. 06），页 77 - 143。
吴志铿，《晚清有关清除满汉畛域的讨论——以光绪三十三年七月谕令建言为中心》，收录于李国祁教授八秩寿庆论文集编辑小组编，《近代国家的应变与图新》，台北：唐山出版社，2006，页 233 - 260。
李光涛，《入关前之真象》，《中央研究院历史语言研究所集刊》，12（台北，1947. 04），页 129 - 171。
李光涛，《论建州与流贼相因亡明》，《中央研究院历史语言研究所集刊》，12（台北，1947. 04），页 193 - 236。
李典蓉，《试论清太宗朝的"崇德会典"》，《法制史研究》，4（台北，2003. 12），页 281 - 303。
李典蓉，《由氏族到八旗——满族民族认同中的矛盾现象》，《黑龙江民族丛刊（双月刊）》，2007：6（哈尔滨，2007. 12），页 111 - 119。

杜家骥，《清入关后的八旗奴仆兵与军事职能》，收录于故宫博物院国家清史编纂委员会编，《故宫博物院八十华诞暨国际清史学术研讨会论文集》，北京：紫禁城出版社，2006，页 47 - 55。

汪荣祖，《论多民族中国的文化交融》，收录于汪荣祖、林冠群主编，《胡人汉化与汉人胡化》，嘉义：台湾中正大学台湾人文研究中心，2006，页 1 - 39。

汪利平，《杭州旗人和他们的汉人邻居：一个清代城市中民族关系的个案》，《中国社会科学》，2007：6（北京，2007. 11），页 188 - 200。

佟永功、关嘉禄，《雍正皇帝整饬旗务述论》，收录于支运亭主编，《八旗制度与满族文化》，沈阳：辽宁民族出版社，2002，页 115 - 127。

周远廉，《八旗制度和八旗生计》，收录于阎崇年主编，《满学研究·第七辑》，北京：民族出版社出版，2003，页 23 - 71。

孟森，《八旗制度考实》，收录于氏著，《清史讲义》，北京：中华书局，2008，页 20 - 113。

定宜庄，《清代理事同知考略》，收录于庆祝王钟翰先生八十寿辰学术论文集编辑委员会编，《庆祝王钟翰先生八十寿辰学术论文集》，沈阳：辽宁大学出版社，1993，页 263 - 274。

定宜庄，《清代绿营中的八旗官兵》，收录于王钟翰主编，《满族历史与文化》，北京：中央民族大学出版社，1996，页 83 - 101。

定宜庄，《美国与台湾学者近年来对满族史与八旗制度史的研究简述》，收录于支运亭主编，《八旗制度与满族文化》，沈阳，辽宁民族出版社，2001，页 51 - 56。

定宜庄，《辽东旗人社会的基层组织：族与宗族》，收录于中国社会科学院历史研究所学刊编委会编，《中国社会科学院历史研究所学刊·第 2 册》，北京：社会科学文献出版社，2004，页 461 - 478。

屈六生，《论清代的翻译科考试》，收录于庆祝王钟翰先生八十寿辰学术论文集编辑委员会编，《庆祝王钟翰先生八十寿辰学术论文集》，沈阳：辽宁大学出版社，1993，页 229 - 238。

林干，《清代旗、民法律关系的调整——以“犯罪免发遣”律为核心》，《清史研究》，2004：1（北京，2004. 02），页 39 - 50。

林干，《五朝〈清会典〉纂修论述》，收录于故宫博物院国家清史编纂委员会编，《故宫博物院八十华诞暨国际清史学术研讨会论文集》，北京：紫禁城出版社，2006，页 469－482。
林丽月，《科场竞争与天下之“公”：明代科举区域配额问题的一些考察》，收录于邢义田、林丽月主编，《台湾学者中国史研究论丛·社会变迁》，北京：中国大百科全书出版社，2005，页 319－348。
邱澎生，《“动态制度史”研究如何可能？——评介〈明代中央司法审判制度〉》，《明代研究通讯》，6（台北，2003. 12），页 129－142。
金宝森，《扬州十日记证讹》，《满族研究》，1989：4（沈阳，1989. 10），页 19－30。
姚大力、郭晓航，《金泰和律徒刑附加决杖考——附论元初的刑政》，收录于柳立言编，《宋元时代的法律思想和社会》，台北：台湾编译馆，2001，页 63－81。
姚大力，《论元朝形法体系的形成》，收录于柳立言编，《宋元时代的法律思想和社会》，台北：台湾编译馆，2001，页 83－128。
姚大力、孙静，《“满洲”如何演变为民族——论清中叶前“满洲”认同的历史变迁》，《社会科学》，2006：7（上海，2006. 07），页 5－28。
姚从吾，《契丹汉化的分析——从契丹汉化看国史上东北草原文化与中原农业文化的合流》，收录于韩复智编，《中国通史论文选辑·下》（台北：双叶书廊，1973），页 151－174。
柏桦、葛荃，《公罪与私罪——中国古代刑罚政治观》，《政治与法律》，2005：4（上海，2005. 04），页 149－155。
胡祥雨，《清前期京师初级审判制度之变更》，《历史档案》，2007：2（北京，2007. 05），页 42－52，60。
韦庆远，《康熙时期对“生息银两”制度的初创和运用——对清代“生息银两”制度兴衰过程研究之一》，《中国社会经济史研究》，1986：3（厦门，1986. 09），页 60－69。
韦庆远，《雍正时期对“生息银两”制度的整顿和政策演变——对清代“生息银两”制度兴衰研究之二》，《中国社会经济史研究》，1987：3（厦门，1987. 09），页 30－44。

韦庆远，《乾隆时期“生息银两”制度的衰败和“收撤”——对清代“生息银两”制度兴衰研究之三》，《中国社会经济史研究》，1988：3（厦门，1988. 09），页 8 - 17。
韦庆远，《论“八旗生计”（续）》，《社会科学辑刊》，1990：6（沈阳，1990. 11），页 82 - 85。
韦庆远，《论“八旗生计”》，《社会科学辑刊》，1990：5（沈阳，1990. 09），页 85 - 90。
韦庆远，《〈明清档案〉与顺治朝官场》，《社会科学辑刊》，1994：6（沈阳，1994. 11），页 88 - 99。
韦庆远，《清代的抄家档案和抄家案件》，收录于杨一凡主编，《中国法制史考证·甲编·第 7 卷》，北京：中国社会科学出版社，2003，页 377 - 389。
唐彦卫，《清初步军统领设立渊源考》，《历史档案》，2015：2（北京，2015. 05），页 63 - 69。
孙静，《乾隆朝八旗汉军身份变化述论》，《黑龙江民族丛刊（双月刊）》，2005：2（哈尔滨，2005. 04），页 59 - 64。
孙进己，《蒙古族的多源多流》，收录于郝时远、罗贤佑主编，《蒙元史暨民族史论集》，北京：社会科学文献出版社，2006，页 86 - 100。
徐凯，《清代八旗制度的变革与皇权集中》，《北京大学学报（哲学社会科学版）》，1989：5（北京，1989. 09），页 89 - 99。
徐忠明，《关于中国古代“民法”问题：借题发挥——张晋藩〈清代民法综论〉读后之随想》，收录于朱勇主编，《〈崇德会典〉、〈户部则例〉及其他—张晋藩先生近期研究论著一瞥》，北京：法律出版社，2003，页 218 - 243。
徐忠明，《小事闹大与大事化小：解读一份清代民事调解的法庭记录》，收录于氏著，《案例、故事与明清时期的司法文化》，北京：法律出版社，2006，页 22 - 70。
马社香，《试论满洲军事赏罚制》，《江汉论坛》，1982：11（武汉，1982. 11），页 59 - 64。
马协弟，《清代满城考》，《满族研究》，1990：1（沈阳，1990. 03），页 29 -

34。
张建，《从方志看清代直隶地区旗人社会之演进——以顺天、保定二府为中心》，《河北学刊》，29：4（石家庄，2009. 07），页105－110。
张建，《变革时代·近畿地域·特殊群体——清初三朝直隶旗人群体浅探》，收录于常建华主编，《中国社会历史评论·第11卷》，天津：天津古籍出版社，2010，页84－97。
张佳生，《八旗制度对满洲的整合三论》，收录于氏著，《八旗十论》，沈阳：辽宁民族出版社，2008，页126－229。
张佳生，《八旗中“汉人满化”现象论析》，收录于氏著《八旗十论》，沈阳：辽宁民族出版社，2008，页230－249。
张晋藩，《再论崇德会典》，收录于朱勇主编，《〈崇德会典〉、〈户部则例〉及其他—张晋藩先生近期研究论著一瞥》，北京：法律出版社，2003，页3－18。
张晋藩、郭成康，《由崇德三、四年刑部满文原档看清初的刑法》，收录于杨一凡主编，《中国法制史考证·乙编·第1卷》，北京：中国社会科学出版社，2003，页567－597。
张晋藩，《中国古代的行政管理与行政法》，收录于氏著，《张晋藩文选》，北京：中华书局，2007，页152－178。
张晋藩，《论中国古代民法研究中的几个问题》，收录于氏著，《张晋藩文选》，北京：中华书局，2007，页179－203。
张建辉，《关于清代生息银两制的兴起问题——清代生息银两制度考论之一》，《中国社会经济史研究》，1995：1（厦门，1995. 01），页76－82。
张建辉，《关于康熙对生息银两制的初步推广及其在八旗军队中的运用》，《清史研究》，1998：3（北京，1998. 09），页23－29。
张建辉，《关于雍正对生息银两制的整顿及其在全国军队的推广——清代生息银两制度考论之三》，《清史研究》，2004：1（北京，2004. 02），页84－93。
张建辉，《关于乾隆收撤“恩赏银两”与生息银两制的存废问题——乾隆的生息银两理论和政策》，《咸阳师范学院学报》，19：5（咸阳，2004. 10），页25－28。

张建辉,《关于乾隆收撤“恩赏银两”与生息银两制的存废问题——乾隆复行“公库制”的失败与清厘生息帑本的意图》,《咸阳师范学院学报》,20:1(咸阳,2005.02),页23-26。
张建辉,《关于乾隆收撤“恩赏银两”与生息银两制的存废问题——乾隆收撤生息帑本的时间、条件及其善后》,《西北大学学报(哲学社会科学版)》,39:5(西安,2009.09),页41-46。
梁治平,《身份社会与伦理法律》,《读书》,1986:3(北京,1986.03),页36-42。
庄吉发,《清初诸帝的北巡及其政治活动》,收录于氏著,《清史论集·1》,台北:文史哲出版社,1997,页235-275。
庄吉发,《清高宗乾隆时代的乡试》,收录于氏著,《清史论集·3》,台北:文史哲出版社,1998,页199-234。
许富翔,《清代的旗、民关系:以江宁驻防为例》,收录于中国社会科学院近代史研究所政治史研究室编,《清代满汉关系研究》,北京:社会科学文献出版社,2011,页213-238。
陈锋,《清代八旗的战时俸饷制度》,收录于明清史国际学术讨论会论文集编辑组编,《第二届明清史国际学术讨论会论文集》,天津:天津人民出版社,1993,页682-691。
陈文石,《满洲八旗的户口名色》,收录于氏著,《明清政治社会史论·下册》,台北:台湾学生书局,1991,页553-578。
陈文石,《清初的奴仆买卖》,收录于氏著,《明清政治社会史论·下册》,台北:台湾学生书局,1991,页579-597。
陈文石,《清代的笔帖式》,收录于氏著,《明清政治社会史论·下册》,台北:台湾学生书局,1991,页599-621。
陈文石,《清代满人的政治参与》,收录于氏著,《明清政治社会史论·下册》,台北:台湾学生书局,1991,页651-754。
陈佳华,《八旗制度研究述略》,《社会科学辑刊》,1984:5(沈阳,1984.09),页109-116。
陈佳华,《八旗制度研究述略(续)》,《社会科学辑刊》,1984:6(沈阳,1984.11),页113-120。

陈昭扬，《金代的杖刑、杖具与用杖规范》，收录于台师大历史系、中国法制史学会、唐律研读会主编，《新史料·新观点·新视角：天圣令论集》，台北：元照出版公司，2011，页73－93。
陈国栋，《清代内务府包衣三旗人员的分类及其旗下组织——兼论一些有关包衣的问题》，《食货月刊》，12：9（台北，1982. 12），页5－23。
陈捷先，《从清初中央建置看满洲汉化》，收录于氏著，《清史论集》，台北：东大图书公司，1997，页119－135。
陈捷先，《略论清帝南巡扬州及其功过》，《故宫学术季刊》，15：4（台北，1998夏），页11－32。
陶晋生，《金代的政治结构》，《中央研究院历史语言研究所集刊》，41：4（台北，1969. 12），页567－594。
陶晋生，《历史上汉族与边疆民族关系的几种解释》，收录于韩复智编，《中国通史论文选辑·下》，台北：双叶书廊，1973，页175－180。
鹿智钧，《近二十年来（1989—2009）八旗制度研究的回顾与讨论》，《史耘》，14（台北，2010. 06），页125－175。
傅克东，《八旗户籍制度初探》，《民族研究》，1983：6（北京，1983. 11），页34－43。
傅克东、陈佳华，《八旗制度中的满汉蒙关系》，《民族研究》，1980：6（北京，1980. 11），页24－39，56。
华立，《从旗人编查保甲看清王朝“旗民分治”政策的变化》，《民族研究》，1988：5（北京，1988. 09），页97－106。
黄一农，《红夷大炮与皇太极创立的八旗汉军》，《历史研究》，2004：4（北京，2004. 08），页74－105。
黄源盛，《从传统身份等差到近代平权立法》，收录于氏著，《中国传统法制与思想》，台北：五南图书出版公司，1998，页287－313。
黄源盛等著，《薪传五十年——台湾法学院法史学硕博士论文》，《法制史研究》，14（台北，2008. 12），页163－219。
叶高树，《满洲统治中国的特征：对“征服王朝”理论与“汉化”观点的省思》，收录于台湾历史学会编辑委员会编，《迈向21世纪的台湾历史学论文集》，台北：稻乡出版社，2002，页273－313。

叶高树，《深维根本之重：雍正皇帝整饬旗务初探》，《台湾师大历史学报》，32（台北，2004. 06），页 89－120。
叶高树，《各抒所见——雍正十三年满、汉文“条陈奏折”的分析》，《故宫学术季刊》，23：4（台北，2006 夏），页 75－127。
叶高树，《“参汉酌金”：清朝统治中国成功原因的再思考》，《台湾师大历史学报》，36（台北，2006. 12），页 153－192。
叶高树，《习染既深，风俗难移：清初旗人“渐染汉习”之风》，收录于台湾师范大学历史学系编，《近世中国的社会与文化（960—1800）论文集》，台北：台湾师范大学历史学系，2007，页 247－275。
叶高树，《清雍乾时期的旗务问题：以雍正十三年满、汉文“条陈奏折”为中心》，《台湾师大历史学报》，38（台北，2007. 12），页 69－152。
叶高树，《清朝的翻译科考制度》，《台湾师大历史学报》，49（台北，2013. 06），页 47－136。
叶高树，《翻译考试与清朝旗人的入仕选择》，《台湾师大历史学报》，52（台北，2014. 12），页 95－132。
雷炳炎，《康熙时期八旗武官选任探论》，《学习与探索》，2008：5（哈尔滨，2008. 10），页 214－218。
管东贵，《满族入关前的文化发展对他们后来汉化的影响》，《中央研究院历史语言研究所集刊》，40 本上册（台北，1968. 10），页 255－281。
管东贵，《入关前满族兵数与人口问题的探讨》，《中央研究院历史语言研究所集刊》，41：2（台北，1969. 06），页 179－194。
赵绮娜，《清初八旗汉军研究》，《故宫文献》，4：2（台北，1973. 03），页 55－66。
赵秉忠、白新良，《关于乾隆时期八旗政策的考察》，《史学月刊》，1991：2（开封，1991. 03），页 35－40，7。
赵文坦，《元代的刑部和大宗正府》，《历史教学》，1995：8（天津，1995. 08），页 19－22。
赵令志，《清代直省驻防旗地浅探》，《黑龙江民族丛刊》，2001：2（哈尔滨，2001. 05），页 70－75。
刘晓，《元代大宗正府考述》，《内蒙古大学学报（哲学社会科学版）》，

1996：2（呼和浩特，1996. 03），页 6－15。
刘小萌，《关于清代八旗中“开户人”的身份问题》，《社会科学战线》，1987：2（长春，1987. 02），页 176－181。
刘小萌，《乾、嘉年间京畿旗人的土地交易——根据土地契书进行的考察》，《清史研究》，1992：4（北京，1992. 12），页 40－48，39。
刘小萌，《从房契文书看清代北京城中的旗民交产》，《历史档案》，1996：3（北京，1996. 08），页 83－90。
刘小萌，《清代北京内城居民的分布格局与变迁》，《首都师范大学学报（社会科学版）》，1998：2（北京，1998. 04）页 46－57。
刘小萌，《八旗户籍中的旗下人诸名称考释》，收录于氏著，《满族的社会与生活》，北京：北京图书馆出版社，1998，页 152－162。
刘小萌，《清前期北京旗人满文房契研究》，《民族研究》，2001：4（北京，2001. 07），页 84－94。
刘小萌，《近年来日本的八旗问题研究综述》，收录于支运亭主编，《八旗制度与满族文化》，沈阳：辽宁民族出版社，2002，页 57－73。
刘小萌，《清代北京旗人社会中的民人》，收录于故宫博物院国家清史编纂委员会编，《故宫博物院八十华诞暨国际清史学术研讨会论文集》，北京：紫禁城出版社，2006，页 93－107。
刘小萌，《关于清代北京的俄罗斯人——八旗满洲俄罗斯佐领历史寻踪》，《清史论丛》，2007 年号（北京，2006. 12），页 365－377。
刘小萌，《清朝史中的八旗研究》，《清史研究》，2010：2（北京，2010. 05），页 1－6。
刘凤云，《清康熙朝汉军旗人督抚简论》，收录于阎崇年主编，《满学研究 · 第 7 辑》，北京：民族出版社，2003，页 350－372。
潘洪钢，《清代驻防八旗的民族关系研究——从荆州旗、民的几次斗殴事件入手的探讨》，《江汉论坛》，2005：2（武汉，2005. 02），页 72－76。
潘洪钢，《由客居到土著——清代驻防八旗的民族关系问题研究》，《黑龙江民族丛刊（双月刊）》，2006：1（哈尔滨，2006. 02），页 74－80。
潘洪钢，《清代驻防八旗与当地文化习俗的互相影响——兼谈驻防旗人的族群认同问题》，《中南民族大学学报》，26：3（武汉，2006. 05），页 59－

63。
郑秦，《清代旗人的司法审判制度》，《清史研究通讯》，1989：1（北京，1989. 03），页 21－25。
郑秦，《顺治三年律考》，收录于氏著，《清代法律制度研究》，北京：中国政法大学出版社，2000，页 1－21
郑秦，《康熙现行则例考》，收录于氏著，《清代法律制度研究》，北京：中国政法大学出版社，2000，页 22－33。
郑秦，《雍正三年律考》，收录于氏著，《清代法律制度研究》，北京：中国政法大学出版社，2000，页 34－47。
郑秦，《乾隆五年律考》，收录于氏著，《清代法律制度研究》，北京：中国政法大学出版社，2000，页 48－72。
郑秦，《清代法制史研究综评》，收录于氏著，《清代法律制度研究》，北京：中国政法大学出版社，2000，页 410－474。
郑天挺，《清史语解·土黑勒威勒》，收录于氏著，《探微集》，北京：中华书局，1980，页 137－140。
萧启庆，《说“大朝”：元朝建号前蒙古的汉文国号》，收录于氏著，《内北国而外中国：蒙元史研究·上册》，北京：中华书局，2007，页 62－78。
萧启庆，《忽必烈“潜邸旧侣”考》，收录于氏著，《内北国而外中国：蒙元史研究·上册》，北京：中华书局，2007，页 113－143。
萧启庆，《元代科举与菁英流动：以元统元年进士为中心》，收录于氏著，《内北国而外中国：蒙元史研究·上册》，北京：中华书局，2007，页 185－215。
萧启庆，《元代的宿卫制度》，收录于氏著，《内北国而外中国：蒙元史研究·上册》，北京：中华书局，2007，页 216－255。
萧启庆，《元代几个汉军事世家的仕宦与婚姻》，收录于氏著，《内北国而外中国：蒙元史研究·上册》，北京：中华书局，2007，页 276－345。
萧启庆，《内北国而外中国：元朝的族群政策与族群关系》，收录于氏著，《内北国而外中国：蒙元史研究·下册》，北京：中华书局，2007，页 463－475。
赖惠敏，《从契约文书看清前期的旗地政策与典卖（1644—1820）》，《中央研究院近代史研究所集刊》，32（台北，1999. 12），页 127 - 163。
赖惠敏，《从杭州看清代的满汉关系》，《两岸发展史研究》，5（桃园，2008. 06），页 37 - 89。
赖惠敏，《从法律看清朝的旗籍政策》，《清史研究》，2011：1（北京，2011. 02），页 39 - 52。
谢景芳，《八旗汉军的名称及含义沿革考释》，《北方文物》，1991：3（哈尔滨，1991. 08），页 84 - 88。
谢景芳、赵洪刚，《“三王”、续顺公及所部“隶旗”考办》，收录于氏著，《明清兴替史事论考》，长春：吉林人民出版社，2007，页 180 - 190。
苏钦，《民族法规考》，收录于杨一凡主编，《中国法制史考证·甲编·第 7 卷》，北京：中国社会科学出版社，2003，页 285 - 309。
苏亦工，《法学所馆藏〈大清律〉提要》，《法律文献信息与研究》，2007：4（北京，2007. 12），页 7 - 9。
夫马进著，范愉等译，《明清时代的讼师与诉讼制度》，收录于滋贺秀三等著，王亚新等编，《明清时期的民事审判与民间契约》，北京：法律出版社，1998，页 389 - 430。
杉山清彦著，陈仲丹译，《作为满人王国的清帝国：八旗制的统治结构》，收录于国家清史编纂委员会编译组主编，《清史译丛·第 8 辑》，北京：中国人民大学出版社，2010，页 1 - 24。
吉田顺一著，郑钦仁译，《北亚的历史发展与魏复古的征服王朝理论》，收录于郑钦仁、李明仁等编译，《征服王朝论文集》，台北：稻乡出版社，2002，页 171 - 184。
村上正二著，郑钦仁译，《征服王朝》，收录于郑钦仁、李明仁等编译，《征服王朝论文集》，台北：稻乡出版社，2002，页 91 - 150。
村上正二著，李明仁译，《征服王朝论》，收录于郑钦仁、李明仁等编译，《征服王朝论文集》，台北：稻乡出版社，2002，页 185 - 197。
岛田正郎著，姚荣涛译，《清律的成立》，收录于刘俊文主编，《日本学者研究中国史论著选译·第 8 卷》，北京：中华书局，1992，页 461 - 521。
岛田正郎著，李明仁译，《征服王朝乎？胡族国家乎？》，收录于郑钦仁、李明仁等编译，《征服王朝论文集》，台北：稻乡出版社，2002，页 226 -

234。
护雅夫著，郑钦仁译，《内陆亚世界的展开总说》，收录于郑钦仁、李明仁等编译，《征服王朝论文集》，台北：稻乡出版社，2002，页 151 - 170。
护雅夫著，李明仁译，《再论征服王朝》，收录于郑钦仁、李明仁等编译，《征服王朝论文集》，台北：稻乡出版社，2002，页 198 - 212。
岸本美绪，《明代的应考资格和身份感觉》，收录于黄宽重主编，《基调与变奏：七至二十世纪的中国（1）》，台北：台湾政治大学历史学系等，2008，页 257 - 281。
滋贺秀三，《中国法文化的考察——以诉讼的形态为素材》，《比较法研究》，1998：3（北京，1998. 05），页 18 - 26。
细谷良夫，《清代八旗制度之演变》，《故宫文献》，3：3（台北，1972. 06），页 37 - 60。
柏清韵（Bettine Birge）著，蔡京玉译，《辽金元法律及其对中国法律传统的影响》，收录于柳立言主编，《中国史新论·法律史分册》，台北：联经出版公司，2008，页 141 - 191。
柏清韵（Bettine Birge）著，柳立言译，《元代的收继婚与贞节观的复兴》，收录于柳立言编，《宋元时代的法律思想和社会》，台北：台湾编译馆，2001，页 387 - 428。
巩涛（Jérôme Bourgon）著，黄世杰译，《地毯上的图案：试论清代法律文化中的“习惯”与“契约”》，收录于邱澎生、陈熙远编，《明清法律运作中的权力与文化》，台北：中央研究院、联经出版公司，2009，页 215 - 253。
欧立德（Mark C. Elliot）著，李仁渊译，《满文档案与新清史》，《故宫学术季刊》，24：2（台北，2006 冬），页 1 - 18。
魏复古（Karl A. Wittfogel）著，苏国良等译，《中国辽代社会史（907—1125）总述》，收录于郑钦仁、李明仁等编译，《征服王朝论文集》，台北：稻乡出版社，2002，页 1 - 69。
Cosmo, Nicola Di. “State Formation and Periodization in Inner Asian History,” *Journal of World History*, 10: 1 (Spring, 1999), pp. 1 - 40.
Elliot, Mark C. “Bannerman and Townsman: Ethnic Tension in Nineteenth-

century Jiangnan," *Late Imperial China*, 11: 1 (June, 1990), pp. 36 - 74.

Ho, Ping-Ti. "In Defense of Sinicization: A Rebuttal of Evelyn Rawski's 'Reevisioning the Qing'," *The Journal of Asian Studies*, 57: 1 (February, 1998), pp. 123 - 155.

Rawski, Evelyn S. "Presidential Address: Reevisioning the Qing: The Significance of the Qing Period in Chinese History," *The Journal of Asian Studies*, 55: 4 (November, 1996), pp. 829 - 850.

五、 学位论文

林承志，《分镇岩疆・驻卫内里——清朝驻防八旗问题研究》，台中：东海大学历史学系硕士论文，2007。

范传南，《乾隆朝八旗汉军出旗述论》，大连：辽宁师范大学历史学系硕士论文，2008。

吴佳玲，《清代乾嘉时期遣犯发配新疆之研究》，台北：台湾政治大学民族研究所硕士论文，1992。

许富翔，《清代江宁满城的研究》，台北：东吴大学历史学系硕士论文，2008。

黄平，《满城兴建与规划建设研究》，成都：四川大学历史学系硕士论文，2006。

刘炳涛，《清代发遣制度研究》，北京：中国政法大学硕士论文，2004。

六、 工具书

周振想主编，《法学大辞典》，北京：团结出版社，1994。

浦法人编，《法律辞典》，上海：上海辞书出版社，2009。

孙文良主编，《满族大辞典》，沈阳：辽宁大学出版社，1990。

沃克（David M. Walker）著，北京社会与科技发展研究所组织译，《牛津法律大辞典》，北京：光明日报出版社，1988。

胭砚计划（按出版时间顺序）：

《天命与剑：帝制时代的合法性焦虑》，张明扬著

《送你一颗子弹》，刘瑜著

《暴走军国：近代日本的战争记忆》，沙青青著

《一茶，猫与四季》，小林一茶著

《摩登中华：从帝国到民国》，贾葭著

《说吧，医生1》，吕洛衿著

《说吧，医生2》，吕洛衿著

《我爱问连岳6》，连岳著

《国家根本与皇帝世仆——清代旗人的法律地位》，鹿智钧著

《父母等恩：〈孝慈录〉与明代母服的理念及其实践》，萧琪著

《故事新编》，刘以鬯著